This is a song.
Für Vincent Samuel. Für Jonah Ray.
Für Tillmann, Benni, Marlin und Henrik.
Für Robbie, Tobias, Luka und Oussama.
Für Jonathan und Frederik, Paul und Valentin.
In memoriam Caspar, Emanuel, Jakob, Jakub, Martin, Nicolas
und Scott. Und für all die anderen wilden Kerle.
Mit ihren Köpfen direkt im Sturm.

Götz Haindorff

Die Jungs von nebenan

Das magische Land der jungen männlichen Psyche

Satzwerk

Bibliographische Information der Deutschen Bibliothek:
Die Deutsche Bibliothek verzeichnet diese Publikation in der
Deutschen Nationalbibliographie; detaillierte bibliographische Daten
sind im Internet über »http://dnb.ddb.de« abrufbar.

Erste Auflage 2003
Zweite Auflage 2005

Originalausgabe
Alle Rechte vorbehalten

© 2003 by Satzwerk Verlag Göttingen
Umschlagfoto vorne: Ingo Bulla
Umschlagfoto hinten: Peter Richter
Satz und Typographie: Satzwerk, Göttingen
Umschlaggestaltung: Basta Werbeagentur GmbH, Göttingen
ISBN 3-930333-37-6

www.satzwerk.de

Inhalt

Prolog

Ihre Söhne sind nicht so, wie alle Leute sagen. Sie sind ganz anders: großartige, mysteriöse Kerle voller Seelentiefe. Unerschöpfliche Energie. Natürliche Grenzgänger. Selten halten sie sich an Regeln. Ihr Sohn ist *kein* Mädchen. Und niemand versteht das wirklich. Die Schule funktioniert für ihn nicht. Das ist normal. Niemand ist schwieriger zu erziehen – und keiner macht mehr Vergnügen.

Als unsere Söhne geboren wurden, sah ich die Linien in ihren kleinen Händen. Keine Worte kamen über meine Lippen. Es war unglaublich, ihre Herzschläge zu hören. Diese kräftigen schnellen Schläge. Ich versank in diesem Meer, verfiel diesem Rhythmus. Das Blut in ihren Zellen sandte Botschaften an ihre Seele: Weitermachen. Ich bin mir sicher, daß sie in der Nacht zu Geistern und Seelen sprechen. Sie springen von Bäumen und ins Leben ohne weiter nachzudenken. Sie öffnen ihre Gedanken, und ihre Herzen sind frei. Allein für sie töte ich den Kapitän und versenke die gesamte Flotte.

Es gab eine Zeit, da hieß es, diese Kerle seien das Problem. Die Quintessenz aus meiner Arbeit mit Jungen und jungen Männern ist so einfach wie knapp: *Sie* sind ganz und gar nicht das Problem. *Wir* sind es. Warum das so ist, wird dieses Buch erläutern.

Als Eltern eines Jungen fühlen Sie sich nicht selten überfordert und gereizt. Auch das ist normal. Und speziell während der Pubertät liegt Ihre ursprüngliche Liebe begraben unter einem Haufen von Enttäuschungen und Verletzungen. Sie sollten nicht aufgeben. Vieles von dem, was Sie tief im Inneren über Ihren Jungen empfinden oder empfunden haben, aber nicht zu sagen wagen, ist wahr. Sie *haben* einen großartigen Sohn. Niemand sollte Ihnen das nehmen können.

Dieses Buch wird Sie unterstützen, diese Wahrheit zu vertiefen und offen auszusprechen. Vielleicht wird es Ihr Denken und Empfinden verändern. Aber vielleicht führt es Sie auch nur dorthin, wo Sie schon immer gewesen sind – an einen Ort der Kraft, der Liebe und der Zuversicht. Denn nur von dort dienen Sie dieser herausfordernden und grenzgängerischen Energie und Vitalität von Jungen und jungen Männern: als Sprungbrett, von dessen Rand sie sich in ihre eigene Welt hineinkatapultieren.

In der Begegnung mit Jungen und jungen Männern treffen Sie nicht auf schwer erziehbare Rowdys, sondern auf junge Götter, die darauf warten, entdeckt zu werden. »Ich verehre keine Götter«, schreibt James Salter in *Burning The Days*, »aber ich mag die Vorstellung, daß sie da sind.«

Ihr Sohn ist eine sich entwickelnde Kraft. Er benötigt Wachstum, Kreativität und Unabhängigkeit in seinem Umfeld, um sein Leben zu erfüllen und diejenigen, die Größe zulassen können, zu inspirieren. Wir leben in einem eleganten Universum, einem Mysterium voller Superstrings und verborgener Dimensionen. Ihr Sohn ist ein wunderbarer Teil davon. Erlauben Sie ihm, sich zu entfalten. Erlauben Sie ihm, zu sein. Es geht um ein Leben, das sich hingibt. Um nicht mehr und nicht weniger.

Die Idee zu diesem Buch entstand im Kontext meiner Arbeit bei *for!* (ju:)®.

Immer wieder wurde ich nach Vorträgen oder Seminaren von Frauen und Männern gefragt, wo man das Gesagte nachlesen könne. Hier ist das Resultat.

»Schreibst du auch über mich?« fragt mich Vincent, mein sechsjähriger Sohn.

»Natürlich«, antworte ich, »zwischen den Zeilen.«

Er hat keine Ahnung, was in mir vorgeht.

Über Jungen und Männer ist schon viel gesagt worden. Andere Bücher werden folgen. Ich habe nur über das geschrieben, was mir wesentlich erschien.

Ich hoffe, es gefällt Ihnen.

Making-Of...

Viele Jungen und Männer führen ein rauhes, rasantes und intensives Leben. Ihre Suche nach Schönheit und Großartigkeit führt sie an die entlegensten Orte dieses Planeten und darüber hinaus. Doch auf dem Weg dorthin gehen sie emotionale Risiken ein und muten sich Erfahrungen zu, die später, wenn sie zurückkehren, von ihrer Seele integriert werden müssen. Oft gelingt ihnen das nicht. Männer und Jungen besitzen offenbar wenig Gespür für diese inneren Gefahren. Sie lassen es darauf ankommen und driften in gefährlichen Schräglagen durch äußere und innere Welten. Es ist, als ob sie als Gast einer Rettungseinheit mit der Ambulanz an den Ort einer Schießerei gerufen werden. Sie brennen darauf, zu helfen. Man bittet sie routinemäßig, die schußsichere Weste anzulegen. Dann öffnen sich die Türen. Doch auf das, was ihnen dann begegnet, sind sie in keiner Weise vorbereitet. Es gibt keine Mauer zwischen ihnen und dem Schmerz der Welt.

Darüber wollte ich schreiben: Nicht auf der konzeptionellen, intellektuellen Ebene des Verstandes, sondern in der Tiefe persönlicher Erfahrungen: dort, wo Männer und Jungen wirklich leben.

Dieses Buch ist in erster Linie für Eltern von Jungen geschrieben, die tiefergehende Antworten auf klassische Fragen des alltäglichen Zusammenlebens mit Jungen suchen und finden wollen. Klassisch bedeutet hier vor allem: Antworten auf grundlegende Fragen des Zusammenlebens, die sich über Generationen in der Erziehung von Jungen kaum zu verändern scheinen. Darüber hinaus ist das Buch eine Fundgrube zu allen wesentlichen Fragen, die Betreuerinnen und Mentoren von Jungen und Männern immer wieder stellen. Für viele Frauen und Männer ist dieses Buch aber vor allem eine persönliche Entdeckung im Hinblick auf ihr eigenes Leben.

Die ersten drei Kapitel des Buches schrieb ich im Sommer 2000. Beruflich in Bozen, Norditalien, unterwegs, war ich auf der Suche nach einem Leitmotiv, einem Opener für das gesamte Projekt. Ich mußte nicht lange warten. Als die Jungs, auf ihren frisierten Mopeds, stehend, mit wehenden Haaren und ohne Helm, die Viale Druso an mir vorbeirasten, wußte ich sofort: das ist es.

Es ist erstaunlich wie sich die Dinge assoziieren, wenn man sie nur läßt. Später fiel mir zu dieser Szene ein Zitat von Thomas Wolfe ein: »Ein junger Mann ist so stark, so verrückt, so sicher – und so verloren. Er hat alles – und er ist nicht in der Lage, etwas davon zu nutzen.«[1]

Im Frühjahr war unser zweiter Sohn Jonah zur Welt gekommen. A beautiful, beautiful baby-boy. Ich war noch ganz erfüllt von diesem neuen Leben. Und je weiter ich mich von meiner Familie entfernte, um so stärker wurde dieses Gefühl. Dann hielt ich an der Stelle, wo Martin Gratl mit seinem Motorrad tödlich verunglückt war und betrachtete intensiv dieses Bild des jungen Mannes.

Schönheit und Vergänglichkeit, die mysteriösen Wege der Seele und das Obskure, das allem Beginn und allem Ende zugrunde liegt, beschäftigten mich, als ich das dritte Kapitel schrieb. Wir verstehen viel weniger, als wir zumeist uns selber glauben machen wollen. Rätselhafte, unsichtbare Phänomene beeinflussen unser Leben. Und nur weil wir sie nicht konkret und materiell beschreiben oder nachweisen können, muß das nicht bedeuten, daß sie nicht doch existieren. Das dritte Kapitel ist der Versuch, für diesen Zustand eine poetische Metapher zu finden. Es gibt kaum eine stärkere als die Geburt eines Kindes. Und kaum eine, die dramatischer wäre als der Verlust eines jungen, unvollendeten Lebens.

Das zweite Kapitel begann ich später zu schreiben. Zu der Zeit brachte ich meinen ältesten Sohn Vincent morgens immer zum Kindergarten und holte ihn nachmittags wieder ab. Es war unglaublich zu sehen, wie er Dinge sammelte, seine Taschen vollstopfte und offensichtlich in einer völlig eigenständigen mythologischen Welt existierte. *Die Taschen meines Sohnes* war schnell geschrieben – und gefiel so vielen Leuten, daß daraus das Leitmotiv für das zweite Kapitel wurde.

Idee und Titel des fünften Kapitels, *Mythen der Familie*, stammen ursprünglich von James Hillman. Seine Einsichten über Familie als archetypisches Drama sind voller Humor, Wärme und absolutem Scharfsinn. Sie inspirierten mich, das Thema Familie auf einer ganz anderen Ebene anzugehen. Durch das Schreiben gelang es mir, mich von den ganzen analytischen und intellektuellen Mythen der vergangenen zwanzig Jahre zu lösen, die im Namen der Aufklärung wie eine Plage über Familien hereingebrochen waren. Eigenartig, daß niemand darüber spricht.

Man muß eine eigene Familie wirklich heranwachsen sehen, um das Ausmaß an Liebe, Einsatz und persönlicher Aufopferung zu verstehen, das dieser Form des Zusammenlebens zugrunde liegt. Ich beginne zu begreifen, was Mütter und Großmütter, was Väter und Großväter seit Generationen leisten. Was meine Frau leistet. Mein Respekt wächst stetig und kennt keinen Grenzwert.

Heute verstehe ich mein Leben als ein gemeinsames Wachsen mit meiner Frau und meinen Kindern – wie Zypressen im Sommer, dicht nebeneinander stehend, stolz dem Wind trotzend. Unterschiedlich groß, unterschiedlich verletzlich. Es ist ganz klar, daß wir eine Familie sind. Wir gehören zusammen.

Kapitel sechs begann ich Anfang September 2001 zu schreiben. Die zentralen Ereignisse Mitte September in New York, die wenig später unser aller Leben für immer veränderten, haben in diesem Buch ihre Spuren hinterlassen. Die Zeit der Trivialitäten war vorbei, auch beim Schreiben. Sie hatten einfach keinen Platz mehr. Ich mag Ironie, Leichtigkeit und Humor als Eisbrecher, auch derb und kräftig, besonders wenn alles zu schwer und bedeutsam wird. Aber über den 11. September habe ich bisher keinen einzigen Witz vernommen, von niemandem, auch nicht von den üblichen Verdächtigen.

Ursprünglich als zehntes Kapitel geschrieben, habe ich diesen Teil später ins Zentrum des Buches gerückt. Dort, wo er hingehört.

Es wurde das umfassendste Kapitel, auch weil die Schicksale dieser vielen getöteten Männer in New York mir keine Ruhe ließen. Fantastische Männer verschwanden an diesem Tag spurlos, von einem Moment auf den nächsten. Ich mußte so oft an ihre Frauen und Kinder denken. Und was dieser Verlust für eine Familie bedeutet, nicht nur in materieller und psychischer Hinsicht. So, wie es war, wird es nie mehr sein.

Und doch bleiben die Frauen, Söhne und Töchter durch ihren Schmerz hindurch auf ewig verbunden mit den Geschichten, den Liedern, der Einzigartigkeit und der Schönheit dessen, was gewesen ist. Die Erinnerung an unsere Verstorbenen, unsere Ahnen, zwingen uns auf eine sehr mächtige und intensive Art, ein Morgen zu suchen – und sie erinnert uns daran, intensiv in der Gegenwart zu leben. »Taschentücher bereitlegen«, sagte eine gute Freundin, nachdem sie diesen Teil des Manuskriptes gelesen hatte.

Als ich *Im Garten des Vaters* Anfang 2002 vollendete, starb mein Vater.

Durch die jahrelange Arbeit mit Jungen und deren Eltern und Betreuern wurde mir bewußt, welch ungeheuren Mengen an Streß sich Menschen in Familien und in beruflichen Kontexten aussetzen. Ihr Durchhaltevermögen unter extremen Umständen ist bewundernswert – und doch unnötig. Unbewußte Konflikte stören die kontinuierliche Integrität, die eine gute Familie braucht.

Die Art und Weise, wie Eltern ihre Jungen beschreiben, erinnert mich oft an Neutrinos, die kleinsten Teilchen des Universums. Pro Sekunde rasen rund zehn Milliarden Neutrinos durch jeden Punkt der Erde. Man sollte also meinen, der einigermaßen häufigen Kerle leicht habhaft zu werden. Doch die scheinen sich um nichts zu scheren und lassen sich nicht fangen.[2]

Die Kapitel sieben und acht, *Typische Mißverständnisse* und *Vergiftete Pfeile*, beschreiben die Hindernisse, Stolpersteine und Hürden, die im Alltag mit Jungen oft unüberwindbar scheinen. Dieser Teil des Buches kann Sie unterstützen, um Ihr Wissen und Ihr Verständnis zu erweitern, die Ihren Horizont im Zusammenleben mit Ihrem Sohn bestimmen. Manche Alltagsszenarien werden Sie danach möglicherweise entspannter betrachten können. Andere Geschichten werden Sie schockieren.

Kapitel neun und zehn schrieb ich im Frühjahr 2002. Die Themen Verwundung, Schmerz, Heilung und Wandlung sind Kernbereiche meiner Arbeit. Die exorbitant gestiegene Verschreibung von Ritalin, vorwiegend an Jungen, ist ein Thema, das mich schon lange beschäftigt. Es ist wirklich dramatisch, wenn Eltern ihren »alten« Sohn nicht mehr zurückhaben wollen, nachdem sie ihr Leben mit Ritalin komfortabler einrichten konnten.

Mit Prognosen sollte man äußerst vorsichtig sein. Aber vermutlich werden die Vorgänge um die Vergabe von Ritalin an Jungen in den nächsten Jahren einen der großen Skandale in der Jugendhilfe hervorbringen. Die Strategie, Jungen mit Medikamenten ruhigzustellen, ohne sie angemessen und präzise zu unterstützen, ihre quälenden inneren Probleme und ihren Streß auf integrierte Art bewältigen zu können, ist nur vorstellbar in einer Kultur der Gleichgültigkeit und der schnellen Lösungen.

Es ist für mich immer wieder erstaunlich, festzustellen, wie vielen Menschen der Zugang zu der verwundbaren Seite von Jungen und jungen Männern fehlt – als ob diese Seite ihrer Realität gar nicht existieren würde. Und wie explosiv die Konsequenzen sein können für eine Kultur, welche die tiefsitzenden Gefühle von Frustration, Unterdrückung und Entfremdung in jungen Männern systematisch mißachtet.

Dann erreichten mich die Nachrichten aus Erfurt.

Kapitel vier, *Die Landung des Feuervogels*, war ursprünglich einer der ersten fertiggestellten Teile des Buches. Ich hatte mich auf schon früher veröffentlichtes Material verlassen. Doch mit der Zeit erschien es mir mehr und mehr als das, was es wirklich war: das schwächste Kapitel. Aber ich wußte nicht genau, warum.

Schließlich begriff ich, daß ich das Thema viel zu konzeptionell angegangen war. Ein typischer Fehler, wenn man verdrängt, wie sich diese verrückte Zeit damals wirklich anfühlte. Intellektualisierung und Rationalisierung sind die Todfeinde von Jungen und jungen Männern. Nachrichten des Verstandes. Zu vernachlässigen.

Die Erleuchtung bestand darin, stundenlang mit meinem Freund John auf *MTV* und *Viva* Videoclips zu schauen, und natürlich *Jackass* mit Johnny Knoxville und Kollegen. Das war eine heilsame Lektion. Von dem ursprünglichen Material blieb am Ende nicht mehr viel übrig.

Manches bleibt ungesagt in diesem spät vollendeten Teil des Buches, so ungesagt und mysteriös wie vieles in dieser Lebensphase.

Als ich später den Nachlaß meines Vaters sichtete, fand ich Fotos von ihm, wie er, ungefähr sechs Jahre alt, mit seinem ersten Fahrrad vor der Volksoper in Hamburg stand und in die Kamera schaute. Das ganze Leben noch vor sich. Er sah so unschuldig aus. Szenen aus meiner eigenen Kindheit tauchten auf: wie ich als kleiner Junge durch die Wälder streifte. Und plötzlich wußte ich wieder, wie sich das anfühlte.

Am Schreibtisch meines Vaters blätterte ich in der *Propaedia* der *New Encyclopaedia Britannica* und entdeckte die Geschichte von Loren Eiseley: Life on Earth. The Cosmic Orphan. Es ist eine von den Geschichten, die mich wirklich umgehauen haben.

Ich werde oft von Eltern gefragt, wie sie im Zusammenleben mit ihren Söhnen an einen inspirierenderen, einen glücklicheren Ort gelangen können. Dieser Ort ist oft nur einen Schritt entfernt – und scheint doch so schwer zu erreichen.

Die letzten beiden Kapitel, *Zentrale Botschaften* und *Eine Struktur des Erfolges*, zeigen Ihnen verschiedene Möglichkeiten auf, wie Sie bisher unüberwindbar wirkende Hürden im Zusammenleben mit Ihrem Sohn in der für Sie angemessenen Art und Weise einfach und elegant überspringen können. In einzelnen Passagen werden einige einfache, praktikable Vorschläge gemacht. Diese sind jedoch nur von Bedeutung, wenn sie in Ihrem Kontext auch wirklich für Sie funktionieren. Falls nicht, können Sie genausogut auch etwas anderes tun.

Manche Aussagen in diesem Buch werden Ihnen vermutlich zu absolut erscheinen. Das hat mit meinem persönlichen Stil zu tun, Dinge zuzuspitzen und auch vor provokativen Argumenten nicht zurückzuschrecken, oder, wie Maurice Blanchot es treffend ausdrückt, »zu schreiben, was zu lesen untersagt ist.« Es kann in einem ungeeigneten Moment jedoch zu einer dummen Angewohnheit werden in einer Welt, in der es keine letztgültigen Erklärungen gibt.

Eine Zeitlang habe ich mich beim Schreiben gefragt, an was ich hier eigentlich arbeite: einem erzählerischen Roadmovie, einer philosophischen Abhandlung oder etwas anderem. Was auch immer es sein mag: Autoren sind meist nicht sehr gut darin, ihr eigenes Werk zu klassifizieren.

Was dieses Buch genau ist, erschließt sich möglicherweise erst beim Lesen. Es läßt sich nicht wirklich beschreiben. Ich zumindest war nicht in der Lage dazu. Ab einem bestimmten Punkt hatte ich jedoch den Eindruck, daß das Material sein eigenes Genre schuf, dem ich nur noch intuitiv folgen mußte.

Als Schriftsteller beschäftigt mich seit langem die Frage, wie man über seelische und psychologische Dimensionen, über Menschen, schreiben kann, ohne daß es oberflächlich und banal klingt. Die meisten psychologischen Bücher über Jungen und Männer sind unerträglich, weil ihre Sprache so häßlich ist. Man kann nicht über Jungen und Männer schreiben, als seien sie geographische Objekte, ein Tisch oder ein Stuhl.

Schreiben, wenn es überhaupt von Herzen kommt, erzählt viel über den Charakter des Autors. Ich wollte vor allem ein Buch zu dieser Thematik schreiben, wie ich es selber gerne lesen würde: leidenschaftlich, mit viel Tempo und Tiefgang, poetisch und möglichst frei von banalen Klischees. Ich wollte meine Leser auf keinen Fall langweilen.

Und jetzt, im Sommer 2002, wo sich das Projekt dem Ende entgegenneigt, sitze ich in Blekinge, im südlichen Teil Schwedens, mitten in einem riesigen Garten in einer kleinen *Stuga*, schreibe an den letzten Details, schaue auf die Ostsee, höre das Rauschen des Windes in den Bäumen, das Gelächter und Geschrei meiner Söhne irgendwo da draußen und schaue den Wildgänsen in einem wolkenlosen, überirdisch blauen Himmel zu.

Es ist ein guter Moment, um loszulassen.

G. H.
Blekinge, Schweden
Sommer 2002

1 Was Jungen so besonders macht

Wir kämpfen. Immer. Wir tun unser Bestes. Und wir träumen vom Erhabenen. Wir sind Wasser und alte Sterne. So Davis Miller in seinem wunderbaren Buch über Muhammad Ali. Und neben unserer Sterblichkeit und unseren Ängsten sind es vor allem unsere Träume und unser Mut, die uns vorantreiben. Mehr kann man nicht verlangen.[3]

»Papa«, fragt mich mein Sohn Vincent im Alter von vier Jahren, »weißt du, warum ich immer mit offenen Augen schlafe?«

»Nein, warum?«

Er überlegt sehr ernsthaft.

»Weil ich mir dann meine Träume genau anschauen kann.«

Wenn Sie nachts am Bett Ihres Jungen stehen und in sein Antlitz schauen, wissen Sie genau, was ich meine. Dort liegt er, friedlich schlafend. Er sieht aus wie ein Engel. Tagsüber dreht sich das Ganze in eine andere Richtung. Natürlich ähnelt er mehr Charles Bronson, wenn er zu seinem Geschrei ansetzt, sich wütend auf den Boden schmeißt oder einfach nur flennend dasitzt. Aber Sie lieben ihn trotzdem, auch wenn es Ihnen manchmal schwerfällt. Natürlich würden Sie ihn gerne mal gegen die Wand klatschen – zumindest hin und wieder. Als Ihr Sohn zu Ihnen gekommen ist, hat er Sie mit einer großen Aufgabe und Herausforderung konfrontiert. Gott allein weiß, warum Ihr Sohn gerade Sie als Eltern ausgewählt hat. Kam er als Geschenk? Wahrscheinlich rätseln Sie noch immer über die Antwort. Sie lieben ihn und verstehen ihn gerade deswegen überhaupt nicht. Das ist normal. So geht es allen Eltern.

Was ist das Besondere an Ihrem Sohn? Vielleicht, daß er schon als Baby die Grenzen testet, alles in den Mund steckt. Er probiert, ob man Flugzeuge und Socken essen kann, sitzt kaum vier Sekunden still und ist immer in Bewegung. Sie haben ihm kaum einmal den Rücken zugewandt, da hockt er schon wieder auf dem Tisch und grinst Sie triumphierend an. Das hatten Sie ihm allerdings strengstens untersagt. Ihr mißbilligender Blick und das Erheben der Stimme scheint ihn nicht sonderlich zu beeindrucken. Als kleiner Junge stürmt er durch die Wohnung oder das Haus, brüllt und schreit – und fängt bei der geringsten Kleinigkeit furchtbar an zu weinen. Er tobt mit seinen Spielkameraden auf den Klettergerüsten herum, schießt mit Wasserpistolen, imitiert Flugzeug- und Motorengeräusche – und hat oft furchtbare Angst, in den Kindergarten zu gehen. Er wirkt so robust und abenteuerlustig – und ist doch häufiger krank. Wie soll man das zusammenbringen?

Liebe nährt und vergibt. Aber sie verstellt auch den Blick. Haben Sie Ihren Sohn auch schon zum Flötenunterricht in die Schule geschickt? Und es hat nicht funktioniert? Diese Sache ist relativ einfach zu beantworten: Mit der Flöte bereitet sich ein junger Mann nicht auf die Begegnung mit dem Absoluten vor – es sei denn, er benutzt Flöten als Waffe. Womit wir beim Thema sind.

Junge Männer betreten im Alter von dreizehn Jahren ein Territorium, das sie mit neunzehn wieder verlassen werden. Danach treffen Sie in Ihrem Haus auf eine andere Person – und sind als Eltern in Schwierigkeiten. Jungen bewegen sich von den Gesetzen zu den Legenden. Von der praktischen Welt, in der alles erklärt ist und funktioniert, treten sie ein in einen Raum des wilden, genialen Lernens. Sie erfahren körperlich und hautnah, was Schmerz bedeutet. Und sie finden sich an unglaublichen Orten und Plätzen wieder, die allesamt davon erzählen, wie Ärger in tausend Gestalten auftaucht.

Wenn wir älter werden, wissen wir, daß die Dinge nicht so laufen, wie wir es in der Schule gelernt haben. Wir machen unsere Erfahrungen. Und die prägen unsere späteren Wahrnehmungen. Jungen wissen noch nichts über ihre Sterblichkeit. Ein tiefes Verlangen nach Leidenschaft, Ärger und Herausforderungen treibt sie an. Ihr Hunger nach der Begegnung mit dem Absoluten ist so groß, daß man geneigt ist, sie schnell auf den Boden der Tatsachen zu holen. Viel zu schnell.

Viele Jungen balancieren zeit ihres Lebens eine empfindsame, sensitive, ideelle private Seite mit einer unglaublich extrovertierten, überzeichneten öffentlichen Persönlichkeit. Bei anderen Jungen ist es genau umgekehrt. Keiner wird richtig schlau aus ihnen. Aus süßen, witzigen, quasselnden Babys mit blauen Augen entwickeln sich ständig fragende, verletzbare Schulkinder. Später werden sie – für die meisten Eltern etwas überraschend – zu rücksichtslosen Punker-Teenagern, tragen Jacken mit dem Schriftzug »Zerstörte Jugend« am Kragen, werden zu *sehr* schlechten Schülern, zeigen ständige Probleme mit Disziplin und reißen permanent unanständige Witze. Der notwendig gewordene Intelligenz-Test – von allen Eltern gefürchtet – offenbart, daß wir es erstaunlicherweise oft mit einem Fast-Genie zu tun haben. Doch trotz ihrer Intelligenz funktioniert für die meisten Jungs die Schule nicht. Eltern versuchen verschiedene Ansätze, von warm und nachgiebig bis kalt und autoritär. Manche Jungen reagieren besser auf Strenge. Andere gehen sofort in den Widerstand. Sie benehmen sich, wenn man sie dazu auffordert, aber sie tun selten etwas Hervorragendes, außer zu ihren eigenen Konditionen. Mit anderen Worten: sie sind offensichtlich von einem anderen Stern. Und den schauen wir uns mal ein wenig genauer an.

Riders On The Storm

Viale Druso, die Hauptstraße in Bozen, Südtirol, während eines dieser warmen Sommerabende im Juli 2000. Während ich mit dem Wagen langsam durch den Berufsverkehr stadtauswärts rolle, sehe ich schon in der Ferne zwei Jungs, die wild rasend und schlenkernd auf ihren frisierten Mopeds auf der Gegenfahrbahn Richtung Innenstadt brausen. Die Köpfe abwechselnd nach vorne beugend, dann immer wieder waghalsig nach hinten drehend, während sie die Gashebel auf Vollgas gedreht halten, brausen sie an mir vorbei: kurzärmelige T-Shirts und flatternde Baumwolltrainingshosen, ohne Helm. Als wenn sie verfolgt würden – oder als ob sie gerade jemandem entkommen wären. Aber hinter ihnen ist niemand zu sehen. So muß auch Ben Hur in die Stadien geprescht sein. Die Vorstellung einer Schlitterpartie über den Asphalt verkniff ich mir. Es lag etwas Großartiges in der Art und Weise, wie sie an mir vorbeirasten. Wilde junge Mustangs, panikartig auf der Flucht vor ihren Bändigern. Ihre geschmeidigen Körper riefen zur Jagd. Feuer und Flammen schlugen aus ihrer Brust.

Am nächsten Morgen fahre ich mit meinem Wagen die beschauliche, aber steile Abfahrt durch die Weingärten und üppigen Obstplantagen von St. Pauls hinunter nach Frangart. Ich muß mich konzentrieren, das Kurvengeschlängel zu durchsteuern, als plötzlich im Rückspiegel in rasender Fahrt ein Junge auf seinem Mountain-Bike zu meinem Wagen aufschließt, den Kopf aerodynamisch über den Lenker gebeugt, die Beine nah an den Rahmen gezogen, um dem Fahrtwind möglichst wenig Luftwiderstand zu bieten. Der Tachometer zeigt sechzig km/h. Der Junge mag dreizehn Jahre alt sein, schlaksig, mit Sommersprossen, seine Augen hoch konzentriert. Auf den geraden Stücken tritt er wie wahnsinnig einen großen Gang, um mein Tempo mitzugehen.

Abends im Hotel Weingarten, direkt am Büffet mit Blick auf die Treppe zur ersten Etage. Zwei Jungs sind damit beschäftigt, barfuß das hölzerne Geländer bis unter die Decke zu erklimmen und sich dann von dort auf die darunter stehenden Sofas fallen zu lassen. Nein, sie *springen* eher. Sie springen während der Vorspeise. Sie springen beim Hauptgang und auch noch beim Dessert, während sie sich ständig, schwer atmend, leise unterhalten. Die beiden sorgen für so viel Heiterkeit und Kopfschütteln bei den Gästen, daß sie schließlich von ihrer Mutter entdeckt werden, der Chefin und Grande Dame des Hauses. Große Szene, Arme empört in die Seite gestemmt. Anklagende Fragen. Die Buben sitzen sehr still und ganz klein auf dem Sofa und wissen nicht, wohin mit ihren Blicken, während sie die Predigt über sich ergehen lassen.

Am nächsten Tag auf der Titelseite der örtlichen Tageszeitung »Das Wunder von Hellen«: ein Foto von einem völlig zertrümmerten Geländewagen nach einem Hundert-Meter-Sturz einen Steilhang hinunter. Daneben in Schwarz-Weiß das Bild von zwei Brüdern, zwei und vier Jahre alt. Kauzige Jungs, deren Blick kein Wässerchen trüben könnte. Aber unglücklicherweise saßen die beiden unbeaufsichtigt im Wagen ihrer Mutter. Das ist der erste Fehler. Denn die Handbremse zu lösen ist für einen vierjährigen Jungen kein wirkliches Problem. Die beiden Brüder stürzten mit dem Wagen den Abhang hinunter – um fast völlig unversehrt aus dem zertrümmerten Wrack zu kriechen. Die herbeigeeilten Helfer konnten es nicht fassen.

Jungen lernen am Modell. Und was ist interessanter, als dieses Ding zu lösen, wie es die Eltern vor jedem Losfahren automatisch tun, und alles in Bewegung zu setzen? Machen Sie sich einmal den Spaß und fragen Sie einige männliche Bekannte oder Kollegen, die inzwischen erwachsen und deren Taten verjährt sind, was die damals mit den Autos ihrer Väter und Bekannten heimlich gemacht haben. Und ich spreche hier nur von Dingen, die wir tatsächlich gemacht haben – nicht von unseren Phantasien! Vielleicht haben die meisten von uns es nicht geschafft, den Wagen hundert Meter in Bewegung zu setzen – und schon gar nicht bergab. Aber vier Meter waren es mindestens. Und meistens galt es, unüberwindbare Hindernisse zu meistern.

Nicht weit von Bozen, auf der Weinstraße von Frangart Richtung Unterrain, taucht nach zwei Kilometern auf der linken Seite eine Gärtnerei mit einer großen Obstplantage auf. Die Straße verengt sich und wird linksseitig von einer kleinen Mauer begrenzt. Auf dieser Mauer steht eine kleine, runde Platte aus rotem Sandstein, umrahmt von Efeu, dazu eine kleine Vase mit frischen Blumen. In der Mitte das Bild eines jungen Mannes, darunter zwei Schriftzüge. Martin Gratl starb hier, direkt neben der Obstplantage, am 11. November 1989. Er wurde siebzehn Jahre alt. Sein zertrümmertes Motorrad wurde schnell geborgen, gutachterlich analysiert und verschrottet. Was an dieser Stelle bleibt, ist das Bild auf der Mauer: das Gesicht eines jungen Mannes – voller Abenteuerlust und Verletzlichkeit, und der unerträgliche Schmerz der Eltern, die Vorwürfe, Fragen und Zweifel.

Crazy

Jungen lieben es, verrückte Dinge zu tun. Meine Söhne tun es. Ihre Söhne tun es. Und auch die Söhne Ihrer Freunde. Keiner weiß so genau, warum. Man sieht es ihnen schon an, wenn sie losrasen: In ihren Köpfen fliegen die Funken. Jungen können den Unfug einfach nicht lassen. Es macht zuviel Spaß. Absurde Gedanken sind für sie wie Sauerstoff zum Atmen.

Wenn mein sechsjähriger Sohn Vincent sich für mehrere Stunden in unser Badezimmer zurückzieht (wir haben nur das eine), kann ich sicher sein, anschließend völlig neue Perspektiven zu Gesicht zu bekommen: was man mit Schwämmen, Handtüchern, Toilettenpapier, Lotions, Seifenspendern und Strohhalmen *noch* alles so anstellen kann. Waschbecken und Badewanne sind zu kleinen Stauseen umfunktioniert worden, auf denen verschiedene entleerte Plastikflaschen als Boote schwimmen. Auf dem Toilettendeckel steht eine weitere Schüssel, vollgefüllt mit Wasser, die mit diversen Bahnen Toilettenpapier überspannt ist, auf denen wiederum Q-Tips lagern. Auf dem Fußboden breiten sich kleine Pfützen aus, während entlang der Badewanne lauter kleine Gefäße, Gläser und Zahnputzbecher selbstgemixte Parfums und Lotions aus Rasierwasser, Badeöl, ätherischen Ölen und anderen unerklärlichen Substanzen bereit halten. Die Experimentierfreude mit offensichtlich nicht kompatiblen Gegenständen und Substanzen ist jedoch nicht allein das Privileg von sechsjährigen Jungen. Sie scheint sich mit fortschreitendem Alter eher noch zu steigern. Anders ist die folgende Geschichte nicht zu erklären.

Chess Earman ist stolzer Besitzer von vier Chevrolet Corvairs.[4] Und eines Tages versuchte er, das Benzin aus einem seiner vier Corvairs mit einem Schlauch herauszusaugen. Der übliche Weg dieses zu tun, ist, das eine Schlauchende in den Tank einzuführen und am anderen Ende des Schlauches mit dem Mund das Benzin kurz anzusaugen. Durch den erzeugten Unterdruck schießt das Benzin dann aus dem Tank in einen bereitgestellten Behälter. Chess Earman wollte aber nicht das Risiko eingehen, daß Benzin in seinen Mund gelangte. So entschied er sich, den Saugvorgang mit einem Staubsauger durchzuführen, den er an das Ende des Schlauches hielt. Was dann passierte, war ziemlich absehbar: Er zog Benzindämpfe direkt in einen elektrischen Motor, der, wie Sie vielleicht wissen, funktioniert, indem Funken im Inneren herumfliegen. Im nächsten Augenblick gab es eine Riesenexplosion im Staubsauger, und Feuer schoß aus dem hinteren Teil wie bei einer Jet-Turbine. Glücklicherweise gelang es Earman, den Stecker zu ziehen, bevor irgend etwas wirklich Schwerwiegendes passieren konnte. Dies war eine furchterregende Geschichte über die extreme Gefahr des unsachgemäßen Hantierens mit Benzin und Staubsaugern. Deshalb veröffentlichte Earman im offiziellen Magazin der Corvair Society der USA einen Artikel über dieses Mißgeschick.[5]

Als Larry Claypool und Kirk Parro diese Geschichte lasen, war ihre natürliche Reaktion: *Hey, cool.* Larry Claypool und Kirk Parro sind Mitglieder im Club der Chicagoland Corvair Enthusiasten[6]. »Solch eine Herausforderung sollte nicht unbeantwortet bleiben«, schrieben sie in einem Brief an Dave Barry.[7] So kam es, daß für einige Jahre während der 1980er die »Flammenden Staubsauger Meisterschaften« die große Attraktion der alljährlichen Picknick-Party der Chicago Corvair Enthusiasten wurden. Am 4. Juli eines jeden Jahres trafen sich diese Enthusiasten. Und was sich dort vor aller Augen vollzog, war ein so erstaunliches und aberwitziges Spektakel, daß man schon das Videoband gesehen haben muß, um zu glauben, was dort geschah.

Die Männer schleppten verschiedene Staubsauger heran, die, als Teams unter ihrem Markennamen versammelt, gegeneinander antraten: Team Hoover, Team Electrolux usw. Einer nach dem anderen wurden die Staubsauger in die Wettkampfarena getragen, wo man sie dem Publikum über Lautsprecher vorstellte. Dann wurde jeder Staubsaugerrüssel in eine schmale Schale mit Benzin getaucht. Anschließend zog sich jeder auf einen sicheren Platz zurück – und die Staubsauger wurden mit den bereitliegenden Steckdosen verkabelt. Die Motoren begannen zu laufen, und das Benzin wurde durch den Rüssel in das Innere gesaugt. Normalerweise passierte einige Sekunden gar nichts; dann gab es üblicherweise einen KNALL, und die Staubsauger sprangen einige Zentimeter in die Luft. An diesem Punkt setzte meist der Beifall der Menge ein. Danach passierten verschiedene andere Dinge, abhängig vom Staubsaugermodell. Einige Modelle sonderten eine Wolke von schwarzem Rauch ab und stellten den Dienst ein, gewöhnlich vom Publikum mit einem enttäuschten Buhen begleitet. Andere Modelle schossen für mehrere Sekunden richtige Flammen aus dem hinteren Teil. Ein paar besonders robuste Geräte liefen mehrere Minuten. Und je länger sie liefen, um so mehr jubelte das Publikum, angefeuert vom Moderator am Mikrofon. Manchmal stoppten die Flammen und jemand, der offenbar sehr viel Bier getrunken hatte, rief »MEHR BENZIN!« Bestimmte Kanistermodelle – sie waren beim Publikum die beliebtesten – explodierten regelrecht. Die Deckel flogen ab und verschwanden außerhalb der Sichtweite der Videokamera.

»Die Kanister-Deckel erreichten oft Höhen jenseits der zehn Meter«, berichteten Claypool und Parro.[8]

Jeder Wettbewerber, der erledigt war, wurde weggeschleift und auf einen wachsenden Berg von rauchenden, murmelnden und gequälten Maschinen befördert. Und der Moderator sagte etwas Nettes, wie zum Beispiel: »Nicht schlecht, Electrolux Nummer zwei!«

Dazwischen sah man immer wieder Frauen, die an der ganzen Szenerie vorbeiliefen auf der Suche nach mehr Kartoffelsalat oder etwas anderem. Und ihr Blick sagte alles: Sie betrachteten die fieberhaft arbeitenden Männer, die einen weiteren Staubsauger für den Wettbewerb vorbereiteten, als wäre es ihre persönliche Mission. Und diese Frauen schüttelten ihren Kopf, als wenn sie sagen wollten: Ja, wir wußten, daß Männer Idioten sein können, aber uns war niemals zuvor klar, in welchem *Ausmaß*.[9]

Kathi Goldmark hatte beruflich einige Tage in einem Hotel in Miami verbracht, und einer der Angestellten war so zuvorkommend, freundlich und serviceorientiert gewesen, daß sie bei ihrer Rückkehr beschloß, dessen Vorgesetztem einen Dankesbrief zu schreiben.[10]

Sie setzte sich an ihren Schreibtisch und verfaßte einen netten Brief, ließ aber den Briefbogen in der Schreibmaschine stecken. Am nächsten Morgen nahm sie den Brief in aller Eile aus der Maschine, unterschrieb und begann, das Papier zusammenzufalten, um den Brief in den Umschlag zu stecken. An diesem Punkt bemerkte sie, daß am Ende dieses netten, höflichen Briefes an einen Hotelmanager, den sie noch nicht einmal kannte, ihr neunjähriger Sohn Tony sauber getippt hatte: »P.S.: Vergiß nicht zu furzen.«

Dieser Vorfall hinterläßt zwiespältige Gefühle. Auf der einen Seite dieses unglaubliche Gefühl von Trauer und Verlust, weil Kathi diesen Brief sehr wahrscheinlich nicht abgeschickt hat. Auf der anderen Seite die Gewißheit, daß offenbar auch die nachwachsende Generation von Jungen mit ähnlichen Herausforderungen wie unsere Generation konfrontiert sein wird. Sie machen den gleichen dämlichen Blödsinn, der uns schon durch den Kopf geschossen ist.

Kathis Sohn Tony hätte gut in jener Bande von Jungen dabeisein können, die im August 2001 in Essen eine Kartoffelkanone konstruiert hatte und diese auf dem örtlichen Kinderspielplatz mit durchschlagender Wirkung ausprobierte. Ihre Geschichte hat es bis ins Lokalfernsehen gebracht.

Ein Live-Team traf am Ort des Schreckens ein und begann die mediale Aufklärungsarbeit. Die Jungs waren im Internet fündig geworden.

Dort hatten sie eine genaue Bauanleitung entdeckt und diese sofort in die Tat umgesetzt. Aus verschiedenen grauen PVC-Installationsrohren, Metallschellen und verstärkt durch Kreuzschlitzschrauben hatten sie eine bewundernswerte Kanone gebaut, die vom Stil her einer Panzerabwehrrakete glich, die man von der Schulter abschoß. Es sah aus, als ob ein Sanitär-Installateur einen besonders kniffligen Wasserablauf konstruiert hatte, der nun in die Waagerechte gelegt wurde. Die Jungen stiegen auf einen kleinen, etwas abgelegenen Berg auf dem besagten Spielplatz, »um die anderen Kinder nicht zu gefährden«, luden das Ding mit einer Kartoffel, sprühten Haarspray in eine vorbereitete Öffnung am Ende. Dann erfolgte die Zündung. Das Ergebnis war durchschlagend. Eine entsetzte Mutter, die etwa einhundert Meter vom Ort des Geschehens entfernt stand, berichtete später dem Fernseh-Team: »Es klang wie der Abschuß einer Kanone.« Die Kartoffel wurde achtzig bis hundert Meter weit auf die andere Seite des Spielplatzes katapultiert.

Woher kommt dieser unwiderstehliche Drang bei Jungen und Männern, Grenzen zu durchbrechen, über die Stränge zu schlagen, in einer wilden, besessenen Weise aus sich herauszugehen und dabei neue Entdeckungen und Erfindungen zu machen und neue Daseinsformen zu entwickeln? Warum fahren wir mit hoher Geschwindigkeit Autos in einen See oder tragen ein Klavier hinauf bis in den sechsten Stock, damit wir herausfinden können, was passiert, wenn wir das Ding vom Dach herunterknallen lassen? Es scheint Ausdruck eines elementaren Bedürfnisses zu sein, dem ein uraltes Programm zugrunde liegen *muß*. Die männliche Seele ist offensichtlich hier zu ihrem eigenen Vergnügen.

Wann immer wir Jungen und junge Männer sehen, die Aktivitäten nachgehen, die offensichtlich ziemlich bescheuert, unsinnig, verschwenderisch oder sogar zerstörerisch sind, sollten wir ihnen *gratulieren*, daß sie auf legale und sozial akzeptierte und meist andere nicht gefährdende Art und Weise ihre gewalttätigen und explodierenden Bedürfnisse ausleben. Denn die Art und Weise und Häufigkeit dieser Experimente findet sich bei fast allen Jungen in fast allen Kulturen. Oft finden diese Experimente gleichzeitig an den verschiedensten Orten über verschiedene Kontinente verteilt statt – ohne jede Absprachen.

Ein gewisses Maß an Aggression

Psychologen wissen aus zahlreichen Studien schon lange von dem Phänomen zu berichten, daß die Phantasiegeschichten kleiner Mädchen in der Regel ein friedliches, kooperatives Ende haben, während Jungen eher zu drastischen Schlüssen neigen: »Und dann legte er Mami auf den Herd und briet sie in der Pfanne, bis sie ganz schwarz und verkohlt war.« Oder den Jungen wird von einem Bären in der Höhle aufgelauert, und sie werden gefressen, oder von einem Tyrannosaurus Rex mitsamt ihrem Landrover auseinandergenommen und in Stücke gerissen. Lehrerinnen in der Grundschule mögen solche Schlußszenarien gewöhnlicherweise überhaupt nicht. Was oft dazu führt, daß sie die Jungen auffordern, »friedlichere« und »kooperativere« Varianten zu entwickeln. Worauf die meisten Jungen sofort in den Widerstand gehen.

Jungen erzählen sich Geschichten, in denen es knallt, raucht und explodiert – und in denen es von Schießereien und Prügeleien nur so wimmelt. Ihnen bereiten solche apokalyptischen Szenarien sichtliches Vergnügen. Auf Klassenfahrten nennen sie ihr Zimmer »die Höhle des Schreckens«. Sie können sich darüber totlachen und vor Vergnügen auf dem Boden rollen. Die begleitenden Lehrerinnen wenden sich beim Betreten solcher Zimmer meist mit Grausen ab. Eine Mutter schickte ihren Sohn auf solch eine Ferienfahrt mit ausreichend Sportsachen und Wechselwäsche. Als sie ihn nach einer Woche wieder abholte, trug er immer noch die gleiche Unterwäsche und das gleiche Paar Socken. In der Gruppe neigen Jungen dazu, in einer unglaublichen Geschwindigkeit und in einer Art heimlichem Wettkampf die abstrusesten und absurdesten Pointen zu erfinden. Als mein Sohn Vincent bei seiner Einschulung das erste Mal von seinem Onkel Joey gefragt wurde, ob ihm der Schulhof denn gefalle, sagte er:

»Ja, hier habe ich schon zweimal geblutet.«

Wenn man Jungen und Mädchen im Vorschulalter längere Zeit beim Spielen zuschaut, bemerkt man erstaunliche Unterschiede: Die Spiele der Mädchen zeichnen sich aus durch indirekten Wettbewerb, das Prinzip des sich Abwechselns, genau definierte Spielstadien und das Aussortieren von »nicht netten« Mädchen. Sie kennen ihre Spielkameradinnen meist genau mit Namen und haben nichts dagegen, jüngere Kinder in die Gruppe aufzunehmen.[11]

Die Spiele der Jungen zeichnen sich aus durch mehr oder weniger ausgeprägten Körperkontakt, ständige Aktivität, Konflikte, Rivalitäten und einen enormen Raumbedarf. Für Jungen scheint die Frage, ob sie ein bestimmtes Mitglied der Gruppe mögen oder nicht, eine relativ geringe Rolle zu spielen – der Junge wird in die Gruppe aufgenommen, wenn es nützlich ist. Zu den nützlichen Dingen zählt zum Beispiel, ob man die richtige Pistole dabeihat. Jungen versuchen in Gruppen von äl-

teren Kindern hineinzukommen und behalten die Namen ihrer Spielkameraden meist nicht. Bei den Jungen gibt es längere Zeiträume der
Beteiligung, deren Erfolg jedoch abhängig ist von der aktiven Beein-
trächtigung anderer Mitspieler. Es ist wichtig, daß das Ergebnis klar
definiert ist und es eindeutige Gewinner und Verlierer gibt.

Die Geschichten der Mädchen kreisen um die Themen Familie,
Freundschaft und Beziehungen. Jungen lieben es, die Geschichte aus
der Sicht des Räubers zu erzählen. Mädchen erzählen die gleiche Geschichte aus der Sicht des Opfers. Gibt man einem Jungen eine Puppe,
wird er sie aller Voraussicht nach auseinandernehmen, in einen Sturz-
kampfbomber oder einen Superhelden verwandeln wollen – während
Mädchen in der Regel sofort anfangen, die Puppe wie eine reale Person
zu behandeln und sie zu bemuttern.

Mein Sohn Vincent liebt seinen kleinen Bruder Jonah heiß und in-
nig. Aber noch mehr liebt er seine Waffensammlung aus Spielzeug-
pistolen, Maschinengewehren, Berettas, Dolchen, Handgranaten und
Handschellen. Wenn alle drei in einem Zimmer sind, er, sein kleiner
Bruder und seine Waffensammlung, dann benutzt er natürlich seinen
kleinen Bruder als Zielobjekt für seine Schießkünste. Oder er legt ihm
Handschellen an und schleift ihn als Gefangenen über den Boden. Jonah schaut dabei die ganze Zeit zu ihm empor mit einer Mischung
aus tiefster Liebe und Bewunderung, großem Erstaunen und wach-
sendem Entsetzen. Ich habe schon gesehen, wie Vincent beiläufig an
seinem kleinen Bruder vorbeiging und ihn elegant mit einem aufge-
setzten Schuß in den Hinterkopf erledigte. Nicht daß wir uns mißverstehen: Er ist einer der friedfertigsten, einfühlsamsten und sensitivsten
Jungen, die ich kenne.

Nirgends wurde gründlicher mit geschlechtsspezifischen Konditionierungen aufgeräumt als in den israelischen Kibbuzim. Dort wurde
von Anfang an unter dem Postulat der faktischen Austauschbarkeit der
Geschlechter bewußt daraufhingearbeitet, die Unterschiede zwischen
Jungen und Mädchen zu nivellieren.[12]

Mit dem Resultat, daß in allen Altersgruppen weiterhin die klassische Rollenverteilung vorherrschte. Während die Mädchen sich in der
Regel kooperativ zeigten, ihre Spielsachen mit anderen teilten und sich
freundlich und zuvorkommend gegenüber den anderen Jungen und
Mädchen verhielten, neigten die Jungen eher zum Konfliktverhalten,
nahmen anderen ihre Spielsachen weg und zeigten in allen Gruppen
aggressives Verhalten wie Ungehorsam, Gewalttätigkeit und Benut-
zung von Schimpfworten.

Seit Jahrzehnten beobachtet der amerikanische Psychoanalytiker Willard Gaylin den kulturell unterschiedlichen Umgang von Eltern mit ihren Jungen – ohne daß diese teils extrem unterschiedlichen Erziehungsstile einen signifikanten Unterschied in der obsessiven Faszination der Jungen von Kampf, Konkurrenz, Macht und Waffen hätten ausmachen können. Die Macht der Hormone und Gene irritierte und bestürzte diese optimistischen Eltern. Denn der Jäger, Beschützer und Versorger verbleibt offensichtlich in Jungen und muß sich manifestieren in Machtspielen und Machtsymbolen.[13]

»Es ist unbestreitbar«, so schreiben Anne Moir und David Jessel, »daß die männliche Gehirnstruktur auf latente Aggressivität hin ›gepolt‹ ist oder – anders ausgedrückt – daß die Wirkung männlicher Hormone auf ein entsprechend ›vorverdrahtetes‹ männliches Hirnleitungssystem die Wurzel von Aggressivität ist.«[14]

Die Natur ist viel stärker, als die meisten von uns glauben wollen – und die Unterschiede zwischen Jungen und Mädchen, Männern und Frauen sind viel größer, als wir jemals gedacht haben. Sie liegen in unseren Gehirnen verborgen, ihren unterschiedlichen Strukturen, Prioritäten und Strategien.

Das biologische Wunder

Es fängt schon im Kindergarten an. Will ein Junge einem Mädchen seine Zuneigung zeigen, zieht er es an den Haaren oder schenkt ihm einen toten Käfer. Sie malt für ihn mit Herzchen verzierte Bilder. Zwanzig Jahre später offeriert sie ihm als Zeichen ihrer Liebe gefühlvolle Gespräche und romantische Dinner bei Kerzenschein. Er dagegen will sie mit regelmäßigem Sex und seinem Aufstieg zum Abteilungsleiter glücklich machen. Und beide verstehen nicht, was im anderen vorgeht.

Obwohl beide unbestritten zur Gattung Mensch gehören, sind Jungen anders als Mädchen. Sie denken und fühlen anders, steuern ihre Wahrnehmung nach anderen Mustern und treffen wichtige Entscheidungen auf der Grundlage unterschiedlicher Wertesysteme.

Jungen und Mädchen sind deshalb unterschiedlich, weil ihre Gehirne verschieden sind. Inzwischen weiß man, daß ein Junge und ein Mädchen schon bei der Geburt ihren eigenen »Kopf« haben. Die angeborenen Unterschiede in der Hirnstruktur bedeuten, daß bereits vom Kleinkindalter an die Wege von Mann und Frau sich zunehmend trennen. Doch bis heute wissen viele Pädagogen wenig bis gar nichts über die revolutionären Ergebnisse der modernen Naturwissenschaften im

Hinblick auf die Unterschiede zwischen Jungen und Mädchen, Männern und Frauen.[15]

Es ist jedoch unmöglich, bei einem Jungen oder jungen Mann im erzieherischen Bereich anhaltende Veränderungen zu erzielen, wenn man die neurologischen Grundlagen nicht versteht oder grundsätzlich mißversteht, nach denen Jungen die Welt wahrnehmen und zu ihr in Beziehung treten. Wenn die meisten von uns nicht wissen, daß die Gehirne von Jungen und Mädchen und von Frauen und Männern von ihrer Entstehung her unterschiedlich sind, dann ist es keine Überraschung mehr, warum es vielen so schwerfällt, die Unterschiede zwischen Männern und Frauen zu akzeptieren oder zu verstehen. Frauen würden aufhören, aus Jungen Mädchen und aus Männern Frauen machen zu wollen, und Männer würden aufhören, Frauen wegen ihres Andersseins zu diskriminieren.

Deshalb unternehmen wir einen kurzen Exkurs in das wohl spannendste Forschungsgebiet des 21. Jahrhunderts: die moderne Gehirnforschung. In den vergangenen zwanzig Jahren hat sich das Wissen innerhalb der neurologischen Wissenschaften explosionsartig vermehrt. Die Erkenntnisse, welche die Wissenschaftler in diesem Zeitraum gewonnen haben, sind teilweise dramatisch und stellen viele bisherige Denkmodelle in Frage.[16]

Was in der sechsten Schwangerschaftswoche nach der Empfängnis im Mutterleib stattfindet, ist eine der faszinierendsten Geschichten des Lebens und der Schöpfung. Es ist eine Geschichte, die noch weitgehend unbekannt ist, die sich aber in ihrem gesamten Umfang langsam zu enthüllen beginnt. Denn erst in der sechsten oder siebten Schwangerschaftswoche »entscheidet« sich der zwei Zentimeter kleine Fötus, ob er männlich oder weiblich werden will. Der Prozeß, der nun im schützenden Dunkel des Mutterleibes zu wirken beginnt, legt die Struktur und den Aufbau des Gehirns fest – und bestimmt damit wesentlich das zukünftige Denken und Handeln dieses Kindes.

In den ersten sechs Wochen hat der Fötus noch die gesamte Grundausstattung, um sich zu einem Jungen oder einem Mädchen zu entwickeln. Allerdings verfügt *jeder* Fötus bis zu diesem Zeitpunkt über eine weibliche Gehirnstruktur. Entscheidend für die Herausbildung eines Jungen ist, ob der Vater dem letzten der dreiundzwanzig Chromosomenpaare das männliche Y-Chromosom hinzufügt. Tut er das bei der Zeugung, gibt das Y-Chromosom im Embryo den Anstoß, daß die Geschlechtsdrüsen sich in der sechsten Schwangerschaftswoche zu Hoden entwickeln. In den Hoden beginnt die Produktion eines

»Wunderhormons«, welches das Gehirn des Fötus zu überschwemmen beginnt.

Nun beginnt ein dramatischer Umbau der Geschlechtsmerkmale und des Gehirns des kleinen Menschen. Denn genauso wie der Anstoß zur Entwicklung männlicher Geschlechtsmerkmale vom Vorhandensein männlicher Hormone abhängt, bedarf es einer radikalen Intervention, um die natürliche weibliche Gehirnstruktur des Fötus in eine männliche umzuwandeln.

Das in der Entwicklung befindliche Gehirn des männlichen Fötus braucht männliche Hormone, um ein spezifisch männliches Muster anzunehmen. Während sich das männliche Gehirn im Mutterleib entwickelt, steuern die Hormone die Art und Weise, in welcher die neuronalen Netzwerke und Leitungssysteme angelegt werden. Männliche Embryos sind während dieser kritischen Entwicklungsphase, in der ihr Gehirn Gestalt anzunehmen beginnt, einer enormen Dosis männlicher Hormone ausgesetzt. Ihr männlicher Hormonspiegel ist zu diesem Zeitpunkt im Vergleich zum Säuglings- und Kleinkindalter viermal so hoch. Diese Hormonschwemme polt das Gehirn des kleinen Jungen auf männliches Verhalten. Weiblich gepolt bleibt das Gehirn eines Jungen nur dann, wenn durch Anomalien oder genetische Defekte in dieser speziellen Entwicklungsphase des Gehirns keine männlichen Hormone zugeführt werden. Sobald das Gehirn in seiner männlichen Struktur gefestigt ist, kann es selbst durch die Zufuhr von weiblichen Hormonen nicht mehr beeinflußt werden. Das so vorstrukturierte männliche Gehirn hinterläßt durch diese Hormonschwemme einen dauerhaften Abdruck im Nervensystem. Das Gehirn des Jungen ist nun auf männliche Hormone geprägt und vorstrukturiert. Es wird später, in der Pubertät, ganz spezifisch auf diese männlichen Hormone reagieren – in einer Art und Weise, die viele Eltern an den Rand der Verzweiflung bringen wird.

Der Stoff, aus dem dieses Wunder gemacht wird und das für diese dramatischen Veränderungen verantwortlich ist, heißt Testosteron. Testosteron ist ein anaboles Steroid und sieht unter dem Elektronen-Raster-Mikroskop aus wie ein in Flammen gehülltes Schwert. Dieses körperaufbauende Steroid vergrößert die Kapazität des Körpers zum Speichern von Kalzium, Phosphor und anderen für den Muskel- und Knochenaufbau lebenswichtigen Elementen. Es bewirkt aber auch, daß im Körper des Jungen das Verhältnis zwischen Eiweiß und Fett vierzig Prozent zu fünfzehn Prozent beträgt (bei Mädchen beträgt das Verhältnis dreiundzwanzig zu fünfundzwanzig). Darüber hinaus entwickeln

Jungen im Vergleich zu Mädchen erheblich mehr rote Blutzellen. Da die roten Blutzellen Sauerstoff durch den Körper transportieren, genießen Jungen den Vorteil physiologischer Überlegenheit.

Dieser physiologische Vorteil wird ausgebaut durch die Fähigkeit von Testosteron, automatisiertes Verhalten zu fördern: Jungen und Männer sind eher als Mädchen und Frauen in der Lage, automatisierte Tätigkeiten über einen längeren Zeitraum aufrechtzuerhalten, ohne dabei zu ermüden. Physiologisch steuert Testosteron durch die hormonelle Verarbeitung von Wahrnehmung andere Effekte als zum Beispiel Östrogen. Durch die von Östrogen gesteuerte Wahrnehmung überlegen Frauen und Mädchen, was die beste Lösung der ihnen in einem dreidimensionalen Raum angebotenen Optionen sein könnte, bevor sie handeln – und tun dann oft Dinge, die andere von ihnen erwarten. Das bedeutet, daß Mädchen und Frauen in der Regel erst nachdenken und dann handeln. Und daß sie wesentlich angepaßter und regelkonformer auf ihre Umwelt reagieren. Ein weiteres Resultat ist, daß sie dem Prozeß, der zu einem Ergebnis führt, wesentlich mehr Beachtung schenken als Jungen und Männer. Die wiederum gehen ganz anders an einen dreidimensionalen Raum heran: Sie wissen, was sie wollen, und orientieren sich im Raum, indem sie danach suchen, was am schnellsten und effektivsten dem Erreichen ihres persönlichen Ziels dienlich sein kann. Da Jungen und Männer in der Regel also erst handeln und dann nachdenken, kann das zu einigen Komplikationen führen. Denn sie sind nicht unbedingt wählerisch in der Wahl ihrer Optionen. Das gilt für Sex genauso wie für Freundschaften oder das zielbewußte Anstreben von Karrieren: Jungen und Männer sind in der Regel ergebnisorientiert – und meistens schwer genervt, wenn dem Prozeß zuviel Aufmerksamkeit geschenkt wird. Jede Frau weiß ein Lied davon zu singen, wie schnell Männer abschalten, wenn *sie* alle wichtigen Details einer Geschichte zu erzählen beginnt, während *er* sofort das Ergebnis wissen will.

Die Kehrseite dieser Fähigkeit führt bei Jungen und Männern bei nicht bewältigten Streß-Situationen zu stärkeren automatisierten Reaktionen, die wesentlich schneller zu einer Eskalation führen können. Dieser hormonellen Steuerung von Wahrnehmung können Jungen und Männer erst in späteren Jahren entkommen, mit entsprechend mehr Lebenserfahrung. In jungen Jahren fühlen sie sich in der Regel subjektiv sehr viel schneller bedroht und angegriffen. Sie haben diesen starken Drang, sofort zu handeln. Und sie denken erst später nach – mit entsprechend negativen Folgen für ihr Umfeld. Deshalb ist es so notwendig, mit Jungen gerade auf der Ebene von Wahrnehmung zu arbeiten: damit sie nicht in automatisierten Reaktionen gefangen bleiben, die ihre Lebensumstände verschlimmern. Es ist wesentlich, daß sie lernen, ihren Focus bewußt zu verändern und anders zu lenken, um Wahlmöglichkeiten für die verschiedensten Streß-Situationen zu trainieren.

Aber Testosteron steht noch für mehr. Untersuchungen über Testosteron, im Labor, interkulturell, embryologisch, und auch die Befunde bei einer klinisch indizierten Vergabe von Testosteron an Frauen belegen: Es ist das zuständige Hormon für Aggression, sexuelles Verlangen, Wettbewerbsdenken, Selbstbehauptung, Selbstsicherheit und Selbstbewußtsein. Und wenn Sie sich vor Augen führen, daß Testosteron das verantwortliche Hormon für die Umgestaltung des weiblichen in ein männliches Gehirn ist, dann verstehen Sie jetzt auch, warum das Gehirn eines Jungen ganz andere Ziele und Werte hervorbringt als das eines Mädchens. Jungen denken, empfinden und agieren nach ganz anderen Prinzipien als Mädchen. Und wer versucht, Jungen zu Mädchen zu machen, wird sein blaues Wunder erleben.

In der zehnten Schwangerschaftswoche verlassen die Bauarbeiterkolonnen des Testosterons wieder das kleine Gehirn des Jungen. Sie haben ganze Arbeit geleistet: Wo ursprünglich ein weibliches Gehirn sich zu entwickeln begann, ist nun eine völlig neue Landschaft entstanden. Das Gehirn des kleinen Jungen ist kaum noch wiederzuerkennen. Das ursprünglich weiblich ausgeprägte Gehirn des Jungen besaß eine dickere linke Hirnrinde, ein Corpus Callosum (den Gehirnbalken zwischen den beiden Gehirnhälften: die sogenannte Schaltzentrale), das im Verhältnis zum Gewicht des Gehirns dicker war (bis zu dreiundzwanzig Prozent), weniger dichte Neuronen, kleinere Hirnkerne und einen Hypothalamus, der nach dem Grundsatz des positiven Feedback funktionierte, so daß sich Schwankungen im System verstärkten, d.h. ein Hoch fiel höher und ein Tief fiel tiefer aus, was mehr Emotionalität zur Folge hatte.

Das nun männlich ausgeprägte Gehirn besitzt eine dickere rechte Hirnrinde, ein Corpus Callosum, das im Verhältnis zum Gewicht des Gehirns dünner ist, dichtere Neuronen, Hirnkerne, die bis zu achtmal größer als die eines weiblichen Gehirns sind, und einen Hypothalamus, der nach dem Grundsatz des negativen Feedback funktioniert, um im Gleichgewicht zu bleiben.

Das ursprünglich weibliche Gehirn war auf *Sprechen* ausgerichtet, hatte in der Regel eine größere Begabung für Kommunikation und wies die als charakteristisch für das weibliche Gehirn angegebenen Merkmale auf: Sprache, Sinneswahrnehmung, Gedächtnis, soziales Bewußtsein und Beziehungen.

Das neu entstandene männliche Gehirn ist auf *Handeln* eingerichtet, hat in der Regel eine größere Begabung für mathematisches und räumliches Denken und weist die als charakteristisch für das männliche Gehirn angegebenen Merkmale auf: Aggression, Wettbewerbsdenken, Selbstbehauptung, Selbstbewußtsein und Selbstsicherheit.

Bis jetzt befanden wir uns noch am Schultor. Die meisten Jungen wirken noch relativ harmlos, obwohl ihre innere Maschine sich schon signifikant von jener der Mädchen unterscheidet. Jetzt erleben wir, was passiert, wenn wir den Brennstoff einfüllen und die Zündung einschalten: Die Hormonschwemme nimmt ihren Lauf. Jungen und auch Männer beginnen an diesem Punkt die Last eines biologischen Alptraums zu tragen, die sich Frauen kaum vorstellen können. Es sei denn, sie erhalten aus medizinischen Gründen Testosteron-Spritzen – was sie prompt zum Wahnsinn treibt: »Ich kann nur noch an Sex denken. Können Sie das nicht abstellen?«[17]

Es ist also eine gewaltige Woge dieser Wunderdroge, die den Jungen überschwemmt: in der Pubertät, wenn seine Sexualität in Schwung kommt – und sechs Wochen nach der Empfängnis, also in dem Moment, wo sich sein Gehirn herauszubilden beginnt. Zu Beginn der Pubertät statten diese Hormone ihrem alten Freund wieder einen Besuch ab, um die Leitungssysteme, die sie geschaffen haben, zu »aktivieren«. Dabei bringen sie ihre ganzen Kumpel mit – zwanzig- bis dreißigmal so viel wie normal. Dieser Besuch hat folgenschwere Konsequenzen: Die Testosterone übernehmen ihre zweite wichtige Rolle. Sie befeuern, durchdringen, instruieren und formen das männliche Gehirn und beeinflussen nun auf dramatische Weise das zunehmend merkwürdige Verhalten des Jungen: Alles dreht sich um Sex, Konkurrenz, Durchsetzungsfähigkeit und manche Schlägereien. Und natürlich wollen sie gewinnen, immer.

Sie wollen gewinnen, immer

»Wie weit hast du denn das Frisbee geworfen?« frage ich meinen Sohn.

Er war mit seiner Mutter und seiner Großmutter auf einem großen Spielplatz in der Innenstadt. Nun ist er allein im Garten, wirft Gegenstände um sich und zischt durch seine Zähne.

»Ich habe gewonnen, Papa, vier zu einhalb! Wir haben zu dritt gespielt. Der eine hat gar nichts, Mama einhalb und ich fünf, nein, warte, vier.«

Dann dreht er sich wieder im Kreis, macht maschinenähnliche Geräusche und wirft mit einem zischenden Laut irgendein Tuch aus seinem Handgelenk.

Jungen wollen gewinnen, immer. Gewinnen hat in vielen pädagogischen Kontexten immer noch etwas Anrüchiges. Gewinnen durchbricht das egalitäre Denken, wonach wir alle mehr oder weniger auf einer Stufe stehen. Was natürlich nicht stimmt. Aber es ist trotzdem den Versuch wert, die Welt zumindest so zu sehen. Dieser Freiraum entläßt Kinder für eine Zeit aus dem ständigen Druck, Performance zu bieten. Im Mittelpunkt steht das Sein, weniger das Tun. Und eher das spielerische Einüben von Lernen und Kooperation. Damit einher geht auch die Idee, daß Leistung nicht so elementar ist. Gewinner sind suspekt. Kooperation ist in diesem Glaubenssystem wichtiger.

Kooperation *ist* wichtig. Aber sie sollte immer über Leistung und Gewinn vermittelt sein. Zumindest für Jungen und Männer. Denn Jungen und Männer wollen etwas tun. Sie sind auf Handeln strukturiert. Und nichts ist für sie natürlicher, als sich ständig zu messen und zu vergleichen – und zu versuchen zu gewinnen.

Warum hat die Evolution Leistung, Konkurrenz und Gewinnen einen so hohen Stellenwert eingeräumt? Und warum schlägt das gerade auf der männlichen Seite so stark durch? Die Antwort ist relativ einfach: Konkurrenz belebt das Geschäft. Gewinnenwollen bedeutet, sich immer steigern zu wollen, da man sich nie sicher sein kann, ob andere Konkurrenten nicht ein höheres Niveau erreichen. Um zu gewinnen, sind Strategien nötig. Die erfordern Kooperation und Netzwerke. Und jede Menge Intelligenz. Deswegen bilden Jungen Banden und Männer Teams. Im Rahmen dieser Gruppen wird ein Junge oder ein Mann herausgefordert, sich selbst herauszufordern. Dazu gehört vor allem die Fähigkeit, sich ständig zu verändern und anzupassen. Und das ist das Clevere an diesem Programm. Männer verändern sich nicht gern. Männer lieben Veränderung eigentlich überhaupt nicht. Männer mögen keine neuen Tricks. Es sei denn, man kann sich messen und es gibt etwas zu gewinnen. Das verändert alles. Die Evolution ist clever, sehr clever.

Der äthiopische Wunderläufer und Olympiasieger Haile Gebrselassie bezeichnet sich selbst als einfachen Mann. Als Läufer ist er eine Legende. Obwohl er in Äthiopien als Nationalheld verehrt wird, ist es vor allem seine bescheidene und witzige Art, die einem sofort auffällt.

Doch er wird ungern an seine einzige Niederlage bei der Weltmeisterschaft 2001 im kanadischen Edmonton erinnert. Dort verlor er das Finale über 10 000 Meter gegen den Kenianer Charles Kamathi und seinen Landsmann Mezgebu. Ob es bei den Weltmeisterschaften in Paris eine Revanche gibt?

»Ich hoffe es«, antwortet Haile Gebrselassie.

»Einmal Dritter zu sein, das genügt.«[18]

Als bei der Tour de France am französischen Nationalfeiertag im Sommer 2001 der in Diensten des französischen Rennstalles Crédit Agricole stehende deutsche Radrennfahrer Jens Voigt für einen Tag im Gelben Trikot fuhr, telefonierte sein sechsjähriger Sohn aus Berlin mit ihm: »Papa, jetzt wo du gewonnen hast, kannst du doch nach Hause kommen!«

Es ist der Traum eines jeden Radrennfahrers, einmal in seiner Karriere das Maillot Jaume zu tragen, und wenn auch nur für diesen einen Tag. Dafür ist er bereit, alles zu geben, furchtbare Entbehrungen auf sich zu nehmen und alles zu opfern. Warum? Weil es einen jungen Mann für diesen einen göttlichen Moment aus dem obskuren Mittelmaß heraushebt. Und nicht nur ihn, sondern seinen ganzen Familien-Clan. Es ist ein besonderer Moment der Erfüllung: Der persönliche Mythos taucht auf und brennt sich in die Historienbücher ein. Wann immer es geht, präsentieren sich diese Männer auf dem Podest mit ihren Kindern und dem Trikot. Es ist ein Moment für die Ewigkeit, ein Vermächtnis.

Für die Radprofis ist das Tragen des Maillot Jaume etwas so bedeutsames, daß sie meistens mit ihm schlafen gehen. Später wird dieses Trikot sorgfältig gewaschen und gebügelt und bekommt für immer einen Ehrenplatz.

Der amerikanische Radprofi und vierfache Tour de France-Gewinner Lance Armstrong ist ein combattante par excellence, der seine Schlachten minutiös bis ins Detail plant.[19] Dabei ist er nicht unbedingt ein genialerer Rennfahrer als der deutsche Rad-Heroe Jan Ullrich. Aber er ist reifer, cleverer, ein Stratege und mit einer unglaublichen Willenskraft gesegnet. Seine ganze Erscheinung ist no nonsense: »Ich bin hier, um zu gewinnen, guys. Und keiner wird mich daran hindern.«

Das ist sein Motto. In seiner ganzen Erscheinung liegt etwas Erbarmungsloses, Furchterregendes. Aber auch ein starkes und unwiderstehliches Bild von Autorität. Er will gewinnen, immer. Dafür ist er da, dafür fährt er im Frühjahr die Alpenpässe rauf und runter, bis sie ihm zum Hals raushängen. So geschehen Ende März 2001. Es ist ein kalter, nebliger Frühjahrstag irgendwo in den französischen Alpen. Vorbereitung auf die Tour. Lance Armstrongs Betreuer sprechen kaum ein Wort, die Kommentare sind knapp. Man spürt die unglaubliche Fokussierung und Konzentration dieser Männer auf den Erfolg – und daß hier ein eingespieltes Team bei der Arbeit ist. Armstrong trägt einen hautengen, wärmenden Trainingsanzug, seine Brille ist beschlagen. Ein Techniker checkt noch einmal sein Rad. Dann schnieft Armstrong durch, gibt ein kurzes Zeichen und rollt wieder den Berg hinunter, um den gleichen Anstieg noch einmal zu fahren, zum vierten Mal an diesem Tag. Es ist der berühmt-berüchtigte Anstieg nach Alp d'Huez. Später, in einem Interview, gibt er zu Protokoll, daß ihn weder der Ruhm noch das Geld wirklich interessieren:

»Ich bin vor allem hier, um unter diesen Männern zu sein und um herauszufinden, wer der Beste von uns ist. Das ist es, was ich liebe.«

An diesem Punkt wird Gewinnen oder Verlieren zweitrangig. Es ist die Freude, lebendig zu sein, da zu sein, die Freude an der Bewegung und der Erfahrung, da vorne mitzumischen, und wenn es geht, *alle* da vorne aufzumischen.

Die große französische Tageszeitung *Le Monde* hat Armstrong den Spitznamen *Le Général* verpaßt. Wenn seine Frau ihn zum Training durch die Gegend kutschiert, hält er es kaum auf dem Beifahrer-Sitz aus: »Fahr schneller, gib Gas!« sind seine typischen Kommentare. »Lance«, antwortet seine Frau Susan resolut, »heirate 'nen Mann.«[20]

Das Spektakel der Tour 2001 fand seinen vorläufigen Höhepunkt am 17. Juli, als die Königsetappe nach Alp d'Huez auf dem Programm stand. Alle ahnten, daß an diesem Tag etwas Entscheidendes passieren würde. Niemand wußte genau, was. Alle Blicke konzentrierten sich auf Lance Armstrong und Jan Ullrich, als das rasch kleiner werdende Péléton mit den verbliebenen Spitzenfahrern den letzten steilen Anstieg dieses Tages hinauf nach Alp d'Huez in Angriff nahm.

Das besondere an Lance Armstrong ist seine unglaubliche Trittfrequenz, mit der er die Alpenpässe hochfährt. Während Jan Ullrich vorwiegend sitzend einen stetigen großen Gang dreht, katapultiert sich Armstrong in seinem inzwischen bestens bekannten Wiegetritt mit blitzschnellem Beinschlag die Pässe hinauf. Es ist, als ob er fliegen würde. Alles an ihm strahlt Askese aus: seine bis in die letzte Faser durchtrainierte Muskulatur, sein kantiges, gut geschnittenes Gesicht, extrem kurz geschnittene Haare, die hervorstechenden Augen eines Falken.

An diesem besagten Anstieg forciert Armstrong urplötzlich das Tempo. Ullrich zieht mit. Rasch zerfällt auch die Spitzengruppe. Die Spreu trennt sich vom Weizen. Übrig bleiben neben Armstrong und Ullrich nur noch Béloki, Moreau sowie einige Bergspezialisten, die sich auf Etappensiege konzentrieren. Dann plötzlich, mitten in seinem schnellen Wiegetritt, dreht sich Armstrong zu Ullrich und den anderen um, schaut ihnen direkt ins Gesicht, als wollte er sagen:»Okay, Jungs, das war's dann.« Und fährt ihnen mit einer Leichtigkeit davon, die keinen Platz mehr für Fragen läßt. Sein direkter Konkurrent Jan Ullrich über diesen Moment:»Als ich ihn antreten sah, dachte ich, oben hat er zehn Minuten Vorsprung.«

Armstrong gewann die legendäre Etappe nach Alp d'Huez zwar nur mit zwei Minuten Vorsprung vor Ullrich. Aber seine Erscheinung an diesem Tag war furchteinflößend. Er hatte sie alle genarrt, die Journalisten, Fernsehreporter und Manager der anderen Spitzenteams.

Stunden vorher hatte alles ganz anders ausgesehen.

»Armstrong sieht nicht gut aus. Er quält sich. Aus seinem Team erfährt er kaum noch Unterstützung«, echote es über *Radio Tour* hinaus in die Welt, als der erste schwere Anstieg zum Col de Madeleine bewältigt war. Das Team Telekom mit Jan Ullrich hielt an der Spitze des Feldes das Tempo hoch, während das US Postal Team von Armstrong allmählich zu zerfallen schien. *Le Général* selber schnitt Grimassen, als er sich die ersten steilen und langen Anstiege hinaufzuquälen schien. Es hieß, der Funkkontakt zu seinem Team-Manager Johan Bruyneel sei abgebrochen. Kein gutes Zeichen.

Es war alles nur Taktik. Wenig später sollte alle Welt ihre Meinung über Lance Armstrong gründlich revidieren. Es kam der besagte Anstieg nach Alp d'Huez, für den Armstrong vorher so hart trainiert hatte. Das Ereignis elektrisierte die ganze Radsportwelt. Armstrong hatte ein weiteres Kapitel Radsportgeschichte geschrieben.

Das ist der Treibstoff, aus dem Legenden gemacht werden. Es ist der unbändige Wunsch zu gewinnen. Es ist ein Tribut Gottes an die männliche Seite der Evolution und eine beständige Quelle der Inspiration.

Solide Familienväter kaufen sich plötzlich sauteure Rennräder von Trek (Ausrüster von Lance Armstrong) oder Pinarello (Jan Ullrich), arbeiten sich schwitzend die Hügel ihres Heimatgeländes hinauf, ziehen sich diese albern aussehenden Trikots an und schwärmen mit Gleichgesinnten von den Schlachten, die geschlagen wurden. Sie wärmen sich im Dunstkreis dieser Mythen und werden damit selber Teil von etwas Einzigartigem und Außergewöhnlichem. Die Ausrüster der Top-Teams setzen währenddessen zur neuen Materialschlacht an und entwickeln noch schnellere und bessere Technologien, um ihren Fahrern den entscheidenden kleinen Vorsprung zu verschaffen, der ihnen den Sieg ermöglicht.

Das besondere an Lance Armstrong? Eigentlich dürfte es ihn gar nicht mehr geben. Seine Ärzte hatten ihn schon aufgegeben, als 1996 bei ihm Hodenkrebs im fortgeschrittenen Stadium festgestellt wurde. Die Diagnose war ein Schock für Armstrong und sein gesamtes Umfeld. Der Krebs hatte bis ins Gehirn hinein metastasiert. Ärzte gaben ihm noch drei Prozent Überlebenschancen, verschwiegen aber diese niederschmetternde Diagnose, weil sie sahen, daß er bereit war, um sein Leben zu kämpfen. Doch keiner von ihnen glaubte tief im Innern wirklich, daß er es schaffen könnte. Die Art und Weise, wie Lance Armstrong sich sein Leben zurückholte, ist bereits Legende. Er hat darüber berichtet.[21]

Nichts an ihm ist gewöhnlich. Jedes Detail seines Lebens ist inzwischen ausgefeilt. Und als Athlet ist er besser als jemals zuvor. Wenn man sein Buch liest, versteht man plötzlich, warum er mental allen anderen Athleten in seinem Umfeld überlegen ist. Und warum Gott ein Herz für Gewinner haben *muß*.[22]

Doch zuvor läßt er sie durch tiefe Täler der Depression und der Wandlung gehen.

Wie alles im Leben hat auch Gewinnenwollen seine Grenzen. Man kann einem Mann nicht wirklich vertrauen, bevor man nicht etwas über seine Niederlagen erfahren hat. Ein Mann, der gewinnen will, muß sich vor allem darin üben, verlieren zu können. Denn nur in der Niederlage erkennt man Optimierungsmöglichkeiten. In der Niederlage zeigt sich die Großzügigkeit des Herzens. Man erfährt, ob man sich auf einer tiefen Ebene wirklich vertrauen kann. Dies ist ein schmerzhafter Prozeß – aber unvermeidlich. Im englischen Sprachgebrauch bedeutet der Ausdruck »smart«: clever, intelligent. Und es bedeutet auch: Stechen, Schmerz, Verletzung. In diesem Schmerz findet eine Wandlung statt, die den symbolischen Tod eines alten Zustandes und den Beginn eines erneuerten und adäquateren Zustandes bedeuten kann.

Für Jungen ist es deshalb wichtig, sie nicht nur zum Gewinnen zu stimulieren, sondern sie gleichzeitig auch zu unterstützen, mit Niederlagen fertigzuwerden. Edwin Moses, der legendäre amerikanische Athlet und einer der weltbesten Hürdenläufer aller Zeiten, blieb von 1977 bis 1986 in 122 Rennen unbesiegt. Er war bekannt als *der Mann, der alle Hürden nahm.* Doch das war beileibe nicht immer so. Als junger Mann in der Highschool und später am College verlor er eine Menge Rennen. Um genau zu sein: Er hat überhaupt nie gewonnen. Er war einer jener Jungen, die mal Zweiter werden, mal Vierter, dann wieder Dritter. Mit neunzehn schaffte er es nicht einmal, die vierhundert Meter unter fünfzig Sekunden zu laufen – ohne Hürden. Es schien unwahrscheinlich, daß er jemals ein Spitzensportler werden würde. Aber er war ausdauernder als die anderen. Und er trainierte hartnäckig weiter. Er lernte das, was er »Eleganz in der Niederlage beweisen« nennt. Daß in jeder Niederlage ein Sieg steckt: weil man seine Bestzeit verbessert hat, auch wenn man nur Vierter wird. Oder weil man den Typ, den man sonst nie schlägt, hinter sich gelassen hat.

Als sein fünfjähriger Sohn mit Freunden beim Bowling war, fing dieser plötzlich an zu heulen. Ein Freund hatte mehr Kegel abgeräumt.

»Siehst du«, so Edwin Moses an seinen Sohn gewandt, »so ist das auf der Erde – man verliert, du kannst nicht alle Kekse haben im Leben.«[23]

Geholfen hat Edwin Moses die Einsicht, immer einen Plan B parat zu haben – die Fähigkeit, sein ganzes Tun nicht allein auf ein Ziel auszurichten. So hat er am College gleichzeitig Physik und Maschinenbau studiert. Als Athlet arbeitete er auch als Raumfahrttechniker. Er besaß die entscheidende Fähigkeit, vorauszuplanen und Niederlagen mit einzukalkulieren.

Am Plan B mangelte es offensichtlich jenem Piloten eines Urlauberjets aus Griechenland, der dreimal im Nebel die Landebahn des Flughafens Newcastle verfehlte. Die Maschine der griechischen Gesellschaft Axon Airlines setzte aus Heraklion kommend bei dichtem Nebel gerade zur Landung an, um gleich darauf wieder durchzustarten. Der Pilot teilte den Fluggästen lakonisch mit: »Es tut mir leid, aber ich habe die Landebahn verfehlt. Ich drehe um und versuche es noch einmal.« Doch auch der zweite Versuch mißlang. Nun gab der Pilot durch, er wolle es auf einer anderen Landebahn versuchen. Das Problem war nur: Newcastle besitzt überhaupt keine zweite Landebahn. Schließlich wich der Pilot nach Manchester aus.

Die zweihundertfünfzig Passagiere an Bord waren inzwischen in Panik.

»Ich dachte, das war's, wir werden alle sterben«, sagte die sechsundsechzigjährige Margaret Deakin. Die Passagierin Susan Hayden hatte schreckliche Angst um ihr Leben und das ihrer Familie: »Ich werde nie wieder fliegen.« In Manchester schaffte der Pilot schließlich eine holprige Landung. Doch zum Entsetzen der Passagiere hielt er die Türen verschlossen. Er wollte die Maschine nur auftanken lassen, um in Newcastle einen vierten Versuch zu starten. Einer der Passagiere alarmierte per Mobiltelefon die Polizei, die den Horrorflug in Manchester beendete. Wie sich später herausstellte, war der Pilot gerade neu eingestellt worden. Er wollte auf jeden Fall gewinnen. Dadurch verlor die Fluglinie auf einen Schlag zweihundertfünfzig Kunden. Und er wohl seinen Job.[24]

Das Lieblingsspiel meines ältesten Sohnes sind übrigens zwei Quartetts zu je 2,50 Euro: Das eine heißt *Ultra Jets*, das andere ist ein Kartenspiel mit allen jemals gebauten Ferrari-Modellen. Wir spielen dieses Spiel morgens im Bett, unterwegs, wenn wir auf irgend etwas warten müssen, nachmittags beim Kaffee- und Kakaotrinken. Wir spielen dieses Spiel mit unseren ganz eigenen Regeln. Schon beim Austeilen hält Vincent, der Siegreiche, den größten Batzen der Karten in seiner Hand, rein zufällig. Wenn ich dann die wenigen Karten in meiner Hand anschaue, die mir verblieben sind, weiß ich, daß es nur eine Frage der Zeit ist, bis ich verloren habe: alles Krücken. Gewonnen hat derjenige, der dem anderen durch geschicktes Fragen in den jeweiligen Leistungskategorien alle Karten abgenommen hat. Nach und nach hat mein Sohn neue Regeln erfunden, die er mühelos in den Spielfluß integriert. Sie laufen alle darauf hinaus, daß er gewinnen muß. Das ist der eigentliche Sinn des Spiels.[25]

Ich habe meine Freude daran zu sehen, wie er sich über seine siegreiche Strategie freut. Er wackelt vor Freude auf seinem Stuhl, fährt wie von der Tarantel gestochen hoch, wenn er mir wieder eine meiner Krükken abgeluchst hat, und heult Rotz und Wasser, wenn ich den Spieß umdrehe. Ich kann dem gelassen zuschauen, weil ich sehe, wie er bereit ist zu lernen, geschickt zu taktieren und ausgeklügelte Strategien zu entwerfen, um sein Ziel zu erreichen. Erst sehr viel später wird er lernen, daß Gewinnen bei weitem nicht das Wichtigste ist. Und er wird irgendwann an einen Punkt kommen, wo er die Konkurrenz vergessen und zu sich selber finden wird. Da bin ich mir ziemlich sicher. Und dann wird er das Wesentliche verstehen. Warum sollte ich ihm jetzt seinen Spaß verderben? Es existiert kein wirklich vernünftiger Grund dafür.

Warum Jungen von Kämpfen fasziniert sind

Mächtige Detonationen sind aus unserem Wohnzimmer zu hören, wüste Schreie und harsche Befehle böser Männerstimmen. Personen fliegen durch die Luft, Autos knallen zusammen. Vincent schaut Comic-Filme. Er sitzt entspannt auf dem Sofa, läßt seine Beine baumeln und lächelt selig, während Tom und Jerry und Konsorten in wüste Schlägereien verwickelt die verschiedensten Stadien des Todes, der Wiederauferstehung als flaches Asphaltrelief oder fliegender Bettvorleger in Windeseile durchleben, in die nächsten Hindernisse knallen und erneut explodieren, bevor sie wenig später wieder ihren natürlichen Ausgangszustand erreichen. Aus diesen Schlägereien, Explosionen und

Massenkarambolagen besteht faktisch die ganze Handlung, die sich in Endlosschleifen ewig zu wiederholen scheint.

»Meine Kindheit«, so der Schriftsteller Umberto Eco, »war ausgesprochen, ja fast ausschließlich kriegerisch gewesen: Ich schoß mit selbstgebastelten Blasrohren in die Büsche, duckte mich hinter die spärlichen Autos am Straßenrand und feuerte Salven aus meinem Repetiergewehr; ich führte mit blanker Waffe Attacken und verlor mich in blutigen Schlachten. Zu Hause Bleisoldaten, ganze Armeen, involviert in aufreibenden Strategien, in Operationen, die Wochen dauerten, in nicht enden wollenden Feldzügen, für die ich noch die Reste des Teddybären und die Puppen der Schwester mobilisierte. Ich gründete Räuber- und Abenteurerbanden, ließ mich von einer Handvoll Getreuer ›Schrecken der Piazza Genova‹ nennen, löste eine Formation ›Schwarze Löwen‹ auf, um mich einer anderen, stärkeren Bande anzuschließen, in der ich sodann eine Meuterei inszenierte, die katastrophal ausging. Ins Monferrat evakuiert, wurde ich zum Eintritt in die ›Bande des Gäßchens‹ gezwungen und erduldete eine Initiationszeremonie, bestehend aus einhundert Fußtritten in den Hintern plus dreistündiger Gefangenschaft in einem Hühnerstall; wir kämpften gegen die Bande vom Rio Nizza, es waren dreckige und gemeine Kerle, das erste Mal kriegte ich Angst und lief weg, das zweite Mal traf mich ein Stein an der Lippe, ich habe noch heute ein Knötchen innen im Mund, das ich mit der Zunge fühlen kann.«[26]

Vielen ist der elementare Kampf von Jungen und Männern, ihre Kultur der Aggression, der Herausforderung und Selbstbehauptung völlig fremd. Vor allem Frauen und speziell Mütter haben damit ihre Schwierigkeiten. Ihnen ist meist nicht zu erklären, warum Männer aus einer soliden Riesenkeilerei, bei der die Saloonwände wackeln, Tische und Spiegel zu Bruch gehen, auf den Pianisten geschossen wird und Gläser zerklirren, einigermaßen gelöst, zufrieden und geläutert herauskommen sollten, »voller Bereitschaft, den Passanten, der einen anrempelt, freundlich anzulächeln und den aus dem Nest gefallenen kleinen Sperling behutsam aufzulesen.«[27]

Tatsächlich kann man diese männliche Welt nicht begreifen, wenn man sie nicht erfahren hat. Es ist leicht, aus der Distanz ein intellektuelles Urteil zu fällen, gerade über das Kämpfen, ohne jemals selber gekämpft zu haben. Es ist eine beliebte Art und Weise, die Dinge *nicht* an sich heranzulassen: den Schmerz, den Schweiß, die Körperlichkeit, die Nähe zu einem anderen Menschen, das Bewußtsein, einen anderen verletzen zu können und selber verletzt zu werden. Die Intensität des Lebens lehrt die Notwendigkeit von Leidenschaft und Verlangen und die unausweichliche Erfahrung von Konflikten. Verlangen hat zu tun mit der Leidenschaft unserer Seele. Herauszufinden, was die eigene Seele begehrt, ist keine einfache Sache. Aber wenn das Verlangen der Seele sich zu zeigen beginnt, findet man dort zu einer tiefen emotionalen Erfahrung. Kämpfen gehört unausweichlich dazu. Es ist zentral für Männlichkeit, daß sie immer wieder neu errungen werden muß. Der heroische Mythos von Männlichkeit wird im Kampf belebt. Es ist eine Aktivität, die den Nerv des männlichen Wertesystems trifft. Jungen und Männer, die niemals gelernt haben, zu kämpfen, verwandeln sich in passiv-aggressive Monster. Sie können im Alltag auf unbewußter Ebene extrem feindselige und aggressive Metaphern entwickeln, die sich unter einer überfreundlichen Fassade in schnelles Gift verwandeln. Sie demonstrieren ihre Überlegenheit in einer kalten, intellektuellen Überheblichkeit, die unbewußt überall Unruhe und schwelende Konflikte schürt, um ihr unterdrücktes, aggressives Verlangen nach Kampf zu kompensieren. Solche Jungen und Männer kämpfen mit geschlossenem Visier und auf eine hinterhältige Art und Weise, die jeden im Raum gegen sie aufbringen wird. Man kann ihnen nicht vertrauen.

Was Frauen und Männer zum Beispiel im Boxkampf entdecken können, ist mehr als nur ein Sport. Was im und um den Ring passiert, kann als Metapher für menschliche Begegnungen verstanden werden. Im Kampf erfahren Jungen etwas Wesentliches über sich selber, das Leben, das sie führen. Kämpfe symbolisieren im Außen das Drama, welches innen stattfindet. Es ist die Konfrontation mit unseren inneren Kämpfen und Begrenzungen, die letztlich unseren Reifeprozeß ausmacht. Diese Erfahrung kann einen jungen Mann große Schönheit erleben lassen und bietet die Möglichkeit zu tiefen Erkenntnissen. Man erfährt etwas über das Leben als Fluß und über die eigene Sterblichkeit. Im Boxen liegt nicht nur eine große Destruktivität verborgen. Es unterliegt bestimmten Rhythmen und beinhaltet eine Choreographie, einen Tanz, den man nicht beschreiben kann. Man muß ihn im Ring erfahren. Durch das Boxen werden tiefe Emotionen geweckt. Es ist eine sichere Methode, um sich auf die Begegnung mit dem Absoluten vorzubereiten.

Die amerikanische Schriftstellerin Joyce Carol Oates hatte in ihrem Essay über das Boxen ursprünglich vor, einen feministischen Blickwinkel zu wählen:»Mich interessierte die Soziologie der männlichen Gewalttätigkeit, dann aber entwickelte ich eine große Sympathie für diesen Sport und sah, daß er etwas Unvermeidliches und sehr Natürliches an sich hat … Die Welt ist im Zorn – aus Hass und Hunger – entstanden und nicht nur durch Liebe: Davon handelt Boxen unter anderem. Es ist so simpel, daß man es leicht übersieht.«[28]

Vor diesem Hintergrund ist es wesentlich, den Wunsch Ihres Sohnes nach Kampf und »sich zu messen« nicht zu ignorieren, oder schlimmer noch, zu unterdrücken, sondern im Gegenteil, diese Steilvorlage für einen wichtigen Lernprozeß zu nutzen. Kämpfen und Gewinnen sind zwei wesentliche Aspekte im Leben eines jeden Jungen. Und sie zu integrieren und darüber hinauszugehen ist eine der wesentlichen Herausforderungen im Leben.

Jai Blanche, sechs Jahre alt, Erstklässler aus Los Angeles, drückt es so aus:

»Da sind diese zwei Mädchen. Sie haben versucht, mich zu küssen. Ich habe versucht zu entkommen. Ich konnte mein Karate nicht einsetzen, weil mein Lehrer sagte, ich kann es nicht gegen Mädchen einsetzen. Es ist furchtbar, wenn ein Mädchen versucht, dich zu küssen – außer meine Mama tut es. Ein Mädchen sagte: ›Wirst du mein Freund sein?‹ Ich wollte nicht, so habe ich nichts gesagt.

Sie sagte ›Okay‹ und ging. Ein paar Tage später sagte sie mir: ›Ich habe jetzt einen Freund, und sein Name ist Cameron.‹ Cameron ist mein bester Freund.«[29]

Männer sind sehr verwundbar. Jungen sind emotional zerbrechlich. Zerbrechlicher als die meisten Menschen denken. Deshalb dieses enorme Bedürfnis, sich zu verteidigen. Es kann eine Manie werden. Ganz sicher ist es ein elementarer Teil des alltäglichen Lebens von Jungen, sich permanent verteidigen zu müssen. Weil sie sich ständig angegriffen fühlen. Selbst wenn es eine subjektive Illusion ist – und das ist es meistens. Aber Jungen müssen täglich um ihren Selbstwert kämpfen.

Kämpfen wird dann zu einem sehr restriktiven Programm: Die Erfahrung und Freude des Kämpfens verblaßt und macht einer subjektiv wahrgenommenen Bedrohung Platz, der eine Fehlwahrnehmung zugrunde liegt. Diese hält Jungen und Männer in destruktiven physiologischen und emotionalen Verteidigungsmustern gefangen, die ihre Lebensumstände dramatisch verschlechtern können. Automatische Reaktionen auf wahrgenommene Bedrohungen lösen bei Jungen sofortige Verteidigungsmechanismen aus.

Läßt man Jungen kämpfen und gibt ihnen die Sicherheit, daß sie sich verteidigen können, eröffnet man ihnen die Möglichkeit, sich ihrem wirklichen Thema zuzuwenden: Selbstwert. Wenn Jungen ihren

Selbstwert erkannt haben, müssen sie sich nicht länger ständig verteidigen und kämpfen. Deshalb sind bewußt initiierte und supervidierte Kämpfe für Jungen so wunderbar: Sie erlauben ihnen, sich mit den unbekannten Seiten ihrer Persönlichkeit zu konfrontieren – und sich in eine Welt zu initiieren, die größer, weiter und umfassender ist als das, was sie bisher gekannt haben.

Wenn Jungen und junge Männer lernen zu kämpfen, angemessen zu handeln und zu reagieren, werden sie sich geschützt fühlen. Vor Verletzung geschützt erhalten sie ihre Lebensenergie. Starke Lebenskraft schafft Unverwundbarkeiten im Leben. Erst dann wird sich ihnen das Tor öffnen zum Nicht-Kämpfen als spirituelle Kampfkunst:

Im buddhistischen Glauben sprechen die dortigen Weisen von fünf Stufen der Dunkelheit, drei Stufen der Blendung und zwei Stufen der Erleuchtung. Am Beispiel des Schachspiels wird die zweite Stufe der Erleuchtung illustriert: Der Anfänger lernt Regeln und Züge, um zu gewinnen. Der (verblendete) Könner spielt raffiniert, um Sieger zu bleiben. Der Erleuchtete spielt um des Spieles willen und freut sich über jeden neuen, unbekannten und überraschenden Zug – auch des Gegners.[30]

Um gesellschaftliche Gefahren zu überwinden benötigen Jungen und junge Männer einen rituellen Raum der Erfahrung, der ihnen hilft, die Notwendigkeit zu erkennen, ihre innere Stabilität und Balance aufrechtzuerhalten, Zurückhaltung zu praktizieren und die Sinne auf ihr inneres Wachstum zu richten. Sie müssen sich durch dieses Territorium hindurcharbeiten, auch auf körperlicher Ebene, um ihre destruktiven Kräfte kennenzulernen. Dies kann nicht allein auf intellektueller Ebene geschehen. In diesem Prozeß werden sie lernen, die subtilen Kräfte in sich zu nutzen um ihre eigene Erfüllung zu formen und einer Intelligenz zu vertrauen, die nur erschafft.

Junge Männer, die die Fähigkeit erlangen, Extreme zu neutralisieren und die Realität zu verändern, besitzen jene ultimative Kraft, welche der Welt Frieden bringen wird.

»Es ist wichtig, für seine Träume zu kämpfen«, sagt der Schriftsteller Paulo Coelho, »nicht als Opfer, sondern als Abenteurer.«

2 Was die Kerle wissen wollen

Jungen sind hier, um in elementarer Art und Weise ihre Werte auszudrücken. Ihre Neugier ist ein wichtiger Quell ihres Lebens, und auf der Suche nach neuem Wissen überschreiten sie ohne Zögern Grenzen und Glaubenssysteme. Lernen ist für sie eine Botschaft aus der Zukunft. Es geschieht mühelos und ohne Kraftanstrengung. So sitzen sie früh am Boden, im Garten, im Sandkasten oder in der Werkstatt des Vaters, bauen, kombinieren und schrauben Dinge zusammen, die so in keiner Bedienungsanleitung zu finden sind. Ihrer Experimentierfreude scheinen dabei keine Grenzen gesetzt.

Leben, das ist der Aufbruch ins Unbekannte. Und ohne Lernen gibt es keinen Aufbruch, kein fortschreitendes Wissen und keine Expansion. Die Dinge, die Jungen interessieren und über die sie etwas erfahren und lernen wollen, sind oft nicht die Dinge, die ihre Eltern oder ihre Betreuer für wichtig und wesentlich halten. Aber das macht für Jungen keinen wirklichen Unterschied, solange man sie in Ruhe die Dinge tun läßt, die sie tun wollen.[31]

Einige der Dinge, die für Jungen und junge Männer wichtig sein können: Sie wollen wissen, was man mit seinem Daumen tun muß, nachdem man ihm einen mit dem Hammer verpaßt hat. Es interessiert sie, wie man beispielsweise Bier in Nahrung umwandeln kann. Junk-Food-Diäten erscheinen ihnen oft wichtiger als Öko-Nahrung. Im zwischenmenschlichen Bereich geht es darum herauszufinden, wie inspirierender Sex funktioniert, den hungrigen Blick einer Frau einzuschätzen, unterschiedliche weibliche Orgasmen zu erkennen, Kellnerinnen seinem Willen zu unterwerfen – oder wie man mit seinem alten Herrn abhängt. Dazu gehört immer die Geschichte des legendären Großvaters, der in Gefangenschaft seine Zigarette mit einer Hand in seiner Jackentasche zu drehen pflegte.

Für Familienväter kann es interessant sein, herauszufinden, wie man Windeln mit einer Hand wechselt, wie man smarte Ideen entwickelt, Karrieren plant, ein Restaurant eröffnet, Fische ausnimmt, seine Anzüge auswählt, seinen eigenen Chef entläßt, wie man am schnellsten berühmt wird oder wo man innerhalb von Städten am besten zeltet. Solche Herausforderungen sind es, die Jungen und Männer wirklich faszinieren.[32]

Wenn man Jungen intensiver beobachtet, kann man feststellen, daß sie versuchen, sich eine gute Umgebung zu schaffen, die Trance-ähnliche Zustände erleichtert. Eine solche Umgebung verstärkt ihre Sinne für Empfänglichkeit. Man kann deutlich beobachten, worauf sie ansprechen und wozu ihr Körper und ihre Erfahrung sagen: »Ja, das ist es. Das gefällt mir«, und wozu sie sagen: »Nein, das gibt für mich keinen Sinn, oder das funktioniert bei mir nicht.«

Jungen versuchen, Erfahrungen von *innen* heraus hervorzurufen. Etwas ganz Charakteristisches für Jungen (und auch Männer) ist das, was man »den Scheinwerfer einengen« nennt.[33] Der Strahl der Aufmerksamkeit wird sehr eng, eine konzentrierte Bewußtheit, die dem Zustand vergleichbar ist, wenn man in einen Film, ein Fernsehstück oder ein Buch vertieft ist. Ihre Aufmerksamkeit ist wirklich gefesselt. Jungen reagieren dann kaum auf äußere Impulse. Der Rest tritt in den Hintergrund. Sie sind in ihrer Beschäftigung ganz versunken – das ist Trance: in eine Beschäftigung oder Arbeit versunken sein, wenn sie wirklich ganz dabei sind. Man kann Jungen dann fünfmal eine Frage **43** stellen – und sie reagieren einfach nicht.[34]

Der typische Gang der Dinge ist, daß man als ältere und erfahrenere Person versucht, einen Jungen etwas auf der Ebene des Verstandes zu lehren. Doch das Bewußtsein tut nichts Wichtiges. Während Sie diese Zeilen lesen, wissen Sie vielleicht wirklich nicht, was es bedeutet, in Trance zu gehen. Ihr Unterbewußtsein könnte aber schon eine Menge Erfahrung damit gemacht haben. Sie könnten also gerade hier sitzen und sich fragen, was mit In-Trance-Gehen gemeint ist – während Ihr Unterbewußtsein Ihnen bereits dabei hilft, in eine Trance zu gehen.[35]

Es ist meist viel sinnvoller, Jungen zu ermöglichen, sich eine Umgebung zu schaffen, die sie unterstützt, Erfahrungen in ihrem Inneren zu erwecken. Jungen wissen viel mehr, als viele Leute ahnen. Das Unbewußte von Jungen ist ihr tieferes, klügeres Selbst. Es ist kreativ, intelligent und viel klüger als ihr bewußter Teil, der durch die begrenzenden Glaubensmuster eingeengt ist, an denen ihr Bewußtsein festhält. Deshalb ist es für Jungen notwendig, einen Raum zu schaffen, in dem ihr Unterbewußtsein ungestört wirken kann.

Sie können Ihre Söhne dahingehend beeinflussen, daß es ihnen gelingt, ihre eigenen Erfahrungen hervorzurufen und diese einzusetzen, um ihre eigenen Ziele zu erreichen.

Wenn man beginnt, ein Gespür zu entwickeln für die Art, wie Jungen reagieren, kann man große Überraschungen erleben: Man fängt an, auf sie zu reagieren. Als Eltern und Betreuer werden Sie nur dann wissen, worauf Jungen reagieren, wenn Sie sie beobachten. Deshalb ist dies eines der wesentlichen ersten Elemente: Sie geben Ihrem Sohn die Erlaubnis, Dinge zu tun, Sie bestätigen ihn und schauen, wie er die Dinge anwendet.

Tiefenzustände bedeuten die Erweckung von unwillkürlichen Erfahrungen. Und es ist die natürliche Fähigkeit von Menschen, in ihrem Leben regelmäßig in alltägliche Tiefenzustände hinein- und wieder herauszugehen. Diese Tiefenzustände zu verstehen, bedeutet, sie zu respektieren, von außen nicht zu intervenieren und sich auf das Beobachten zu beschränken. Jungen besitzen von Natur aus viele Fähigkeiten. Und als Eltern sollte man diese natürlichen Fähigkeiten respektieren und nutzen. Wenn Ihnen das gelingt, ist es gut möglich, daß sich Ihnen die verschiedenen Welten von Jungen und Männern öffnen werden – mit erstaunlichen Konsequenzen für Ihr Wissen und Ihre Wahrnehmung.

Das Zimmer eines Jungen: inneres und äußeres Mysterium

Tillmann ist zehn Jahre alt. In seinem Zimmer ist kein Durchkommen. Man muß auf dem Boden balancieren wie auf einem Drahtseil, damit die Ordnung nicht durcheinandergebracht wird. Wenn man Chaos als Ordnung betrachten mag. Wahrscheinlich ergeht es Ihnen beim Anblick des Zimmers Ihres Sohnes ähnlich: Man hat immer das dringende Bedürfnis auszumisten. Zumindest den Bereich der Eingangstür so weit frei räumen zu können, daß bei unerwartetem Besuch nicht das halbe Zimmer in den Flur geschaufelt wird, falls man überfallartig die Tür schließen muß.[36]

Meistens, wenn Tillmann sich langweilt und draußen niemand zum Spielen ist, hängt er sich mit seinen Armen an sein Hochbett und schaukelt so eine Minute mitten in diesem Chaos hin und her. Dabei denkt er sich, wie schön es wäre, wenn jemand von seinen Freunden unten vor der Tür Zeit zum Spielen hätte. Dann läßt Tillmann sich einige Zeit still hängen und überlegt, was er allein draußen machen könnte.

In Tillmanns Zimmer stehen ein Hochbett und drei Schränke, die überquellen. Im Bücherregal befindet sich die Stereoanlage, der CD-Ständer neben dem Regal. Der Legoschrank steht am Kopfende des Bettes am Boden. Oben auf dem Schrank steht ein Pirat, der als Kopfbedeckung ein grünes Kondom trägt.

»Das Kondom ist aber abgelaufen.«

In der linken Ecke steht das Vielkram-Regal. In der untersten Schublade befinden sich Holzbausachen. In der zweiten ist der Action-Kram (vorwiegend von McDonalds), alte Wasserpistolen und ein paar Autos. In der dritten Schublade liegen Eisenbahn-Spielsachen. Die vierte ist voll mit Kuscheltieren. Über dem Vielkram-Regal hängt das Haifisch-Bild.

»Das haben wir einmal bei Ikea gesehen. Ich mag sie einfach (er meint die Haifische), weil sie so gefährlich sind.«

Gegenüber hängt sein selbstgemaltes Bild, eingerahmt. Auf dem Bild ist Garados zu sehen, eine Pokémon-Drachenschlange, sowie Rihorn und Knofensa. Rihorn ist ein Stein-Pokémon, Knofensa ein giftiges Pflanzen-Pokémon.

Auf dem anderen Schrank lauert ein selbstgebautes Raumschiff. In das Raumschiff kann man hineinblicken. Die Sitze sind aus dem Ohrpolster eines Walkman gefertigt. Die Höcker einer Eierschachtel sind die Komfortsessel für die Crew. Das Schaltpult besteht aus einem Korken mit einer Silbermünze drauf. Das Firmenschild eines Walkman »Funktion Display« dient als Monitor für die Kommandozentrale. Auf dem Dach ist ein mit Draht umwickelter Kugelschreiber als Kanone im Gebrauch. Das Geräuschgerät aus einem McDonalds-Hund wurde demontiert und als Alarmanlage verwendet. Ein Sektkorken wurde als Totenkopf verkleidet, mit einem Nagel an einer Schnur befestigt. Die Schnur wurde durch das Dach geführt, dort durch eine Toilettenrolle, und dann wieder hinaus. Nun kann man an der Schnur ziehen und so schwebt der Totenkopf nach oben. Dann läßt man die Schnur wieder los – und der Totenkopf rast wieder runter. Das dient als Abschreckung für ungebetene Gäste.

»Selbst wenn hier Chaos ist«, erzählt Tillmann, »dann ist mir das wurscht. Dann mache ich die Tür zu, schaffe mir etwas Platz. Und dann ist es so wie immer, als wenn das Chaos immer schon gewesen wäre. Das stört mich nicht weiter.«

Dann frage ich ihn nach seinen liebsten Beschäftigungen.

»Was ich am meisten hier drin mache? Entweder baue ich Lego. Zur Zeit ist das nicht so dinomäßig, sondern mehr Actionsachen. Ich mache es auch so, daß ich am Abend 'ne Kassette höre und male. Ich höre entweder die Knickerbockerbande oder die Drachenschunke.«

Was von außen wie eine mittlere Geröllhalde wirkt, ist jedoch in Wirklichkeit ein magischer Raum, in dem innere und äußere Dinge und Phänomene eines Jungen ständig miteinander kommunizieren. Das Zimmer Ihres Sohnes ist ein mysteriöses Gefäß. Ein heiliger Container. Es repräsentiert Dinge der äußeren und inneren Welt. Als vibrierendes vielfältiges Wesen ist dieser Raum ein Symbol männlicher Kreativität und ein magischer Ort, an dem Jungen in Trance-ähnliche Zustände fallen. Im englischen Sprachgebrauch kommt das Wort »Story« ursprünglich von »Storehouse«, einem Ort, an dem viele Dinge gelagert und verstaut werden. Das Zimmer eines Jungen kann als Lagerstätte von Dingen gelten, die alle ihre spezielle Geschichte besitzen. Und jeder dieser Gegenstände ist beseelt. Deshalb muß dieser Raum unter allen Umständen gegen Eindringlinge geschützt werden, vor allem gegen den zudringlichen, gut gemeinten Generalangriff von Müttern, die eine exakte Vorstellung davon haben, wie das Zimmer ihres Sohnes auszusehen hat.

Das beste Heilmittel, das sich Jungen gegen diese unerwünschten Interventionen einfallen lassen, ist, das Zimmer in solch einem Chaos versinken zu lassen, daß selbst der diszipliniertesten Mutter die Lust am Aufräumen vergeht. Eine ziemlich clevere, aber höchstwahrscheinlich sehr unbewußte Verteidigungsstrategie. Weil Jungen aber grundsätzlich nichts dem Zufall überlassen, haben sie natürlich ihre Geheimverstecke für ganz besonders wertvolle Sachen. Deshalb erweitern Jungen ihr Zimmer nach draußen – wenn das möglich ist. In der Dornacher Straße in Basel zum Beispiel. Dort entdeckt man, auf Höhe des Gundeliparks, im ersten Stockwerk zwei nebeneinanderliegende Balkone. Auf dem linken Balkon steht ein Kleiderschrank, an dem ein Fußballtrikot des FC Basel an einem Bügel aufgehängt ist. Auf dem Schrank stehen fünf aneinandergereihte silberne Pokale. Auf der linken Seite hängen an einem Netz verschiedene Fußbälle herunter. Auf der Balustrade außen hängt ein Plakat, auf dem das nächste Spiel gegen den FC Luzern angekündigt wird. Innen am Fenster, neben dem Schrank, hängen weitere Bilder von Fußballern des FCB.

Das letzte und heiligste Refugium eines Jungen schließlich sind seine Taschen. Jungen wünschen sich, daß ihre Hosen niemals gewaschen werden müssen, damit sie diese ewig tragen können. Das erspart ihnen das Ausräumen und das Einrichten eines weiteren Geheimversteckes.

Die Taschen meines Sohnes

Immer wenn ich morgens meinen ältesten Sohn Vincent in den Kindergarten brachte, trug er seinen Anorak bis knapp über die Oberschenkel. Selbstverständlich war alles sauber, der Reißverschluß korrekt zugezogen. Er hatte sein Halstuch noch einmal von seiner Mutter korrigieren lassen, und auch die Mütze mußte über die beiden Ohren gezogen werden. Er könnte sich ja erkälten.

Wenn ich ihn dann nachmittags wieder abholte, klaffte sein völlig verdreckter Anorak offen, um seinen Mund Spuren von getrockneter

Milch und Schokolade, und die beiden Reißverschlußenden hingen bis über seine Knie, während sich die Taschen seitlich auf eine groteske Art ausbeulten. In seinen Händen immer mindestes drei bis vier Stöcke, mit denen er unentwegt Bodenproben nahm, auf Gebüsche einschlug oder gegen Bäume holzte. Seine neuen Schuhe waren mehrmals erfolgreich über den Asphalt gezogen worden, meist beim Buggy-Fahren. Das Ritual des Abholens war nie vollständig, wenn wir nicht mindestens ein Wettrennen zum Begrenzungszaun des Kindergartens unternahmen, das er selbstverständlich immer knapp gewann. Ich mußte lernen, daß man seinen Sohn niemals überholen darf, falls man nicht den sofortigen Abbruch aller diplomatischen Beziehungen und einen herzzerreißenden Weinkrampf aus erster Hand miterleben will.

Beim Einsteigen in den Wagen zog ich ihm meist die Jacke ab. Aus dem federleichten, wattierten Sportanorak war während des Tages eine mittlere Geröllhalde geworden. Die Jacke wog geschätzte drei Kilogramm mehr. Beide Taschen waren dermaßen mit Steinen vollgestopft, daß zwischen ihnen das zerquetschte grüne Halstuch kaum noch zu erkennen war. Die Holzstöcke, unter ihnen etliche vermoderte Äste, durfte ich im Kofferraum abladen (aus dem ich sie am frühen Abend stillschweigend entsorgte). Das war unser ausgehandelter Kompromiß.

Aus den Innentaschen seiner Jacke quollen Revolver, Handschellen, Pokémon-Karten sowie einige andere heilige Dinge. Eines Tages fragte ich ihn, was er denn alles mit sich herumtrage. Die Antwort war erstaunlich. Ich hatte immer gedacht, Frauen tragen viele Dinge mit sich herum. Aber die Dinge, die er aufzählte, konnten es mit dem weiblichen Mysterium Tasche bei weitem aufnehmen.

Mein ältester Sohn trug mit seinen sechs Jahren folgende elementare Sachen ständig mit sich herum: ein Taschenmesser von Chupa Chups, einen Aerodactyl-Flugsaurier mit großen Fledermausflügeln, einen selbstgebauten Zollstock, sechs Mini-Gameboys von Burger-King (»Ich brauche noch zwei«), zwei Lupen, mehrere Steine, Revolver, Pistole, Schlüssel, Handschellen, Mobiltelefon.

»Ich hab dann noch 'nen kaputten Organizer«, erzählt er mir, während er gerade fünfundzwanzig Kekse in seinem Mund zerkaut, »und jede Menge Pokémon-Karten«. Dazu kommt noch ein Taschenrechner.

»Ich hab dann noch Murmeln in der Tasche, kleine Kalender«, und natürlich jede Menge Staub.

Beim Einsteigen ins Auto bleibt die Jacke immer an seiner Seite. Sie wird neben dem Sitz verstaut und dient als fahrender Safe und Schrein der heiligen Dinge. Beim Verstauen fällt meist die Hälfte der gesammelten Sachen aus den einundvierzig Taschen und muß dann mühsam wieder aufgeforstet werden. Das verzögert die Abfahrt erheblich. Neuerdings muß die Jacke nachts neben seinem Bett liegen. Man weiß ja nie.

Zum Schluß fällt mir noch mein Freund Andrew ein. Andrew lebt in Australien. Als kleiner Junge wohnte er mit seinen Eltern in der Nähe eines Waldgebietes. Jeden Tag ging er allein hinaus, um Ameisen, Schmetterlinge, Mäuse, Bussarde und all die anderen Lebewesen zu beobachten. Zurück kam er immer mit randvoll gefüllten Taschen, deren Inhalt er in seinem Zimmer ausbreitete. Sehr zum Unwillen seiner Mutter. Eines Tages brachte er verschiedene kleine Eier mit, die er aus seinen Taschen kramte. »Was sind das für Eier, Andrew, die du da mitgebracht hast?« fragte seine Mutter. »Einfach ganz normale Eier, Mum.« Zwei Tage später krochen daraus lauter kleine schwarze Schlangen. Seine Mutter rastete aus. Das war das Ende der Taschen-Zeit.

Axel, Willi und die Waschanlage

Ich treffe Axel an der Waschanlage einer freien Tankstelle in Bottrop. Axel ist fünf Jahre alt und hält sich ständig in der Nähe von Willi auf. Willi ist ein wortkarger Mann in mittleren Jahren. Er trägt einen blauen Arbeitsoverall, schwere Stiefel und trägt auffällige Tätowierungen auf seinen kräftigen, muskulösen Armen. Mit schnellen, präzisen Bewegungen befreit er mit einem Dampfstrahler die Autos vom gröbsten Schmutz, bevor sie triefend in die Waschkabine einfahren.

»Seit seinem zweiten Lebensjahr kommt er jeden Nachmittag hierher«, erzählt Axels Großmutter. »Er ist kaum im Haus zu halten.«

»Komm, Oma, laß uns losgehen«, sagt er immer zu ihr. Und es ist egal, ob es regnet oder schneit.

Sein Ziel ist immer dasselbe: Willi und die Waschanlage. Kaum sieht Axel Willi in seiner Montur stehen, beginnt er auch schon zu laufen. Er strahlt über das ganze Gesicht und bestaunt die großen Waschwalzen in der Waschkabine, die wie von Geisterhand bewegt über die Karosserie fahren, begleitet von Wasserdüsen und Schaumreinigern. Große hydraulische Schläuche dienen der Maschine als Kopfbedeckung. Summend laufen die hydraulischen Motoren vor und zurück, präzise laufen die Rollen und Düsen entlang den Konturen des Autos.

In Willis rechtem Mundwinkel hängt eine Zigarette. Willi redet kaum. Seine Augen mustern präzise die Strukturen des Autos, das er gerade reinigt. Es ist ein stummes Zwiegespräch mit den auf- und abschwellenden Formen. Der Strahl fährt wie ein Skalpell über die schmutzige Oberfläche und hinterläßt eine Schneise glänzenden, perlenden Lackes. Zuerst werden immer die Felgen vom Bremsstaub und Dreck gereinigt. Anschließend arbeitet Willi sich von den Fenstern, Motorhaube und Kotflügeln langsam seitwärts hinab zu den Türschwellen und Stoßstangen. Die Bewegungen seiner Hände sind schnell und kompetent. Keine überflüssige Bewegung stört den Reinigungsvorgang.

Viele dieser Männer arbeiten im Verborgenen. Sie verrichten ihre Arbeit ohne viele Worte darüber zu verlieren. Schweigend, ihren Gedanken nachhängend, warten sie in riesigen Hallen große Maschinen, schweißen Stahl zusammen, fahren riesige Kolonnen von Autos und Lastwagen durch nicht enden wollende Landschaften, heben Passagierjets in die Luft, bewegen Baukräne vor riesigen blauen Himmeln oder untersuchen die Skelette der Städte im Untergrund.

Hunderte von Bauarbeitern sind in das Viertel eingezogen, in dem Axel Hacke mit seinem Sohn Luis wohnt. Und seitdem hören Luis' Augen nicht mehr auf zu leuchten. Es sind Männer, die grüne Container und transportable Toiletten aufstellen, mit kreischenden Sägen den Asphalt zerschneiden. Sie graben sich ins Erdreich ein und wühlen nach Rohren und Kabeln.

»Sie stellten Gerüste vor unsere Häuser und verhängten die Fassaden mit grünen Planen. Sie zersprengten Hinterhäuser und bauen neue. Sie erfüllen unsere Straßen mit heißem Staub, haben aus dem Viertel eine tosende Vorhölle gemacht, schaufeln Kies hin, pumpen Flüssigestrich her und lassen ihre Körper von Presslufthämmern durchschütteln. Und während die Stärksten auf der Straße rackern, schachten und graben, warnen Wächter sie tutend und blasend vor der nahenden Tram. Niemand weiß, was sie noch planen.«[37]

Dort wollen die Jungen sein. Dort können sie oft nicht sein. So taucht diese verborgene männliche Welt in den Städten an einem anderen Ort wieder auf: In den Zimmern der Jungen steigen aus den Fluten ihrer Imagination Wolkenkratzer, Kräne und Flugzeuge hervor. Sie hämmern und klopfen mit ihren kleinen Plastikwerkzeugen, sie sägen und zimmern. Sie errichten Monstertürme und bauen unglaubliche Fahrzeuge. Stundenlang versinken sie selbstvergessen in diesen Tätigkeiten. Auf den Spielplätzen stürmen sie als erstes die Bagger, Lokomotiven und die Rampen. Zu Hause drücken sie sich die Nasen an den Fenstern platt, wenn draußen auf der Straße Handwerker auftauchen. Sie klettern auf die Fensterbretter und schauen mit staunenden Augen auf Schornsteinfeger, Monteure, Polizisten. Sie lieben Bauarbeiter, Rennfahrer und Piloten. Alle auf eine besondere Weise, und besonders dann, wenn sie in ihren Uniformen ihre Wundermaschinen und Werkzeuge in Bewegung setzen.

Das Highlight des Jahres für die Kinder des Kindergartens Hägelberg war der Feuerwehralarm im Mai.[38] Die Jungen hatten schon einige Zeit dem Ereignis entgegengefiebert. Doch bevor die Feuerwehr zur Rettungsübung anbrauste, stand Kommandant Dieter Trinler bei den Kindern und erklärte ihnen, was die Feuerwehr und auch die Jugendfeuerwehr alles machen und wie die Atemschutzgeräte funktionieren. Auf die Frage: »Was passiert, wenn es irgendwo brennt?«, kam die Antwort: »Klar, die Feuerwehr!« Ein kleiner Steppke hat aber auch schon bemerkt, daß Polizei und Krankenwagen ebenfalls kommen. Dann war es soweit. Kommandant Dieter Trinler bat den kleinen Dominik, den Alarm auszulösen. Dominik wählte die Nummer 112 und teilte der Leitstelle in Lörrach mit, daß es im Kindergarten in Hägelberg brenne. Kurz darauf hörte man schon die Sirenen. Und wenige Minuten später kam mit Blaulicht und Martinshorn die Feuerwehr auf ihren irren Maschinen angebraust. Inzwischen hatten sich die Kinder in einem anderen Raum in Sicherheit gebracht. Die Feuerwehrmänner, in ihrer schweren Kluft mit Atemschutzgeräten, Einsatzhelm, Sauerstoffmaske und Funkgerät, trugen die Kinder auf der Trage ins Freie. Auf dem Zeitungsbild sieht man zwei Feuerwehrmänner in voller Montur. Der eine trägt einen kleinen Jungen fest gepackt mit seinen beiden Händen in den feuerfesten Handschuhen. Der Junge schwebt in seinen Armen, selig lächelnd, Arme und Beine lokker herabhängend, während der andere Junge sich gerade von der Trage hochrappelt, assistiert vom zweiten Feuerwehrmann. Hinter den vier Protagonisten stehen angelehnt an das Kindergartengebäude zwei kleine Fahrräder. Als alle Kinder gerettet waren, durften sie im Pausenhof das Strahlrohr einer D-Leitung bedienen. Eine Fahrt mit dem Feuerwehrauto durchs Dorf beendete diesen unvergeßlichen Feuerwehreinsatz.

Feuerwehrmänner haben Generationen von Jungen inspiriert. Wenn sie von ihren roten Maschinen auf die Straße springen, strahlen sie etwas Handfestes aus. Ihre dunkle Montur, die schweren Stiefel, der dicke schwarze Ledergürtel, in dessen Schlaufe eine Axt steckt. Die gelblackierten Helme mit Lederkappen als Nackenschutz: Feuerwehrmänner strahlen eine faszinierende Intensität aus. Alles an ihnen ist reiner

Ausdruck von Struktur, Stärke und Durchsetzungsfähigkeit. Sie sind die letzten verbliebenen Helden der modernen Zivilisation.

Maschinen

Eddie Futsch muß ungefähr fünf Jahre alt gewesen sein, als er ein Geräusch hörte, das er so vorher noch niemals vernommen hatte. Es war ein röhrender Sound, der von der anderen Seite des Hügels kam. Eddie fragte seinen Vater, was das sei.

»Das ist ein Automobil«, antwortete dieser.

Es war die Zeit des ländlichen Mississippi im Jahr 1916, und Tierherden waren das einzige, was man normalerweise auf den Hügeln sah.

»Was ist ein Automobil?« fragte Eddie seinen Vater, und sein Vater sagte: 51

»Es ist eine Kutsche, die ohne Pferde läuft.«

Eddie versuchte und versuchte, aber er konnte es sich nicht vorstellen. Als das Ding schließlich über die Kuppe des Hügels erschien, haute es ihn um. Es *bewegte* sich ohne Pferde. Der kleine Junge fragte sich: Wie kann das sein?

Er dachte und dachte und sagte zu sich, vielleicht ist die Kutsche einfach oben auf dem Hügel gestartet; so kam sie hinunter.

Dann fragte er sich: Aber wie kam die Kutsche auf die *Spitze* des Hügels? [39]

X2-66. Das ist der Name der Maschine, die mein sechsjähriger Sohn Vincent gebaut hat. Er hält sie für seine beste. Die Maschine kann Laser schießen und fliegen. Sie kann etwas aufspüren und Dinos fangen. Es ist eine freie Adaption eines Rock-Raider-Lego-Panzers, ausgestattet mit Laserkanonen, Radar, Solar-Sonnensegeln (die gleichzeitig auch als schwenkbare Abwehrschirme dienen), einer Laterne und Laser-Fängern, die Laserstrahlen einfangen und sofort wieder zurückschießen. Vorne an der Rampe ist ein mächtiger Bohrer, der elektrisch geladen werden kann. Dann kann man damit Dinos abschießen.

Ich frage ihn, wie er auf den Namen gekommen ist.

»Jacks Auto von den ›Unbestechlichen‹ hat so einen ähnlichen Namen. Da habe ich mir gedacht, wenn man ein paar mehr Zahlen hinzufügt, eine höhere, also eine bessere Zahl ...«

Er überlegt einen Moment, bevor er weiterspricht.

»Jacks Auto kann nämlich *keine* Dinos fangen. Der schießt geschmolzenen Appenzeller auf seine Feinde. Jacks Auto ist für Elliot Mouse wichtig, aber nicht für mich. Ich habe ein besseres Auto gebaut.«

Dann denkt er wieder einen Moment nach.

»Ach, weißt du, Papa, eigentlich hat die Maschine so viele Techniken, daß man die gar nicht alle erklären kann. Aber die geheimen Techniken erkläre ich dir zum Schluß.«

»Was ist denn das Spezielle an dieser Maschine?«

»Also, daß die alles kann. Fast alles, denke ich mal. Ich denke schon, alles. Denn ich habe mir daran schon drei Tage die Zähne ausgebissen.«

»Was meinst du mit Zähne ausbeißen?«

»Ich meine, ich habe daran schon so lange gearbeitet, daß mir der Kopf wehtat.«

»Kannst du mir die Maschine erklären? Wie funktioniert die?«

»Wenn man auf einen bestimmten Knopf drückt, können Techniken ausgetauscht werden. Es können auch Techniken ausgetauscht werden z.B. mit dem grünen Knopf. Und schwarz ist der Schleudersitz.«

Auf dem Kommandositz der Technologie- und Steuerungszentrale bemerke ich einen prall gefüllten Mini-Schlafsack.

»Wofür ist denn der Schlafsack?«

»Der Schlafsack ist für Verstecke und für teure Hotels. Wenn man in so teuren Luxus-Hotels ist und sich das nicht leisten kann. Wenn man sich das nicht leisten kann, muß man im Auto schlafen. Das ist eben das Schlaue. Jetzt verstanden? Außerdem verstecke ich darin Dynamit und Sprengstoff, das nicht gesehen werden soll, und Schatzkarten.«

»Warum soll man das nicht sehen?«

»Na, zum Beispiel die Bösen, die drücken irgendeine Technik. Deshalb gibt man ihnen den Schlafsack. Und falls sie in ihr Auto steigen und den gelben Knopf drücken, machts … (undefinierbares lautes Geräusch) Explosion! Wenn natürlich nur der Sprengstoff im Schlafsack ist, muß man auf einen anderen Knopf drücken, weil der Schlafsack explosionssicher ist.«

»Was sind denn die Geheimtechniken?«

»Die Geheimtechniken möchte ich eigentlich gar nicht erklären. 'Nen paar Geheimtechniken sollen nämlich auch geheim bleiben. Weißt du, ich hab es mir überlegt. Das ist eigentlich ein Geheimdienst-Auto.«

»Wenn Sie nach Buddha suchen«, schreibt Robert M. Pirsig in seinem Kultbuch *Zen oder die Kunst ein Motorrad zu warten*, »dann werden Sie ihn überall finden. Er sitzt auf dem Blütenkelch einer Blume genauso wie auf dem Zylinderkopf eines Motorrads.«[40] Nicht erst seit Pirsigs Buch weiß man um die Anziehungskraft, die Maschinen auf Jungen ausüben. Es ist allein die romantische Sicht der Dinge, die glaubt, daß Beziehungen nur zwischen Personen existieren können.

Es mag Ausnahmen geben, aber ich persönlich kenne keinen Jungen, der nicht von Lokomotiven, Helikoptern, Flugzeugen und anderen Maschinen fasziniert ist. Maschinen geben Jungen Power und Geschwindigkeit. Jungen *lieben* Maschinen. Männer übrigens auch.

Machen Sie sich einmal den Spaß und fahren Sie an einem Freitagnachmittag an eine beliebige Auto-Waschanlage. Dort können Sie aus erster Hand erleben, mit welcher Leichtigkeit Männer in der Lage sind, tiefgründige und längerfristige Beziehungen einzugehen – zu Maschinen eben. Dutzende von jungen und älteren Männern haben sich im Laufe des Nachmittags eingefunden. Sie waschen ihre Maschinen. Reinigen und pflegen sie geradezu hingebungsvoll. Immer wieder wird schweigend und sehr gewissenhaft mit diversen Lappen, Tüchern und Lotions über die Karosserie gefahren, wird der Zustand des Lackes aus den verschiedensten Winkeln fachmännisch überprüft. Die Türen stehen meistens offen. Aus dem Inneren klingt die teure Sound-Anlage über den Platz. Mit viel Liebe zum Detail wurde das edle Stück perfektioniert. In Wagenfarbe lackierte Bremssättel, umschmeichelt von perfekt auf die Optik des Wagens abgestimmten Edelstahlfelgen mit Sondergröße: Minimum siebzehn Zoll Durchmesser.

Die zweitwichtigste Maschine meines Sohnes Vincent ist seine Gumwatch Aqua, eine Armbanduhr, die aussieht wie ein Forschungs-Unterseeboot. Sie klebt an seinem Handgelenk und sieht aus wie eine Krake, die als Teilzeitkraft bei MTV angestellt ist. Er nennt sie Aqua Rocket, weil sie eigentlich ganz schnelle kurze Wasserstrahlen aussendet – wenn man den richtigen der zahlreichen Bedienknöpfe drückt. Auf der Oberseite öffnet sich eine gelbe Luke, die gleichzeitig auch das elektronische Display beherbergt. Die geöffnete Luke gibt den Blick frei auf einen durchsichtigen Safe, in dem Kaugummi oder Steine gelagert werden können. Das Monstrum wird, wie von einer Muschel eingefaßt, von einem riesigen Wassertank umgeben. Ich habe noch kein Mädchen mit so einem Ding herumlaufen sehen.

Wir haben uns heute viel zu sehr an Maschinen gewöhnt, als daß wir in ihnen noch etwas Außergewöhnliches entdecken können. Sie sind so sehr Teil unseres Alltags geworden wie der Sauerstoff zum Atmen. Es ist fast so, als ob es Maschinen immer schon gegeben hätte. Doch für Jungen beginnt die Faszination stets von neuem, wenn diese sprechenden, blinkenden und fauchenden Lebewesen in ihrem magischen Lebensraum auftauchen. Denn diese merkwürdigen Lebewesen sind keinesfalls tote Materie, sondern vergegenständlichte, anfangs wagemutige Ideen und Gedanken von Ingenieuren und Erfindern. Sie schufen in Generationen eine technische Evolution, die geradezu magische und wundersame Maschinen hervorbrachte. Es ist nicht nur faszinierend, wie sie in der Hand liegen, wie sie sich anfühlen, wenn man die typischen Bewegungen vollführt, die für das eigene Handwerk gebraucht werden. Mit diesen Maschinen bewegen wir uns, gesteuert von Navigationssystemen, durch Raum und Zeit, lösen und fixieren Schrauben, lassen auf magische Weise Staub und Dreck verschwinden, brennen digitale Daten in CDs. Sie zaubern virtuelle Realitäten auf Bildschirme, stehen in den Kliniken, fauchen Sauerstoff in die Organe, überwachen Herz und Kreislauf oder schießen Astronauten in den Orbit. Sie sind die magischen Errungenschaften einer technologischen Zivilisation, die Staunen und Ehrfurcht auslöst.

Jungen erleben diese Verbindung oft ursprünglicher und unverstellter als Erwachsene. Alle Technik, die für uns erwachsene Männer schon lange eine integrierte Form von Rationalität darstellt, ist für Jungen eine magische Offenbarung. Deshalb lieben sie Fernbedienungen und technische Apparate, die auf unsichtbare Weise die Dinge in Bewegung setzen.

Als ich eines Tages im Siebengebirge bei Bad Honnef mehrere kleine Städte und Dörfer passierte, um einem Stau auf der A3 Richtung Köln auszuweichen, fuhr ich auf meinem Weg durch Asbach zurück zur Anschlußstelle Bad Honnef/Linz durch eine hügelige Landschaft mit Kornfeldern und kleineren Waldstücken, als auf der rechten Seite der Landstraße plötzlich und unvermittelt wie aus dem Nichts ein PKW auftauchte, ein weißer Opel Vectra, den sein Besitzer wohl dort geparkt hatte. Ich war gerade im Begriff, den Wagen zu passieren, als plötzlich alle Blinklichter gleichzeitig kurz aufleuchteten, ein untrügliches Zeichen für die automatische Entriegelung der Wegfahrsperre durch ein Infrarot-Signal. Doch weit und breit war keine Menschenseele zu sehen.

Der Moment hatte etwas Surreales. Dann, nachdem ich ungefähr dreihundert Meter weiter gefahren war, entdeckte ich auf der linken Seite eines Feldweges einen älteren Mann, der langsam den Weg hinauf ging. In der rechten Hand hielt er einen Schlüsselbund. Ich mußte unwillkürlich an jene Cowboys denken, die ihre gesattelten Mustangs von weitem mit einem einzigen Pfiff herbeilocken konnten. Diese Szene hatte einen ähnlichen Charakter. Es ist mir klar, welche Wirkung das auf Männer hat: das Gefühl von Meisterschaft. Deshalb muß der Ladestand der Batterien meiner Infrarot-Fernbedienung für unsere Autos, Fernseher, DVD- oder CD-Player ständig überprüft werden: Sie sind die Lieblingsspielzeuge meiner Söhne.

Als der siebenjährige Oussama am Osterwochenende 2002 in Kerkrade in Holland in einen dreißig Zentimeter schmalen Lüftungskanal stürzte, endete seine unerwartete Reise nach zwölf Metern freiem Fall. Der Junge stand bis zu seiner Rettung über acht Stunden bis zum Brustkorb in eiskaltem Wasser und drohte an Unterkühlung zu sterben. Den Rettern blieb keine andere Wahl, als das Erdreich rund um das Lüftungsrohr weitläufig bis in eine Tiefe von zehn Metern abzutragen, um ihn da rausholen zu können. Als die fieberhaft arbeitenden Männer ihn schließlich in der Nacht aus dem inzwischen abgesägten Rohr herauszogen, lag der Junge erschöpft und schlammbedeckt in den Armen eines kräftigen Mannes. Doch seine erste Frage galt nicht seinen Eltern, sondern der ganzen Armada an Werkzeugen und Maschinen, die unter der taghellen Erleuchtung der aufgestellten Scheinwerfer vom Regen glänzend um das Bohrloch herumstanden.

»Was sind das hier für Riesen-Maschinen?«

Eines Tages werden Forscher unter ihrem Elektronen-Super-Mikroskop in der Matrix des Lebens ein Gen identifizieren, daß nur bei Jungen und Männern zu finden ist. Sie werden die Aufnahme vergrößern und plötzlich seine molekularen Bestandteile erkennen: Auf diesem Gen sitzen wahrhaftig eine Pistole, eine Maschine, ein Auto – und ein perfekt bestückter Werkzeugkasten.

»Ich muß immer weit ins Land hineinhorchen für meine Teile«

Ein Sonntagmorgen im August. Ich fahre durch das Zentrum von Gelsenkirchen. Die Stadt ist wie ausgestorben. Kaum Verkehr auf den Straßen. Während ich auf die nächste Ampelkreuzung zufahre, rollt langsam von rechts ein riesiger Cadillac mit unglaublichen Heckflossen heran. Der Wagen blitzt mit all seinen Chromleisten, ist in klassischem Pink lackiert und perfekt restauriert. Drinnen sitzen zwei junge Männer, die mit dem brabbelnden Riesenschiff über die Kreuzung gleiten. Das Ding ist so überdimensioniert, daß es wie eine Erscheinung aus einer anderen Zeit wirkt – völlig nutzlos und wunderschön. Die Ampeln schalten auf Grün. Ich fahre los und schaue nach rechts in die Straße, wo die Jungs hergekommen sind. Dann schaue ich zurück in den Rückspiegel und sehe sie langsam auf der Gegenfahrbahn am Horizont verschwinden. Ich wäre gerne mitgefahren.

Vielleicht ist Ihnen auch schon aufgefallen, wie sehr Jungen und Männer Dinge lieben. Und welche Form von Beziehungen sie zu Dingen entwickeln können, die jedes Maß an Vernunft überschreitet. Ich persönlich habe noch nie ein Mädchen oder eine Frau erlebt, die stundenlang und mit Hingabe an einer Maschine oder einem anderen Apparat geschraubt hätte. Jungen und Männer kann man dauernd dabei beobachten. An einer Maschine zu schrauben ist ein erstaunlicher Vorgang. Vielleicht denken Sie, daß diese materielle Welt nicht so lebendig ist wie die Welt der Gefühle und der Beziehungen. Doch das denken Sie nur, wenn Sie eine Frau sind. Jungen und Männer diskutieren das nicht gerne mit Ihnen. Aber sie reden zu ihren Maschinen und mit ihrem Werkzeug in einer stillen Zwiesprache, die es an Intimität mit jeder Form menschlicher Interaktion aufnimmt – mit Ausnahme vielleicht von Sex.

Gute Handwerker erkennt man an der Art und Weise, wie sie mit ihrem Werkzeug umgehen. Exzellente Handwerker daran, daß sie Ihnen ihr Werkzeug niemals leihen würden. Das käme in ihrem Wertesystem fast einem Ehebruch gleich. Ich kenne einen jungen Handwerker, der noch nicht einmal daran denkt, sein Werkzeug anderen Kollegen zu überlassen. Und der Bauchschmerzen bekommt, wenn er andere Handwerker erlebt, die ihr Werkzeug behandeln wie ein totes Stück Materie. Gute Handwerker richten für ihr Handwerkszeug immer einen speziellen Raum ein, in dem sie bestimmte einstudierte Rituale und Meditationen vollziehen.

Das eigentliche Leben von Franz Gsellmann begann 1958, als er in einer Regionalzeitung eine Abbildung des Brüsseler Atomiums sah. Zu diesem Zeitpunkt war Franz Gsellmann achtundvierzig Jahre alt. Er besaß ein kleines Grundstück und lebte zusammen mit seiner Frau von Äpfeln, Most, einem halben Dutzend Stück Vieh, einem Dutzend Schweinen, und verkaufte Eier. Er war ein kleiner Mann, wog vierzig Kilogramm und fror immer, rauchte viel, trank Most und aß wenig.

An diesem besagten Tag packte er seinen Rucksack, fuhr mit der Bahn zur Weltausstellung nach Brüssel, zeichnete das Atomium ab und reiste – ohne übernachtet zu haben – wieder zurück nach Kaag in der Steiermark, seinem Heimatort. Dann begann er, an seiner Maschine zu bauen.

»Acht Jahre verschwieg Franz Gsellmann, woran er arbeitete. Er sammelte in der Umgebung Müll, fuhr auf Fetzenmärkte, schwieg. Er montierte etwas ihm selbst Unbekanntes aus Teilen von Maschinen und Gegenständen zusammen: eine Denk-Spieluhr. Er erklärte nichts, gab keine Auskünfte. Auch später gab er keine Erklärungen, antwortete er nicht auf Fragen nach einer Bedeutung oder Absicht. Gsellmann baute eine viel komplexere Maschine, als es den Anschein hatte, er baute eine Maschine, die schöpferisches Denken und den schöpferischen

Prozeß in einem darstellt. Das Kunstwerk an sich war der Entstehungsprozeß, das Suchen, Finden, Verwerfen, Korrigieren, Zusammensetzen. Gsellmann baute keine logische Maschine, sondern eine intuitive – mit Hilfe der Logik.«[41]

Die Nachbarn glaubten die ersten Jahre, er baue einen »Flieger« zusammen, zeigten auf ihn und lachten. »Sein Schweigen auf Fragen nach der Bedeutung der Maschine war kompetent.«[42]

Was ihm zu schaffen machte, war, daß er sich nicht mehr an der Landwirtschaft beteiligte. Was ihm seine Familie auch übelnahm. Seine Schwiegertochter drohte ihm zeit seines Lebens, die Maschine zu verkaufen, sobald er das Zeitliche segnen sollte. Oft war er auf der Suche nach neuen Bestandteilen für seine Maschine drei bis vier Tage unterwegs, um sehr wählerisch und ganz gezielt bestimmte Teile zu suchen und die dann auf einer Schubkarre nach Hause zu fahren. Dabei trug er immer seinen gelben Zollstock bei sich und maß jedes Teil genau aus. Gsellmann nannte das immer »ins Land hineinhorchen« für seine Teile. Das gesamte Haus wurde zum Schauplatz der Weltmaschinenschöpfung. »Über dem Küchenherd hingen gefärbte Glühbirnen zum Trocknen, auf dem Dachboden befanden sich Apparate und Lampen einer aufgelassenen Zahnarztpraxis, im Schlafzimmer die noch nicht eingebauten Teile. Den ganzen Tag über ›murkste‹ (so seine Frau) Herr Gsellmann an seiner Maschine herum. Er hat das Antriebsrad einer Bergseilbahn beim Dorfschmied Zahn um Zahn selbst angefertigt, er bestellte in einem Grazer Spielzeuggeschäft eine Mondrakete aus Japan, mit der er ein Kind in der Umgebung spielen sah, und bezahlte für das nicht mehr nach Europa ausgelieferte Modell 1 000 Schilling.«[43]

Jeden Vormittag putzte Franz Gsellmann seine Maschine. Er schloß sich in dem kleinen, abseitigen Gemäuer ein, zu dem niemand Zutritt hatte, und tauchte erst mittags wieder auf. Die Maschine war inzwischen auf sechs Meter Länge und drei Höhenmeter angewachsen. Schweigend widmete er sich dem kleinsten Detail, nichts wurde bei der Reinigung vergessen. Baute er ein neues Teil in seine Maschine ein oder putzte er einen Abschnitt, deckte er die umliegenden Teile mit Tüchern zu. Er ging sehr sorgfältig vor. Er liebte seine Arbeit und machte keinen Unterschied zwischen dem Auffinden von Teilen, dem Einbauen, Putzen oder Fehlersuchen.[44] Morgens, wenn er sich rasierte, reparierte er in Gedanken Defekte, die ihn oft zur Verzweiflung brachten. Manchmal sah man ihn weinen, »nicht zuletzt wegen des fortgesetzten Unverständnisses und der Kritik seiner Schwiegertochter, die sich von der Maschine verdrängt fühlte und Gsellmanns Arbeit als ›eine Art Wahn‹ empfand.«[45]

Als Gsellmann schließlich 1981 die Weltmaschine vollendete, hatte er dreiundzwanzig Jahre an ihr gearbeitet. Dann legte er sich ins Bett und starb ein paar Wochen später. Aber sein Lebenswerk war vollbracht. Die Maschine funktionierte. Als er die Maschine das erste Mal in Betrieb nahm, brach die Stromversorgung in der ganzen Gemeinde zusammen. Sein Geheimnis war entdeckt: »Die erste Überraschung: Ordnung, Sauberkeit. Dann verliert sich der Blick in dem Wirrwarr von Rohren, Ventilatorflügeln, Glühbirnen, Glocken, Kabeln und Motoren. Auf den zweiten Blick paßt nichts zusammen – so sieht ein Zufallsgenerator aus, der Selbstmord begangen hat. Aber schon hat Frau Gsellmann die Maschine in Betrieb genommen. Es schrillt, pfeift, knattert, dröhnt, das ›Atomium‹ beginnt, sich rasend schnell zu drehen, die Maschine löst sich auf in Licht, Klang und Bewegung. Blaulicht flackert, eine mit Rosen umkränzte Madonna erstrahlt, Fahrradfelgen drehen sich zwischen einem eifrig schlagenden Gong, Spielzeugraketen sausen in rotgefärbten Aluminiumbahnen ... die Maschine wird zum mechanischen Universum, in dem alles nach der verwirrenden Gesetzmäßigkeit ihres Schöpfers abläuft.«[46]

Als Jean Tinguely 1991 im Alter von sechsundsechzig Jahren an den Folgen eines Hirnschlages starb, bereitete ihm die Schweiz einen Abschied wie einem Nationalhelden. Er war ihr bedeutendster Künstler und einer der wichtigsten Vertreter der kinetischen Plastik im zwanzigsten Jahrhundert. Vor allem aber war er ein Erfinder und Konstrukteur, ein Spieler und Liebhaber der Kunst. Er wollte die Kinder in seinen Ausstellungen sehen, um zu schauen, wie sie auf seine Maschinen reagierten. Das seinem Werk gewidmete Museum sollte als Vergnügungspark betrachtet werden.

Tinguely selbst begann schon als Junge eigenartige Dinge zu machen. Viele Wochenenden hintereinander baute er schöne kleine Räder aus Holz, mit denen er draußen an einem Bach experimentierte. Er dachte nicht im geringsten an Kunst. Ihn faszinierte einfach die Arbeit am Bach in einem Wald. Er hatte bis zu einem Dutzend kleine Räder konstruiert. Jedes lief mit seiner eigenen Geschwindigkeit. Manchmal funktionierte seine Konstruktion ein paar Wochen – sie war natürlich zerbrechlich. Aber einige Räder liefen Monate.

Später, im Alter von siebenundzwanzig Jahren, widmet er seine ganze Energie Frauen und schnellen Autos. Ihn faszinierte die Verbindung von Mensch, Maschine und Geschwindigkeit. Seinen Mitfahrern begründete er seine Raserei immer mit dem Argument, daß auf der Autobahn die meisten Unfälle passierten. Und je schneller sie weg wären, um so geringer sei die Gefahr, in einen Unfall verwickelt zu werden. Kurz vor seinem Tod kaufte er sich in La Verrier den Komplex einer alten Flaschenfabrik, verdunkelte alle Fenster und begann in kurzer Zeit, die riesigen Räume mit Schrott, Werken und Maschinen zu belegen. Sein Arbeitseinsatz war gewaltig. Für Verwandte organisierte er in seiner Halle Festessen mit Feuerwerk und zahlreichen Überraschungseffekten aus seinem Maschinenpark.

Tinguely hatte den starken Wunsch, daß seine Werke die Zeit überdauern würden. Menschen sollten noch zehn, fünfzehn Jahre später kommen, um sie sich anzuschauen.

Betritt man heute in Basel den schlichten, eleganten Bau des Museum Jean Tinguely im Solitudepark am Rheinufer, trifft man dort auf das gesamte Werk des Künstlers, ein mechanisches, verrücktes Mobile aus Schrott, Maschinen, Tausenden von Rädern, Stangen, Schrauben, die zusammengesetzt wurden zu Maschinen aus gigantischem Knattern, Kreischen und Knarren. Sepp Imhof, jahrelang Tinguelys Assistent, hat im Laufe von zwei Jahren und mit Hilfe von zwei Mechanikern die Objekte nach einem genauen Masterplan aufgebaut, einer Prozedur, die an ein Kochbuch erinnert.

Mein Freund Andrew lernte auf einem seiner vielen Interkontinentalflüge einen Flugzeug-Ingenieur kennen. Da das Fliegen für ihn nicht unbedingt immer streßfrei ablief, interessierte ihn die Sichtweise eines Insiders. Sie begannen ein intensives Gespräch und kamen auf die verschiedenen Aspekte des Fliegens zu sprechen. Dabei lernte Andrew eine völlig neue Welt kennen, die ihn in großes Erstaunen versetzte. Er hatte bis dahin keine Vorstellung davon gehabt, wie viele Sicherheitsdetails in der Entwicklung von Flugzeugen Beachtung finden, die sich ein Normalsterblicher kaum vorstellen kann. Der Ingenieur war Spezialist für die Tragflächen von Flugzeugen und Leiter eines Entwicklungsteams. Dieses Team arbeitete allein *vier Jahre* an der Entwicklung *einer* Carbon-Schraube für einen Flugzeugflügel, der sicherlich aus mehreren hundert Einzelteilen besteht. Die Herausforderung lag darin, die richtige Mischung aus Werkstoffgüte, Länge, Festigkeit und Elastizität zu finden, die alle entsprechenden Bewegungen des Flügels mitmacht, ohne daß die Schraube dabei an Stabilität und Flexibilität verliert.

Den Rest des Fluges und alle weiteren, die folgten, konnte Andrew wesentlich entspannter angehen, nachdem ihm klar geworden war, wie viel Aufmerksamkeit selbst den kleinsten Details gewidmet wird, um das Fliegen kontinuierlich sicherer und besser zu machen.

Franz Gsellmann hatte immer geglaubt, daß seine Maschine eines Tages selber beginnen würde, etwas zu produzieren. Er glaubte an ein Eigenleben der Maschine. Inzwischen sind in *art* und im *zeit-magazin* Artikel erschienen. Die Steiermärkische Landesregierung läßt die Weltmaschine vorerst für die nächsten zehn Jahre warten, bezahlt den Stromverbrauch und kümmert sich um die Räumlichkeit. Wer sich heute in Kaag bei Feldbach in der Steiermark einfindet, wird von einer Frau mittleren Alters begrüßt, die das Tor zur Weltmaschine aufsperrt, den Besucherstrom über alle Details aufklärt, das Eintrittsgeld in Empfang nimmt und auf die Tafeln und Fotos an den Wänden hinweist, die Auskunft über den Schöpfer der Weltmaschine geben. Die freundliche Frau ist Franz Gsellmanns Schwiegertochter.

Über Hardware reden

Machtvoll zu agieren beruht auf dem speziellen Wissen, das man in praktischer Erfahrung verankert hat. Was für einen Sinn soll es haben, Dinge zu wissen, die einem nicht weiterhelfen. Reine Zeitverschwendung. Sie werden einen jungen Mann nicht auf die unvermeidliche Konfrontation mit dem Unbekannten vorbereiten. Junge Männer suchen ein praktisches Wissen, das ihnen weiterhilft: Wissen, das sie in ihrem alltäglichen Leben mit Erfolg anwenden können. Die meisten von uns wollen deshalb wissen, welche Dinge funktionieren und welche nicht. Deshalb lieben Jungen und Männer mechanische Dinge, die funktionieren, auch wenn sie unnötig komplex sind. Das tut der Sache keinen Abbruch.

Der Grund, warum das wirkliche Leben eines Mannes mit Hardware und Maschinen beginnt, liegt ursächlich darin, daß das Leben der meisten Männer komplizierten Maschinen ähnlich ist – mit vielen sich bewegenden Teilen. Die meiste Zeit summt das Leben vor sich hin. Doch eines Tages hörst du ein Ächzen und Klackern und plötzlich ist überall Rauch und Feuer. An diesem Punkt hilft es, etwas über Maschinen zu wissen. Denn für einen Mann, der sich mit Hardware auskennt, steht zwischen ihm und der Glückseligkeit nur noch das Auffinden des richtigen Werkzeuges.

Ich schreibe dieses Buch zum Beispiel auf einem *extrem* schnellen Notebook. Es ist der letzte Computer in einer Reihe von vielleicht acht Computern, die ich besessen habe. Und jeder war schneller und besser als der vorige. Mein Gerät ist vollgestopft mit RAM und ROM und Bytes und Megahertz und anderen sensationellen Neuigkeiten. Es kann wahrscheinlich den ganzen Flugabwehrapparat der NATO koordinieren und gleichzeitig den Steuerbescheid jedes einzelnen Bewohners von Nordrhein-Westfalen bearbeiten und ausdrucken. Ich nutze ihn aber hauptsächlich, um einige Zeilen zu schreiben. Ich sitze vor dem Computer, starre zehn Minuten auf den Bildschirm, und tippe dann langsam eine Zeile, denke über ein bestimmtes Wort nach, währenddessen ich weitere zehn Minuten auf den Bildschirm starre. Eine absurd simple Arbeit für mein Notebook. Es sitzt wahrscheinlich dort, summt ungeduldig, langweilt sich zu Tode und verbringt die endlose Zeit zwischen meinen Eingaben auf der Tastatur, indem es eine allgemeine Feldtheorie des Universums entwickelt und die gesammelten Werke von Thomas Mann in Hip-Hop übersetzt. Mein Computer ist also auf eine absurde Art überdimensioniert. Trotzdem garantiere ich Ihnen, daß ich mir demnächst einen noch größeren und schnelleren kaufen werde. Ich kann es nicht ändern. Ich bin ein Mann.

Anima Mundi

Nach Ansicht des griechischen Philosophen Thales ist die ganze Welt voller Gottheiten. Die Idee, daß die Welt in all ihren Bestandteilen Seele besitzt, wurde in der Renaissance wiederbelebt. Die archetypische Psychologie hat diese Gedanken aufgegriffen. Unbelebte Dinge existieren nicht. Und wer einmal wach geworden ist für die Energie, die aus vertrauten Dingen entspringt, versteht auch, warum sie ein Gefühl von Magie in unser alltägliches Leben bringen.

»Was ich besonders liebe? Den Geruch von Benzin, das Licht, das an einem Sommernachmittag auf leichten Staubbahnen durch das Fenster einfällt, und ganz besonders liebe ich die Sahnewolken, die langsam den Tee aufhellen.«[47]

Für Jungen und Männer ist es wesentlich, sich mit diesen lebensspendenden Energien von Images, Dingen, Plätzen und Menschen zu verbinden. Sie sind Gottheiten und Geister des alltäglichen Lebens. Sie rufen unsere verlorenen Seelen zurück in die Welt. Der Dichter und Schriftsteller John Keats bezeichnet die Welt als Tal, in dem unsere Seelen entstehen. Im Tal findet sich das, was zu einer Kommunität dazugehört: Der Meeresstrand, der Kramladen des örtlichen Klempners, die lange Straße mit der Leuchtreklame und der Tankstelle, das verrostete Ortsschild und die Menschen, die dort wohnen – alles besitzt Seele.

In den mediterranen Kulturen finden sich Männer aller Generationen gemeinsam auf dem Dorfplatz ein. Es ist ein tägliches Ritual. Sie spielen Boule, während die Jungen ihnen fasziniert zuschauen und die alten Frauen des Dorfes, sich angeregt unterhaltend, dabeisitzen. Die Männer haben es nicht eilig. Sie sprechen wenig und beobachten viel. Sie spüren diese belebte Welt. Es sind ältere Männer, die Haut gegerbt. Ihre Hände und ihre Gesichter sind durch ihr Schicksal geprägt. Sie haben sich alles hart erarbeiten müssen. Sie standen in den Maschinenfabriken, bis ihr Rücken nicht mehr mitmachte, haben Häuser gemauert, bis der Zement ihre Haut zerfressen hatte, oder haben dem Meer in unendlichen Kämpfen dessen Nahrungsquellen abgerungen. Und nun sitzen sie dort und machen gar nichts. Aber da ist keine Bitterkeit. Sie machen keine Geschäfte. Sie machen keine Hausarbeit. Sie sind einfach da. Das Zentrum hält. Kommunität hatte immer etwas mit Religion zu tun. *Re*-ligio bedeutet im Ursprung »zurück zu den Wurzeln«.

Es ist immer wieder zu beobachten, daß Männer in Krisen oder auf der Suche nach Entspannung oder innerer Sammlung anfangen, sich mit Dingen zu umgeben, Dinge in die Hand zu nehmen. Handwerk hat deshalb eine so ungebrochen hohe Bedeutung für den Seelenfrieden eines Mannes. Kennen Sie einen Tischler oder Zimmermann, der die Arbeit wirklich liebt, der er nachgeht? Sie werden vermutlich keinen ausgeglicheneren Mann finden. Es gibt Tage, da redet dieser Mann während seines Tagewerkes kein Wort – im Frieden mit sich selber. Da sind nur seine Hände, das Werkstück und seine Gedanken, die das Material bearbeiten und formen, um der Natur ein Stück Kultur zurückzugeben.

Erwachsene, westliche, akademische Männer werden systematisch trainiert, diese spirituelle Seite ihrer Existenz zu verdrängen oder zu vergessen. Doch ihr Unterbewußtsein kennt eine Wahrheit, die ihr Intellekt längst verdrängt hat. Handwerklich arbeitende, erdverbundene Männer haben schon immer die Magie dieser Sphäre empfunden. Sie verlieren darüber keine Worte. Sie sind einfach da, tun etwas und folgen dem uralten Ritual der Verbindung von Geist, Hand und Materie: der Mann als Erbauer, als Handwerker und Architekt.

Mein Freund Joe hat den ganzen Tag mit seinem Mechaniker an seinem Auto gearbeitet: »Ein richtiger Männer-Tag – jetzt nach der abendlichen Dusche fühle ich mich durch und durch wohl und zufrieden. Früh am Morgen haben wir begonnen: Zuerst zerlegt, alles abgeschraubt, den Kühler ausgebaut, Bremsleitungen, Elektrokabel und Seilzüge abmontiert. Und dann, am Haken vom Kranwagen das Gehäuse mit Gurten festgemacht und Zentimeter für Zentimeter von Rahmen und Motor getrennt. Da hat es gebaumelt, hoch in der Luft, und vorsichtig haben wir es auf Paletten abgestellt. Uff, jetzt ran an den Rahmen, der jetzt schön zugänglich mit Motor und Getriebe auf den vier Rädern vor uns steht: Die durchgerosteten Stellen rausgeschnitten, den restlichen Rost abgeklopft und abgeschliffen und überlegt, wie wir ihn einschweißen, meinen Büffel. Mein Büffel? Na ja, es ist nicht ganz meiner, er gehört zur Hälfte meiner Frau. Trotzdem fühle ich mich ihm sehr zugehörig. Mein Mechaniker, der Mann vom Fach, ist auch schwer begeistert: Der überdimensionale Dieselmotor, das Getriebe, die Blattfederung, alles fast wie bei einem Traktor oder LKW. Und immer wieder tauchen Männer auf, Freunde, die auf eine Zigarette, ein Bier oder eine fachliche Auskunft vorbeikommen. Und mein Büffel, wie er so nackt dasteht, ist im Mittelpunkt der Gespräche.«[48]

Der Geruch von Baustoffen, großen Montagehallen, Werkstätten, Motoren und Öl ist eine spezielle Symphonie unterschiedlicher Strukturen. Hier fühlen sich Jungen und Männer zu Hause, auf eine unspektakuläre, wortkarge Art und Weise. Dieser Ort ist ein rauher Tempel der Maschinen, ein lautes Heiligtum des Handwerks und der Dinge – das äußere Mysterium baut eine Brücke für innere Prozesse und meditative Erfahrungen.

Das Abenteuer der Werkstatt und der Motoren besitzt einen eigenen Sound und einen eigenen Geruch. Es fühlt sich speziell an. Erwachsene Männer stehen in ihren Monteursanzügen, völlig versunken in dem, was sie tun. Ihnen steht die Freude über den Motorgesang ins Gesicht geschrieben. Klare diagnostische Aussagen machen die Runde und der Spaß an all den dreckig machenden Arbeiten ist nicht zu übersehen.

Appetit auf etwas zu haben bedeutet, es unbedingt zu wollen. Man will etwas so sehr. Das Wort Appetit stammt aus dem Lateinischen. Die Silbe *pet* im Wort Appetit geht ursprünglich zurück auf das griechische Wort *petero*: Flügel. Appetit ist also verbunden mit den eigenen Flügeln oder dem Ausbreiten von Flügeln. Unsere Fingerspitzen sind evolutionär wahrscheinlich eng verbunden mit den Flügelspitzen von Vögeln. Und was immer man mit seinen Fingerspitzen tut, ist Ausdruck der eigenen Persönlichkeit, egal ob man mit den Fingern am Computer arbeitet, hämmert, künstlerisch arbeitet, ein Werkstück mit den Händen bearbeitet oder eine Person berührt: Es ist der eigene Geist, der durch die Hände ausgedrückt wird. Hände sind die Enden der eigenen Flügel. Es hat also eine signifikante Bedeutung, was man mit seinen Händen tut.

Unsere Hände sind neben unserer Sprache wahrscheinlich die fähigsten und erfindungsreichsten Werkzeuge, die die Evolution jemals hervorgebracht hat. Der englische Begriff *maintenance* kommt von *mae*, Hand. Inzwischen leben wir jedoch in einer Welt, die *low maintenance* heißt, was soviel bedeutet wie: wartungsfrei. Wir fassen nichts mehr an. Wir kaufen uns Hemden, die nicht mehr gebügelt werden müssen, Geräte, die nicht mehr gewartet werden müssen, und Essen, das nicht mehr gekocht und zubereitet werden muß. Das Resultat ist, daß wir nichts mehr berühren und unser Geist nicht mehr ausgedrückt wird durch unsere Hände, in dem, was wir tun. Deshalb ist es so wichtig, ein Handwerk zu können oder etwas Künstlerisches zu tun. Weil die eigenen Hände dann immer mit Materie in Berührung kommen, *something that matters*, sagt man im Englischen, etwas von Bedeutung. Und Hände spielen dabei eine wesentliche Rolle.

Ein Mann fährt mit seiner Mercedes-Limousine bei Sonnenuntergang über eine sanft geschwungene Landstraße, nachdem er den ganzen Tag in der Werkstatt an seinem Wagen gearbeitet hat. Der Wagen ist gewaschen und gereinigt. Die Inneneinrichtung, komplett in schwarzem Leder, verströmt einen ganz speziellen Geruch. Das ledergepolsterte Lenkrad fühlt sich fantastisch an, genauso wie die Sitze. Das Armaturenbrett ist elegant und wunderschön. Die Applikationen aus poliertem Wurzel-Nußholz bilden einen wunderbaren Kontrast zur dunklen Inneneinrichtung. Der Sound des großen Achtzylinder-Motors aber ist das Beste von allem: kraftvoll, aber kaum zu hören. Einmal wöchentlich wird das Auto gewaschen, poliert und grundgereinigt. Der Mann wechselt das Öl und den Ölfilter eigenhändig, achtet auf subtile Veränderungen, überprüft regelmäßig den Reifendruck, hält den Kofferraum aufgeräumt und sauber und verschiedene Sprays und Lotions bereit, um Fenster und Felgen zu reinigen oder die Gummimischung der Reifen aufzufrischen. Er parkt den Wagen vorsichtig, um Beulen zu vermeiden, überprüft regelmäßig die Stoßdämpfer, um sicherzustellen, daß die Fahrt immer sanft vonstatten geht und unnötige Schäden am Wagen vermieden werden, reinigt den Motor und strukturiert sein Leben mit den Intervallen dieser Rituale.

Er ist fähig und in der Lage, sich an das Leben einer Maschine anzupassen. Mehr noch: Es erfordert eine Verpflichtung, aber auch eine tiefe Bindung. Der Wagen transportiert ihn nicht nur von einem Ort zum anderen. Er wird sein geliebter Begleiter. Dieser Mann kann eine Stunde neben seinem Wagen sitzen und sich an dessen ruhiger Präsenz erfreuen, sich selbst in dieser Präsenz verlieren.

Diese Bindung wird beständig verankert durch das kontinuierliche Berühren und Anfassen: ob eine Schraube richtig sitzt, der Drehmoment-Schlüssel den angemessenen Druck ausübt oder die zu lackierende Fläche wirklich makellos gespachtelt und geschliffen ist. Dinge repräsentieren durch die Berührungen ihres Besitzers dessen Geist. Man kann das unwillkürlich spüren, wenn man »ein Ding« in die Hand nimmt und diese besondere Qualität spürt, die man selten genau beschreiben kann. Ob es ein Auto ist, ein Werkstück, eine Maschine oder ein besonders gut gepflegtes und gewartetes Werkzeug: Man spürt die Schönheit und Qualität.

Es ist erstaunlich, mit welcher Herablassung manche Frauen auf diese tiefe Verbindung zwischen Männern und Dingen reagieren. Wahrscheinlich, weil wir Männer in der Beschäftigung mit technischen Details so schnell kindlich werden und die Welt um uns herum vergessen. Ziemlich sicher, weil Frauen trainiert wurden, daß persönliche, subjektive Beziehungen nur zwischen Menschen existieren können, nicht zwischen Menschen und Dingen. Eine Frau möchte oft die ungeteilte Aufmerksamkeit eines Mannes – und will es nicht wahrhaben, daß ein Ding interessanter sein kann als sie selbst. Das verächtliche Spotten darüber kann Ausdruck von Verlegenheit und Unverständnis sein.[49]

Natürlich ist dies eine sehr eingeschränkte Sichtweise. Wenn die Psychologie per Definition sich mit Seele beschäftigt und Natur und Kultur eine Seele besitzen, dann muß Psychologie sich auch mit dieser größeren Sphäre beschäftigen – der Welt im Ganzen. Wenn wir uns nur den Menschen zuwenden und die Schönheit und Harmonie von Natur romantisieren, dann kann uns relativ leicht die Verbindung mit der natürlichen Schönheit von Kultur verlorengehen: zu den Dingen, die wir machen. Zu den Dingen, mit denen wir uns umgeben.

Der wirkliche Kreislauf, an dem Jungen und Männer arbeiten, während sie an Maschinen, Motoren, Apparaten und experimentellen Objekten schrauben und drehen, das ist der Kreislauf, den Robert Pirsig »yourself« nennt: Die Auseinandersetzung und Beschäftigung mit äußeren Strukturen führt sofort und unmittelbar zur Bearbeitung von inneren Strukturen. An einer Maschine zu arbeiten ist ein zutiefst erfüllender Vorgang einer stillen inneren Meditation über Werte, Zusammenhänge und Verbindungen in der männlichen Psyche und Seele. Das Studium der kunstvollen Wartung einer Maschine kann betrachtet werden als Studium von Rationalität, Rationalität als eine ausgefeilte, uralte und spezifisch männliche Form der Kunst: An einer Maschine zu arbeiten, handwerklich perfekt, engagiert und völlig versunken, ist

Teil eines Prozesses, der zu einem tiefen inneren Frieden führen kann. Maschinen sind tatsächlich und vorrangig für Jungen und Männer ein mentales und geistiges Phänomen.

Der Mann in seinem Mercedes liebt das Gefühl, wenn Menschen sich umdrehen, um auf ihn und seinen Wagen zu schauen. Er ist sich der subtilen Blicke bewußt, die aus den Augenwinkeln von Männern kommen, wenn er sie auf der Autobahn überholt. Sein Wagen wird zu einer Erweiterung seiner Person und ist ein Bezugspunkt für andere Formen der Begegnung mit Menschen. Sie halten an, um das Auto vor seinem Haus zu bewundern, wenn er zu einer Tankstelle fährt oder auf den Parkplatz eines Supermarktes. Während sein Wagen so viel Aufmerksamkeit erhält, spürt er, wie diese auch ihn erreicht. Es ist ein gutes Gefühl. Das Leuchten in den Augen der Umstehenden, eine Leidenschaft und ein Enthusiasmus, ein Verlangen, wie es vorher nicht zu spüren war. Was für einen Unterschied macht es, ob es der Wagen oder er selber ist, der diese Dinge auslöst. *Er* bekommt die Aufmerksamkeit. Genau genommen gefällt ihm das sogar besser. Es liegt etwas sehr Schönes in dieser Form indirekter Bewunderung, in der Art und Weise, wie die positive Aufmerksamkeit für den Wagen sich auf seinen Eigentümer überträgt. Der Mann erinnert sich daran, wie unsichtbar er sich in seinem alten Wagen gefühlt hatte.[50]

Der Musiker Joe Jackson las eines Tages amüsiert einen Bericht in der Zeitung, nach dem Wissenschaftler entdeckt hatten, daß Mäuse, die regelmäßig Musik von Mozart hörten, wesentlich intelligenter und glücklicher aufwuchsen als Mäuse, denen diese Musik vorenthalten wurde. Die Wissenschaftler vermuteten, daß ähnliche Wirkungen auf Menschen zu erwarten seien. Joe Jackson mußte unwillkürlich grinsen. Das hätte er den Wissenschaftlern gleich sagen können. Aber wenn solche Dinge erst von den Priestern der Wissenschaft sanktioniert werden mußten, damit Eltern ihre Kinder zum Klarinettenunterricht schickten, sollte ihm das auch recht sein.[51]

Diese Fragestellung kann man mühelos auf andere Bereiche ausdehnen. So werden vielleicht eines Tages Wissenschaftler herausfinden, daß Jungen, die mit Maschinen, Pfeil und Bogen, Fernsehern, Rasenmähern, verrosteten Autowracks und sauschnellen Go-Karts aufwachsen, die intelligenteren und glücklicheren Kinder sind. Und dann können wir es auch endlich glauben.

Wann immer Jungen und Männern der Vorwurf gemacht wird, sie würden sich »entziehen«, vor Beziehungen oder Verantwortlichkeit flüchten, dann sind sie sehr wahrscheinlich draußen in dieser größeren Welt und beschäftigen sich auf einer rituellen Ebene mit Dingen, die genauso viel Bedeutung, Tiefe und Seele besitzen. Vielleicht arbeiten sie an einem Werkstück, warten ihre Autos, installieren neue Software, reparieren einen Zaun oder suchen eine Lösung für ein kniffliges technisches Problem. Es sind Männer in der Ukraine, tief unten in ihrem Bergwerk, Thunfisch-Fänger in Sardinien, Brückenarbeiter in Lissabon, Stierkämpfer in Spanien oder französische Soldaten in Bosnien, die Minen entschärfen: Sie alle sind da »draußen« und erweisen auf ihre Art der Seele der Welt ihren Respekt.

3 Weder Natur noch Erziehung

Als unser zweiter Sohn Jonah aus dem Geburtskanal und in eine andere Dimension emportauchte, bemerkte ich etwas Erstaunliches: In all der hektischen Aktivität im Kreißsaal, dem Chaos, dem Blut und dem Schmerz erschien dieses klare, kraftvolle Bild eines kleinen, verletzbaren Jungen, der es eilig hat – Gott allein weiß, warum. Ich vertraute ihm sofort, seiner Energie, der Art und Weise, wie er diese erste Hürde nahm. Natürlich hat dieser Augenblick etwas Ergreifendes. Und man ist geneigt, daraus einen sentimentalen Moment der Erinnerung zu machen – als Teil des eigenen, persönlichen Mythos.

Aber das war es sicher nicht. Es gibt keine logische Erklärung für dieses Phänomen. Es ist mehr als der Stolz eines Vaters inmitten dieser erschöpften Erleichterung. Mehr als das erste prägende Bild nach der Geburt. Mehr als die erste Diagnose der jungen Assistenzärztin. Dieses Bild ging darüber hinaus – und blieb. Jonah hatte etwas mitgebracht, von einer weit entfernten Quelle aus uralten Zeiten. Einer Quelle, die es unbedingt zu verteidigen galt. Sicher bin ich bereit, für meine Söhne zu sterben. Aber das ist es nicht. Es ist mehr verbunden mit der Frage, die wir uns alle stellen – früher oder später: Woraus ist der Geist beschaffen? Jonah war gekommen, um einen bleibenden Eindruck zu hinterlassen, da war ich mir sicher. Er hatte etwas sehr Spezielles mitgebracht, das ich nicht mehr beschützen oder fördern mußte. In diesem Bild tauchte etwas Neues auf, wie eine zweite Person, die schon aufrecht stand, während er noch dort lag, schreiend und geblendet von diesem grellen, ungewohnten Licht. Und diese Person sagte nur: »Folge mir.« Und diese Person gehörte zu ihm, ganz eindeutig.

Unsere Kinder kommen nicht mit leeren Händen in diese Welt. Und sie sind sicherlich keine unbeschriebenen Blätter. Sie haben etwas dabei. Etwas äußerst Bemerkenswertes. Es ist wie ein Gemälde, das sich in ersten Strichen und Konturen zu entfalten beginnt. Auf der Leinwand wird das Bild erst später sichtbar, doch das Image ist schon lange vorher präsent. Ein unsichtbares Script, ein Masterplan, der sich zu entfalten beginnt. Es ist völlig unlogisch und trotzdem so deutlich spürbar.

Der kleine Caspar war von Anfang an ein seltsam besonderes Kind mit einer fast unheimlichen und faszinierenden Ausstrahlung auf all jene, die ihm begegneten. Caspar selbst antwortete auf die Frage, was er denn einmal werden wolle: sieben. Das hat er dann auch so gemacht. Caspar starb mit sieben Jahren an Lymphdrüsenkrebs. Seine Mutter begreift im Nachhinein sein ganz kurzes Leben als Fügung und in sich vollkommen stimmig. Sie mußte seine Biographie niederschreiben, auch wenn der Bildschirm vor lauter Tränen oft verschwamm. Es ist ein herzzerreißendes Buch über einen ungewöhnlichen kleinen Jungen.[52]

Die Genialität bei Jungen zeigt sich relativ früh – und wird um so seltener erkannt: Es ist naheliegend für die Erwachsenenwelt, Jungen, die man nicht versteht oder die nicht als »vernünftig« gelten, zu pathologisieren. John Lennon wußte mit zwölf Jahren genau, was er zu tun hatte – und er war furchtbar wütend, daß ihn niemand in seinen Zielen unterstützte.

In diesem Kapitel geht es um verborgene Leidenschaften, Genialität, Besessenheit und Emotionen – und um einen völlig neuen Blick auf das »typische« Verhalten von Jungen: Wie man es auch sehen könnte. Nicht als Pathologie, die zu korrigieren ist, sondern als Exzentrik, die eine Struktur benötigt, um Geniales in die Welt zu bringen. Jungen sind nicht verhaltensauffällig im eigentlichen Sinne. Auch wenn viele das so sehen und sich ein großer Teil der Pädagogik darauf konzentriert. Wenn man sie aus einer anderen Perspektive betrachtet, sind sie etwas ganz anderes: verhaltensoriginell.

Eine Karte der Welt

Seitdem unser jüngster Sohn Jonah läuft, ist er nicht mehr zu halten. Sobald er zur Haustür hinaus ist, zieht er seine Schultern hoch und nimmt seine Beine in seine Hände – weg ist er. Wenn man ihm im Laufschritt mahnend zuruft, er solle stehenbleiben, zieht er die Schultern noch ein wenig höher, lacht herausfordernd glucksend und beschleunigt seinen torkelnden Lauf. Bloß weg hier. Natürlich bin ich streng mit ihm. Er könnte auf die Straße geraten. Innerlich brülle ich vor Lachen.

Als wir neulich draußen waren, bog Jonah rasant um die Ecke unserer Straße. Dort befindet sich auf der linken Seite in einer langgestreckten Reihenhauswand die Durchfahrt zu einem riesigen Innenhof, einem weitgestreckten Areal, das man dort überhaupt nicht vermutet. Bisher war er immer daran vorbeigelaufen. Doch diesmal blieb er stehen, schaute durch die Einfahrt auf das große Gelände – und stieß einen unglaublichen Freudenschrei aus. Dann marschierte er los, zuerst zu den dort abgestellten Autos, anschließend in die größte Pfütze am Platz. Dann eine Kellertreppe runter und wieder rauf. Anschließend mit der flachen Hand die zwanzig Garagentore abklatschen, die den Innenhof jeweils an den Längswänden begrenzten.

Dort rannte er herum, mit seiner Pudelmütze und seinem kleinen roten Jäckchen und den gefütterten Stiefeln. Ein kleiner Junge, der ein neues Revier entdeckt hatte: die Welt als ein einziges, langgedehntes Band der Expansion und des Vorwärtsschreitens. Ich spürte seine unbändige Freude, seine Neugier und seinen Drang, die Dinge zu erforschen. Es strömte aus ihm heraus wie ein Quell des Lebens. Wer bin ich, daß ich ihn daran hindern sollte, die Welt zu erforschen?

Ich kann mich noch daran erinnern, wie ich als kleiner Junge regelmäßig in den Sommerferien meine Großmutter in Hamburg besuchte, diese große Stadt an der Elbe mit ihren vielen Brücken über Wasser, den beflaggten Elbflotten, der majestätischen Architektur im Speicherviertel. Spuren der wohlhabenden Hamburger Kaufleute waren überall zu finden.

Immer wenn ich mit dem Zug am Bahnhof Dammtor ankam, rollten die Waggons kurz vorher über die Binnenalster und gaben den Blick frei auf glitzerndes Wasser und das weltberühmte Hotel *Vier Jahreszeiten*, das von Ferne wie eine weiße Silhouette glänzte. Die Schiffe der Alsterflotte schaukelten wie weiße Nußschalen auf dem Wasser oder visierten die große Anlegestelle am Jungfernstieg an, während uns die Lokomotive vorne dampfend und schlingernd in den Bahnhof zog.

Meine Großmutter lebte in Fuhlsbüttel, nicht weit vom Flughafen entfernt. Ihre Wohnung an der Alsterkrugchaussee befand sich direkt neben der Wohnung, in der ich als kleiner Junge aufgewachsen war. Fast jeden Tag trieb es mich durch den Stadtpark hinaus zum Flughafen und den Rollbahnen, wo die vielen Maschinen mit Menschen aus aller Welt einschwebten oder donnernd die Startbahn hinunterjagten, abhoben und im Himmel verschwanden. Stundenlang stand ich auf der Aussichtsterrasse und folgte den Flugzeugen mit meinen Blicken – sehnsuchtsvoll und voller Verlangen nach anderen Welten hinter dem Horizont. Dort, vor mir auf dem Rollfeld, sah ich die Passagiere, außergewöhnlich gut gekleidete Menschen aus aller Herren Länder, die langsam die Gangway hinaufschritten, bevor sie im schlanken Bauch dieser Maschinen verschwanden und sich die Hydraulikklappen der Türen sanft zuzogen, die Triebwerke von Geisterhand angelassen wurden und die Positionslichter sich zu drehen begannen. Es war wie ein Versprechen auf eine Zeit, die noch kommen würde. Und ich hatte wenig Lust, noch länger zu warten.

Der zweite magische Ort war das große glitzernde Wasser. Bis heute liebe ich das Meer. Im Sommer dorthin zu fahren! Von Ferne schon den Geruch von Seetang, salzigem Meerwasser und Sand wahrzunehmen. Das strahlende Sonnenlicht an einem überirdisch blauen Himmel. Das Kreischen der Möwen. Als Junge in den großen Sommerferien zog es mich immer dorthin. Oft fuhr meine Großmutter mit mir in einem der vielen Schnellbusse direkt an die Elbe. Teufelsbrück war eine belebte Anlegestelle mit einem angrenzenden langen Sandstrand, der zum Land hin durch eine hohe Natursteinmauer begrenzt wurde.

Als ich als erwachsener Mann nach Jahren wieder an diesen Ort zurückkehrte, war es für mich unvorstellbar, daß ich diese hohe Mauer als kleiner Junge hochgeklettert sein sollte. Die Vorstellung verschlug mir den Atem. Doch ich tat es jedesmal. Dort stand ich und folgte mit meinen Blicken den unglaublich großen Schiffen, wie sie langsam vorüberzogen mit ihren exotischen Flaggen und Namen.

Eine undefinierbare Sehnsucht trieb mich. Wieviel hätte ich gegeben, auf einem dieser Schiffe zu sein. Auf jedem stand sein Heimathafen vermerkt. Wie diese Städte wohl aussahen? Ich warf Steine ins Wasser, beobachtete die konzentrischen Kreise, die sich in immer gleichen Mustern ausbreiteten, und sah die Wellen verschwinden. Es war diese unvorstellbare Weite und Freiheit, die sich über den Horizont hinausdehnte. Unbegrenzte Möglichkeiten vor meinem inneren Auge. In meinem Zimmer, an der Wand über meinem Bett, befand sich eine Landkarte. Nacht für Nacht folgte ich mit meinen Augen den unsichtbaren Routen und Konturen der Straßen und Schiffahrtswege: westwärts, westwärts. Ich träumte über alle Kontinente und folgte in meinem Schlaf dem Sonnenlicht. Später, viel später erst sollten sich meine Linien mit denen auf der Karte verbinden, nach einer herzzerreißenden Reise durch diese besondere Welt.

Noch heute, wann immer ich auf dem Weg bin unterwegs in den Süden, mache ich einen Zwischenstop in Offenburg. Dort, vor der Fachhochschule, steht eine atemberaubend schöne Dampflokomotive, von einem transparenten Glasbau überdacht: Es ist eine 18.323 mit Tender, erbaut 1935, schwarz-rot lackiert mit eintausendneunhundertfünfzig Pferdestärken, einer Kesselheizfläche von zweihundertzwanzig Quadratmetern und einem Raddurchmesser auf den Hauptantriebsachsen von über zwei Metern. Dort steht sie in ihrer ganzen Pracht, dreiundzwanzig Meter stolze Ingenieurskunst, gefahren in der ersten Hälfte des zwanzigsten Jahrhunderts von hart arbeitenden, verdreckten Männern auf den Führerständen, die das Reisen für jeden Passagier zu einem Erlebnis machten und nebenbei neun Tonnen Kohle schaufelten.

Die Verlegerin Aenne Burda ließ diese majestätische Schönheit 1972 aufstellen, im Gedenken an ihren Vater, der Zeit seines Lebens als Lokomotivführer gearbeitet hatte.

In seinem Erinnerungsbuch *A Personal Record* von 1912 erzählt Joseph Conrad, wie er als Elfjähriger vor einer Karte Afrikas stand:»Ich legte meinen Finger auf den weißen Fleck, der damals das noch ungelüftete Geheimnis dieses Kontinents verkörperte, und sagte mir – mit einer absoluten Selbstgewißheit und erstaunlichen Frechheit, über die ich nicht mehr verfüge: ›Wenn ich groß bin, geh ich *dorthin*.‹ Später dachte ich natürlich nicht mehr daran, bis sich mir etwa ein Vierteljahrhundert später die Gelegenheit bot, wirklich *dorthin* zu gehen – als sollte ich in reifen Jahren heimgesucht werden für die Sünde meiner kindlichen Frechheit.«[53]

Sechzehn Jahre lang führten ihn wechselnde, oft jäh abgebrochene Kommandos auf eleganten Segelschiffen und modernen Dampfschiffen durchs Mittelmeer, nach Australien, nach Zentral- und Südafrika. Conrad lernte Borneo, Sumatra und Mauritius kennen, die kleinen Handelsstützpunkte des britischen Weltreiches und die großen Hafenstädte des Fernen Ostens: Sydney, Adelaide, Bangkok, Madras, Bombay und Singapur. Im Jahr 1894 quittierte er als Kapitän zur See und Untertan der britischen Krone den Dienst – als ernster Mann von sechsunddreißig Jahren, mit starkem Akzent und schwer angeschlagener Gesundheit. Er begann an der Veröffentlichung seines ersten Romans zu arbeiten. *Herz der Finsternis*, Joseph Conrads wohl bekanntestes Werk, ist die künstlerische Bewältigung jener »Heimsuchung« in der Mitte seines Lebens.

Als er an jenem Septemberabend des Jahres 1890 in Stanley Falls eintrifft, ahnt Conrad noch nicht, was ihm bevorstehen wird. Sein Biograph Zdzislaw Najder bezeichnete diese Fahrt Conrads auf dem Kongo ins Innere des Schwarzen Kontinents als »die traumatischste Reise seines Lebens«.[54]

Conrad selbst erinnert sich noch dreißig Jahre später, wenige Monate vor seinem Tod, in seinem 1924 erschienenen Essay *Geography and Some Explorers* an den Moment der Ankunft: »Auf einer kleinen Insel in der Strommitte schimmerte schwach ein kleines, einsames Licht, und schaudernd sagte ich mir: ›Dies ist genau der Ort meiner jugendlichen Prahlerei.‹«[55]

Jonah hat sich derweil entschieden, nicht mehr zu schlafen. Jedenfalls nicht dann, wenn wir es wollen. Er verläßt ständig nachmittags und auch nachts ächzend sein Bettchen. Das Tragen eines Schlafsakkes stellt für ihn kein Hindernis dar, sondern ist nur die nächste Stufe der Herausforderung. Jetzt klettert er also mit seinem Schlafsack über sein Bettgitter, öffnet die Tür und kommt uns wankend entgegen. Als wir ihn eines Nachmittags in seinem Zimmer einschließen – er ist völlig übermüdet und durchgedreht – zerrt und rüttelt er in einem Wutanfall an der Türklinke und kreischt das ganze Haus zusammen. Doch irgendwann läßt er los, und bald darauf senkt sich eine köstliche Stille über das Haus. Er ist eingeschlafen. Die Frage ist: wo?

Als wir nach einer halben Stunde vorsichtig die Tür öffnen, ist das Zimmer nicht mehr wiederzuerkennen. Alle seine Bettsachen liegen auf dem Teppichboden verstreut. Er hat die Plastikauflage der Wickelkommode mit sämtlichen Sachen, Windeln und Socken auf den Boden gezogen. Anschließend hat er alle einhundert Papier-Reinigungstücher aus der Box gezogen und im ganzen Raum verstreut. Wie eine Schneelandschaft umhüllt diese weiße Schicht das darunterliegende Chaos. Doch von unserem Sohn ist weit und breit nichts zu sehen. Wir finden Jonah schließlich direkt auf dem Holzfußboden vor dem Balkonfenster liegend: im Tiefschlaf und unter einer faltbaren Kindermatratze von Ikea, die er wie ein Zelt über seinen Kopf gezogen hat.

Als Isaac Newton gefragt wurde, wie die Welt wohl ihn, den berühmten Physiker und Philosophen, sehen würde, antwortete er: »Ich weiß nicht, wie die Welt mich sehen wird. Aber ich sehe mich als kleinen Jungen, der am Strand spielte und schöne Muscheln und bunte Steine fand, während das unendliche Meer der Wahrheit unerforscht vor ihm lag.«

Botaniker

Es begann damit, daß er als kleiner Junge jedes Spielzeug zerlegen mußte, bis keine Schraube mehr in ihrem Gewinde saß. Dann wanderten die Trümmer in einen Pappkarton von Persil, und danach kam das nächste Modellauto dran, und wenn gar nichts mehr da war, kurvte er mit seinem Kettcar herum oder fragte den Vater, wann er denn endlich seinen ersten richtigen Go-Kart bekäme. Dies hielt der Vater nicht für eine besonders brilliante Idee, weil der Junge »auch sonst eher zu Kamikaze-Aktionen neigte«. »Wenn ich dem Jungen heute ein Go-Kart kaufe«, sagte er zu seiner Frau, »dann hängt er morgen damit unter dem Laster«, und die Mutter nickte dazu, weil der Junge selten befolgte, was mit den Eltern abgesprochen war.[56]

Dafür setzte es fast täglich Prügel. Das war schmerzhaft und rückte auch den Go-Kart in weite Ferne, und deshalb schraubte er irgendwann den Motor vom Rasenmäher des Vaters ab und bastelte ihn an den Kettcar. Das funktionierte auch, allerdings nicht in der Weise, daß dieses Gefährt jemals gelaufen wäre. Aber immerhin so, daß plötzlich ein richtiger Kart in der Garage parkte. Er produzierte mehr Lärm als Geschwindigkeit, und damit knatterte er im Hof herum, bis sich die Nachbarn beschwerten. Notgedrungen nahm der Vater ihn dann mit auf die Kartbahnen in der Umgebung.

Auf einer dieser Bahnen drehte ein gewisser Michael Schumacher seit seinem fünften Lebensjahr Runden. Aber Heinz-Harald war schon nach wenigen Wochen schneller. »Er hat einfach alle versägt«, erzählt sein Vater. Und niemand wußte, woher er das hatte. Heinz-Harald Frentzen sagt lieber: »Ich habe damals ziemlich viel Spaß gehabt.«

Das lag auch daran, daß er in seiner ersten Saison bei den Junioren mit vierzehn Jahren schon Deutscher Meister war. Und das wiederum machte ihn ein bißchen berühmt an seiner Schule, so daß der Direktor sich mit ihm fotografieren ließ und ein paar Mädchen auch schon mal fragten, ob sie denn mitfahren dürften auf seinem Moped. Die setzte er auf den Sozius und kurvte mit dreißig Grad Schräglage durch die Innenstadt, bis die Mädchen naß und bleich waren wie ein verschwitztes Bettuch. Dann hatte er erst einmal wieder Ruhe.

»Wir hatten schon Angst, daß unser Sohn vielleicht von der anderen Fakultät sein könnte«, sagte der Vater, »aber irgendwann brachte er doch ein paar Mädchen mit, auch wenn das nicht sonderlich lange hielt in der Regel.« Dazu war dem Jungen der Motorsport einfach zu wichtig. Er fuhr in der Formel Ford und in der »Opel Lotus Challenge«, wo er als Riesentalent galt, aber immer nur »Botaniker« hieß, weil er zu dieser Zeit noch nicht akzeptieren wollte, daß jedes Auto eine Grenze hat, und er regelmäßig in der »Botanik« landete. Mit dem Leichtsinn der Jugend hatte das trotzdem nicht viel zu tun. Denn eigentlich war ihm schon damals diese seltsame Mischung aus großem Ernst und grobem Unfug zu eigen.

Michael Schumacher wußte bereits mit fünf Jahren, daß er zum Rennfahrer geboren war. Mit zehn Jahren erzählte er jedem, der es wissen wollte, daß er einmal Weltmeister werden würde. Und wenn man sah, was er alles mit seinem Kart anstellte, kam man nicht umhin, ihm zu glauben. Was er noch nicht wußte, war, daß er als erwachsener Mann alle Maßstäbe für Erfolg im Motorsport neu definieren würde, um schließlich selbst eine Legende wie Juan Manuel Fangio zu übertreffen.

Sein Förderer und Mentor Jürgen Dilk traf diesen Jungen, als der sechs Jahre alt war. Vater Schumacher kehrte gerade die Go-Kart-Bahn und hatte an seinem linken Arm eine Kordel – ein paar Meter lang. Daran war ein selbstgebautes Kart, auf dem Michael saß und Slalom fuhr. War das Band stramm, zog er Michael zurück. So behielt er Michael bei sich. Jürgen Dilk war von dem Sechsjährigen fasziniert. Dieser Junge hatte nur Interesse an Fußball und Go-Kart-Fahren. Zu der Zeit gab es keine Techniker. Michael mußte sein Kart immer selbst fertig machen. »Bei einer Deutschen Meisterschaft«, so berichtet Jürgen Dilk, »wurde er nach der zweiten Runde immer langsamer. Auf einmal nimmt er die Hand nach hinten und fährt so 30 Runden und gewinnt. Was war passiert? Der Vergaser hatte sich gelöst und konnte keine Luft mehr ziehen. Er hat ihn mit einer Hand wieder rangedrückt. Dann ging es wieder. Jeder andere hätte sein Kart abgestellt.«[57]

Als Michael Schumacher 1991 in der Formel-1 auftauchte, waren die alten Platzhirsche geschockt. Er hatte sich in ein unterlegenes Auto gesetzt und war im Qualifikations-Training aus dem Stand auf den siebten Startplatz gefahren. Und niemand wußte, wie ihm das gelungen war. Das anschließende Rennen endete für ihn nach achthundert Metern noch auf der Startgeraden mit einem Kupplungsschaden. Doch er wurde von einem anderen Team vom Fleck weg engagiert: Benetton. Drei Jahre später war er Weltmeister. Alain Prost erinnert sich, wie er 1992 in einem der letzten Rennen der Saison hinter dem führenden Michael Schumacher herfuhr. Prost hatte eigentlich das schnellere Auto, doch ihm reichte ein zweiter Platz, um Weltmeister zu werden. So legte er es nicht darauf an, Schumacher zu überholen, der sich auf der Strecke mächtig breitmachte. Er studierte seinen Fahrstil, während er hinter ihm herfuhr. Und er wußte, daß er es direkt vor sich mit einem großen Champion zu tun hatte – einem absoluten Ausnahmefahrer.

Vier Stunden für einen Take

Schon als Neunjähriger stand er hinterm Fenster und stellte sich vor, davor sei eine Showbühne. Er zog seinen Sonntagsanzug an, nahm eine Haarbürste als Mikrofon und brachte seine Mutter dazu, den Conférencier zu spielen:

»Ladies and Gentlemen, Applaus für Mister Thomas Jones Woodward!«

Dann sprang er aus dem Fenster und gab für die Schafe vorm Haus eine kleine Gala-Show. Weil er ein miserabler Fußballer war und auch sonst nicht viel hermachte bei den Mädchen, versuchte er sie mit seinem Gesang zu beeindrucken – mit phänomenalem Erfolg. Wenn sein Englischlehrer gut gelaunt war, ließ er freitags gelegentlich die letzte Unterrichtsstunde ausfallen, und jeder, der wollte, durfte sich vor die Klasse stellen und irgendwas vortragen. Manche erzählten Witze, andere machten Kunststückchen. Tom Jones sang. »Ghostriders In The Sky« und andere Sachen. Doch im Grunde genommen war es egal, was er sang. Die Mädchen quiekten vor Begeisterung. Seine Stimme und seine Art sich zu bewegen lösten bei ihnen eine Art sexuellen Magnetismus aus. Der Junge hatte es einfach drauf. Und niemand wußte, woher er das hatte.

Als ein schmächtiger Junge aus Hoboken in New Jersey 1915 das Licht der Welt erblickte, ahnte keiner, daß seinetwegen dreißig Jahre später, im Oktober 1944, mehr als 30 000 hysterische Teenager das Paramount Theatre am New Yorker Times Square umlagern würden, weil sein Konzert ausverkauft war. Keiner wußte, woher genau dieses unheimliche Timbre, diese vibrierende Stimme kam, die später selbst Superstars wie Bono oder Bruce Springsteen ins Schwärmen geraten ließ: »Seine melancholische Stimme«, so Bruce Springsteen, »hatte immer den Klang zerbrechlichen Glücks und hörte sich nach Männern an, die spät nachts mit nur zehn Dollar in der Tasche ihren Weg suchten.«

Schon in seinen Anfangstagen war Frank Sinatra ein Crooner ohnegleichen. Und obwohl er die meisten seiner vierhundertfünfzig Songs nicht selber schrieb, sind sie alle unwiderrufbar mit seiner Person und seiner Stimme verknüpft. Seine Ausstrahlung auf der Bühne und im Studio war enorm. Er arbeitete sparsam, fast asketisch – und sehr relaxed. Er schien sich seiner Sache immer sicher, von Anfang an. Oft gelang ihm schon mit der ersten Aufnahme im Studio der große Wurf – eine Herausforderung für jeden der beteiligten Studiomusiker.

Fünfzig Jahre später brauchte Natalie Imbruglia (»Torn«) bei ihrem Duett mit Tom Jones vier Stunden, bis sie den ersten akzeptablen Take ablieferte – so aufgeregt war die Sängerin. Und als ihr der Produzent riet, sie solle einfach mal relaxen, rief sie entgeistert aus:

»Wie kann ich relaxen mit diesem Mann im Studio!?«

Die Sängerin der Cardigans erzählt, sie habe sich neben ihm gefühlt »wie eine hilflose, kleine Motte«.

Später im Interview wird Tom Jones sagen, daß er nur aus einem Grund Sänger geworden sei – um an Mädchen ranzukommen. Was nur die halbe Wahrheit ist. Seine Stimmgewalt ist auch nach all den Jahren immer noch ehrfurchtgebietend. Seine ungebrochene Popularität gerade bei den Jungen begründet er selber mit der Besinnung auf das Wichtigste im Pop: »Leidenschaft und Emotion. Inhalt ist nichts, Gefühl ist alles – das war immer mein Prinzip, auch wenn es lange aus der Mode war.«

Geradezu spielerisch zog Frank Sinatra, »The Voice«, Bing Crosbys Publikum in seine Konzertsäle und seinen Bann. Crosby, damals der erste Superstar des noch jungen Showbiz, erklärte später: »Frank ist ein Sänger, den es nur einmal im Leben gibt, aber warum mußte das ausgerechnet in meinem Leben sein?«

Es ist nicht allein der Gesang. Und es ist auch nicht die Technik. Es ist der Mann, der es tut, in seiner unnachahmlichen Art. Es geht nicht um Geld. Und es geht nicht um den viel beschworenen Ruhm. Wenn unsere Seele durchdrungen ist von dem, was wir tun, dann hinterlassen wir eine Spur von Schönheit und Grazie. Dieser Moment nimmt einem geradezu den Atem. Es ist eine Offenbarung.

Als Mitte der neunziger Jahre das erste Mal Xavier Naidoo auf MTV auftauchte und sein »20 000 Meilen über dem Meer, über dem Meer« über den Bildschirm lief, dachte ich einfach nur: »Wow, Mann, wer bist du?!«

Der Kerl hatte etwas Hinreißendes. Für mich stand sofort fest, daß hier ein neuer Superstar am Firmament der Pop-Musik aufgetaucht war. Es war völlig egal, was er machte und wie er es machte. Er würde die Götter erweichen. Alles besaß Klasse. Es war nicht allein seine Stimme. Es war nicht sein unbestrittenes Talent. Dieser Mann besaß Ausstrahlung, der Sound kam tief aus seinem Inneren und war echt. So etwas kann man nicht lernen.

Erstaunliche Frechheiten

Jonah Lomu, Sohn zweier Einwanderer von der Insel Tonga, ist Flügelläufer der *All Blacks*, wie das ganz in Schwarz spielende Team Neuseelands gerufen wird. Er wird als erster Spieler über die Grenzen der Rugby-Länder hinaus populär.[58]

Jonah Lomu trägt seine Trikotnummer auch in der linken Augenbraue. Mit dem Rasierer hat er zwei Striche eingeritzt, die eine 11 darstellen. Seine Vorführung bei der Weltmeisterschaft 1995 war eine Offenbarung. Ein bis dahin unbekannter Zwanzigjähriger dominierte das Turnier, wie es für einen einzelnen in einem Teamsport unvorstellbar erschien; auch wenn die *All Blacks* das Finale gegen Südafrika verloren. Ein Foto ist in Erinnerung geblieben: Lomu, 1,96 Meter groß, hundertfünfzehn Kilo schwer, in vollem Tempo, das Rugby-Ei geradezu liebevoll auf der Fläche seiner großen Hand balancierend, und im Hintergrund der englische Verteidiger Rob Andrew, am Boden, Erstaunen im Gesicht, die linke Hand noch ausgestreckt nach dem längst enteilten Lomu. Seine Sprints, die komplette gegnerische Verteidigung hoffnungslos hinter ihm her, zeigt die volle Schönheit, die der Sport zu bieten hat.

Sein Agent Phil Kingsley-Jones: »Er wurde ohne Zwischenstopp vom Schuljungen zum Superstar. Seine Mitspieler mußten ihn vor den Autogrammjägern schützen.«

Jonah Lomu, inzwischen vierundzwanzig Jahre alt, Branchenname: *der Bulldozer*, bekam Millionen-Angebote aus der NFL, der nordamerikanischen Profi-Liga für American Football, wurde in die Jury der Miß-World-Wettbewerbe gebeten. Und selbst Mike Tyson redet von ihm. Auf die Frage eines südafrikanischen Journalisten bei einer Pressekonferenz sagte der frühere Boxweltmeister einmal: »Ah, Südafrika, ihr habt den Kerl Lomu, nicht wahr?« Nein, nicht Südafrika, aber Neuseeland.[59]

Ende 1996 wurde bei ihm ein schwerer Nierenschaden diagnostiziert. Er mußte sechs Monate aussetzen und nahm knapp vierzig Kilo zu.

»Ich aß jeden Tag zwei ganze Hühner und hätte deren Federn auch noch verschlingen können.«

War das eine Reaktion auf die Tabletten, die er nehmen mußte? Lomu schaut auf. »Nein, das war, weil ich Hunger hatte.«

All Blacks-Trainer John Hart warf ihn wegen mangelnder Fitneß vorübergehend aus dem Team. Dazu machten ein paar Skandalgeschichten die Runde, von der geschiedenen Ehe und so weiter. Phil Kingsley-Jones: »Du mußt bedenken, daß wir in Neuseeland keinen Dennis Rodman oder Paul Gascoigne haben; was Sporthelden angeht, haben wir nur Lomu. Also, was immer er macht, wird aufgeblasen, als wäre er in der Entzugsanstalt gelandet und würde Frauenkleider tragen.«[60]

All-Blacks-Trainer John Hart setzte Lomu bei der WM 1999 nur als Auswechselspieler ein. Viele Fachleute argumentierten, Lomus kraftvolle Sprints seien in der Frequenz von 1995 nicht mehr möglich, zu sehr habe sich seitdem in der Weltspitze das Abwehrverhalten verbessert. Der ehemalige englische Nationalcoach Dick Best widersprach jedoch im Vorfeld: »Lomu wurde zurückgehalten, aber bei der WM wird ihn Hart wieder bringen. Und dann achtet auf die Explosion.«

Leicht irritiert verfolgt die neuseeländische Rugby-Szene das Brimborium um Lomu. Haben die All Blacks, 1987 Weltmeister und noch immer der Maßstab im Rugby, in Chris Cullen nicht längst einen beständigeren Klassemann? Cullen brachte den Ball in fünfunddreißig Länderspielen zweiunddreißigmal über die Touch-down-Linie, eine außergewöhnliche Quote; Lomu schaffte es vergleichsweise bescheidene siebzehnmal in zweiunddreißig Partien. Doch beim breiten Publikum wird immer der einzelne, spektakuläre Moment mehr zählen als beständig gute Leistung – und gab es etwas Spektakuläreres als jenen Antritt von Lomu 1995?

Unlängst war er sogar im Gespräch, im nächsten James-Bond-Film einen Bösewicht zu spielen. Doch es ist nicht schwer zu verstehen, warum sich die Produzenten anders entschieden. Der Bulldozer ein Bösewicht? Tatsächlich ist er ein großes Kind. In seinem Auto, sagt Jonah Lomu, habe er zwei Stofftiere auf dem Rücksitz: »Ich nenne sie Herr Bär und Herr Häschen.«

»Jesus Christ! Was haben wir hier?«

Cassius nannte seine Mutter Bird. Und sie nannte ihn nach seinen ersten Worten, Gee Gee. Die Clays waren eine große Familie. Und bei Familientreffen war Gee Gee das strahlende Kind, immer quatschend, Witze reißend, jedermanns Aufmerksamkeit verlangend und gewinnend.

»Er redete immer«, erzählte Odessa Clay. »Als Baby hat er sich so angestrengt zu reden. Er hat so gebrabbelt, wissen Sie? Und die Leute lachten, und er schüttelte seinen Kopf und brabbelte so schnell. Ich wüßte nicht, wer jemals so schnell reden sollte, wie ein Blitzschlag. Und er saß niemals still. Er war mit mir im Bett, als er sechs Monate alt war. Und Sie wissen, wie sich Babys strecken. Er hatte kleine, muskulöse Arme, und er schlug mich in den Mund, als er sich streckte. Es lockerte meinen Schneidezahn und beeinträchtigte auch den anderen, und ich mußte mir beide ziehen lassen. Deshalb sage ich immer, der erste K.-o.-Schlag war der in meinen Mund.«

»Er liebte es, zu reden«, sagt auch Cassius Clay Senior, Clays Vater. Der kommt spät abends nach Hause und dort ist sein achtjähriger Sohn auf der Veranda und hat *fünfzig* Jungs aus der Nachbarschaft um sich versammelt. Und er spricht zu allen, hält eine Ansprache. Und sein Vater sagt: »Warum gehst du nicht rein ins Haus und zu Bett? Alle Jungs aus der Nachbarschaft, und er ist der einzige, der redet! Der Junge würde immer etwas finden, über das er reden konnte.« [61]

Cassius war einer der liebenswertesten und unproblematischsten Jungen, die man sich vorstellen konnte. Er äußerte sich niemals bösartig über andere, ging jeden Sonntag mit seiner Mutter und seinem Bruder zur Kirche, prügelte sich nicht in den Straßen herum und tat in der Regel das, was man von ihm verlangte. Aber er war verletzt und schockiert über die Heimsuchung des amerikanischen Rassismus mitten im zwanzigsten Jahrhundert in seiner Familie: wie beispielsweise seiner Mutter ein Glas Wasser in einem Restaurant in der Innenstadt verweigert wurde. Weiße, die sich einfach in eine Warteschlange vor ihnen auf dem Jahrmarkt drängelten, als wäre es ihr natürliches Recht.

Das Gefühl der Scham, wenn seine Mutter die unsichtbare Grenze in Louisville passierte, um die Flure und Toiletten von weißen Familien zu putzen. Seit er zehn Jahre alt war, so sagte Clay später, lag er nachts in seinem Bett, bitterlich weinend, während er sich fragte, warum seine Leute so leiden mußten.

Cassius begann mit dem Boxen im Columbia Gym von Joe Martin in Louisville. Als ihm mit zwölf Jahren direkt vorm Columbia Auditorium sein neues, heißgeliebtes Fahrrad gestohlen wurde, ein rot und weiß lackiertes Schwinn für sechzig Dollar, beschwerte er sich so lautstark und wütend, daß Joe Martin auf ihn aufmerksam wurde.

Martin war Polizist, ziemlich relaxed, leitete in seiner Freizeit das Columbia Gym, das sich im Keller des Auditorium befand, und organisierte ein lokales Amateur-Box-Programm *Tomorrow's Champions*, das Samstagnachmittag auf WAVE-TV gezeigt wurde. Cassius wollte eine landesweite Fahndung nach dem Fahrraddieb und schwor, dem Kerl die Seele aus dem Leib zu prügeln.

»Nun«, fragte ihn Martin, »weißt du denn überhaupt, wie man kämpft?«

»Nein«, antwortete Cassius, »aber ich würde trotzdem kämpfen.«[62]

Nach sechs Wochen und dem Erlernen der Grundtechniken bestritt er seinen ersten Kampf gegen Ronnie O'Keefe. Beide Jungen wogen fünfundzwanzig Kilo, trugen riesige Vierzehn-Unzen-Boxhandschuhe und prügelten sich, bis sie beide Kopfschmerzen hatten. Cassius hatte ein paar Schläge mehr gelandet und erhielt einen Sieg mit leichten Vorteilen zugesprochen. Er begrüßte die Bekanntgabe des Urteils, indem er allen Anwesenden zurief, was er bald sein würde: »the greatest of all time.«

Innerhalb eines Jahres wurde klar, daß er außergewöhnlich begabt war, mit schnellen Händen und Füßen und unglaublichen Reflexen, die selbst seine ersten Gegner im Amateurbereich und die Kampfrichter nachhaltig beeindruckten. Aber er wurde auch einer der am härtesten arbeitenden Athleten, die Louisville jemals zu Gesicht bekommen hatte. Von dem Moment an, als er seinen ersten Kampf gewann, würde er abends nach Hause kommen und seinen Eltern erzählen, wie er der *Champion der Welt* werden und ihnen allen neue Autos und ein neues Zuhause kaufen würde. Aber er erzählte das mit entspanntem Humor.

Der Junge lebte praktisch in der Boxhalle. Er rauchte niemals und trank auch keinen Alkohol. Die Disziplin, die er schon mit zwölf Jahren an den Tag legte, überzeugte Joe Martin, daß er eine Zukunft als Boxer hatte.

Cassius war ein Ernährungsfanatiker. Er trug ständig eine Flasche mit einer speziellen Lösung bei sich: Wasser mit Knoblauch. Er behauptete, das würde seinen Blutdruck unten halten und seine Gesundheit verbessern. Zum Frühstück machte er sich seine eigene Mischung aus einem Liter Milch und zwei rohen Eiern. Er verkündete, daß Limonade genauso tödlich wäre wie Rauchen. Er erwachte morgens zwischen vier und fünf, rannte mehrere Meilen und arbeitete am Nachmittag in der Boxhalle, bis es dunkel wurde und seine Klassenkameraden schon zu Hause zu Abend aßen. Seine Mitschülerin Beverly Edwards sagt, daß er schon in der Schule über seinen Körper sprach wie über einen Tempel, etwas Reines. Und in der Cafeteria benötigte er zwei Tabletts, um sein Mittagessen zu tragen: »Sechs kleine Flaschen Milch, Haufen von Sandwiches und warmes Essen vom Buffet. Mann! Der konnte essen. Aber es war immer gesund – Nahrung für sein Boxen.«[63]

Die Augen des Zwölfjährigen waren faszinierend. Wie er seine Gegner fixierte. Seine Augen schienen niemals zu blinzeln, und sie registrierten alles, was der Gegner im Ring tat. Und in dem Moment, wo sie eine Chance für eine Eröffnung sahen, waren seine Hände schon dort. Sein Kampfstil war vollkommen ungewöhnlich. Er ließ seine Hände fallen, katapultierte seinen linken Jab hinaus und tanzte auf seinen Zehenspitzen durch den Ring wie Sugar Ray Robinson. Er bewegte sich wie eine Gazelle und entwickelte jenen berühmten Stil, der Puristen später zur Weißglut treiben würde.

Seine beste Verteidigung war seine unglaubliche Schnelligkeit, die nicht von dieser Welt war. Er erahnte früh den Schlag eines Gegners und lehnte sich blitzschnell gerade so weit zurück, daß er vermeiden konnte getroffen zu werden. Dann schlug er einen Konter. Das alles war von Anfang an da. Und niemand wußte genau, woher er das hatte.

Joe Martin bemerkte noch etwas anderes. Cassius verhielt sich absolut cool und überlegt in einer Krise. Er hörte nicht auf zu denken, nur weil er attackiert wurde oder einen harten Schlag erhielt.

»Cassius wußte genau, wie er zu kämpfen hatte, wenn er in Schwierigkeiten war. Er geriet niemals in Panik oder vergaß nie, was ich ihm beigebracht hatte. Wenn er getroffen wurde, wurde er nicht wütend und revanchierte sich, wie das einige Jungs tun. Er konnte einen harten Schlag ›nehmen‹, und dann kehrte er direkt zum Boxen zurück, boxte seinen Weg dort heraus, wie ich es ihm gezeigt hatte.«[64]

In der Schule war Cassius eine mittlere Katastrophe. In der Central High on West Chestnut Street saß er im Klassenzimmer und träumte vor sich hin, malte, wenn er eigentlich Notizen machen sollte. Er flog ständig durch die Flure der Schule, schattenboxend, angebend, verkündete sich selbst als »the greatest of all times«, flog weiter in die Toilettenräume, um dort vor den Spiegeln zu boxen. Er war extrem angeberisch, aber er hielt alle seine Versprechen.

Atwood Wilson, der Direktor seiner Schule, sah in Clay nicht gerade das ideale Modell eines Schülers. Doch er war von der Selbstdisziplin des Jungen enorm beeindruckt und spürte, daß keinerlei Aggressivität von ihm ausging. Wilson entschied sich, ihn zu unterstützen. Auf Schulversammlungen umarmte er Cassius und verkündete: »Hier ist er, meine Damen und Herren! Cassius Clay! Der nächste Weltmeister im Schwergewicht. Dieser Kerl wird Millionen Dollar verdienen!«

Kam ihm Fehlverhalten von Schülern zu Ohren, meldete sich Wilson über das Lautsprechersystem der Schule in den Klassen und drohte mit gespielt grimmiger Stimme, daß er Cassius Clay auf sie ansetzen würde.

Lange bevor er die nationale amerikanische Presse und später die ganze Welt mit seinen verrückten Gedichten (»This guy must be done/ I'll stop him in one.«) und seinen psychologischen Attacken auf jeden einzelnen Gegner in seinen Bann schlug und, schlimmer noch, schockierte, hatte Cassius Clay begonnen, sich selbst zu erfinden.

Er war der erste Rapper, lange bevor Rap erfunden wurde, lange bevor Tupac Shakur und Puff Daddy in der Musikszene auftauchten und ein neues Genre erschufen. Er war neben seiner unglaublichen boxerischen Perfektion ein Performance-Künstler, politische und religiöse Leitfigur und Fixpunkt einer ganzen Epoche. Er schuf ein umfassendes persönliches Gesamtkunstwerk, bevor Andy Warhol oder Marcel Duchamps in der Kunstszene auftauchten. Clay war eine ganz eigene Persönlichkeit und sein eigener Stratege, selbst als Teenager. Und er ließ darüber niemanden im Zweifel. Weder die Öffentlichkeit, weder seinen Vater noch Joe Martin oder einen seiner späteren Mentoren und Trainer. Er war der Mann, der entschied, wie die Dinge liefen.

Schon als Junge steckte er seinen Kopf in den Umkleideraum eines Gegners und verkündete diesem lauthals, daß er sich besser für eine Abreibung fertigmachen solle. Bei einem städtischen Wettkampf, immer noch im zarten Alter von zwölf Jahren, attackierte er einen Boxer mit Namen George King, schlug vor ihm Jabs in die Luft und fragte ihn immer wieder: »Denkst du etwa, du könntest diesen Jab stoppen?« King war mit seinen einundzwanzig Jahren ein erwachsener Mann, verheiratet und Vater eines Kindes. Wer war dieser zwölf Jahre alte Junge?

Sein Verhalten brachte die Leute um ihn herum zur Weißglut. Hier war ein schwarzer Junge, der es wagte, gegen die Konventionen und

Erwartungen seines rassistisch geprägten Umfeldes zu leben. Der sich einen Teufel darum scherte, was die anderen Leute über ihn dachten. Der mit ihnen spielte. Er, der eigentlich der Unterlegene sein sollte, riß sein Maul weit auf, tat ungeheuerliche, unverschämte, provokative Dinge. Natürlich dachten sie, daß *er* durchgedreht sei, daß *er* spinne. Aber *er* lenkte die Emotionen, *er* führte Regie. Und lange fiel das niemandem wirklich auf. Clay erklärte der Welt, daß er keinem verordneten Standardverhalten folgen würde. Und er war bereit, die ganze Wut, Verachtung und Ablehnung zu schultern, die ihm in dieser Welt entgegenschlagen würde. Nicht wenige wollten ihn sterben, blutend am Boden liegen sehen, vernichtet. Ihn, der die berühmteste Person des Planeten werden würde, berühmter noch als John F. Kennedy, die Beatles oder Albert Einstein: »the greatest of all times«.

Ferdie Pacheco wurde Clays Ring-Arzt, sobald dieser in Angelo Dundees Trainings-Center in Miami auftauchte. Cassius war zu diesem Zeitpunkt neunzehn. Es war Anfang der sechziger Jahre. Aber so einen Athleten hatte Pacheco noch nie gesehen: »Er war das absolut perfekteste körperliche Wesen, das ich jemals zu Gesicht bekam, aus künstlerischer wie aus anatomischer Sicht, selbst gesundheitlich. Du konntest den Kerl einfach nicht verbessern. Wenn jemand von einem anderen Planeten gekommen wäre und gesagt hätte: ›Gebt uns euren Besten‹, hättest du ihnen Ali geben müssen. Perfekt proportioniert, attraktiv, blendende Reflexe und ein großartiger Sportler im Geiste. Selbst wenn er eine Erkältung bekam, verschwand diese am nächsten Tag.«[65]

Die Zuschauer in Miami entbrannten jedoch nicht in blühender Liebe zu Clay, keineswegs. Sie buhten ihn aus, wie immer. Das änderte sich erst an dem Tag, an dem der Schwede Ingemar Johansson in die Stadt kam, zum Revanche-Kampf um die Weltmeisterschaft im Schwergewicht gegen Floyd Patterson.

Harold Conrad, Promoter dieses Kampfes, wollte mehr Karten verkaufen und hatte die Idee, das Großmaul Clay öffentlich mit Johansson sparren zu lassen. Clay willigte nicht einfach so ein. Er sagte: »Ich werde mit Johansson tanzen.«

Johansson, der Patterson im ersten Kampf gedemütigt und siebenmal zu Boden geschlagen hatte, mußte schnell feststellen, daß er diesem Neunzehnjährigen mit lediglich ein paar Profi-Kämpfen Erfahrung nicht das Wasser reichen konnte. Der Schwede war nie ein eleganter Kämpfer gewesen. Aber nun war er eine Marionette mit durchgeschnittener Schnur. Johansson stolperte hinter Clay her, während dieser ihm immer wieder seinen linken Jab ins Gesicht schlug und sang: »Ich

bin derjenige, der gegen Patterson kämpfen sollte, nicht du! Nun komm
schon, Blödmann, was ist los? Kannst du mich nicht kriegen?« Nach
zwei frustrierenden Runden beendete Johanssons Trainer, der legendäre Whitey Bimstein, das Sparring und nahm einen völlig erschöpften
Johansson aus dem Ring.

»Ich hatte ein wenig über Clay gehört«, sagte der Sport-Journalist
Gil Rogin, der zu dieser Zeit für *Sports Illustrated* arbeitete, »aber als
ich dort saß und diese fantastische Demonstration sah, dachte ich: ›Jesus Christ! Was haben wir hier?‹«[66]

Glauben Sie keinem psychiatrischen Gutachten

84   Was verbindet Albert Einstein, Benjamin Franklin, Dustin Hoffman,
Winston Churchill und Bill Gates? Allen wurde in ihrer Kindheit extrem auffälliges Verhalten attestiert. Im Jahr 1845 beschreibt der Frankfurter Nervenarzt Heinrich Hoffmann in seinen »Struwwelpeter«- Geschichten einen hyperaktiven Jungen. Er nennt ihn Zappelphilipp. 1987
erfand der US-Psychiatrieverband das heutige Kürzel für ADHS – Auf-
merksamkeits-Defizit- und Hyperaktivitätsstörung. Und jetzt streiten
sich die Experten, wie man die Kinder »behandeln« soll, insbesondere
wenn es überwiegend Jungen sind. Denn über Jungen reden sie, auch
wenn ihnen das nicht bewußt ist.

Was hätten Psychiater wohl aus Jonah Lomu gemacht? Und was
hätten sie dem zehnjährigen Michael Schumacher entgegnet? Ganz
zu schweigen von Muhammad Ali. Was hätten Psychiater mit einem
leicht erregbaren und starrköpfigen elfjährigen Jungen gemacht, der oft
krank ist, ein frühreifes Talent für Zigarren zeigt, die Schule haßt, sich
der Autorität von Erwachsenen widersetzt und sich von seinen Schulkameraden isoliert durch sein exzentrisches Auftreten und die Behauptung, er wolle ein großer Dichter werden? Haben Sie eine Idee? Der als
Fünfzehnjähriger seinem konsternierten Onkel verkündet, er werde
zur See fahren. Was hätten Psychiater mit diesem verrückten Kerl Joseph Conrad gemacht?

Jungen und Männern werden oft genug leichtfertig und schnell fal-
sches Gesundheitsverhalten, »Lernstörungen« oder »Verhaltensstörun-
gen« attestiert, als seien dies Krankheiten. Wer keinen Zugang zu ihrer
Exzentrik und zu ihrer Person bekommt, neigt in der Regel dazu, ihr
ungewöhnliches Verhalten zu pathologisieren.

Jungen und junge Männer empfinden sehr eindeutig, daß dies nicht
die Zeit ist, um analysiert zu werden oder über ihre Gefühle zu reden.

Sie sind nicht im eigentlichen Sinne »verbal«. Sie haben die meisten der sehr abstrakten und komplexen Konzepte noch nicht gemeistert, die sich mit dem inneren Erleben von Emotionen beschäftigen. Sie sind auf der Suche nach einer Sprache der Herausforderung, des Vertrauens, des Erforschens und des Lernens. Und dies geschieht eher über die nonverbale Sprache der Imagination, der Symbole, Geschichten und Rituale. Sportliche, ästhetische und künstlerische Ausdrucksformen liegen ihnen viel näher als die Sprache der Erwachsenen. Wir mögen vernünftiger und anspruchsvoller reden. Doch ihre rauhe, oft unkultivierte und obszöne Sprache ist emotional näher an ihrem Herzen.

Streßgeplagte und überlebensorientierte Jungen und ihre Eltern landen so früh im medizinischen System, und bei anhaltenden Belastungen und den hinzukommenden negativen Lernerfahrungen letztend- lich in den Praxisräumen von Psychologen und Psychiatern. Es gibt gute Psychiater, keine Frage. Aber was helfen die wenigen wirklich Guten gegen den Rest der Profession, mit ihren rigiden Methoden, ihrer unerträglichen Sprache, ihren unterdrückenden Medikamenten?

Es ist frustrierend anzusehen, wie hartnäckig und resistent sich solche Szenarien in der professionellen Jugendhilfe halten: Die Versuchung dabei ist immer, die spirituelle und emotionale Krise eines Jungen auf materieller Ebene zu lösen. Zuerst wird versucht, durch diagnostische Werkzeuge herauszufinden, was los ist. Dann wird ein Plan entwickelt, mit dem man den jungen Mann attackieren kann, um das »Problem« anschließend in den Griff zu bekommen. Doch die labyrinthischen, tiefen, verborgenen Wege der jungen männlichen Seele, ihrer emotionalen Struktur und ihrer Vorstellungskraft, lassen sich durch solche Strategien des empirischen Flachlandes nicht erforschen.

Solange es Kinder- und Jugendpsychiatern, Psychologen und Therapeuten nicht gelingt, die flache Ebene der Empirie und der oberflächlichen Verhaltenssymptome zu verlassen und die tiefen und subtilen Prozesse der männlichen Seele und Vorstellungskraft mit ihren Verfahren zu verknüpfen, solange werden sie genau diese Tendenz zur Psychopathologisierung von Jungen und jungen Männern verstärken und verfestigen. Ihre Verfahren bleiben damit Teil des Problems, nicht Teil der Lösung. Es ist das Phänomen einer ganzen Kultur, in der Religion und Wissenschaft, Verstand und Seele, Fakten und Phantasie, Wahrheit und Bedeutung viel zu lange viel zu weit auseinandergedriftet sind.[67]

Der Löwe brüllt nicht mehr

Damit ein junger Mann überhaupt seinen Schmerz oder sein Problem mitteilen kann, benötigt er das Gefühl respektiert zu werden. Das diagnostische Spiel mit ausgefeilten Behandlungsplänen, medizinischen Diagnosen und einer schwer erträglichen wissenschaftlichen Sprache stellt für die meisten jungen Männer in den Behandlungsräumen von Ärzten und Psychologen eine Zumutung dar. Sie fühlen sich ausgestellt und begutachtet wie in einem Zoo. Es ist ziemlich offensichtlich, daß diese Herangehensweise nicht in der Lage ist, den kreativen Geist und die Energien eines Jungen zu respektieren und zu stimulieren, damit er sich selbst heilen kann: Tatsächlich tendiert sie eher dazu, jungen Männern ihre persönliche Macht zu nehmen und sie damit zu entkräften.

Die Frage des Bösen, genauso wie die Frage nach dem Häßlichen, findet ihre Antwort in einem anästhetisierten Herzen: Das Herz eines jungen Mannes, das keine Antwort findet auf das, was ihm bevorsteht. Das subtile, sensitive Gesicht der Welt verwandelt in Monotonie und Gleichheit: Die Wüste des modernen Lebens.[68]

Diese Wüste ist nicht nur in Ägypten. Sie ist überall dort, wo wir unser Herz verlassen: in den Wüsten der modernen Bürokratien, der häßlichen Städte, der akademischen Trivialitäten, der offiziellen Seelenlosigkeit der Professionellen.

Vielleicht ist unser Zorn über diesen Verlust das, was wir Aggression nennen. Das, was die Psychologie »das Problem der Gewalt« nennt. Wir fürchten diese Energie. Wir wagen es nicht zu schreien. »Der Löwe brüllte in die furchterregende Wüste«, schreibt Wallace Stevens.[69]

Das Brüllen eines Löwen bringt seine Jungen ins Leben: die jungen Löwen zu wecken, die auch in unserem Herzen schlafen, vor dem flimmernden Fernseher, vollgestopft mit unseren Bedenken und Ängsten; jetzt nur noch ein Biest in den Adern, das seine Attacke vorbereitet: den Infarkt.

Das Herz eines jungen Mannes ist ihm nicht einfach gegeben. Es muß hervorgelockt, hervorgerufen werden. Das genau beschreibt Marsilio Ficino in seiner Etymologie des Wortes Schönheit: das griechische Wort *kallos* kommt von *kaleo*, »hervorrufen«. Das wußte schon Platon: Das Schöne bringt das Gute hervor. Schönheit muß ausgedrückt werden.

»Juliet stand etwas abseits der Masse, genau da, wo Darcy gestanden hatte. Sie hatte ihre schwarze Tasche bei sich und trug die hautengen schwarzen Hosen, die ich am meisten an ihr mochte. Ihr hellblaues Hemd hatte sie nicht in die Hose gesteckt, was eine Schande war.

Warum? Weil auf die Art keiner was von ihrem Hintern hatte. Und dabei war ihr Hintern ein ... unglaublicher Hintern. Mit Worten nicht zu beschreiben.

Hat einer je die geschwungenen Dünen der Sahara gesehen? Ich nicht, aber so war ihr Hintern. Es war nicht etwa ein Entenarsch. Entenärsche stehen vor. Es war auch kein Bannockarsch. Bannockärsche sind flach. Juliets Hintern ging mit einer kurzen, unbeschreiblich sahnigen Wölbung in ihre Schenkel über, die ... unbeschreiblich war. Meine Finger juckten, nein sie fieberten, nein sie winselten darum, nur einmal über diese Wölbung hingleiten zu können.

PS: Ich hatte gehört, sie stand auf doggy-style.

Aber lassen wir ihren Hintern, leider. Ich will was über ihr Gesicht sagen. Ein Weißgesicht. Ein Gesicht, wie man sich Engelsgesichter vorstellt. Die Augen dunkel und grün wie Gras an einem Regentag. Mit diesen Augen konnte sie einen Mann im Kopf trockenlegen. Und erst ihre Zähne. Sie waren einfach perfekt, absolut perfekte Teile. Die Lippen? Dünn, aber erotisch. Erotischer als Hintern, Augen und Zähne zusammen. Und was ihre Nase war, die war klein und sanft. Ich versteh einfach nicht, wieso Frauen solche Nasen haben können. ... Kennt einer *High School Confidential* von Rough Trade? Das ist ihr Song! Für sie geschrieben. War ich schon bei ihren Füßen? Daß sie sehr zierlich waren? Wie aus Porzellan? So wie die von Jesus, wenn er am Kreuz hängt? Nein? Aber es war Fakt. ...

Wenn Juliet auf der Straße vor unserer Schule stand, zum Beispiel um zu qualmen, hatte ich sie im Visier. War Disko, setzte ich mich so, daß ich sie im Auge hatte. Bückte sie sich in ihrem Minirock, fiel ich vom Stuhl. Sah ich sie einatmen, atmete ich auch ein und hielt den Atem an wie eine Erinnerung, eine gute. Einmal ihre Brüste sehen – meine Lebensreise hätte einen Sinn gehabt. Im Unterricht saß sie wie einer von uns: Beine breit und hingeflegelt. Aber durch die Gänge strapste sie wie eine knackige Rettungsschwimmerin.

Sollte sie zufällig auf die Idee kommen, all die Feuer auszutreten, die sie in der Schule angezündet hatte, alle Jungs gingen an Krücken.«[70]

Psychiater und Psychologen können einen Löwen analysieren. Aber können sie sein Herz spüren? Wissen sie, wie sich das anfühlt? Und das Brüllen eines Löwen. Was ist mit seinem Brüllen, seinen Obsessionen, seinen animalischen Wünschen, seiner Liebe? Ja, mit seiner Liebe. Kann ein Löwe überhaupt lieben?

»Ich wußte nicht, daß Haifische solche eleganten, schön geformten Schwanzflossen haben.‹

›Das wußte ich auch nicht‹, sagte ihr männlicher Begleiter.

Die Straße hinauf war der alte Mann wieder in seiner Hütte einge-schlafen. Er schlief immer noch auf seinem Gesicht, und der Junge saß bei ihm und beobachtete ihn. Der alte Mann träumte von den Lö-wen.«[71]

Das grundlegende Thema männlicher Adoleszenz ist die Entwick-lung persönlicher Macht. Diese zu spüren, an ihre Grenzen zu gehen und herauszufinden, wie sie sich einfügt in die anderen Kräfte des Universums und der eigenen Gemeinschaft – das ist die größte Her-ausforderung für junge Männer. Jeder junge Mann will seine persön-liche Macht entdecken. Er will wissen, wie sich das anfühlt und was er damit alles anstellen kann. Er will wissen, wie er diese persönliche Macht gut einsetzen kann, um auch in Krisenzeiten sich und andere zu heilen. Und wenn sie im Zentrum ihres Universums landen, tun sie das Notwendige und alles, was an Anpassung notwendig ist, da-mit sie erfolgreich sein können. Auf dieser Ebene fallen ihnen Verän-derungen leicht und geschehen mühelos und elegant. Man muß also nur herausfinden, was sie davon abhält, diese Vollkommenheit auszu-drücken. Das beste, was man für einen Jungen tun kann, ist, eine Um-gebung zu schaffen, in der seine genetische Intelligenz, die Integrität seines Nervensystems und seine innere Heilungsintelligenz unbehin-dert ihre Arbeit tun können.

Junge Männer sind leidenschaftliche und einzigartige Wesen mit individuellen Schicksalen. Sie sind Personen. Nicht Objekte moderner Wissenschaften. Sie sind Individuen, nicht Fallbeispiele. Und vor allem sind sie kreative Exzentriker statt gefühlloser Durchschnitt. Die Sub-jektivität eines rebellischen jungen Mannes ist ungleich vielfältiger als die Objektivität möglicher pädagogischer und medizinischer Diagno-sen und Prognosen.

Eine Kultur, die der Ignorierung oder Pathologisierung von Männ-lichkeit den Boden bereitet, attackiert immer auch ihre eigenen kreati-ven Möglichkeiten. Das ganze spirituelle Potential in jungen Männern und im Geist einer Kultur wird durch diese Verdammung beeinträch-tigt oder sogar zerstört.

Exzellenz statt Anpassung

Junge Männer sind keine pathologischen Patienten, die der Heilung bedürfen, sondern Poeten, die ihr Leben in Schönheit und Bedeutung hervorbringen wollen. Was sie vor allem antreibt, ist die Suche nach

Ausdruck, Schönheit und Exzellenz. Es sind junge Männer, die im Extrem leben, die mutig im Kampf mit der Vergeblichkeit die Würde ihrer Existenz beweisen wollen. Es sind junge Männer, die um jeden Preis das Mittelmaß ablehnen, die sich Herausforderungen stellen und mit ihrem Leben Spuren hinterlassen möchten. »Diese Männer«, schreibt die italienische Fotografin Giorgia Fiorio, »leben mitten unter uns, aber dennoch ganz für sich. Sie besitzen Größe, ohne es zu wissen.«[72]

Die Seele sucht überall nach Mythen, die sie nähren wird. Es ist der Mythos, der bedeutsam ist für das Leben eines jungen Mannes. Wir haben die Neigung zu vergessen, daß wir uns immer in einem Mythos befinden, selbst wenn wir denken. Mythen sind zentral für die menschliche Erfahrung. Sie entspringen direkt aus unserer Vorstellungskraft und beinhalten alles, was war und was jemals sein wird. Lance Armstrong, Jan Ullrich, Joseph Conrad, Michael Schumacher, Heinz-Harald Frentzen, Tom Jones, Frank Sinatra, Xavier Naidoo, Jonah Lomu und Muhammad Ali: junge Männer auf der Suche nach ihrem persönlichen Mythos. Die passenden Zutaten dafür sind: atemberaubende Intelligenz und Kampfkraft, aktive Vorstellungskraft, ein sehr freiheitsliebender Lebensentwurf und die Fähigkeit, jeden in seinem Umfeld zum Wahnsinn zu treiben. 89

Die Liste ließe sich endlos fortsetzen. Berufene, verwoben in ein außergewöhnliches Leben. Ihre Brillianz, ihre Schärfe und Kampfkraft, ihre Grazie und ihre Liebe zur Schönheit manifestieren sich selbst in diesen speziellen Momenten, während ihr mysteriöses Leben sich entfaltet. Es sind Männer in einer normierten, hygienischen Welt, die sich gegen die rasante Verflachung des Lebens zur Wehr setzen. Es sind Männer auf der Suche nach Exzellenz, Männer, die bereit und fähig sind, sich auf einer tiefen Ebene mit sich selbst zu konfrontieren.

In jeder dieser Biographien wissen diese jungen Männer zu einem bestimmten Zeitpunkt ihres Lebens mehr oder weniger, wer sie sind. Das bedeutet nicht, daß sie einen genauen Plan von der Zukunft haben. Aber es sind junge Männer, die nicht bereit sind, den Preis für ein normales Leben zu bezahlen: Depression. Sie kämpfen. Mit den Elementen, mit Feuer, mit Wasser, mit ihren inneren Dämonen und Ängsten. Und sie kämpfen mit der permanenten Gefahr und gegen die Schwerkraft des Vergessens. Sie provozieren jede Menge Schwierigkeiten, weil ihr spezieller Charakter sichtbar wird.

Gerade weil sie auffallen, erregen sie Aufmerksamkeit. Und je früher Psychologen und Erzieher in ihrer unmittelbaren Nähe auftauchen, um so gefährdeter erscheint oft ihre Existenz. Denn das, was ihnen an

Anpassungsprogrammen angeboten wird, hat mit dem, was sie wirklich empfinden und denken, kaum etwas zu tun. Und speziell in dieser Zeit, zwischen dreizehn und neunzehn, spüren sie etwas Wesentliches, etwas Bedeutsames in sich, das nach Ausdruck verlangt. Und dieser Ausdruck geschieht nicht immer auf kultivierte Art und Weise.

Es ist eine Zeit, in der junge Männer die ganze Welt ändern und in Ordnung bringen wollen, weil sie in den Raum der Möglichkeiten eintreten, sich von Vorgegebenem ablösen und ahnen, was sein könnte: »Möglichkeiten, die nur mit dem inneren Auge zu sehen sind und noch nicht existierende, ja nicht einmal recht gesehene Welten ahnen lassen. Das ist das große Tor zum Unsichtbaren und ›Jenseitigen‹, wie Platon und Pythagoras und Shankara und jeder Mystiker, der diesen Namen verdient, schon immer gewußt haben.«[73]

4 Die Landung des Feuervogels

Wenn es die Möglichkeit gäbe, alle Berge und Abhänge mit großen Planierraupen einzuebnen und Jungen im Mutterleib genetisch so zu verändern, daß sie mit fünf Airbags geboren werden, zwei an der Seite, einen jeweils vorne und hinten und den größten am Kopf, so wäre das zwar ein ziemlich aufwendiges Programm und ließe sich – trotz Globalisierung – nur sehr schwer international koordinieren: Doch auch dieses Programm würde in dem Moment Makulatur, wo junge Männer die Schwelle zur Adoleszenz überschreiten. Wenn der Feuervogel landet, können Sie sich ziemlich sicher sein, daß Ihr Sohn das Ende der planierten Ebene finden wird, um einen langen Blick in den Abgrund zu werfen.

Sie hatten sich Ihre Familie immer als einen funktionierenden Traum vorgestellt. Vielleicht als Ort, der dem Paradies am nächsten kommt. Der Traum hat nicht immer funktioniert. Aber Sie haben sich hart daran arbeiten lassen. Doch mit Beginn der Pubertät ändert sich alles schlagartig. Ärger taucht auf in tausend Gestalten. Es ist der Zeitpunkt, wo Ihr Sohn seinen Kindheits-Charme verliert. Wenn er ihn nicht schon vorher verloren hat, so verliert er ihn spätestens jetzt. Sie entdecken Seiten an ihm, die Sie verstehen lassen, warum es immer wieder Mord und Totschlag in Familien gibt. Er läßt es darauf ankommen. Dessen können Sie sicher sein. Und es gibt nichts, was Sie dagegen tun können.

Spätestens hier werden Sie verstehen, warum Eltern den härtesten Job von allen haben. Und niemand hilft Ihnen wirklich. Sie gehen einfach den Bach runter und mit Ihnen Ihre sorgfältig aufgebauten Ideale von Erziehung und Familienglück. Der einzige Trost liegt vielleicht in der Tatsache, daß Sie nicht die einzigen sind, die das betrifft. Als der australische Schauspieler Mel Gibson in einem Interview gefragt wurde, welcher seiner Filme der schwierigste gewesen sei, »Braveheart«, »Der Patriot« oder »We Were Soldiers«, antwortete er: »Kein Film kann für mich so schwierig sein, wie das, was bei uns zu Hause abläuft. Ich sage Ihnen: Der schlimmste Krieg findet unter einem Dach mit fünf Jungs im Teenager-Alter statt, deren Hormone verrückt spielen.«[74]

Dies ist nicht allein die Geschichte von Mel Gibson. So läuft es in fast allen Familien, in denen Söhne heranwachsen. Es ist die Zeit der Alpträume. Und Sie sind mittendrin.

Das Element Feuer beschreibt am besten die Energie dieser verrückten Jahre: Es ist eine Zeit des Aufsteigens, der Transzendenz, der lodernden Inspiration und des Verbrennens zu Asche, um neu geboren zu werden. Wenn der Feuervogel landet, so besagt es die alte russische Legende, schlagen Flammen aus seiner Brust. Jedes Geräusch im Wald verstummt schlagartig. Selbst die Vögel hören auf zu singen.

Die Landung des Feuervogels ist eine Metapher dafür, daß der Zeitpunkt gekommen ist für eine grundlegende Veränderung. Und das bedeutet: Nichts wird bleiben, wie es einmal war. Jungen in dieser Altersstufe lassen sich nicht in einem Studio tätowieren. Sie machen es zu Hause: mit einer Nadel, Tinte und einer Kerze. »Fire Walk With Me« ritzen sie sich in den Unterarm. Anschließend leihen sie sich das Mofa eines Freundes und fahren es in den Mittelland-Kanal, nur um zu beweisen, daß sie es können.[75]

Und wo immer man heute auch hinschaut und sich durchzappt: Viva, MTV oder einer der anderen zahlreichen Musikkanäle – es spielt keine Rolle. Überall das gleiche Bild: Wilde junge Kerle auf dem Weg nach oben. Jungs auf Skateboards oder anderen Vehikeln, um die Schwerkraft auszuhebeln, wegfliegend von Rampen, beim Abheben oder wippend, rollend und zuckend auf diesen riesigen Cabrios, in Diskotheken oder draußen in der Natur. Flammen schlagen aus ihren Herzen. Dazu Sex, Tatoos, Piercings, Bandenzeugs, Stammesrituale, Gangster Rap und riesige Versammlungen, auf denen Ärsche geschwenkt und Zungen gestreckt werden. Der Alptraum meiner verstorbenen Großmutter.

Es ist kein Wunder, daß die Zeit des Heranwachsens eine leidenschaftlich idealistische Zeit ist, voller phantastischer Träumereien, heroischer Antriebe und greller Utopien. Es ist die Zeit, in der sich alles verändert. Hormonelle Schübe von Testosteron und ihre explodierende Imagination versinnbildlichen, was in ihrem Inneren vorgeht. Innere und äußere Prozesse gleichen sich an oder driften für Momente in entgegengesetzte Richtungen. Ihre Psyche ist in Aufruhr und wilden Träumen und Phantasien ausgeliefert. Junge Männer legen es darauf an herauszufinden, wie weit sie gehen können. In diesem Raum und dieser Zeit revolutionärer und hormoneller Gärung treiben sich junge Männer herum, hier toben sie ihre Liebe, ihre Leidenschaft und ihr schauderndes Entsetzen aus.

Falls Sie Ihren Sohn lieben (und davon gehe ich aus), werden Sie versuchen, ihn vor diesen Erfahrungen zu bewahren. Doch so funktioniert das Leben nicht. Sehr wahrscheinlich sind Ihre Söhne viel stärker, als Sie als Eltern jemals vermutet haben. Aber man kann sie vor dem Leben nicht schützen, vor Schmerzen, Ängsten, Verletzungen und Niederlagen. Sie müssen und wollen da durchgehen, um herauszufinden, aus welchem Holz sie geschnitzt sind. Junge Männer müssen und wollen ihre eigenen Erfahrungen machen. Wenn Sie als Eltern versuchen sollten, Ihren Söhnen diese Erfahrungen zu ersparen, nehmen Sie ihnen die Möglichkeit, ihr eigenes Leben in Besitz zu nehmen: Ihr Sohn muß seine Lektionen lernen. Und er muß daraus seine eigenen Schlüsse ziehen können. In diesem Prozeß ist es unvermeidlich, daß sie Dämonen begegnen – und fürchterliche Niederlagen erleiden werden. Bittere, harte Lektionen sind vorprogrammiert. Dazu gehören auch die Erfahrungen von Verlust, heftigen Schmerzen, festsitzenden Frustrationen und tiefer Hoffnungslosigkeit. Junge Männer steigen unter anderem hinab zu diesen dunklen Orten, damit ihr Leben eine ernsthafte Angelegenheit wird. Jede Generation von jungen Männern tut das. Und niemand wird sie wirklich daran hindern können.

Jungen wollen und müssen ausbrechen aus den Programmierungen ihrer Ursprungsfamilien – mögen diese auch noch so reizend sein. Nichts repräsentiert diese Energie stärker als die des Kriegers auf der Suche nach seiner Bestimmung, seiner Vision und seinem Schicksal. Die Zeit der Adoleszenz ist die Zeit, in der junge Männer Zugang zu ihrer Spiritualität suchen. Und das geschieht durch herausfordernde Rituale und außergewöhnliche Demonstrationen persönlichen Mutes. Das Territorium des Kriegers gewinnt an diesem Punkt seine entscheidende Bedeutung. Junge Männer folgen der alten Legende, die sie auf ihrer Suche nach einer Vision an einen geheimen Ort führt, an dem sie allein und ohne Essen oder Wasser auf einen Moment der Offenbarung warten, damit ihr Leben Richtung, Tiefe und Bedeutung bekommt.

Sie müssen offensichtlich extreme Herausforderungen suchen, um zu ihrer Wahrheit durchzudringen und auf dem Weg dorthin herauszufinden, was das Leben und was Schmerzen wirklich bedeuten. Es scheint ein Naturgesetz zu sein, daß jede neue Generation es von Neuem darauf anlegt. Sehr wahrscheinlich ist das ihre Art, auszuprobieren, zu lernen, einen Schritt zurückzunehmen, zu verstehen und dann zu expandieren.

Psyche bedeutet im Griechischen neben *Seele* auch Schmetterling, ein besonders schönes Mädchen in der Legende von Eros und Psyche. Unter den vielen Attributen und Effekten der männlichen Psyche spielt vor allem ihre Beziehung zu Träumen, Phantasie und Images eine wichtige Rolle. Diese Beziehung kann man mythologisch bezeichnen als die Verbindung der männlichen Seele zur nächtlichen Welt, dem Reich der Toten und des Mondes. Wir erfahren die essentielle Natur unserer Seele in Todeserfahrungen, nächtlichen Träumen und Bildern von »Verrücktheit«.[76]

»Mal sehen, was geht...«

Daniel und Jan hatten noch nie in ihrem Leben mehr als zwei Nazis auf einem Haufen gesehen. Doch jetzt, als sie nachts durch den Wald spazierten, entdeckten sie eine Horde von sieben oder acht Nazi-Skinheads, die in der Nähe ihres alten Abenteuerspielplatzes um ein Lagerfeuer saßen. Sie pirschten sich bis auf dreißig Meter heran und schauten durch die Zweige des Gebüschs hinüber. »Zwischen ihnen und der Gruppe, die schon reichlich betrunken, aber trotzdem Furcht einflößend wirkte, lag ein kleiner Bach, und in dem seichten Wasser standen, im flackernden Feuerschein gerade noch zu erkennen, Bierkästen. Jan und Daniel wagten es nicht, sich zu regen, bis Jan flüsterte: ›Ich hab' eine Idee.‹ Das war der Moment, in dem Daniel meistens schon von schleichender Panik ergriffen wurde. So auch jetzt: Jans Idee bestand darin, das Nazi-Bier zu klauen. Daniel flüsterte: ›Du Arschloch, hör auf.‹ Jan grinste. Daniel bekniete ihn: ›Wenn du das machst, rede ich nie mehr mit dir. Ach was, die bringen uns eh um.‹ Aber da war Jan schon hinausgerobbt, auf das Rinnsal des Bachs zu, und in der langen Zwischenzeit, bis er endlich mit zwei vollen Flaschen Bier durch die Zweige zurückkam, machte sich Daniel fast in die Hose vor Angst. Dann robbte Jan noch mal los und holte noch drei Flaschen. Das Nazi-Bier schmeckte ausgezeichnet.«[77]

Absolute Profis unterscheidet von Amateuren, daß sie ein ganz genaues Gefühl für ihre Grenzen besitzen. Jungen und junge Männer wissen nichts von ihren Grenzen. Sie müssen sich langsam heranarbeiten. Manche tun es schneller. Andere schießen über das Ziel hinaus. Aber sie alle versuchen herauszufinden, wie weit sie gehen können. Denn erst wenn man mehr als genug getan hat, weiß man, wann es genug ist.

Junge Männer scheinen in solche Situationen eher zufällig zu geraten. Nichts an ihrem Leben in dieser Phase erweckt den Eindruck, wirklich geplant zu sein. Sie lassen sich in solche Erfahrungen fallen »wie Fallschirmspringer, die Stuntmen geworden waren und sich auf Jahrmärkten von Flugzeugtragflächen fallen ließen, allein aus Lust und Laune, zuzüglich ein paar Dollar, abzüglich der Krankenhauskosten.«[78] Was sie auszeichnet, ist die Nonchalance, mit der sie über ihren Status des absoluten Neulings hinweggehen. Sie sind sich sicher, die Besten für den Job zu sein, obwohl sie nur wenig Erfahrung besitzen.

Es ist eine Metapher und eine Haltung, die an die ersten Feuerspringer im Forstdienst der Vereinigten Staaten von 1949 erinnert. 1940 fand
der erste Fallschirmsprung bei einem Waldbrand statt. Ein Jahr später wurden die ersten Feuerspringer organisiert auf dem uralten Gebiet der Bekämpfung von Waldbränden. Ihre Aufgabe bestand darin, es
mit drei der vier Elemente des Universums gleichzeitig aufzunehmen
– Luft, Erde und Feuer – und in einer flüssigen Bewegung vom Himmel zu fallen, auf einem Baumwipfel oder Felsgipfel zu landen und das
einzulösen, dessen sie sich rühmten: bis zum Vormittag des nächsten
Tages um jedes Feuer, bei dem sie landeten, einen Graben zu ziehen.
Die Feuerspringer von 1949 waren noch so jung und unerfahren, daß
sie glaubten, alle Feuer, bei denen sie absprangen, bereits vor dem Absprung unter Kontrolle zu haben.

Sie waren so jung, daß sie noch kein Gefühl und Verständnis für die
Risiken und Gefahren entwickelt hatten, die möglicherweise auf sie lau-
erten. Sie spürten nicht, daß sie dem Universum möglicherweise eine
Tragödie schuldig waren.[79]

Genau das wollte Peter Oertle zum Abschluß seiner Chemielaboran-
ten-Lehre in Basel herausfinden. Gemeinsam mit seinen Kollegen und
Kolleginnen hatte er beschlossen, als Ritus des Übergangs von der Lehr-
zeit in den Beruf eine Marathon-Wanderung nach Zürich zu unternehmen. Die Strecke, so hatten sie ausgerechnet, ließe sich in sechsund-
zwanzig Stunden bewältigen, ohne längere Schlafpausen. Die Gruppe
begann vollzählig ihre Wanderung. Es dauerte jedoch nicht lange, bis
die meisten bemerkten, daß sie sich doch etwas viel vorgenommen hatten. Aus der Wanderung war ein Gewaltmarsch geworden.

Je länger sie andauerte, um so mehr dünnte sich die verschworene
Gemeinschaft aus. Einige kehrten nach wenigen Stunden um, andere
hielten sich tapfer bis zur Mitte der Strecke, die immerhin über hundert Kilometer betrug.

Schließlich blieb noch ein Quartett von jungen Männern übrig, die
durch die Nacht weiter marschierten. Dabei orientierten sie sich an einer Bahnstrecke, die Richtung Zürich verlief, um in der Dunkelheit
nicht die Orientierung zu verlieren. Irgendwann kroch ihnen die Käl-
te in die Klamotten. Sie hielten erschöpft vor einem längeren dunklen
Bahntunnel und begannen, direkt auf den Gleisen Holz aufzuschich-
ten, um auf einem provisorischen Grill die letzten Lebensmittel zu rö-
sten, die sie noch bei sich trugen. In einem tranceähnlichen Zustand
verschnauften sie dort hungernd und frierend und wärmten sich die
Hände. Dabei muß ihnen wohl der Güterzug entgangen sein, der sich

donnernd von hinten näherte. Aufgeschreckt durch das gellende Warn-
signal des Zugführers gelang es ihnen im letzten Moment, von den
Gleisen zu springen. Der Zug rauschte an ihnen vorbei – und mitten
durch ihr flackerndes Feuer auf den Gleisen. Funken, brennende Bal-
ken und zischende Holzkohlestücke stoben durch die Luft, und eine riesige Qualmwolke stieg nach oben. Es war eine surreale Szene, die zwei
der jungen Männer den Rest gab. Sie stiegen aus.

So geschah es, daß ein völlig übermüdeter und erschöpfter Peter
Oertle mit seinem verbliebenen Kollegen im Morgengrauen die Stadt-
grenze von Zürich erreichte. Ihre Dankbarkeit war so groß, daß sie das
Ortsschild von Zürich umarmten wie einen alten Freund.

Peter schaffte es noch zum Haus seiner Eltern. Trotz der vielen Bla-
sen an seinen Füßen und obwohl er eigentlich nicht mehr laufen konnte. Doch er war zu müde, um sich die Klamotten auszuziehen. So ließ
er sich vollständig angezogen in das warme Wasser der Badewanne fallen – und schlief ein. Als sein Vater die Tür zum Badezimmer öffnete, prallte er entsetzt und schockiert zurück: Einen furchtbaren Augenblick lang dachte er, sein Sohn habe Selbstmord begangen.

Es gab eine Zeit im Leben von Sebastian Junger, in der er nicht genau wußte was er machen sollte. Er war Anfang dreißig, hing irgendwo in einer Kleinstadt in Massachusetts rum, und hatte das Ausprobieren satt. Sein Leben schwankte zwischen dem halbherzigen Versuch,
sein erstes Buch zu schreiben, und dem depressiven Gedanken, daß
aus ihm als Schriftsteller wohl nie etwas werden würde. So verdiente
er sich eine Zeitlang sein Geld als Baumschneider.

In dieser Zeit fiel ihm eine Fotografie eines Feuerwehreinsatzes
bei einem riesigen Waldbrand in die Hände. Auf dem Foto standen
die Feuerwehrmänner auf einer Anhöhe, die sie gegen das Feuer frei-
gekämpft hatten. Man sah ihr schweres Arbeitsgerät, die gelben Helme mit dem ledernen Nackenschutz, die Karabinerhaken, eingehängt
in die schweren schwarzen Gürtel, die pumpenden Sauerstoffflaschen.
Der Schweiß lief ihnen in Strömen hinunter. Man spürte ihre Erschöpfung selbst auf diesem Foto. Hinter ihnen ragte eine etwa neunzig Meter hohe Wand aus Flammen empor, ein gefräßiges Monster, bereit, mit
einem einzigen Windstoß ihre ganze Arbeit zunichte zu machen. Die
Männer schauten in diese Wand. Es war als ob sie den Blick nicht abwenden konnten, selbst wenn sie es gewollt hätten.[80]

Sebastian Junger nahm dieses Bild und heftete es an seinen Schrank.
Er wurde kein Feuerspringer. Aber später sollte er als Journalist all
jene Orte aufsuchen, an denen er diese Männer finden konnte. Er sah

in Afghanistan, wie Journalisten sich an Frontlinien heranrobbten obwohl dort keinerlei Informationen von nützlichem Wert zu holen waren. Aber sie taten es trotzdem. Irgend etwas Unerklärliches trieb sie dorthin. Es war als ob sie den Blick nicht abwenden konnten, selbst wenn sie es gewollt hätten.

Aufsteigen

Als die beiden jungen Männer begannen, mit Fluginstrumenten zu experimentieren, verfolgte ihr Vater skeptisch die ganze Sache. Zahlreiche Bruchlandungen und Mißerfolge ereigneten sich, und eine Zeitlang schien es, als würden sie niemals aufsteigen können. Die Schwerkraft brachte die beiden jungen Männer immer wieder auf den Boden der Tatsachen.

»Menschen werden niemals fliegen, denn Fliegen ist den Engeln vorbehalten.«

Das war die abschließende Beurteilung ihres Vaters. Es klang wie ein Gesetz. Und als er das sagte, schrieb man das Jahr 1903. Ihr Vater war kein geringerer als Milton Wright. Noch im gleichen Jahr hoben seine Söhne ab und stiegen hinauf zu den Sternen und in die Unsterblichkeit.

Archetypisch befinden sich junge Männer im ersten Drittel ihres Lebens auf einer heroischen Reise. Sie müssen ihre Kraft und ihre Möglichkeiten spüren, aufsteigen, idealistisch sein, hart arbeiten, Erfolg haben und ein Gespür für ihr eigenes Können entwickeln. Sie folgen dem männlichen Prinzip, das sich im Tun und Erreichen demonstriert. Aufsteigen ist ein wesentlicher Teil dieser Phase – und ein Phänomen, das selten wirklich verstanden wird. Was zunächst wie ein Ego-Trip erscheint, als Kompensation für tiefliegende Gefühle persönlicher Unzulänglichkeit, erweist sich als tiefere Dimension des Lebens.

Welche Kraft treibt den Fluß durch die Felsen nach oben? Und welche Macht läßt Pflanzen nach oben schießen? Was läßt einen Mustang in einer Herde in rasendem Galopp die Führung übernehmen? Aufsteigen ist ein essentieller Aspekt des Lebens. Und wir sind oft zu gebildet und geblendet von unseren intellektuellen Fertigkeiten, um dieses Phänomen in seiner rauhen Schönheit überhaupt noch zu verstehen. Wer dieses Phänomen rationalisiert, versteht es nicht. Jungen wollen aufsteigen. Mit aller Macht. Es ist die Harley Davidson des Lebens. Jene, die dich fährt, bis du lernst, sie selbst zu fahren.

Fährt man die A5 aus Karlsruhe kommend Richtung Süden, taucht kurz vor Beginn des Kaiserstuhls die Autobahnabfahrt Lahr auf. Ohne es zu wissen passieren Reisende hier linker Hand die längste Start- und Landebahn Europas: Auf drei Kilometern Länge verläuft sie in Sichtweite entlang der Autobahn. Hier waren einmal 15 000 alliierte kanadische Soldaten mit ihren Familien stationiert. Lahr diente als Militärflughafen und war speziell für die riesigen amerikanischen Militärfrachtflugzeuge angelegt worden, die hier ankamen und später mit unbekanntem Ziel Lahr wieder verließen.

Heute nutzt die Lufthansa die Piste für die Start- und Landemanöver ihrer in Ausbildung befindlichen Jumbo-Jet-Piloten. Doch die meiste Zeit liegt dieses riesige Areal einsam und verlassen da, und Stille schwebt über dem Gelände. Wenn man die endlose Betontrasse längs der Start- und Landebahn hinunterfährt, sieht man auf beiden Seiten

der Straße nur flache, unauffällige Gebäude mit geschlossenen Fensterläden, dazwischen gestreut verlassene Flugzeughangars. Auf einigen eingezäunten Rasenflächen stehen einzelne ausgemusterte und abgewrackte Militärjets, stumme Zeugen einer längst vergangenen Epoche.

Ziemlich am Ende taucht auf der linken Seite ein Gebäude am Straßenrand auf, dessen unscheinbarer Charakter nur durch ein auffälliges Behördenschild unterbrochen wird: Hier hat das Jugendamt Lahr eine Außenstelle eingerichtet. Nicht weit entfernt, mit direktem Blick auf das Flugfeld, trifft man plötzlich auf eine große Rampe, ein riesiges U in der Landschaft. Sie sieht aus wie der durchgeschnittene Bauch eines Flugzeuges. Und dort sind sie. Mehrere junge Männer mit Schlabberhosen, kurzgeschorenen Haaren und Baseballmützen: Sie vollführen mit ihren Skateboards artistische Manöver, schnellen in rasender Geschwindigkeit die Rampe rauf und runter, von einer Seite zur anderen, und katapultieren sich mit ihren Brettern in die Luft, bis sie für einen Moment durch die Schwerelosigkeit fast stillstehen, bevor sie mit einem atemberaubenden Manöver und enormer Fallgeschwindigkeit wieder zur Rampe zurückkehren.

Das ist das Thema des ersten von vierundsechzig Kapiteln im I Ging: die aufsteigende Macht des Yang, primitive, dunkle und wilde Energie. Das dynamische Yang initiiert Jungen in ihre energiegeladene Potenz und kreative Lebenskraft. Mutig, bestimmend und leidenschaftlich folgen sie ihrer natürlichen heldenhaften Stärke. Sie zeigen sich kampfeslustig, aggressiv und herausfordernd.

Hier entwickelt sich die junge männliche sexuelle und kreative Potenz, die in äußere und innere Mysterien eindringen will, durchdringend, willensstark und durchaus destruktiv. Bei meinen Söhnen bricht diese Energie oft am Nachmittag aus oder am Abend, kurz vorm Zubettgehen, besonders wenn sie nackt sind. Eine unglaubliche Freude und Ausgelassenheit, flackernder Enthusiasmus, der wie eine irritierende Hitzewelle aus ihnen hervorbricht. »Es« läßt sich durch Reden und kluge Worte überhaupt nicht beeindrucken. Es will einfach ausgedrückt werden.

Diese unzugänglichen Teile der jungen männlichen Persönlichkeit manifestieren sich in Träumen, Symbolen und Verhalten. Dabei ist der unbewußte Teil der eigenen Persönlichkeit kein Ort, der sich lokalisieren läßt, sondern eher ein Prozeß mit Eigendynamik, auf dem das bewußte Ich wie ein Jockey reitet. Diese seltsame Macht, die wir nicht wirklich beschreiben können, ist die Bewegung zum Himmel, jenseits menschlicher Motive und Persönlichkeitsstrukturen. Es ist eine Bewegung in den Kosmos, die zu bestimmten Momenten bestimmten Leuten in bestimmten Situationen zuwächst. Das Resultat kann heroisch sein, konfrontiert mit größten Herausforderungen, die zuerst gemeistert werden müssen, bevor diese Energie einen jungen Mann trägt wie ein fliegender Drache oder ein reißender Fluß. Das Resultat kann aber auch Arroganz sein, inflationäres Ausagieren oder Fanatismus.

Sie wissen, wovon ich spreche. Ihr Sohn macht es genauso. Und er macht einfach weiter. Immer dann werden Sie wütend. Immer wenn das passiert, haben Sie es mit Aufsteigen zu tun. Es korrespondiert mit der Wut, die gleichzeitig in Ihnen aufsteigt. Es ist unbewußt. Und es passiert anderen Eltern an anderen Orten zur gleichen Zeit. Dies ist ein Hinweis, daß Sie es nicht allein mit einem psychologischen Phänomen zu tun haben, sondern mit einem uralten Vorgang der männlichen Psyche. Kein Wesen verkörpert diese Energie stärker als der Drache. Junge Männer leben in dieser Phase mitten in ihrem Mythos. Mythos als eine instinktive Energie, die sie auf ihrem Rücken trägt wie ein Drache. Beschleunigung ist nicht genug. Alle Kräfte werden gesammelt, um in eine andere Dimension zu gelangen. Beobachten Sie einen Jet vor dem Start. Alle Systeme laufen auf Hochtouren. Dann schließlich das anschwellende Crescendo der Turbinen, der donnernde Lauf die Startbahn hinunter und schließlich das Abheben in den Himmel. In diesem Moment sind wir die Sterne. Wir steigen hinauf ins Licht. Vögel aus Feuer. Aufsteigen ist wesentlich für Erfahrungen von Transzendenz und Einheit mit dem Göttlichen. Unsere Schwingen über diesem endlosen Horizont, unsere Stimme ein Licht, ebnen wir der Seele einen Weg für ihre Reise durch den Tod.

Jungen und junge Männer am Aufsteigen zu hindern, bedeutet nicht weniger, als sie psychologisch zu kastrieren, einen elementaren Teil ihrer Lebenskraft zu begraben. Ihre Wut und ihre Frustration darüber ist fürchterlich. Und wenn Sie Ihren Jungen gewähren lassen, können Sie möglicherweise das beeindruckende Szenario eines Flächenbrandes erleben. Sie stecken mitten in einem Dilemma. Wie sollen Sie sich verhalten?

Die Sichtweise der amerikanischen Schriftstellerin Camille Paglia auf junge Männer hat sich mit den Jahren verändert. Als junge Frau fürchtete sie sich vor diesen lauten, frechen, rotzigen, unangenehmen Gestalten. Jetzt, in mittleren Jahren, nimmt sie eine andere Perspektive ein:»Wenn ich ihnen beim Randalieren auf der Straße oder in Einkaufszentren zuschaue, finde ich sie bemerkenswert aufregend, weil sie jenes männliche Prinzip repräsentieren, das sich aus der weiblichen Dominanz des Kosmos zu lösen versucht. Junge Männer, getrieben von ihren aufsteigenden Hormonen, bewegen sich in Horden wie die ersten Menschen. Ihnen bleibt nur eine kurze Zeitspanne aufregender Freiheit zwischen der Kontrolle durch ihre Mütter und der Kontrolle durch ihre Frauen.«[81]

Aufsteigen ist keine konzentrierte Macht. Es entspricht mehr einem erhöhten Maß an Energie und einer höheren Irritationsbereitschaft. Es ist ein Gefühl des Druckes, bereit, zu explodieren mit tausend Plänen im Kopf. Zu viel zu tun, während der Körper rast. In der Psychiatrie bezeichnet man es als manische Phasen. Die alten Chinesen würden sagen:»stark und nicht zu ermüden«. Medikamente helfen nicht. Der Drache schwimmt im Blut.

Der Drache schwimmt im Blut

Junge Männer befinden sich während der Adoleszenz in einem Prozeß der Transformation. Kern dieser Transformation ist der innere Wunsch nach einer männlichen Form, die ihnen Potenz, Status und Macht verleihen soll. Sehnsucht, Mut, Sorglosigkeit und die Suche nach Grenzerfahrung sind Teil dieser Entwicklungsphase. In ihr bündeln sich zwei Aspekte: die dunkle, destruktive Seite kennzeichnet das Gewaltsame, den Ursprung von Streitereien, rücksichtslosem Wettkampf, Besitzgier, Machtkampf und Brutalität. Die helle Seite steht für den Wunsch nach Unabhängigkeit, Mut, Rechtschaffenheit und bedeutsamen Idealen. Beide Seiten sind in jungen Männern angelegt und bündeln sich in der Adoleszenz zu einem explosiven Gemisch. Dieses Gemisch ist charakteristisch für die eigenwillige emotionale Macht, die den Prozeß der Selbständigkeit bei jungen Männern in Gang setzt.

»Rap und sein polarer Gegenspieler, aber auch zeitweiliger Bettgenosse Heavy Metal«, so schreibt Michael Corcoran in *The Austin Chronicle,* »sind die gegenwärtigen Repräsentanten des Rock&Roll der 50er Jahre und des Punk der 70er Jahre. Es ist rebellische Musik, seelische Musik, die Musik der Kids. Sie versteht, im Unterschied zu Eltern und Lehrern, daß es in der Pubertät nicht um Haare, Pickel oder Stimmbruch geht; es ist ein Biest, ein Dämon. Es ist ein furchterregend schöner Zorn, der sich zugehörig fühlen will. Und dies gelingt ihm manchmal nur durch einfältige, simple und wütende Musik. Rap ermuntert nicht zur Gewalt, Heavy Metal ebenfalls nicht. Es ruft tiefe Emotionen hervor, die manchmal aus dem Ruder laufen. Es inspiriert denselben Geist, der uns der Liebe verfallen, Kinder zeugen und an Gott glauben läßt.«[82]

Der französische Philosoph Gaston Bachelard bezeichnet diese Form der Imagination als die reißende, beißende und saugende Schönheit der animalischen Psyche, die sich in der Realität materialisiert, ohne daß unsere Rationalität darauf Einfluß zu nehmen vermag.[83] *A streetcar named desire.* Sie konfrontiert uns mit der Brutalität der Schöpfung. Ekstase ist Träger reiner Freude. Und eine der besten Arten, diese Freude zu kultivieren, besteht darin, sich dieser dunklen Seite seiner Existenz zu nähern. Jener instinktiven Natur, welche die meisten von uns in ihrem zivilisierten Leben unterdrücken, weil wir zu sehr in unseren Köpfen leben. Und in unseren Ängsten.

»Daß Jan oft für verrückt gehalten wurde, gefiel ihm. Er selbst sah sich wie die Hauptfigur aus einem Musikvideo. In den seltenen stillen Momenten seines Lebens, wenn er versuchte, sich von außen zu betrachten, sah er alles in Schwarz-Weiß, scharf geschnitten, und er sah sich selbst – rennend, springend, immer in Bewegung, immer irgendwohinwollend.«[84]

Wir wurden geboren als wilde Kreaturen und leben doch die meiste Zeit wie folgsame Schafe. Wir vergessen wesentliche Teile unserer Person. Diese weisen auf die instinktive und aggressive Realität unserer Seele hin, einer Realität, die repräsentiert werden möchte, und die uns gleichzeitig terrorisiert und fasziniert. Wahrscheinlich ist es das, was wir Berufung nennen, wenn wir das, was wir tun, mit Leidenschaft tun, als ob wir Feuer im Herzen hätten und flüssige Lava im Körper. Feuer, so sagt Bachelard, sei charakteristisch für den Geist, auch wenn es das Fleisch verbrenne. »Leben kann in der Imagination nicht existieren ohne das Image des Feuers als Flamme. Was in allen Schöpfungen *Leben* genannt wird, ist, in allen Formen und in allen Wesen, ein und derselbe Geist, eine einzelne Flamme.«[85]

Bachelard gelang es, eine Psychologie der Transformation zu schreiben, ohne die furchterregenden muskulären Impulse der Seele zu verharmlosen. Joseph Campbell bezeichnet es als eine Schwäche des westlichen Denkens, das reißende, lüsterne Fieber in uns nicht zugeben zu können, das der menschlichen Natur gegeben ist.[86] Die junge männliche Seele muß, um zu leben, den animalischen Exzeß durchleben. Und wo kann sie das besser als in diesen wilden Jahren zwischen dreizehn und neunzehn? Dies geschieht selten auf eine kultivierte Art und Weise. Aber wann immer die Jungs etwas sehr Intensives, sehr Persönliches ausdrücken wollen, weisen ihre Gesten zu ihrem Zentrum, ihrem Herzen. Ein sichtbares Zeichen für diesen ganzen Vorgang. Junge Männer spüren diese verborgene, einzigartige Großartigkeit in sich, die nach Ausdruck verlangt.

»Ich wünschte«, so der Dichter John Keats, »daß Sie an all dem teilnehmen könnten, was ich über Herz und Genius denke.«[87]

Traumatische Reisen

Als Loren Eiseley mit seinem jüngeren Begleiter, einem kleinen Jungen aus der Nachbarschaft, jene hohe Eisenbahnbrücke in der Nähe seines Elternhauses betritt, die sich über den Fluß, eine weitere kleine Brücke und eine Straße spannt, befindet er sich an der Schwelle zu jenen Fragen, die man sich als Junge in diesem Alter zu stellen beginnt: »Wer bin ich?«, »Warum bin ich hier?«, »Was bedeutet Erwachsenwerden?«, »Woraus ist die Welt geschaffen?«, »Wie lange werde ich in ihr leben?«

Die beiden Jungen sehen ängstlich hinunter, zwischen die Schienen, auf die flachen und gekräuselten Wellen im reflektierenden Wasser etwa zehn Meter unter sich. Sie wissen, daß sie etwas Verbotenes tun. Etwas, vor dem ihre Eltern sie immer gewarnt haben. Man darf sich auf der schwarzen Brücke nicht von einem Zug erwischen lassen. Etwas Furchtbares könnte geschehen, etwas, das sie den Tod nennen.[88]

Die Jungen schauen von einem der Brückenpfeiler hinunter auf das Wasser und sehen zwischen den Kieselsteinen die Umrisse eines Tieres, das sie nur aus Bilderbüchern kennen – eine Schildkröte, eine sehr große, dunkelmahagonifarbene Schildkröte. Sie klettern hinunter zum

Ufer, um sich das Tier genauer anzuschauen. Von der anderen, kleineren Brücke, nur ein paar Fuß über dem Strom, sieht Loren, daß die Schildkröte, deren wunderbare Markierungen sich in der Nachmittagssonne spiegeln, nicht mehr am Leben ist. Die Ursache für ihren Tod ist offensichtlich. Nicht lange bevor die Jungen an die Brücke gekommen waren, hatte jemand, der sich offensichtlich langweilte, mit einem automatischen Gewehr eine Reihe von Einschüssen über den Panzer der Schildkröte gemäht und war dann weitergegangen.

Loren drehte dieses uralte Geschöpf auf die andere Seite und berührte die Schale und die seltsam verlorenen Flossen, die grotesk im strömenden Wasser wedelten. Die Frage tauchte unvermittelt auf: Warum mußte der Mann etwas Lebendiges töten, das niemals wieder ersetzt werden konnte?

Lorens Vater hatte ihm einmal erklärt, daß es eine lange Zeit benötige, eine große Schildkröte zu machen, Jahre im Sonnenlicht, im Wasser und im Schlamm. Loren legte die Schildkröte zurück ins Wasser und gab ihr einen kleinen Schubs. Sie wurde zurück in die Strömung gezogen und begann davonzuschweben. Loren spürte, daß sich in seinem Inneren irgend etwas verändert hatte. Daß irgend etwas unwiederbringlich verlorengegangen war, für immer. War es das, wovon alle Eltern immer redeten, wenn sie vom Erwachsenwerden sprachen?

»Laß uns nach Hause gehen«, sagte er zu seinem Begleiter.

Auf den alten Straßenkarten in Amerika waren die Hauptrouten mit roter Farbe eingezeichnet und die Nebenstrecken in blau. Gegen Abend, bevor die Sonne am Horizont versank und kurz nach Einbruch der Dämmerung, geben diese alten Straßen dem Himmel etwas von seiner Farbe zurück. Und nur dann, getaucht in diesen mysteriösen blauen Ton, bekommen diese Highways eine magische Anziehungskraft, etwas Rätselhaftes, Herausforderndes. Die offene Straße ist eine Verlockung und ein Versprechen in die Zukunft. Es hat etwas ungeheuer Tröstendes, sich in sein Auto oder auf sein Motorrad zu setzen und sich in dieses Kontinuum von Raum und Zeit zu begeben. Es ist auch ein Ort, wo ein junger Mann unzählige junge und ältere Männer entdecken und finden kann, die sich selber noch nicht gefunden haben: Verlorene, Hungrige, Suchende und gepeinigte Wesen, »just passing through«. Es ist aber auch ein Ort, »wo ein Mann sich selbst verlieren kann«, besonders wenn er jung und unerfahren ist.[89]

John Grady Cole ist siebzehn Jahre alt, als er kurz nach dem Zweiten Weltkrieg seinen texanischen Heimatort verläßt. Seine Mutter hat sich ohne Erklärung von ihrer Familie getrennt. Sein Vater ist am Boden zerstört. Abgetrennt von seinen Wurzeln und gepeinigt durch das Schweigen seines Vaters beschließt er, gemeinsam mit zwei Freunden über die Grenze nach Mexiko zu reiten. Pferde sind seine große Leidenschaft, und ihnen gehört seine ganze Liebe:»Was er an Pferden so liebte, war auch das, was er an Männern liebte, das Blut und die Hitze des Blutes, das sie vorantrieb. All sein Respekt und seine Liebe, all seine Neigungen im Leben gehörten den Mutigen. Und es würde immer so bleiben und niemals anders sein.«[90]

Cormac McCarthys Roman *All The Pretty Horses* beginnt als eine idyllische Reise von drei jungen Männern, die, in teilweise absurde Abenteuer verstrickt, direkt in ihr Desaster reiten. Auf der Suche nach einer Aufgabe und ihrer Bestimmung im Leben reisen sie auf dem Rücken ihrer Pferde in einer Odyssee durch karge und wilde Landschaften, heimgesucht von Bitterkeit und Verlangen. Verzehrt von ihrem inneren Feuer und einer tiefsitzenden Melancholie vagabundieren sie auf riskanten Pfaden in Todesnähe. John Grady Cole bleibt ein Überlebender mit tiefen inneren Verwundungen, über die er nicht wird sprechen können.

Claudio Chavarría, ein Junge aus Chile, gibt sich so cool, wie er kann. Aber die Art und Weise, wie er die Tasten immer wieder nervös schaltet und drückt, ist für jede Fernbedienung der ultimative Härtetest. Der Achtzehnjährige gehört zu den Scharen von hoffnungsvollen jungen Fußballern, die im Umfeld der Dortmunder Jugendvilla im Kreuzviertel das gerühmte Ausbildungsprogramm von Borussia Dortmund durchlaufen.[91] Viele Talente aus allen Erdteilen treten dort an. Nur ganz wenige erreichen das Ziel. Claudio selbst sah sich schon als der neue Ivan Zamorano. Doch zum Ende der Ausbildungszeit ist er bei den Amateuren von Borussia Dortmund noch nicht einmal im Kader. Das gilt als Höchststrafe.

Dort, wo sich die Träume von der großen Karriere meist schon endgültig entscheiden, ist der Verschleiß von Hoffnungen an der Schwelle zu den Großen gewaltig. Die meisten jungen Männer scheitern hier – nach einem langen, täglichen Kampf um Beachtung und Verbesserung, dem Ringen um Form und der Furcht vor Verletzungen. Es ist ein Leben mit vielen persönlichen Entbehrungen und einer monotonen, fast mönchischen Lebensweise. Man sieht nicht, welche enorme Willenskraft, welcher Charakter hinter solchen Anstrengungen steht. Dazu gehört auch, sich zwischen Sieg und Niederlage immer wieder aufs Neue psychisch zu stabilisieren. Der Streß, der dabei auf vielfältige Art und Weise auftaucht, ist enorm belastend und muß abgelöst werden. Was in der Regel nicht geschieht.

Claudio Chavarría ist inzwischen wieder zurück bei seiner Familie in Chile. Sein großer Traum ist nicht in Erfüllung gegangen. Dieses Gefühl des Versagens. Alles soll umsonst gewesen sein. Er muß einen Weg finden, mit seinem Schmerz fertig zu werden.

Unsere fortgeschrittene industrielle und technische Zivilisation zeigt jungen Männern vieles. Aber nicht, wie sie die Erfahrung des Scheiterns erfolgreich bewältigen können. Wir geben ihnen keinen Kontext, keine Kosmologie, die ihnen verdeutlicht und versinnbildlicht, warum diese schwerwiegenden Erfahrungen einer »Reise« oft notwendig sind und was sie daraus lernen können. Warum es im Leben manchmal sinnvoll und notwendig ist, durch eine Phase großer Belastungen, Herausforderungen und Verlorenheit zu gehen. Dazu gehört auch das Verstehen und Wissen, daß wir hierher gekommen sind, um getestet und geprüft zu werden. Und daß Scheitern nicht wirklich schwerwiegend ist, wenn man erst einmal versteht, daß die Reaktion auf das eigene Scheitern viel elementarer ist: welche Lektionen ich gelernt habe. Wir geben jungen Männern nicht wirklich eine Orientierung, an welchem Punkt ihrer persönlichen Mythologie sie sich gerade befinden, und wohin von dort der Weg für sie führen könnte.

Als ich im Sommer mit dem Auto von Frankfurt nach Bonn unterwegs bin, gibt der WDR-Verkehrsfunk im Radio Entwarnung: Zwei zwölf und dreizehn Jahre alte Jungs, die seit mehreren Tagen in Nordrhein-Westfalen als vermißt galten, wurden dreihundert Kilometer weiter südlich aufgelesen. Sie hatten ihre Fahrräder dabei, Schlafsäcke, ein paar Habseligkeiten und ihre Angeln. Auf Nachfrage gaben sie an, daß sie nach Slowenien wollten, »da sei es wärmer!« Sie hatten unterwegs im Freien übernachtet und sich von mitgenommenen Nüssen und selbst gefangenen Fischen ernährt.

Das Bild der toten, treibenden Schildkröte hatte Loren keine Ruhe gelassen. Und er wußte, daß er seinem Vater eine wichtige Frage stellen mußte. Wie viele Väter in dieser Zeit war auch Lorens Vater müde, wenn er ausgelaugt von den vielen langen Arbeitsstunden des Tages nach Hause zurückkehrte. Er war nicht besonders akademisch gebildet, besaß aber eine wunderbare melodische Stimme und war auf einem riesigen Farmland aufgewachsen, direkt neben der unberührten Wildnis. Und so nahm er Loren zur Seite, nachdem dieser ihm die Geschichte mit der Schildkröte erzählt hatte, strich ihm über den Kopf und sprach mit sanfter Stimme direkt zur jungen Seele seines Sohnes: »Du wirst mit der Zeit lernen, daß es hier viel Schmerz gibt. Menschen werden es dir antun, die Zeit wird es tun, und du wirst lernen müssen, alles zu bewältigen, nicht unbedingt allein, aber es wäre besser für die Weisheit, die du erringen kannst, wenn du beobachtest, zuhörst und lernst. Vergiß weder die Schildkröte noch zu was Menschen fähig und in der Lage sind zu tun. Sie sind alle Waisen. Und sie gehen verloren; sie tun schlimme Dinge. Versuch es besser zu machen.«[92]

»I feel younger, louder…«

Es geschieht oft über Nacht. Außenstehende bemerken sofort den Stimmungswandel: zu viele Hormone im Blut. Die Gliedmaßen strecken sich, und aus dem Mund fließen obszöne Worte. Oder die Worte fehlen gänzlich, für Monate: »Like I don't always connect. Like I don't ever connect.«[93]

Jungen öffnen ihre Zimmertür und landen mitten in einem völlig fremden Universum: Das Wohnzimmer der Eltern wirkt plötzlich unendlich bieder und langweilig. Sie spüren die skeptischen Blicke der Verwandtschaft und ihre unerwünschten und maßlos übertriebenen Einwände. Nichts an dieser Zeit ist wirklich einfach, und nichts, was vorher so sicher schien, hat in diesem Moment noch Bestand. Bevor die Götter einem jungen Mann die Erlaubnis geben, sich neu zu erschaffen, weisen sie ihm den Weg hinunter in die eigene Dunkelheit: die Welt der Ängste, des Schattens und des Versagens.

Philip[94] kriegt in der Schule schlechte Noten, mit der Clique hat er Zoff. Seine Eltern haben weder Zeit für ihn noch Verständnis für seine Gedanken. Seine Probleme, seine Träume und seine hilflose Wut betäubt er mit Alkohol, mit wütenden Ausbrüchen und Prügeleien. Oft hängt er mit glasigen Augen herum, schließt sich teilnahmslos in sein Zimmer ein, reagiert übellaunig und aggressiv.

Paul ist von ähnlichem Kaliber. Er treibt seinen Vater zum Wahnsinn, nicht nur, weil er Brände legt und Vögel tötet und eine Gerichtsvorladung ins Haus geflattert kommt. Paul kommuniziert meistens nur in Grunzlauten und mit Bellen, schlurft in stinkenden und übergroßen Klamotten durch die Gegend und brütet bei gemeinsamen Autofahrten stundenlang stumm vor sich hin, während der Walkman in voller Lautstärke dröhnt. Seinen Stiefvater Charley O'Dell haßt er auf eine abgrundtiefe Art und Weise, die jenseits aller Erklärungen liegt.

»Wie es scheint, hat Paul nicht nur den armen Charley mit einer Ruderdolle von dessen eigenem verdammten Dinghi verletzt, er hat auch seiner Mutter in eben dem Wohnzimmer, das ich nicht betreten will, und in Anwesenheit des beschädigten Charley mitgeteilt, daß sie

›Arschloch Chuck‹ (Charley) loswerden *müsse*. Anschließend ist er raus-
marschiert, in den Mercedes-Kombi seiner Mutter gestiegen, führer-
scheinlos aus der Ausfahrt rausgebrettert und gleich aus der allerersten
Kurve geflogen, wobei er eine zweihundert Jahre alte Bergesche auf dem
Grundstück des Nachbarn (natürlich ein Rechtsanwalt) gestreift hat. Er
ist mit dem Kopf aufs Lenkrad geknallt, hat den Airbag ausgelöst und
sich am Ohr verletzt, so daß er in der Ambulanz von Old Saybrook ge-
näht werden mußte. (…) Dann verschwand er später noch mal, dieses
Mal zu Fuß, und kam erst lange nach Einbruch der Dunkelheit zurück.
(Ann hörte, wie er in seinem Zimmer einmal bellte.) Sie hat natürlich
Dr. Stopler angerufen, der sie ruhig auf die Grenzen der Wissenschaft
hinwies. Keiner könne sagen, wie der Kollege Verstand mit dem Kollegen Hirn zusammenarbeite, ob gut, schlecht oder überhaupt nicht. Be-
lastete Familienverhältnisse seien aber in jedem Fall Faktoren, die bei
Kindern zu Nervenkrankheiten führen könnten. Und Paul habe, das
wisse er ja bereits, ein paar ungünstige Vorbedingungen: einen toten
Bruder, geschiedene Eltern, einen Vater, der selten auftaucht, zwei große Umzüge vor der Pubertät – plus Charley O'Dell als Stiefvater.«[95]

Männliche Adoleszenz, das ist vor allem soap-opera: fragmentarisch,
artifiziell, überflutet von Einflüssen und Begegnungen. »Wir wissen«,
schreibt der zweiundzwanzigjährige Peter König, »daß ein rassisti-
scher Mord etwas Grauenhaftes ist. Aber wir spüren es nicht mehr. Ein
Bezugssystem zum Leben entsteht aus authentischen Erlebnissen, aber
die gibt es kaum noch. Wir wissen über alles Bescheid, aber aus dritter
Hand … Der Erziehungsauftrag an uns wird zwischen Eltern ohne Zeit
und überforderten Lehrern hin- und hergeschoben, wir gewinnen Freiraum in diesem Chaos, und der gefällt uns. Wir verwildern in diesem
Vakuum, dessen Ränder aus Watte sind und dessen Grenzen wir selbst
setzen. Daß es auch noch andere Grenzen gibt, merken wir erst wieder,
wenn vor uns ein brennendes Haus steht, das wir angezündet haben,
und hinter uns drei Polizisten, die erstaunlich fest zupacken.«[96]

Hier schauen wir direkt in das Antlitz einer orientierungslosen
Generation: umgeben von Tod und Leistungsdruck, verwirrt in Ge-
schlechterrollen und Lebenszielen. Die Grundstimmung dieser jungen Männer ist geprägt durch eine Mischung aus Aggression, extremer
Verzweiflung und resignativer Gleichgültigkeit. Es ist eine Zeit der tiefsten Depressionen, des Verlorenseins – und weit und breit kein Ansatz
für einen Neubeginn.

Regisseur Gregg Arakis zeigt in seinem Film *Nowhere* einen kun-
terbunten Trash-Trip in die Abgründe der Teenagergeneration – einen

Moloch aus extremer Verzweiflung und höllischer Gleichgültigkeit. Der Film zeigt eine Nacht und einen Tag im Leben von Dark, einem jungen Mann: fragmentarisch, artifiziell, überflutet von Einflüssen, Begegnungen, Gesichtern einer orientierungslosen Generation.

Drogen, Gespräche über Weltprobleme in stilisiertem Ambiente: Im Zyklus von Aufstehen, Rumhängen und anschließend Party, ziehen Dark und seine Freunde wie über den Closed-Set einer überdrehten Soap. Zwischen zart geknüpften Beziehungen, ausgelebten Perversionen, bulimischen Tortenwettessen, Todessehnsucht, esoterischen Untergangsphantasien und einer Todesspirale des Drogenkonsums ereignet sich eine explosive Adoleszenz, die abstößt, befremdet und doch zugleich sehr realistisch ist. »Egg und Bart sind im Schlafzimmer, wo sie blutüberströmt vor dem laufenden Fernseher sitzen. Von Schmach und Erkenntnis in den Suizid getrieben, verfolgen die Teens – gebannt händchenhaltend – die Heilspredigt eines Tele-Evangelisten, der die ewige Erlösung im Himmel verspricht.« Große Chevrolets, von Party zu Party gesteuert, sind der einzige Fixstern am Firmament ihrer eigenen Ziellosigkeit. Dazu gehört das Klopfen von großen Sprüchen und der Glaube an die Erfüllung von Prophezeiungen.

Und wenn die Kneipen schließen, wird im Haus der Eltern oder Großeltern weiter auf die sich irgendwann ergebende große Chance gesoffen. Eines Tages wird einer von ihnen schon den Fahrschein aus dem Elend in den Händen halten. »Doch die meisten dieser Jungs vergessen immer, welchen Monat sie hatten. Manche von ihnen redeten zu laut oder hatten Anfälle. Das war ziemlich schlimm. Nur wenn sie Basketball gespielt haben, sogar wenn sie sich dabei blöd anstellten, ging es ihnen allen eine Zeitlang besser. Zumindest für eine Weile.«[97]

Diese umfassende spirituelle Krise der männlichen Adoleszenz wird vorwiegend aus einer wissenschaftlich-technisch-medizinischen Sicht betrachtet, die in ihrer Herangehensweise, »das Problem zu klären«, junge Männer oft auf eine biochemische Maschine reduziert.

Obwohl jungen Männer gerade in dieser Zeit mit Würde und Respekt begegnet werden sollte, landen sie häufig in Psychiatrien, staatlichen Beratungsstellen und Heimen, wo man sich darauf spezialisiert hat, sie zu »behandeln«. Doch der medizinisch-wissenschaftliche Blick mit seiner Betonung auf Rationalität und Vernunft hat enorme Schwierigkeiten mit der Tatsache, daß die männliche Adoleszenz eine turbulente und »verrückte« Zeit ist, die sich überhaupt nicht in klare diagnostische Kategorien oder Beschreibungen fassen läßt. Das Ergebnis ist immer ähnlich: Junge Männer werden dämonisiert als verhaltensgestörte Kids, die *Hilfe brauchen*, während wir Erwachsene, und ganz besonders die Profis unter uns, jene *Experten* sind, die ihnen sagen können, wo es langgeht.[98]

Es ist schon bis zu einem gewissen Grad nachvollziehbar, warum wir als Erwachsene dazu neigen, diese verrückte Welt der männlichen Adoleszenz in anderen Kategorien zu interpretieren. Wir befinden uns auf unserer eigenen Reise an einer anderen Schwelle und einem anderen Ort. Wir leben in einer anderen mythologischen Welt. Und wir wollen dieses Abrupte, Unkontrollierbare und Verrückte nicht mehr in unserem Leben haben. Es hat uns zuviel Ärger eingebracht. Die Vernunft ist für uns verläßlicher. Sie verbindet uns mit der realen Welt, aber sie hat wenig mit dem Gebrauch der Imagination zu tun, die das Wesen der psychischen Vitalität ausmacht.

Vernunft, Wissenschaft und Technologie halten uns in den materiellen Tatsachen fest, aber durch das Unbewußte, mythische Phantasie und Symbole beleben wir die Welt. Sie nähren die Seele, indem sie auf etwas weisen, das jenseits dessen liegt, was bekannt ist. Diese seelischen Phänomene junger Männer lassen sich nicht durch diagnostische Kategorien erfassen. Und die Sprache der Experten ist häufig zu technisch, zu hölzern und viel zu akademisch, um auf würdevolle Art und Weise den tiefen Zorn und die tiefe Verzweiflung in jungen Männern zur Sprache zu bringen. Wir leben in einer Kultur, die tatsächlich zu glauben scheint, daß alles Wissen auf intellektuellem Lernen basiert. Das ist eine Fehlwahrnehmung.

Früher wuchsen Jungen und junge Männer in einer festen Männerrunde auf, die ihnen modellhaft einen klaren männlichen Identitätsentwurf vermittelte, der neben vielen Verpflichtungen und Entbehrungen auch mit Abenteuer und persönlicher Autonomie und Grandiosität verknüpft war. Die tiefe spirituelle Krise, in der sich viele junge Männer während der Adoleszenz wiederfinden, begründet sich auch in der Abwesenheit dieser Männerrunden, in denen ein junger Mann über kollektive Rituale und Geschichten Kontakt mit mythologischen, archetypischen und grandiosen Dimensionen seiner einzigartigen Lebensgeschichte Kontakt aufnehmen konnte. Geschichten der Väter und Großväter waren unverzichtbarer Bestandteil dieser Männerrunden und von größter Bedeutung für all jene, die zuhörten. Wie man reagierte, was ein junger Mann empfand über die Dinge, die in den Geschichten passierten und welche Bilder auftauchten – es waren deutliche Hinweise auf die Widersprüche und Schwierigkeiten, die in der eigenen Existenz gegenwärtig waren oder begannen, wichtig zu werden.

Die inneren Bilder mit den Gedanken des eigenen Herzens zu empfangen war signifikant, um in der Landschaft dieser Geschichte voller reicher Bilder und Metaphern die eigene Position zu finden. Durch diese Geschichten und Rituale blieben junge und ältere Männer erdverbunden, inspiriert und geborgen – in jener Zeit, bevor christliche Symbolik, Abstraktion und Psychotherapie ihren Siegeszug antraten.

Riten des Übergangs haben im weitaus größten Teil der Menschheitsgeschichte eine zentrale Funktion im Sozialleben gehabt. Besonders für den Übergang von der Kindheit ins Erwachsenendasein gibt es weltweit in allen Kulturen sehr differenziert ausgearbeitete Pubertätsriten. In den modernen westlichen Industrienationen finden junge Männer jedoch kaum bedeutsame und transformierende Mittel, um sich in eine erwachsene und reife Männlichkeit zu initiieren. In den modernen, hochkomplexen und unübersichtlichen Industriegesellschaften ist es für junge Männer fast unmöglich geworden, zu bestimmen, an welchem Punkt ihrer eigenen Geschichte sie sich gerade befinden. Sie haben noch nicht einmal ein Gefühl dafür, ob sie überhaupt Teil einer Geschichte sind. Mit anderen Worten: Wenn sie nicht wissen, wo sie im Moment sind, woher sollten sie wissen, wohin sie gehen wollen?

Durch die Bitternis zu den Sternen

Die Geschichten von John Grady Cole, Philip und Paul Bascombe stehen stellvertretend für den inneren und äußeren Zustand vieler junger westlicher Männer. An der Grenze zum Erwachsenwerden driften sie durch surreale Welten, auf der Suche nach ihrem Ursprung, ihrer Sprache und ihrer Bestimmung. Verstrickt in innere und äußere Abwehrkämpfe, stellt der Übergang vom Jungen zum Mann eine besonders verwundbare Phase während der männlichen Identitätsentwicklung dar.

Als unvollkommene Wesen, getrieben von ihrem phallischen Drang nach Anerkennung und Status, leben junge Männer alltäglich mit einer fürchterlichen Angst vor dem Verlust ihrer Potenz. Sie blenden hier und betrügen dort, um ihr inneres Bild aufrechter, phallischer Stärke zu schützen.[99] Diesem Drama haftet dabei grundsätzlich nichts Spielerisches, nichts Helles und Gefälliges an. In seinen intensivsten Momenten repräsentiert es Leben an sich – ein machtvolles Bild voll Schönheit, Verletzlichkeit und Verzweiflung.

Dieser Schmerz, diese Verzweiflung und der damit verbundene dauerhafte Streß können so groß sein, daß sie in der Gegenwart kaum zu ertragen sind. Das ist einer der Gründe, warum so viele junge Männer auf der Flucht sind: vor ihren Eltern, vor den zahlreichen Herausforderungen des Lebens und vor sich selber. »Abhauen« ist ein Synonym für diese Verfassung und charakterisiert vielleicht am besten diesen inneren seelischen Zustand, in dem in Abwesenheit von innerer Klarheit, Entschlossenheit und absichtsvollem Handeln das Ausbrechen, Reisen und ein unglaublich starker Wunsch nach Autonomie zu einem Bewegungsmuster werden, das vorübergehend Erleichterung verschafft – bis die eigenen inneren Dämonen wieder auftauchen.

Egal, wohin ein junger Mann in dieser Zeit auch flüchten mag, er wird immer wieder mit sich selbst konfrontiert. Seine Versuche, sich herauszureden, Schuldige dafür zu suchen, daß es nicht läuft, oder den Ort zu finden, wo er nicht in den Spiegel schauen muß: Diese Versuche funktionieren nicht.

Weil sie diesen Übergang aber machen müssen, gehen sie ihren Weg – mit gemischten Gefühlen, wechselndem Erfolg und Desastern. In diesem unsicheren Szenario ist ein junger Mann in der Regel seiner Sensitivität meist hilflos ausgeliefert: Er wird von ihr benutzt, statt sie aktiv und zielgerichtet einzusetzen. Er wird sich sehr wahrscheinlich anpassen an das Verhalten und die Erwartungen anderer, mit Sehnsucht etwas wollen, aber das Gefühl haben, daß er es niemals bekommen wird. Von dort aus ist es nur noch ein kurzer Weg, den Glauben an sich selbst zu verlieren. Keine Entscheidung funktioniert für ihn. Also trifft er keine Entscheidungen mehr. Das Resultat kann elementarer Streß für Jahre bedeuten.

Sich im Stich gelassen zu fühlen ist die schlimmste Position, in der sich ein junger Mann befinden kann. Er ist nicht nur getrennt. Er ist auch nicht in der Lage zurückzukommen. Und jede Person kann mit ihm machen, was sie will.

Michael Meade bezeichnet den sich in so vielen Kulturen gleichenden Vorgang männlicher Adoleszenz als Ursprung des Wunsches nach *Initiation* und Quelle der für eine radikale Veränderung notwendigen *Aggression*.[100]

In ihr äußern sich kulturelle Szenarien der Trennung und Entfremdung, die man als Riten des Übergangs bezeichnen kann. Diese Riten sind charakteristisch für Perioden dramatischer Veränderung. Etwas zerreißt, sorgt für Reibung, sprüht Funken und stößt Rauch aus. Der Geist dieser Perioden ist flüchtig, asozial und mobil – und zugleich sehr zwiespältig: Der Feuervogel verkörpert genau diese Zwiespältigkeit. Bei seinem Erscheinen schäumen die Wellen und die Bäume beben. Gewalt liegt in der Luft. Michael Meade über seine Erfahrungen als zwölfjähriger Junge in einer Straßengang: »Bereitschaft und Gereiztheit war alles, was wir hatten. Eine Überraschung, ein Unfall oder eine plötzliche Inspiration genügten, damit wir uns in Bewegung setzten. Wenn uns nichts bewegte, hingen wir einfach herum, wie eine Schiffsmannschaft bei Flaute. Es war, als warteten wir auf die Ankunft des Feuervogels oder auf Anweisungen eines Königs. Sobald jemand uns ansteckte – mit seiner Wut auf Eltern, Polizisten, Ladenbesitzer oder irgendeinen Rivalen –, strotzten wir vor Aktivität. Es wurde geprahlt, geflucht, gedroht. Wir feuerten einander an wie die Mitglieder eines Fußballteams vor dem Spiel. Das Ergebnis konnte ein schlichter, wütender Tanz sein, bei dem Mülltonnen umgeworfen oder Fensterscheiben eingeworfen wurden, oder es kam zum Kampf innerhalb der Gruppe oder zur Schlacht mit Außenseitern. Hinter unserem coolen Äußeren verbarg sich ein innerer Tanz ständig wechselnder Emotionen. Tänze, Lieder, Herausforderungen und Kämpfe waren zufällige Ereignisse, die uns überrollten.«[101]

Für junge Männer ist es eine Zeit der Transzendenz, in der Kulte zelebriert, Götter geboren und Tode gestorben werden. Dies geschieht bei jungen Männern selten in kultivierter Art und Weise, sondern eher durch abrupte, oft sehr aggressive Manöver.

In diesem Prozeß entstehen brisante Übergangs-Punkte, ein Platz der Begegnung und des Abschieds, ein Zeitpunkt, wo verschiedene Welten Bedeutung austauschen. Diese rituellen Übergangspunkte zu erreichen heißt, auf einer Reise zu sein – daß der Lebensweg einen Punkt erreicht hat, an dem Entscheidungen getroffen werden müssen. Es ist ein Platz des Wandels und der Begegnung, des Verlustes und des Findens, der Entdeckung und der Enthüllung. Es ist ein Raum von Erfindung und Entsagung.

Scheidewege stehen auch für Begräbnisse: Leben kann nur wachsen, wenn eine alte oder abgeschlossene Phase aufgegeben und verlassen wurde. Während die Idee der Reise durch die Straße versinnbildlicht wird, gibt das Kreuz einen Hinweis auf Aufmerksamkeit, Wichtigkeit, sogar Gefahr. Es gilt oft, ein Kreuz zu tragen an einem Scheideweg. Kreuze repräsentieren auch den Baum der Welt, der die Begegnung des horizontalen Flusses des Lebens mit der vertikalen Dimension des Geistes symbolisiert. Nicht selten tragen junge Männer in diesen Perioden eine Kette mit einem Kreuz.

In diesen Jahren durchleben junge Männer eine ganze Serie von äußeren und inneren Veränderungen. Zu dieser Zeit gehört ein intensives Nachdenken über Selbstmord und Tod. Das Mysterium der ersten großen Liebe entfaltet sich – diese rätselhafte Verbindung von Liebe und

Sexualität. Die Konfrontation mit dem eigenen Schatten führt zu einem tiefsitzenden Gefühl der persönlichen Unzulänglichkeit, der Minderwertigkeit und Bedeutungslosigkeit, die nicht dadurch gelöst wird, daß man die richtige Creme für seine Pickel findet. Diese Zeit ist auch geprägt von Isolation, Introspektion und einer obsessiven Beschäftigung mit sich selber: tagelanges Einsperren im eigenen Zimmer, Gitarre spielen und eine starke Faszination durch die eigenen Träume, Visionen und verrückten Ideen. Dazu gehören auch Gedanken über Gott und Religion, die in ihrer Intensität vielleicht in den nächsten fünfzig Jahren nicht wieder auftauchen werden. Persönliche Krisen entstehen, in Form von Krankheit, Unfällen oder veränderten Bewußtseinszuständen. Freundschaft, Loyalität und Treue zu einer Bezugsgruppe drücken einen starken Wunsch nach Verbindung aus, nach Idealen und Schönheit: Zugehörigkeit.

Weil Möglichkeiten und Potentiale, Anfänge und Abschiede an diesen Übergangspunkten aktiviert werden, versammeln sich dort Götter, Geister und Ahnen. Es bedarf großen persönlichen Mutes, um die Erfahrung des eigenen inneren Mysteriums zuzulassen. Der Preis dafür ist immer der Verlust der Unschuld. Es kann eine Zeit voller Schrecken sein. Diese sogenannte traumatische Erfahrung geschieht nicht zufällig, sondern wird oft von jungen Männern selbst unbewußt inszeniert – als Teil eines dramatischen Übergangs in ein bedeutungsvolleres Leben, das sich durch Richtung, Notwendigkeit und mehr emotionale Tiefe auszeichnet.

Es ist wie ein wilder Büffel, der geritten werden will. Der letzte wilde Ritt eines jungen Mannes ist zugleich der Beginn seiner Reise hin zur Erleuchtung. Es braucht großen Mut, seine Leidenschaft in Ekstase zu leben. Und dies ist die Zeit, es zu tun. Und mit der Suche nach Idealen und Schönheit beginnt auch die Suche nach einem Meister, jemandem, der sie in eine höhere, tiefere und weitere Form der Erfahrung initiiert – einem Mentor oder Lehrer.

Wem als Lehrer oder Mentor daran liegt, daß junge Männer den Weg der Kriminalität, der Drogensucht oder der Selbstbeschämung vermeiden, sollte sie hinführen zu dem, was großartig in ihnen ist. Es sind Lehrer wie Joe Martin, Atwood Wilson oder Cus D'Amato, die ihnen zeigen, was Genius ist, und die junge Männer überzeugen, daß sie Genius besitzen.

King Of The World

Er war zweiundzwanzig. Er war schnell, er war geschmeidig, und er war für jeden, der ihn in dieser Nacht im Ring sah, eine Offenbarung. Die sechste Runde. Beide Augen von Liston begannen zuzuschwellen. Jener Sonny Liston, der ihm geschworen hatte, über ihn, den lächerlichen Herausforderer, das Großmaul, wie ein Güterzug hinwegzurollen.

Fast alle Sportjournalisten am Ring hatten darauf gewettet, daß Liston Clay wie eine Fliege zerquetschen würde. Über Monate hatten sie ihn, diesen jugendlichen, arroganten Aufschneider, diesen unverschämten Schwarzen, in all ihren Kolumnen niedergeschrieben. Cassius Marcellus Clay aber hatte die komplette Kontrolle über den Kampf. In nur fünfzehn Minuten hatte er eine Dekade des Boxsports verblassen lassen und einen völlig neuen Stil eingeführt: die Verbindung von Masse und Geschwindigkeit. Er konnte schlagen wie ein Schwergewichtler und bewegte sich wie Ray Robinson. Nach Ende der sechsten Runde erhob sich der furchterregende Sonny Liston nicht mehr von seinem Platz.

»That's it«, sagte er zu seinen Betreuern.

Die wollten ihren Ohren nicht trauen. Sie glaubten, sie hätten sich verhört. Sonny Liston, der Floyd Patterson zweimal in der ersten Runde vernichtend k.o. geschlagen hatte, gegen den selbst Mike Tyson in seinen besten Zeiten keine Chance gehabt hätte, dieser Sonny Liston wollte und konnte nicht mehr. Cassius Clay stand triumphierend in den Ringseilen und brüllte zu den versammelten Sport-Journalisten hinunter:

»Eat your words! Eat your words!«[102]

Jugend ist ein Container, in dem junge Männer sich selbst initiieren. Es ist eine geheime Gesellschaft, in der sie sich gegenseitig ihren Mut beweisen, Meisterschaft erringen und über extreme Situationen in neue Erfahrungen vordringen: Das ist der Kern des heroischen Mythos, den von Anbeginn alle jungen Männer immer wieder geschaffen haben und immer wieder schaffen werden. Es geht um den Tod. Den Tod der Kindheit. Und die Wiedergeburt in eine neue Dimension. Dafür sind die Narben da. Sie schauen in den Spiegel und sehen ihre Narben. Und sie wissen: Ich bin da durch. Ich war da draußen in der Wildnis. Ich bin da durchgegangen. Ich habe es hinter mir gelassen. Betrachtet man die Geschichten von jungen Männern genauer, wird deutlich, daß sie ein natürliches Talent besitzen, ihre eigenen Riten zu schaffen, in denen sie ihre tiefsten inneren Gefühle am richtigen Ort plazieren.

Rituale und Emotionen sind der Kern dessen, was wir heute als Kunst betrachten. Junge Männer scheinen die Fähigkeit zu besitzen, über diese unterschiedlichen Territorien der Kunst sich selbst zu heilen – trotz des erwachsenen Gesundheitssystems, das sie in der Regel tatsächlich eher davon abhält, diese Arbeit für sich selber zu tun. »Vor allem hielt sich Jan bei allem, was er tat, für einen Mann, für einen ganzen Kerl – zwei Jahre, nachdem er sein Spielzeug in den Keller geräumt hatte. Er rauchte. Er trank Bier. Er war tätowiert (obwohl das Tattoo langsam verblaßte – er hatte nicht tief genug gestochen). Und vor ein paar Monaten hatte er damit begonnen, sich die paar Fusseln in seinem Gesicht abzurasieren. Der Mann, der Jan gerne sein wollte, war ein Lover und ein Fighter.«[103]

In der Kultur der Sinti und Roma ist es unter den dortigen Männern üblich, den Tag mit einem Gesang zu beginnen. Dies ist in ihrer Mythologie eine wesentliche Voraussetzung dafür, daß die Sonne überhaupt aufgehen kann. Es ist eine völlig andere Sichtweise auf die Welt. Sie widerspricht allen naturwissenschaftlichen Erkenntnissen, enthält aber in ihrer Mythologie ein prachtvolles Selbstbewußtsein und ein tief verankertes Gefühl des eigenen Wertes.

In allen Kulturen finden junge Krieger Zugang zu dieser Energie und zu ihrer Spiritualität durch das Aufsuchen eines heiligen, abgelegenen Ortes und ohne die Ablenkung durch weltliche Einflüsse. Dieses Territorium kann in unserer Kultur der Proberaum einer Band im Keller sein, den man nachts aufsucht, das Absolvieren einer extremen Mutprobe, ein Ort in den Wäldern mit geheimnisvollen Ritualen, ein Boxring und die Vorbereitung auf einen wichtigen Kampf, oder ein Atelier, in dem man zurückgezogen und allein arbeitet. Die Abgeschiedenheit und das Alleinsein sind wichtige äußere Bedingungen, damit innere Visionen und verborgenes Material auftauchen können und das eigene innere Mysterium sich zu entfalten beginnt. Hatte ein Krieger seine persönliche Vision erfahren, erhielt er die Fähigkeit, ein großartiger Jäger, Führer, Heiler oder Versorger für sein Volk zu werden. Und wenn er die innen liegenden Aufgaben seiner Suche gemeistert hatte, erhielt er besondere Macht, Schutz und eine Richtung im Leben.

Junge Männer spüren eine geheimnisvolle, einzigartige Großartigkeit in sich, die nach Ausdruck verlangt. Das unbedingte Verlangen danach, ein Star zu sein. In Abwesenheit dieser Grundlage, ohne ein persönliches Gefühl des Stolzes, der Attraktivität und Kompetenz wird ein junger Mann gefoltert von seinen subjektiven Ängsten und Selbstzweifeln. Selbstrespekt und Selbstwert sind daher wesentliche Qualitäten für ein erfülltes und kompetentes Dasein, das die Grundlage bildet für ein schöpferisches und gesundes Leben. Der amerikanische Psychoanalytiker Willard Gaylin erkennt Stolz als wesentlichen Wert für heranwachsende junge Männer – und seine Abwesenheit als einen großen Mangel dieser Zeit.[104]

Stolz ist verbunden mit Errungenschaft und Meisterschaft. Der ganze Bereich des Machens und Erschaffens. Einer der wichtigsten Bereiche überhaupt für Jungen und Männer. Hier geht es nicht darum, daß man als Person »gut« oder sympathisch ist, sondern kompetent und exzellent. Es ist der besondere Stoff für das Selbstbewußtsein, eine legale Droge von unschätzbarem Wert. Es ist der Wert in einem selbst, dem man vertrauen und auf das man sich verlassen kann: Selbstverläßlichkeit. Es sollte so natürlich sein wie das eigene Atmen, als Teil der eigenen Struktur.

Man tut dies nicht in erster Linie, weil man dafür belohnt oder bezahlt wird, sondern weil es Teil der eigenen Lebensart ist, »a way of being«. Es sollte leicht, mühelos und alltäglich geschehen. Es hat weniger mit Arbeit zu tun. Stolz hat mehr damit zu tun, etwas besonders gut zu machen, exzellent, auf eine einzigartige, unwiderstehliche Art und Weise – und gegen großen äußeren und inneren Widerstand.

Junge Männer müssen sich sicher sein, daß die ihnen zugedachte Aufgabe erfüllt wird. Sie sind bestimmt, das zu tun, wofür sie geboren wurden. Sie wurden geboren, um eine bestimmte Möglichkeit zu leben, die ihnen von einer höheren Macht vom Tag ihrer Geburt an gegeben wurde: eine Form, ein Kanal für ihren Genius. Das bedeutet nicht, daß ihr Leben notwendigerweise glücklich sein muß. Ihre Seele will in der Welt repräsentiert sein – und macht sich nicht notwendigerweise Gedanken über den Tod. Junge Männer spüren, daß sie einem inneren Ruf folgen müssen, um ihrem Leben Richtung und Nahrung zu geben.

Gelingt es einem jungen Mann, die vielen Prüfungen und Herausforderungen zu meistern und diesen Ort in sich zu finden, besitzt er die umfassende Fähigkeit, auszudrücken, wer er als Person wirklich ist. Er ist fähig, seine eigene Wahrheit auszuüben. Entschlossenheit ist die Energie, die ihn Entscheidungen treffen läßt. Nichts wird ihn stoppen. Wenn ein junger Mann entschlossen ist, findet er den Weg zur Mitte seines Universums. Und das ist eine magische und wunderbare Position. Er ist sein eigener bester Freund.

»Siehst du das? Siehst du mich?«

Muhammad Ali sitzt in einem gepolsterten Sessel und beobachtet sich selbst am Fernsehschirm. Seine Stimme dringt aus einem verschluckten Flüstern hervor und sein Finger bebt, als er auf sein jüngeres Selbst zeigt, sein Selbst gebannt auf einem Videotape. Er lächelt, als der junge Cassius Clay einen häßlichen linken Jab gegen Listons Gesicht schlägt.

»Hast du das gesehen? Sooo schnell! So schön!«

Liston wirkt geschlagen und verwirrt. Er hat keine Antwort auf diesen neuen Athleten. Ali lächelt, als er sein jüngeres Selbst im Ring tanzen sieht, skandierend:

»I'm the King of the world! King of the world!«

Eine Reinigungsfrau kommt in das Zimmer, stellt ihren Staubsauger zur Seite und setzt sich, um auf den Bildschirm zu schauen. Dort schreit Cassius Clay immer noch »King of the world!«

»Bin ich nicht schön!«

»Oh, Ali«, sagt sie, »du hattest ein ziemlich großes Maul damals.«

»Ich weiß«, antwortet er lächelnd.

»Aber war ich nicht klasse? Ich war zwanzig ... zwanzig ...? Zweiundzwanzig. Jetzt bin ich vierundfünfzig. Vierundfünfzig.« Einige Zeit sagt er gar nichts. Dann:

»Die Zeit fliegt. Fliegt. Fliegt. Sie fliegt davon.«

Dann, sehr langsam, hebt Ali seine Hand und läßt seine Finger flattern wie die Flügel eines Vogels.

»Sie fliegt einfach davon.«[105]

Luiz Felipe Scolari hatte die Seleção, die brasilianische Nationalmannschaft, im Jahr 2002 zu einem Team geformt, gegen große äußere Widerstände, nationale Kritik vieler Skeptiker und Starallüren innerhalb des Teams.

Wie Geisterreiter ohne Pferde rasten seine Spieler nach dem Sieg gegen Deutschland im Finale der Fußballweltmeisterschaft in Süd-Korea und Japan 2002 über den Platz, wilde Mustangs, eingehüllt in wehende brasilianische Flaggen. Die gesamte Zeit der Vorbereitung, das Einstudieren von Strategien und Befolgen einer klaren Richtung war wie eine Zentnerlast von ihnen gefallen. Sie hatten ihr großes Ziel erreicht. Und jeder von ihnen spürte und wußte, was das bedeutete. Sie befanden sich nicht mehr auf einem Fußballfeld, sondern auf dem Feld ihrer Träume. Milliarden schauten ihnen zu. Sie waren die Könige der Welt. Und sie spürten, daß sie mit etwas Höherem verbunden waren.

Scolari stand am Spielfeldrand, innerlich bewegt und sehr emotional, sah seinen Spielern hinterher, schluckte und hielt nur mühsam seine Tränen zurück. Dann sprach er in die ihn umringenden Fernsehkameras: »An meinen Sohn zu Hause: Wir sind zum fünften Mal Weltmeister, Kleiner.«[106]

5 Mythen der Familie

Wir werden in eine Familie hineingeboren, und später, nach unserem Tod, bleiben wir bei ihr. Wir nehmen unseren Platz ein in der Ahnenreihe. Familiengrab, familiäre Geheimnisse und der ganz eigene Stolz einer Familie. Unsere Namen sind Familiennamen, unsere Körper weisen ähnliche familiäre Merkmale auf und unsere Träume lassen uns niemals von zu Hause entkommen – Vater und Mutter, Bruder und Schwester: die Gesichter, das Haus und diese besonderen Räume bleiben erhalten. Sie prägen sich ein in unsere Erinnerung und kehren zurück. Und wo wir auch sind, später, allein: Wir sind immer ein Teil von ihr. Und teilweise sind wir sie selber. [107]

Sehr oft erblickt man auf Familienfotos von Kindern im Hintergrund oder am Rand des Bildes deren Eltern. Auf ihren Gesichtern immer ein ähnlicher Gesichtsausdruck. Etwas Entrücktes, Verzaubertes spiegelt sich in ihren Gesichtern, dieser spezielle Ausdruck des Stolzes und der Freude. Es ist die unvermeidliche Natur der Liebe, das Objekt unserer Anbetung überzubewerten. Und die meisten von uns betrachten die eigenen Kinder mit einer verzerrten Wahrnehmung. Wir sind erfüllt von Stolz jenseits allen vernünftigen Maßes. Wir betrachten die Kinder als »das Beste, was ich jemals im Leben gemacht habe«. Sie repräsentieren unsere Hoffnung auf Unsterblichkeit. Unsere Kinder transzendieren die Zeitlinien und Horizonte unseres eigenen Daseins. Wir nehmen an, daß sie das Beste von uns repräsentieren und wollen mit jeder Faser unseres Herzens, daß sie uns überleben.[108]

Wenn wir unsere Kinder betrachten, sind wir fähig und in der Lage, die Frustrationen und verlorenen oder enttäuschten Träume unseres persönlichen Lebens zur Seite zu stellen. In unseren Kindern, unseren Surrogaten in Liebe und im Schmerz, erwachsen unsere neuen Hoffnungen für ein erfülltes Leben. Allein schon die Tatsache, daß sie existieren, läßt einen vor Stolz vergehen. Dieser Stolz ist genauso unvernünftig wie alles andere, was eine Familie ausmacht und zusammenhält. Und trotzdem sind diese Gefühle unverzichtbar.

Familien sind überhaupt keine vernünftigen Gebilde. Jeder, der in einer lebt oder gerade eine heranwachsen sieht, weiß ziemlich genau, was gemeint ist. Manche Familien sind nicht leicht zu lieben. Sie machen es einem schwer, etwas Wesentliches und Bedeutsames zu erkennen. Familien repräsentieren nicht die heile Welt, die konservative Kreise dort vermuten. Doch sie sind auch nicht die Horte der Unterdrückung und des Mißbrauchs, wie es die liberalen Ankläger gerne sehen. Familien sind Orte surrealer Geschichten, die man nach außen zu glätten versucht. Es sind mythologische Plätze, an denen merkwürdige Dinge geschehen. Das kann eine aufgeklärte Gesellschaft sich nicht bieten lassen.

Familien, so lautet die gängige Botschaft der Entwicklungspsychologie, sind lediglich der Anfang, ein notwendiges Übel, das man wie jeden Anfang hinter sich lassen muß. Sobald wir erwachsen geworden sind, geben wir vor unseren Eltern unsere persönliche Unabhängigkeitserklärung ab – und verschwinden auf Nimmerwiedersehen. Fortan widmen wir unser Leben und unsere Freiheit der Suche nach dem ganz persönlichen Glück. Nichts hat Familien stärker erschüttert als die verschiedenen psychologischen Szenarien der Selbstverwirklichung und ihr Mythos der individuellen Unabhängigkeit. Frauen wollen Karrieren, draußen, in der Stadt, wo die Action ist. Männer treibt die Sehnsucht nach etwas anderem, Ruhm, vielleicht Unsterblichkeit, jedoch keinesfalls nach *mehr* Familie. Große Familien brechen auseinander, Ehen scheitern. Jungen wachsen allein mit ihren völlig überforderten Müttern auf, weit entfernt von ihren Vätern. Scheidungen. Generationen getrennt. Kinder in Ganztagsbetreuungen, die Großeltern in Seniorenheimen.

Die Folgen spüren wir täglich. Der große Gesang der Generationen ist verstummt, alle werden nach ihrer eigenen Façon selig, und jeder stirbt allein auf dem Schlachtfeld.

Wir können nicht mehr umkehren. Als moderne Wesen sind wir getrieben durch unser Bewußtsein, das geprägt ist durch Entwurzelungen, Exil und eine familienfeindliche Grundhaltung. Wir können das neunzehnte Jahrhundert nicht in unsere Leben zurückholen. Und die demokratische, »funktionelle« Patchwork-Familie, die sich als neuer Mythos etabliert hat? Was ist mit ihr?

Sie scheint zu funktionieren, auch wenn alle Protagonisten oft müde, frustriert und abgekämpft wirken. Etwas Wesentliches scheint zu fehlen. In all dem geschäftigen, hektischen Treiben bleibt eine Leere zurück. Die Seele ist aus dem Zentrum unserer Familien verschwunden. Kaum jemand weiß noch, wofür diese bestimmte Familie steht, für die man jeden Tag hart arbeitet, mit enormer Selbstaufopferung und unter großem persönlichem Verzicht. Trotzdem machen wir weiter. Manchmal aus Ratlosigkeit und mangels Alternativen. Sicherlich, weil wir ahnen, daß da noch mehr sein könnte.

Ich sehe meine Freunde und ihre Familien – und wie sie darum kämpfen, ein würdevolles und produktives Leben zu führen. Darin liegt ein alltäglicher Heroismus, den ich sehr bewundere. Alle Familien beginnen mit einem Traum. Manche enden in einem Alptraum. Aber der tiefe Wunsch nach einer Familie bleibt bestehen und entsteht immer wieder neu. Das ist etwas ganz Erstaunliches.

Dahinter steckt offensichtlich mehr.

Die therapeutische Falle

Die Psychologie hat sich auf die Familie konzentriert. Von ihr lebt sie, durch sie lebt sie. Eine Studie jagt die andere. Und alle bestätigen, daß es nicht mehr funktioniert. Nicht wenige Protagonisten bestreiten sogar, daß es jemals funktioniert hat. Ganze Dienstleistungsbranchen fahren damit ihre Gewinne ein. Und während offensichtlich die Anzahl der intakten Familien dramatisch sinkt, feiert die Familie in den Beratungszentren, Therapiezimmern und Selbsterfahrungsgruppen eine gelungene Auferstehung. Keiner lebt mehr in einer glücklichen Familie, aber alle haben etwas Bedeutsames über ihr Scheitern zu berichten.

Viele professionelle Familienberater folgen dem zentralen Mythos der Entwicklungspsychologie. Dieser Mythos besagt, daß alles Leben nur in eine Richtung läuft und mit der Kindheit beginnt. In diesem Märchen sind wir alle Opfer unserer Geschichte. Und je früher die schrecklichen Dinge in der Kindheit geschahen, um so schlimmer. So wurde die Kindheit zum Hort des Bösen stilisiert – und gilt als verantwortlich für all unser heutiges problematisches Verhalten: Kindheit ist in diesem Skript grundsätzlich eine schlechte Erfahrung, die man möglichst schnell hinter sich lassen sollte – um sie dann in jahrelangen unendlichen therapeutischen Sequenzen wieder aufzuarbeiten.

Die Talkshows quellen über von Junkies, Ehebrechern, Lügnern, Verrätern, Betrügern, von Magersüchtigen, Fettleibigen und betrogenen Ex-Frauen, die alle Opfer ihrer »schwierigen« Kindheit wurden. Sie verbreiten diesen Mythos mit einer religiösen Inbrunst, die ihresgleichen sucht. Dabei wird abwechselnd überbehütenden Müttern, abwesenden Vätern oder versagenden Partnern die Schuld in die Schuhe geschoben. Das Resultat ist immer das gleiche. In jeder therapeutischen Sitzung wird stereotyp jene Erinnerung stimuliert, die die Spuren des Unglücks aufdecken: Schlechte Mütter, abwesende Väter und eifersüchtige Geschwister sind die Dämonen und Hauptdarsteller dieses psychologischen Märchens.

Es ist ein kindliches Spektakel, in dem erwachsene Menschen mit Sand werfen und nach Schokolade schreien. Wir betrachten eine Landschaft von Klägern, Opfern, Rekonvaleszenten und Leuten, die sich zur Kur abmelden. Alle reden darüber, was getan werden müßte. Niemand tut etwas.

Dieses Drehbuch ist eine Heimsuchung für die meisten Familien. Es überzieht sie mit einer Psychologie der Scham und Schuld. Familien sind in diesen Szenarien keine Orte der Schönheit und Freude, sondern entlarven sich als Horte des Mißbrauchs und der Beschämung. Familien werden in diesen Mythos einzementiert wie eine Grabplatte aus Granit. Diese Mythen überziehen Elternhäuser wie Wirbelstürme. Endlose Anklagen von enttäuschten Töchtern und Söhnen über schlechte Eltern fallen in die Häuser ein, zeitgleich mit den ganzen Lifestyle-Magazinen und ihren Home-Stories über mißlungene Familien, gescheiterte Ehen und hyperaktive Kinder – und wie man sein Leben als Single am besten genießt.

Eine ganze Industrie von Psychologen, Therapeuten und Beratern hat auf diesem Alptraum ihren Wohlstand begründet.

An Ihren Eltern liegt es nicht

Wenn wir die Verantwortung für all das suchen, was in unserem Leben schief lief und läuft – und warum wir nicht zu dem wurden, der wir immer sein wollten, dann werden wir am ehesten bei unseren Eltern fündig. Sie sind für all das verantwortlich. Dieses Paradigma hält eine ganze Generation in dem gefangen, was James Hillman als die Eltern- oder Therapeuten-Falle bezeichnet.

Im Werte- und Denksystem dieses Paradigmas gelten Familien als potentielle Orte der Gewalt, des Mißbrauchs und der Traumatisierungen, und speziell die Väter als Agenten des Verrates und der Abwesenheit. »Ihre Eltern sind an allem schuld«, lautet der zentrale Anklagepunkt. Oder Ihr Vater. Er ist nie da gewesen, wenn Sie ihn brauchten. Deshalb funktioniert Ihr Leben heute nicht. Glauben Sie zumindest. Vielleicht war Ihr Vater niemals da für Sie. Oder Ihre Mutter hat Sie ihre ganze Frustration und Wut spüren lassen.

Vielleicht war Verrat im Spiel, oder Ihr Vater versuchte, seine Depressionen zu erschlagen oder in Alkohol zu ertränken. Und wenn Sie darüber nachdenken, spüren Sie noch heute diesen Schmerz darüber an die Oberfläche kommen. Vielleicht liegt der Schmerz darin, daß Sie Ihren Vater so sehr vermißt haben. Oder daß Sie sich vor ihm gefürchtet haben. Die Atmosphäre, die er ins Haus brachte, wenn er von der Arbeit kam. Daß er nicht für Sie da war, immer dann, wenn Sie ihn am dringendsten gebraucht hätten. Dieses endlose Gefühl des Verlustes.

Natürlich hat Ihr Vater Sie verlassen. Das tun alle Väter, spätestens wenn sie sterben. Natürlich ist der Schmerz über diesen Verlust unerträglich. Eine Strategie, damit umzugehen, ist der offensichtliche Versuch, diesen Mann entweder zu einem Scheusal oder zu einem Helden zu stilisieren – oder die eigenen Gefühle über diesen Verlust zu rationalisieren. Dann muß man diese Emotionen nicht mehr fühlen.

»Mein Vater verließ unsere Familie, als ich fünf Jahre alt war. Mein Leben funktioniert nicht. Alles, was ich jetzt noch tun kann, ist, mir einen Strick zu nehmen.«

Der Gedanke, daß abwesende Väter ihre Kinder ins Unglück stürzen und anwesende Väter ein Garant für eine gelungene Sozialisation darstellen, ist weit verbreitet. Mit dieser Idee einher geht die Vorstellung, daß Mütter alleine ihre Söhne nicht erziehen können. So entsteht die paradoxe Situation, daß der, der nie da ist, der Vater, zu einer raumgreifenden Figur wird, während die, die immer da ist, die Mutter, zu einer schuldbeladenen und irgendwie inkompetenten Figur verkommt.[109]

Die Gefühle von Kummer und Schuld, die viele alleinerziehende Mütter empfinden, werden kontinuierlich von einer Medienkultur geschürt, die stereotyp und gebetsmühlenartig die alten Mythen immer wieder aufleben läßt, ohne sich darum zu kümmern, daß die Qualität einer Person, sei es nun Mutter oder Vater, und der Kontext, in dem Kinder aufwachsen, oft viel entscheidender ist. Abwesende Väter oder alleinerziehende Mütter sind keine Zumutung. Sie können der reine Segen sein. Oder eine immer wiederkehrende, schmerzhafte seelische Verwundung hinterlassen. Beides ist möglich.

Das I Ging sagt es seit zweitausend Jahren: Es ist nicht das oft unabwendbare Ereignis, das wichtig ist, sondern unsere Reaktion darauf. Denn in dieser Reaktion liegt unsere Wahlmöglichkeit, unsere Fähigkeit, angemessen zu antworten. Doch was die meisten von uns mit ihren Eltern veranstalten, ist nicht unbedingt eine angemessene Reaktion. Sondern eher der Ausdruck dessen, was passiert, wenn das verletzte Kind in uns die Oberhand gewinnt. Und dieses Kind will recht behalten, es will urteilen. Und es ist nicht bereit, seine sehr subjektive Sicht der Dinge zu relativieren. Keine Perspektive ist subjektiver und unzuverlässiger als die des Kindes in der Sicht auf seine Eltern. Das ist die dunkle Seite des Schmerzes. Und diese Seite kann das Leben eines Erwachsenen ruinieren.

Nichts ist beunruhigender, als erwachsene Menschen zu erleben, die auf der Suche nach den Schuldigen sind. Die ihrem Kindheitstrauma einen Altar bauen. Und direkt davor eine Anklagebank. Dieser Gestus von Selbstgerechtigkeit und vorenthaltenem Glück: Wäre mein Leben doch nur anders verlaufen! Es ist durchaus nachvollziehbar. Und absolut unreif.

Eltern tun ihren Kindern aus Unwissenheit furchtbare Dinge an. Da gibt es nichts zu beschönigen. So ist das. Doch das ist nicht der wirkliche Grund, warum wir glauben, daß unser Leben heute nicht funktioniert. Es liegt nicht an unseren Eltern – der Art und Weise, wie sie waren, wie sie sich uns gegenüber verhielten. Es liegt an uns selbst. An unserer inneren Haltung. Unser Lamentieren, unsere Beschwerden und unsere ganze Haltung unseren Eltern gegenüber erzählt mehr über uns als über unsere Eltern. Vielleicht liegt das Problem darin, daß wir unter allen Umständen versuchen, *nicht* wie unsere Eltern zu sein. Und in dieser trotzigen Reaktion sind wir nicht frei, unsere eigenen Entscheidungen zu treffen.

Es ist daher kein Wunder, daß Selbstverwirklichung zu einer Mode verkommen ist, die vor allem eine Bewegung weg von der Familie bedeutet: Zu sich selbst zu finden heißt vor allem, sich *nicht* über seine Familie zu definieren. James Hillman sieht die negativsten Auswirkungen der westlichen Psychologie weder in ihrer reduktiven Sexualisierung des Geistes noch in der Pseudoreligion der Selbstverwirklichung – sondern in ihrer erbarmungslosen Trennung der großen Kette der Generationen, die sie durch ihren Mythos der individuellen Entwicklung in Richtung Unabhängigkeit erzeugt hat: Vater und Mutter werden nicht mehr geehrt, sondern als Schuldige auf die Anklagebank gezerrt.[110]

Es ist ein ziemlich unwürdiges Spektakel.

Wenn es Ihnen genauso ergeht, und wenn Sie genauer hinschauen, liegt unter diesen offensichtlichen und schwerwiegenden Themen etwas anderes verborgen: die heimliche Mißachtung Ihrer eigenen Herkunft. Ihre Ahnen stehen nicht mehr hinter Ihnen, weil Sie sich unbewußt entschieden haben, zur Seite zu treten. Aus Ihrer persönlichen Wahrnehmung hatten Sie jedes Recht dazu. Sie wollten, Sie mußten sich schützen, damals. Aber jedes Tun hat seine Konsequenz. Was immer Ihnen auch angetan wurde kann nicht mehr aus der Welt geschafft werden. Aber die Isolation von Ihrer Herkunftsfamilie haben Sie selbst gewählt.

Mütter wie Väter glauben heute nicht mehr wirklich, daß sie ihren Job einigermaßen gut machen. Viele rackern sich täglich ab, plagen sich mit stillen Selbstvorwürfen und empfinden dieses nagende Gefühl, es nicht wirklich richtig zu können. Das macht allen zu schaffen.

Wir sind die Generation, die alles besser und vor allem richtig machen will. Doch dieser Antrieb resultiert nicht aus tief verankerten, nach Prinzipien organisierten Werten, sondern aus permanent geschürtem Schuldbewußtsein. Keine gute Basis für ein entspanntes Familienleben. Wir wollen nicht in alte Muster vergangener Generationen zurückfallen und schaffen uns neue Muster, die für uns nicht funktionieren. Während unsere perfekt geführten Haushalte bis ins kleinste Detail durchgestylt sind, vertrocknen unsere Seelen – und mit ihnen ein wirklich lebendiges, aufregendes, chaotisches und damit gelingendes Familienleben.

Sich durch seine Kindheit hindurchzuarbeiten ist das eine. Wesentlicher ist es, den Mythos zu erkennen, der unsere eigene Kindheit geschaffen hat. Das eröffnet den Weg, in einer Art und Weise auf unsere Familie zu schauen, die sie weniger mit Mißbrauch in Verbindung bringt und mehr mit wirklicher Unterstützung und einer tiefen emotionalen und seelischen Nähe. Es ist nicht so, daß in Familien nur positive Dinge geschehen. Aber dafür sind sie auch nie geschaffen worden. Eine Familie zu gründen und seine Kinder heranwachsen zu sehen vergrößert die Angriffsfläche des Schicksals. Warum sollten wir uns das also antun?

Familie, als Ganzes und mit all ihren Mitgliedern, ist mehr als die Summe ihrer Teile. Familien sind geschlossene symbolische Systeme – eine Art Metapher, und eine weitreichende und tief verankerte Mythologie.

Was ist die zentrale Kraft dieses Mythos, der uns in der Umarmung der Familie geborgen und gleichzeitig gefangen hält?

Land unter

Mittwochmorgen. Es ist 7 Uhr 30. Mein ältester Sohn sitzt weinend am Frühstückstisch. Die Zeit verrinnt. Er hat noch nichts gegessen und sitzt mit verschränkten Armen zusammengekrümmt auf seinem Platz. Er ist verzweifelt, weil der Pullover, den er anhat, nicht der richtige ist. In einer halben Stunde muß er in der Schule sein. Zeitgleich beginnt sein kleiner Bruder direkt neben ihm im Laufstall wie ein Irrer zu kreischen. Meine Blicke flackern durch den Raum und erspähen all die Anklagestapel aus Altpapier, unerledigter Korrespondenz, noch nicht gelesenen Zeitschriften. Auf dem Boden, fein säuberlich zerbröselt, Jonahs Brötchen. Meiner Frau gehen die beiden schon seit Tagen gehörig an die Nerven. Sie steht kurz vor einer Explosion – ihre Nerven liegen blank. Die Uhr rast vorwärts.

Ich sitze auf der Küchenbank, neben mir ein weiterer Stapel Zeitungen, Werbematerialien und Magazine, den die Schwerkraft ausgerechnet jetzt langsam aber sicher Richtung Fußboden rutschen läßt. Ich hasse diesen Stapel, besonders an dieser Stelle. Es ist so, als ob ich mir selbst diesen Platz immer wieder erkämpfen muß. Man fühlt sich wie ein Bittsteller. Dieser Stapel ist ein realer Feind, den ich respektieren lernen muß. Es hilft auch nichts, daß ich meine Frau später gereizt bitten werde, diesen Stapel zu entsorgen. Zwei Tage später beginnt sich garantiert der nächste aufzutürmen. Zeitungsstapel sprechen sich untereinander ab.

Mit einer blitzschnellen Handbewegung kann ich das Desaster gerade noch vermeiden. Alles, was auf den Boden fällt, gehört der Unterwelt. Aufheben ist ein mühsames Geschäft. Im gleichen Moment rutscht das Messer von meinem Teller, mit dem ich Vincent gerade seine Schokocreme aufs Brot geschmiert hatte. Mit einem weiteren Reflex kann ich gerade noch verhindern, daß es auf den Boden fällt und wir ein neues aus der Schublade ziehen müssen. Dafür ist jedoch meine frischgebügelte helle Sommerhose in die Bresche gesprungen: ein Schokoladen- und Butter-Festival. Weit und breit kein Taschentuch. Ich sitze in der Falle.

Mir ist es hier zu eng. Ich war mit zwanzig Jahren von zu Hause aufgebrochen, um dieses Chaos nie wieder erleben zu müssen. Und hier bin ich nun, nur einen Wimpernschlag später, wie es scheint, mittendrin im Schlamassel. Doch es gibt kein Entrinnen. Vincents Schnallen-Turnschuhe müssen angezogen werden, weil er sich noch keine Schleife binden kann. Die Schuhe sehen entsetzlich aus, abgerissen, zerfranst. Aber es sind seine Lieblingsschuhe. Kein guter Zeitpunkt, das jetzt kontrovers zu diskutieren. Der richtige Pullover muß auch noch gefunden werden. Der etwas ratlose Blick meiner Schwiegermutter in all dem morgendlichen Chaos zeigt, daß dies ein relativ neuzeitliches Problem zu sein scheint. Setze ich ihm nicht genug Grenzen? Verwöhnen wir ihn zu sehr? All das sind Gedanken, die mir durch den Kopf schießen, während sich das tränenüberströmte Gesicht meines Sohnes aufzuhellen beginnt.

Wie von Geisterhand bewegt rennen wir durch die Wohnung, auf der Suche nach dem zweiten Paar Schuhe, der Schreibmappe seines Schulranzens. Wer ist hier der Regisseur? Mein Gott, kann er sich die Schuhe nicht alleine anziehen? Meine Frau ruft aus der Küche, daß die Zähne auch noch geputzt werden müssen. Wir stehen im Badezimmer, die Zeit drängt – und jetzt fängt er allen Ernstes an, sich die Hosen runterzuziehen.

»Was, du mußt noch einmal auf Toilette?«

Das ganze Programm noch einmal von vorne.

»Ihr müßt jetzt los, ihr kommt zu spät!« ruft meine Frau alarmierend aus der Küche. Sie räumt das Frühstückschaos ab und füllt die Spülmaschine. Wie soll das gehen, frage ich mich gerade. Mein ältester Sohn hängt auf der Toilette fest, und an seinem glasigen Blick erkenne ich, daß es Zeit ist für die nächste Intervention. Er ist mitten beim Pinkeln in eine weitere Traumphase abgedriftet. Ich schwenke meine rechte Hand vor seinem Gesicht, um ihn aus seiner Trance zu wecken.

In diesem Moment kommt wankend sein kleiner Bruder um die Ecke gebogen, sieht die offene Badezimmertür und klammert sich an der Längsseite der Badewanne fest. Seine erste große Mahlzeit des Tages liegt bereits eine halbe Stunde zurück, und die aufsteigenden Botschaften aus seiner Hose sind eindeutig: Er muß gewindelt werden. Doch Jonah hat ganz andere Sachen im Sinn. Er will erst einmal einen Schluck aus der Pulle nehmen, die ich unvorsichtigerweise heute morgen beim Duschen am Rand der Badewanne habe stehen lassen. Es ist ein bernsteinfarbenes Badeöl, das aussieht wie gut gelagerter Cognac. Er grinst mich an, während ich ihm die Flasche entreiße, dreht sich auf der Stelle um und greift in den gegenüberliegenden Badezimmerschrank, nach der elektrischen Zahnbürste. Dabei befördert er beiläufig diverse Zahnpastatuben und Zahnbürstenaufsätze zu Boden. Ich entwinde ihm die Zahnbürste. Er hält fest und läßt nicht los. Ich sehe in seinem Blick, daß er bereit ist, für diese Zahnbürste zu kämpfen. Ich brülle meiner Frau zu, daß sie mir den Kleinen vom Hals schaffen soll. Sie kommt um die Ecke geschossen, zieht Jonah endlich aus dem Badezimmer, nicht ohne mich gereizt zu fragen, warum ich ihn überhaupt ins Badezimmer lasse. Und an den Zahnbürsten habe er eh nichts zu suchen. Im gleichen Moment fängt Vincent hinter mir wieder an zu weinen, weil er den Clip-Verschluß seiner Jeans nicht geschlossen bekommt.

Wir müssen mit dem Wagen fahren, um nicht völlig zu spät zu kommen. Vor der Schule patrouilliert Herr Schlechter, ein netter Polizist. Er achtet darauf, daß ankommende Eltern mit ihren Autos nicht die absolute Halteverbotszone vor der Schule zuparken, um ihre Kinder in aller Eile abzuliefern. Ist die Zone erst einmal zugeparkt, sieht man die Straße überquerende Schulkinder erst im letzten Moment. Diese notwendige, aber restriktive Verkehrsmaßnahme hat zur Folge, daß weit und breit alle guten Parkplätze belegt sind. Das ist in diesem Moment mein Problem.

Schließlich entdecke ich ziemlich am Ende der Straße auf der rechten Seite einen freien Parkplatz. Als ich da ankomme, sehe ich, daß dort bereits die absolute Halteverbotszone mit weißen Strichen auf dem Asphalt markiert ist. Das war von weiter vorne nicht zu erkennen. Jetzt müßte ich eigentlich korrekterweise noch einmal um den ganzen Block kurven. Ich riskiere es trotzdem, parke ein, löse den Gurt des Kindersitzes hinter mir und steige aus. Ein Blick auf die Uhr. Höchste Zeit. Doch kaum habe ich den linken Fuß auf die Straße gesetzt und mich aus dem Auto geschraubt, ertönt von weit hinten eine durchdringende Trillerpfeife. Herr Schlechter kennt seine Pappenheimer. Keine Chance. Nichts wie weg hier.

In meiner Verzweiflung parke ich hundert Meter weiter direkt hinter mehreren quer eingeparkten Autos, renne mit meinem Sohn und seiner mordsschweren Schultasche auf meinem Rücken in die Schule. Wir erreichen das Klassenzimmer mit dem Klingeln der Schulglocke.

Als ich zwei Minuten später wieder zum Auto zurückkehre, steht dort eine Mutter mit versteinertem Gesicht und ihrer älteren Tochter. Sie kann ihren Ärger kaum noch unterdrücken. Natürlich habe ich ihren Wagen zugeparkt. Ich entschuldige mich und fahre davon.

In etwas mehr als einer Stunde muß ich am Flughafen in Düsseldorf sein, um meine Maschine nach Wien nicht zu verpassen. Einige Sachen sind noch nicht gepackt. Ich schalte das Radio ein. WDR 2 meldet auf der A3 zwischen dem Oberhausener Kreuz und dem Breitscheider Kreuz sechzehn Kilometer Stau.

Was, in Gottes Namen, mache ich eigentlich hier?

Eine Ansammlung von Exzentrikern

Den größten Teil unseres Lebens verbringen wir mit Leuten, die ähnlich agieren und denken wie wir selber: annähernd gleiche Lebensstile und Erfahrungen, gleiche Altersstufe, ähnliches Konsumverhalten und gleicher Sprachstil. Die Menschen, für die wir uns bewußt entscheiden, um unsere Zeit mit ihnen im Alltag zu verbringen, treiben uns sehr selten über unsere psychologischen Barrieren hinaus. Wir bezeichnen sie als unsere Freunde. Was ungefähr soviel bedeutet, daß sie uns keinen Ärger machen, niemals oder nur sehr selten unerwartet und unangemeldet auftauchen. Sie lassen uns in Ruhe und meiden diplomatisch die heiklen Gesprächsthemen.

Ganz anders in der Familie. Dort, wo man am ehesten vermuten würde, auf Gleichgesinnte zu stoßen, trifft man statt dessen auf eine Horde äußerst merkwürdiger Gestalten. Auf jedem größeren Familientreffen prallen die absurdesten Verhaltensweisen und die unterschiedlichsten Meinungen aufeinander – und alles im gleichen Clan.

Doch es sind nicht nur die Charaktere. Es ist die Art und Weise, wie sie mit Leidenschaft über merkwürdige Dinge reden, mit denen sie sich permanent beschäftigen. Wenn Sie also wirklich eigenartige und fremde Leute kennenlernen wollen, müssen Sie sich lediglich in Ihrer eigenen Familie umschauen. Wo sonst könnten Sie Ihren Abend mit einem Mann verbringen, der den Republikanern finanzielle Wahlkampfunterstützung gewährt, mit einem Mathematikprofessor, der Signale aus dem Weltall interpretiert, oder mit einem Schrotthändler, der einige Zeit im Gefängnis verbracht hat.

Hier treffen Sie auf eine entfernte Tante, die sich zeit ihres Lebens für Höheres berufen fühlte und neben ihrer beständigen Missionierung der restlichen Familie mit den Größen aus Kultur und Politik korrespondiert. Eine andere Tante besitzt über zwanzig Wellensittiche, Papageien und anderes Geflügel, die sie wie eine eigene Familie betreut und versorgt, dazu drei Hunde, die, immer angetan mit Mäntelchen und Halstuch, ausgeführt werden. Jedesmal, wenn Sie dort anrufen, verstehen Sie vor lauter Gezwitscher Ihr eigenes Wort am Telefon nicht mehr.

Ein anderer Onkel verbringt Stunden auf der Toilette, um dort in aller Ruhe Comics zu lesen und ungestört in der Nase zu bohren. Oder Sie treffen auf einen Großvater, der die letzten Jahre seines Lebens auf der Couch vor sich hindämmert und den ganzen Tag die Flimmerkiste laufen läßt. Und dann achten Sie auf die Manieren, die Kleidung und ihre Körper. Mit welchen Klinkern sie ihr Haus verzieren, die Autos, die sie fahren, und erst ihre Wohnzimmereinrichtung – und wie sie reden!

Nun ist es sehr wahrscheinlich, daß Sie sich für die einzige halbwegs normale Person in Ihrer Familie halten, die Stil und Geschmackssicherheit beweist. Das würde sich schnell ändern, wenn Sie wüßten, wie die anderen Mitglieder der Familie insgeheim über Sie denken. Sie wären erstaunt, für wie merkwürdig die anderen Sie *wirklich* halten. Und dann machen Sie sich einmal den Spaß und schauen Sie auf ihre eigenen Kinder. Mit Erstaunen beobachten Sie, wie sich diese exzentrischen Wesen vor Ihren Augen entfalten, bereit zu den merkwürdigsten Angewohnheiten und Verhaltensweisen! »Nichts Menschliches ist mir fremd«, soll Terenz gesagt haben. Man kann relativ leicht erahnen, woher er diese Einsicht bekommen hat.

Genauer betrachtet, leben wir alle mit ziemlich verrückten Leuten zusammen. Und so sind unsere epischen familiären Inszenierungen weniger Konvention als vielmehr Bühnen für erstaunliche Komödien, auf denen sich die witzigsten und absurdesten Szenen abspielen. Schatten und merkwürdige Ticks kommen aus ihren Verstecken und nehmen Teil an der großen Party. Gerüchte, Klatsch und absurde Geschichten machen die Runde. Jeder will auf den neuesten Stand gebracht werden, selbst über die entferntesten Verwandten. Alle Geschichten von Familienmitgliedern, ob gut oder schlecht, werden angesammelt und glorifiziert. Sie erweitern das Familienzentrum zu einem Epos von Erfolg, Liebe, Leid und Versagen. Wer kann sich dem entziehen? Und wer verspürt keinen Stolz über die Ernennung zum besten Verkäufer des Bezirks – auch wenn es sich um einen relativ unauffälligen jungen Mann handelt, der aber zufälligerweise mit Ihrer Cousine verheiratet ist?

In einer Familie aufzuwachsen bedeutet, das göttliche Irrenhaus von innen kennenzulernen. Natürlich treibt es einen in den Wahnsinn. Denn nur so geben uns Verwandte und Bekannte die Möglichkeit, unser menschliches Verständnis für das zu erweitern, was uns fremd und merkwürdig vorkommt. James Hillman schreibt, daß das Maß der Großartigkeit einer Familie sich nicht in dem bemißt, was sie der Wohlfahrt zukommen läßt, sondern in ihrer enormen Fähigkeit, die Schatten ihrer Mitglieder zu schützen und zu integrieren. Charity begins at home.[111]

Die Dämonen kommen aus dem Verborgenen, sie kriechen unter der Treppe hervor und rufen aus dem Keller nach Integration. Nur so macht dieser ganze Wahnsinn Sinn, den jeder alltäglich in Familien erlebt: das Gefühl, daß alles zuviel ist, voller Absurditäten und ohne jede Begrenzung.

Dämonen am Tisch

Ich beginne Mahlzeiten mit Vorliebe verspätet und reize, kaum daß ich sitze, meine Frau und meine Schwiegermutter regelmäßig mit der Eingangsfrage, ob das Fleisch aus konventioneller oder biologischer Schlachtung stammt. Schlagartiges Verstummen aller Gespräche und heftiges Augenrollen sind die allgemeine Folge. Meine Frau liebt es ebenfalls nicht, wenn ich beim Essen Zeitung lese. Sinnvollerweise verkündete sie ein Gesetz, das dieses wirklich nicht Kommunikation fördernde Medium für die Essenszeit vom Tisch verbannt. Das hält sie aber nicht davon ab, regelmäßig bei Tisch ihre zahlreichen Frühjahrs- und Herbstkataloge aus der Modebranche zu studieren.

Während mein ältester Sohn seine unzähligen Pokémon-Karten links und rechts von seinem verkrümelten Teller aufstapelt und seinen Kakao kalt werden läßt, versinkt er minutenlang nicht ansprechbar in einem seiner vielen Micky-Maus-Hefte. Gleichzeitig leert mein jüngster Sohn wahllos alle auf dem Tisch befindlichen Getränke in seinen kleinen Bauch und schmiert mit dem Messer in der Butterschale herum. Ich finde, daß meine Frau unsere Söhne zuviel Zucker essen läßt. Was zu heftigen Streitereien führt. Das hindert mich nicht daran, in einem unbeobachteten Moment eine ganze Packung Eis-Mars zu vernichten und den Restmüll möglichst unauffällig zu entsorgen. Schokolade esse ich meist in einem Rutsch mit einem geradezu animalischen Appetit, um dann für Wochen wieder in die selbstgerechte Pose des Schokoladen-Anklägers zu verfallen. Das Ganze ist völlig absurd. Und geht doch immer weiter.

Familienmahlzeiten besitzen ihre eigene Qualität. Auf den Balearen bewerben manche Restaurants die teutonischen Gäste mit dem Slogan »Hier kannst du futtern wie bei Muttern«. Und an anderen Orten mag das Zeichen »Hier kocht die Chefin selber« manche Kunden noch an die Restauranttische treiben.

Tatsächlich sind jedoch für viele Menschen die gemeinsamen Mahlzeiten zu Hause eher traumatische Erfahrungen. Studien über nicht funktionierende Familien entlarven das Abendessen als Hauptverursacher für innerfamiliäre Spannungen. Hier am Tisch ist es am wahrscheinlichsten, daß Familienkonflikte über Geld, Politik oder Glaubenssysteme ausbrechen. Gravierende Eßstörungen wie Bulimie oder Freßsucht tauchen auf und verschwinden wieder. Ob die Atmosphäre während der Mahlzeiten durch Kämpfe oder Prahlereien gekennzeichnet ist, chaotisch mit ständigem Telefonieren und Fernsehen oder todernst und formalisiert: Spannungen stehen immer auf der Menü-Karte, zum Beispiel regelmäßige Streitereien über das, was wirklich gutes Essen ausmacht. Später tauchen Essensmuster auf – der Rhythmus von Kauen, Schlucken, Atmen und gleichzeitigem Reden, die Pausen zwischen Stille und wieder ansteigendem Lärmpegel.

Aggressive Spannungen zu Beginn einer Mahlzeit gehören zum Instinkt des Appetits. Wenn Sie etwas Vergleichbares aus einer anderen Perspektive betrachten möchten, gehen Sie einfach zur Fütterungszeit in einen Zoo in Ihrer Nähe. Machen Sie sich den Spaß und beobachten Sie die Tiere, wie sie unruhig auf und ab rennen, fauchen und knurren. Der Moment, wenn das Fleisch freigegeben wird und es keine Freunde mehr gibt. Wie die Kiefer sich in das Gewebe mahlen. Das Peitschen der Schwänze, die wütenden Attacken auf Konkurrenten und Mitesser. Es ist geradezu ein Qualitätsmerkmal guter italienischer Kellner, die *prima*, den ersten Gang, möglichst rasch und geräuschlos zu Tisch zu bringen. Die Dämonen lauern auf den Stühlen und müssen besänftigt werden. Ein Essen sollte schnell beginnen und in entspannter Verdauungstätigkeit enden.

Spannungen sind integraler Bestandteil dieses Momentes, wenn alle Mitglieder einer Familie zur gleichen Zeit an die gedeckte Tafel stürmen. Seine Intensität und rauhe Qualität sind Ausdruck und Anerkennung eines religiösen Familienaktes, in dem ein animalischer Grundton mitschwingt, der nur mit Würde und klaren Anweisungen zu meistern ist. Deshalb die vielen Rituale, die Familienmahlzeiten begleiten: fest definierte Plätze, pünktliche Essenszeiten, der Moment des Händewaschens, des Anrichtens und Abräumens und die endlosen Versuche, die Spannungen mit gedämpftem Licht, leiser Musik und Vorschriften über angemessene und unangemessene Gesprächsthemen zu besänftigen.

Jede Familie hat auf ihre Art Rituale entwickelt, und sei es ein noch so einfaches Kommando wie »Hau rein«, um diese archetypischen Kräfte zu bändigen, die am Tisch lauern, bereit, die zivilisiertesten Konventionen mit unglaublichen Provokationen zum Explodieren zu bringen.

Kummer und Schuld

Nach Hause zurückzukehren bedeutet vor allem eine Zeitreise in die Vergangenheit. Dieser Moment ist immer durchmischt mit Vorfreude, Sorgen und Befürchtungen – vollkommen zu Recht. Sobald sich die Haustür öffnet, tauchen überwältigende Gefühle auf. Hier steht man und ist wieder sechzehn Jahre alt: die gleichen Gespräche mit dem Bruder, der gleiche Platz am Eßtisch und dieselben unverrückbaren Argumente in der sofort beginnenden politischen Diskussion mit dem eigenen Vater. Nichts hat sich verändert, nach all den Jahren!

Später im Auto, auf dem Weg zurück, bemerkt man den konsternierten, ja entsetzten Ausdruck auf dem Gesicht seines Partners oder seiner Partnerin:

»So habe ich dich ja noch nie erlebt!«

Man hat keine Ahnung, was sie meint und wovon sie spricht. Was die gemeinsame Heimfahrt nicht unbedingt entspannter machen wird. Denn im Kopf Ihres Partners oder Ihrer Partnerin beginnen jetzt sehr merkwürdige Gedanken und Gefühle zu zirkulieren. Zum Beispiel der Gedanke, ob Ihr gemeinsames Leben überhaupt noch eine Zukunft hat.

Rückkehr ist im wesentlichen ein regressiver Akt, um eine heilsame Funktion von Familie aufrechtzuerhalten: der notwendige Schutzraum für die Geborgenheitsbedürfnisse der Seele.

So wie ein verletzter Hund sich in seine Ecke zurückzieht, um seine Wunden zu lecken, benötigt jeder einen Platz, zu dem er sich verziehen kann. Ein geheimer Platz, um sich zu verstecken und wieder zwölf Jahre alt zu sein, unfähig, die Welt da draußen zu meistern – voller Bedürfnisse, unerfüllter Sehnsüchte und Wünsche.

Das schnelle Auto, die Freunde, die Kneipen und das wichtige Besprechungsmeeting befriedigen nicht diese Bedürfnisse, die wie ein Invalide auf Krücken hinter dem Mythos des unabhängigen Individuums herhinken. Etwas in uns bleibt immer unterentwickelt – und will immer »nach Hause« zurückkehren.

Dieser Teil der Psyche will bis nachmittags um zwei schlafen, schließt sich im Badezimmer ein oder weint mit Mutter in der Küche. Er kommt mit den Großeltern ins Haus, die sich ständig beschweren und bei jedem Besuch erkranken. Der Kampf gegen die Familie bei diesen Trips in die Vergangenheit ist ein Stellvertreterkrieg im Kampf gegen Regression. Wir wollen die Schwächen unseres Charakters und den Hunger in unseren Leidenschaften nicht anerkennen. Wir wollen nicht zugeben, daß ein Teil von uns nicht erwachsen geworden ist. Deshalb überziehen wir die Familie mit Anschuldigungen, daß sie das Schlimmste aus uns gemacht hätte, und beschuldigen sie gleichzeitig, diesem monströsen Teil gegenüber nicht nachsichtig genug gewesen zu sein.[112]

Es ist, als ob bei allen gleichzeitig der Strom ausfällt. Jedes Familienmitglied ist gefangen im Wiederholen alter Muster einerseits und dem Widerstehen dagegen andererseits. Großvater murmelt vor sich hin, der Bruder klagt die Regierung an, die Schwester beschwert sich, daß ihr Ekzem wieder zu jucken beginnt, und Mutter versucht wieder einmal mit ihrem geschäftigen Treiben alles zu überdecken. Niemand kann zu einem Spaziergang aufbrechen, um den Fluch zu bannen. Die ganze Familie versinkt tiefer in ihren Polstern. Fernsehen hat wenig damit zu tun und mag in diesen Momenten sogar der gnädige Gott des Hauses sein, der die ganze Situation rettet.

Es ist niemandes Schuld, niemand wird verstoßen, und keinem kann geholfen werden. In dieser Paralyse befindet sich die tiefste Form der Annahme. Die ganze Familie geht den Bach runter. Es ist die bindende Kraft der Liebe, die Familienpathologie erst möglich macht – eine immense Toleranz für die hoffnungslose, dunkle Seite in jedem von uns. Diesen Schatten, den jeder in seinem Gepäck trägt, auch wenn er oder sie das nicht wahrhaben will. Und den wir auspacken, wenn wir nach Hause zurückkehren.

Es existiert in unserer modernen Kultur keine vergleichbare andere gesellschaftliche Gruppe, die zu dieser Integrationskraft fähig ist. Für diese grandiose Fähigkeit, völlig Unvereinbares zusammenzubringen und auf irgendeine Art zu integrieren, sollten Familien gesegnet werden. Stattdessen assoziieren wir mit ihr Schuld, Mißbrauch und persönliches Versagen. James Hillman betrachtet die Fähigkeit dieses Haufens durchgeknallter Exzentriker, sich einander stillschweigend zu dulden, als die tiefste Form der Liebe, die Menschen füreinander überhaupt erringen können. Wem diese Liebe verwehrt bleibt, der muß versuchen, sie mit Perfektion zu kompensieren.

Perfekt sein wollen ist o.k.

Vielleicht sind Waschmaschine, Spülmaschine und all die anderen perfekten Haushaltshilfen genau aus diesem Grund geschaffen worden: damit wir mehr Zeit haben, uns den Kopf zu zermartern, ob wir auch wirklich eine gute Mutter oder ein guter Vater sind. Ob wir auch alles richtigmachen und ob wir noch mehr machen können. Die gesparte Zeit investieren wir mit Vorliebe in die Lektüre fundierter Erziehungsratgeber für ratlose Eltern. Um mit Entsetzen festzustellen, was wir alles besser machen könnten. Denn eines wissen wir inzwischen genau: Es ist nicht wirklich perfekt. Und bis zur Perfektion ist es noch ein langer Weg.

Betrachten Sie die Szene eingehender. Warum engagieren Sie eine Putzfrau? Wahrscheinlich, damit in Ihr Chaos zu Hause wieder mehr Ordnung kommt. Mit dem bemerkenswerten Effekt, daß Sie die ganze Wohnung aufräumen und auf Zack bringen, bevor Sie die unbekannte Dame in Ihr Haus lassen – um ihr dann noch ständig zu erklären, wie und wo sie was machen soll. Das ist die moderne und sehr smarte Art, sehr intelligent etwas sehr Dummes zu tun, Ausdruck unseres modernen und aufgeklärten Schuldbewußtseins: Bei allem Wissen und allen verfügbaren Techniken bleibt dieses unbestimmte Gefühl, nicht die Kontrolle über unsere kleinsten privaten Angelegenheiten wahren zu können. Und dabei hatten wir doch ernsthaft vor, alles besser als unsere Mütter und Väter zu tun. Wir machen es aber nicht besser. Wir machen es nur anders. Sind wir mutig genug, uns dies auch einzugestehen?

Wenn Sie sich von außen betrachten könnten, müßten Sie eigentlich lachen. Schauen Sie sich an: Ist das die Person, die Sie sein wollten? Oder spielen Sie sich und den anderen etwas vor?

Fragen Sie Ihre besten Freunde in einem wirklich guten Moment. Die beobachten das schon lange. Aber sie haben sich noch nicht getraut, es Ihnen zu sagen: Sie und Ihre Familie sind ein ziemlich skurriler Haufen. Warum sollten Sie das auch nicht sein? Sie haben alles Recht der Welt dazu. Wenn Sie sich das erlauben, haben Sie vielleicht nicht mehr dieses starke Bedürfnis, ständig etwas zu tun, um sich zu verändern.

Vielleicht sollten Sie wirklich *weniger* tun. Vor allem sollten Sie aufhören, perfekt sein zu wollen. Wer hat Ihnen gesagt, daß Sie perfekt sein sollen? Perfekt funktionierende Waschmaschinen und Spülmaschinen sind o.k. Perfekt funktionierende Eltern sind einfach grauenhaft. Sie sind Monster. Warum wollen Sie unbedingt ein Monster werden?

Es ist eine grandiose Leistung, seine Kinder unter vielen Entbehrungen großzuziehen, sie zu lieben, sie nicht zu verstehen, an ihnen zu verzweifeln – und trotzdem die Contenance zu bewahren. Ihre Fähigkeit, innerhalb Ihrer Familie diese Spannungen auszuhalten und zu tragen sollte folgerichtig gesegnet und nicht verachtet werden. Sie leisten etwas Bemerkenswertes. Viel mehr ist dazu nicht zu sagen. Niemand hat erwartet, daß Sie perfekt sind. Also tun Sie auch nicht so. Lassen Sie es ab und zu einfach mal rollen und krachen.

Es gab einen bestimmten Punkt in meinem Leben, wo ich aufgehört habe, mich dafür anzuklagen, daß ich Fehler mache. Und ich mache ständig Fehler. Diesen Moment empfand ich als wirkliche Befreiung.

Es ist schwer genug, anderen zu vergeben für das, was sie einem – auch unwissentlich – angetan haben. Aber noch schwieriger ist es, sich selbst zu vergeben und um Verzeihung zu bitten, für das, was man selber getan hat. Es ist notwendig, sich das zuzugestehen.

Gefühle von Kummer und Schuld unterminieren auf emotionaler Ebene die Tatsache, daß wir alle ebenbürtige Lebewesen sind. Kummer und Schuld führen zu unterschwelligem Groll und belassen uns in der Illusion, daß wir keine Wahl haben, die gegenwärtige Situation auch anders zu betrachten. Das ist, wie gesagt, lediglich eine Illusion. Wir haben immer die Wahl, eine erfrischendere, eine bedeutsame Perspektive auf unser Leben zu werfen.

Ich habe einmal eine Situation erlebt, die mir die Augen geöffnet hat für die wertvollen Dinge, die in Fehlern verborgen liegen können. Es war ein Freitagvormittag, meine Frau war unterwegs, und ich sollte unseren ältesten Sohn nach der dritten Stunde aus der Schule abholen. Ich hatte ihn morgens hingebracht. Auf dem Stundenplan der 1a stand: 10.45 Uhr Schulschluß.

An diesem Vormittag waren im Rahmen der Sanierung unseres Hauses mehrere Handwerker gleichzeitig vor Ort und mit diversen Reparaturen beschäftigt. Ich mußte verschiedene Dinge koordinieren und unseren jüngsten Sohn beaufsichtigen. Durch einige unvorhersehbare Komplikationen und deshalb zusätzlich notwendig gewordene Besprechungen und Rücksprachen mit den Handwerkern hatte ich die Zeit aus den Augen verloren.

Als meine Frau gegen elf vollbepackt aus der Stadt zurückkehrte, schaute sie mich entgeistert an und fragte, ob ich Vincent vergessen hätte. Ich habe noch nie so schnell in meinem Wagen gesessen. An der Schule angekommen, war von meinem Sohn weit und breit nichts zu sehen. Ich fand ihn weder vor seinem Klassenzimmer noch auf dem Schulhof. Ich rief über das ganze Schulgelände. Nichts. Auch die Nachfrage bei anderen Kindern und einigen seiner Klassenkameraden führte zu keinem Ergebnis. Ein Alptraum. Ich war seinen Schulweg abgefahren und hatte nach ihm Ausschau gehalten. Wo konnte er nur sein? Unglaubliche Gedanken schossen durch meinen Kopf. Just in dem Moment klingelt mein Mobiltelefon. Meine Frau ist am anderen Ende.

»Er ist zu Hause.«

Als ich mit dem Wagen zurückkehre, muß ich nach dem Einparken einen Moment sitzenbleiben, um mich von dem Schrecken zu erholen. Vincent springt munter aus dem Haus, läuft über die Straße und klopft ans Fenster der Beifahrertür. Ich öffne ihm die Tür. Er setzt sich auf den Sitz und beginnt sofort zu erzählen, daß er den ganzen Weg nach Hause allein gerannt sei und daß er die große Kreuzung beim Gesundheitsamt überquert hätte, wie es ihm die Mama für den Notfall einmal eingeschärft hatte.

»Du, Papa, das war unglaublich. Ich habe mir genau gemerkt, was die Mama mir damals erzählt hat. Und dann bin ich den ganzen Weg gerannt, weil ich als erster zu Hause sein wollte.«

Ich bin erleichtert, daß er mir nicht böse ist, und stolz, daß er diese Herausforderung auf so kluge Weise und mit regelrechtem Enthusiasmus gemeistert hat. Diese Erfahrung blieb für den Rest des Tages unser gemeinsames Gesprächsthema. Es war das erste Mal, daß er den Schulweg völlig allein gegangen ist.

Durch meinen Fehler gab ich ihm die Möglichkeit, sich in eine wichtige neue Erfahrung zu initiieren, die sein persönliches Wachstum und seine Entscheidungsfähigkeit auf überraschende Weise förderte. Es war erstaunlich, wie sehr er von dieser nicht gerade perfekten Situation profitiert hatte. Das verstärkte mein Vertrauen in seine Fähigkeit, mit ungewohnten und potentiell ängstigenden Situationen in seinem Leben angemessen und entschlossen umzugehen.

Es ist o.k., perfekt sein zu wollen. Es gibt immer etwas zu optimieren. Aber versuchen Sie nicht die Quadratur des Kreises. Und machen Sie keinen Gott daraus. Seien Sie sich selbst gegenüber gnädig – erlauben Sie sich, zu sein. Wir lernen viel mehr aus den Fehlern, die wir machen, als wir selber ahnen. Auch wenn wir uns das oft nicht eingestehen wollen.

Das Gold im Inneren des Vulkans

Familie ist viel mehr als das tägliche Ackern und Organisieren, das erschöpfte Absinken vor dem Fernseher, abends, wenn die Kinder endlich im Bett liegen und Ruhe einkehrt. Weil wir so oft so müde und gestreßt sind, vergessen wir das. Was wirklich in Familien vorgeht, ist – Mythos. Um diesen Mythos im täglichen Leben zu erfahren, bleiben Sie, vor allem wenn Sie ein Mann sind, einfach ein paar Tage zu Hause. Sie werden erstaunt sein, wie schnell der familiäre Alltag einen in den Wahnsinn treibt.

Schon Winston Churchill wußte, daß es schwierig genug ist, ein Land zu führen. Aber noch viel schwieriger ist es, vier Kinder großzuziehen. Ich persönlich habe als Mann immer geglaubt, daß mein Job der schwierigste, anstrengendste und herausforderndste von allen ist – bis ich meine Frau zu Hause zu entlasten begann. Seitdem weiß ich, daß sie den härtesten Job hat – von allen.

Die Wurzel vieler alltäglicher Probleme in Familien liegt nicht in ihrer Unfähigkeit, Bindungen und Beziehungen zu pflegen oder aufrechtzuerhalten, in den hohen Scheidungsraten oder den anderen favorisierten Dämonen der modernen Pop-Psychologie.

Sie liegt sicherlich nicht im Auslaufen des alten patriarchalen Modells oder in den unheilbaren, verrückten und depressiven Eigenarten ihrer Mitglieder.

Die Wurzel liegt eher in der archetypischen Natur von Familien an sich verborgen: einer Realität, die sich als Erfahrung oft so verrückt und »nicht von dieser Welt« anfühlt. Dies vor allem, weil sie durch und durch getränkt ist mit nicht endenden Übertreibungen, dem Gefühl, daß einem »alles zuviel wird«: die nicht enden wollenden Dramen, aufgeladen zu mythischen Dimensionen.

Nicht ohne Grund entstanden aus diesem Stoff die meisten Geschichten, Romane und Dramen der westlichen Kultur. Familie ist kein vernünftiger Ort und wird es niemals sein. Familie ist ein merkwürdiger Ort der Begegnung von unglaublichen Exzentrikern, die gelernt haben, sich stillschweigend zu dulden. Und die völlig illusorische

Erwartung, mit Familie eine vernünftige Realität zu schaffen, ruft genau jene vorwurfsvolle Haltung ins Leben, die uns Familie als »verrückt« verdammen läßt.

Alle Versuche von Familientherapien, klare Kommunikation, vernünftige Diskussionen von Problemen und das Einführen von neuen Verhaltensmustern zu schaffen, übersehen die wesentlichen Quellen, die einer Familie zugrunde liegen: die tief verankerten und unzerstörbaren Bereiche der menschlichen Psyche – früher bezeichnet als Schutzheilige, Geister und Ahnen. Sie wohnen archetypisch und unsterblich im Herzen jeder Familie und treiben sie in exorbitant absurde Szenarien hinein.

»Als vor mehr als vier Jahren mein fünfter Sohn zur Welt kam«, schreibt Gottfried Hofmann-Wellenhof, »brach unter den anderen (vier Jungen) großer Jubel aus. Sie waren sich bald darin einig, daß er mit seinen Maßen (49 cm, 3 610 g) für das defensive Mittelfeld wie geschaffen sei, und schenkten ihm einen Ajax-Dress.«[113]

Nichts beeinträchtigt das Leben einer Familie mehr als die Fußballleidenschaft der Söhne. Die sind zwar nicht besonders gut im Behalten von Englisch- bzw. Französischvokabeln, dafür haben sie jedoch die Aufstellung von Hansa Rostock oder den Namen des Ersatztormannes von St. Pauli jederzeit abrufbereit gespeichert. Einhundertsiebenundzwanzig Trikots von verschiedenen Fußball-Teams lagern bei Familie Hofmann-Wellenhof in den Wäscheschränken – und längst ist die ganze Familie zu einem Fußballteam mutiert, bis auf die Mutter, die sich bis heute erfolgreich und standhaft gegen das Tragen eines Trikots als Standardkleidung der Familie zur Wehr setzt – »auch meine zweijährige Tochter Sophie: Sie trägt den Juventus-Dress mit der Rückennummer 10 und dem Namenszug *Del Piero* – und wird von ihren Brüdern auch so gerufen.«[114]

Familie ist so viel mehr als genetische Herkunft und rein psychische Realität von Beziehungen zwischen Personen. Die ursprüngliche Bedeutung des Wortes Familie leitet sich her aus dem Lateinischen.

Familia hat weniger mit Beziehungen zwischen verwandten Personen zu tun, als mit der Idee des Besitzens von Grund und Boden. *Familia* meint im Wesentlichen das Haus selber. Das Wort *Familia* wiederum stammt ursprünglich aus der indo-europäischen Silbe *dh-mo*, (Haus) und *dhe* (machen, erstellen). *Familia* ist also eine natürliche Referenz zu einer Struktur, einem Haus und dem Prozeß des Hausbauens.[115] Dazu gehören Aktivitäten wie das Tischlern und das Erschaffen und Messen auf der Basis bestimmter genereller Prinzipien. Tischlern,

Schmieden, Malen waren und sind Gewerbe, die schon immer mit dem Haus verbunden waren. Großvater beschlug die Pferde und zog Wagenräder auf, während der Vater schmiedeeiserne Bauteile herstellte, begleitet vom Lärm der Metallsägen und laut klingenden Hammerschlägen. Am Wochenende verwandelte sich die Schmiede zum beliebtesten Tanzboden in der Gegend, während das Schmiedefeuer brannte. Nach erledigter Hausarbeit im Garten arbeiten, die Abwasserleitungen erneuern und das Auto in der Garage auf Vordermann bringen, während der Hund zwischen den Kindern im Garten herumtollt: Weder Elternschaft noch Blutsverwandtschaft im Clan bestimmten den Gebrauch des Wortes Familie. Allein der Ort tat es. *Familia, familias* bedeutete für die Römer vor allem ein Haus und all das, was dazugehörte, die Einrichtung,

138   Möbel, Dienstpersonal und Tiere.

Die zu einem Haushalt gehörenden Dinge in Familien besitzen mehr als eine metaphorische Bedeutung. Kein Wunder, welch erbitterter Streit bei einer Scheidung oder Erbschaft ausbricht, wenn es um die Aufteilung von Porzellan, Besteck oder alten Möbelstücken geht. Träume von längst vergangenen oder verschwundenen Autos verfolgen die Bewohner noch Jahre später.

Der Musiker und Sänger Marc Cohn beschreibt in seinem grandiosen Debut-Album den Wagen seines Vaters als ein magisches, lebendiges Wesen, das jeden Morgen grollend aus der Garage rollte und von seinem Vater in die Stadt chauffiert wurde – lange bevor er wach wurde: »Silver Thunderbird«.[116] Am Nachmittag sah er seinen Vater dann mit diesem magischen Wesen die Mainstreet hinunterrollen, zu ihrem Haus, wo er als kleiner Junge staunend stand und das chromblitzende Ungetüm mit seinen riesigen Heckflügeln bewunderte. Sein Vater hätte sich niemals einen BMW, Mercedes oder einen Cadillac Eldorado gekauft. Es mußte dieser silberne Thunderbird sein.

Mein ältester Sohn Vincent bricht heute noch in Tränen aus, wenn die Sprache auf unseren Lancia kommt, den wir vor langer Zeit verkauft haben. Und unser jetziger Wagen darf auf keinen Fall mehr verkauft werden.

»Wenn ihr *das* Auto verkaufen wollt, dann könnt ihr mich gleich mitverkaufen!« Und dabei klingt er sehr klar und entschieden.

Bei uns zu Hause mußten Katzen im Haus sein. Es wurde nie darüber diskutiert. Es geschah einfach. Niemand wußte, warum. Erst später kam ein Hund dazu, der plötzlich an einem Weihnachtsmorgen vor unserer Haustür lag, so, als ob er dort schon immer gelegen hätte. Natürlich brachten wir es nicht übers Herz, Lizzy wegzuschicken. Ein Blick in ihre Augen genügte. Von da an blieb sie bei uns.

Lizzy lag auf warmen Fensterbrettern, in der Nähe des Ofens, auf der Eßbank in der Küche oder an jenem Fleck im Wohnzimmer, wo die erste warme Frühlingssonne ein strahlendes Mosaik auf den Boden zeichnete. Tiere benötigen keine Worte, um ihre Natur zu demonstrieren. Sie sind intelligent durch ihre Schönheit. Wer sie sind, zeigt sich in der Art und Weise, wie sie sich bewegen, beobachten und kommunizieren. Tiere kommunizieren von Image zu Image. Sie erscheinen in unseren Träumen. Untereinander und im Angesicht mit uns sind sie vollkommen in ihrer Intelligenz, einfach durch die Schönheit ihrer Erscheinung.

In der Römischen Welt wurden die Haustiere *familiares* genannt. Dort wurden Tiere nicht nur als Teil einer größeren Familie angesehen: Sie waren und sind intime familiäre Beobachter unserer unbewußten Metaphern, die den häuslichen Alltag auf geheimnisvolle Weise beeinflussen und dominieren.

Tiere, so sagt James Hillman, waren die ersten Psychoanalytiker, lange vor Freud. Sie lesen in uns Menschen wie in einem Buch. Unsere Bewegungen, nicht nur die körperlichen, auch unsere seelischen: Nichts entgeht ihrem studierenden Blick. Dies mag eine Erklärung sein, warum wir Tiere wie Hunde, Katzen, Vögel, Schweine, Kühe, ja selbst Elefanten zu uns ins Haus nehmen, obwohl sie eigentlich in die freie Wildbahn gehören. Tiere können uns über uns selbst bewußt machen.[117]

Ich weiß noch genau, wie ich zusammen mit meinem Bruder unsere heißgeliebte zehnjährige Katze im Garten neben unserer Trauerweide beerdigte. Ich war sechzehn Jahre alt und ließ meinen Tränen freien Lauf, während wir das Grab aushoben und den kleinen Körper hineinlegten, zusammen mit ihrer Lieblingsdecke. Manchmal sehe ich heute noch ihr Gesicht vor mir oder glaube, ihr Schnurren zu hören, als ich sie, noch ganz klein und jung, an meinen Wollpullover legte, den sie behaglich schnurrend mit ihren Krallen knetete, während sie mich aus halbgeschlossenen Augen wie in Trance anschaute.

Familie, so James Hillman, ist eine bedeutsame Metapher für unser Leben auf dieser Erde. Sie repräsentiert die Kraft der menschlichen Bindungsfähigkeit an einen blühenden und sich entwickelnden Ort. Ihr gelingt als einziger die Zähmung des Wilden und des Nomadischen. Familien entwickeln intrinsische Stärke, jene spezielle Mischung, die aus dem Verständnis von Teilen und Wachstum und der Fähigkeit zu lieben und zu nähren erwächst. Sie erweist dem Unsichtbaren, dem Dämonischen und den Toten die Ehre und bringt Personen, Tiere und Dinge dieser Welt vertrauensvoll zusammen. Immerwährendes Wachstum und Wandel sind die ihr innewohnenden Prinzipien. Gebunden an unser Schicksal auf Erden gestalten wir Familie als Bühne und Lebensraum für die Komödie der menschlichen Kontinuität.[118]

Eine schöne, durchgestylte Wohnung, Fitneßstudio im Keller und viel Ruhe zum Schreiben: Das war einmal ein Traum von mir – bevor wir eine Familie gründeten und ich Vater wurde.

Jetzt ist die Wohnung die meiste Zeit ein ziemliches Chaos, und wo immer ich mich gerade aufhalte, werde ich von meinen Söhnen attackiert. Meistens gleichzeitig von beiden. Solange ich im Haus bin, benötigen wir kein Klettergerüst und kein Pferd: Ich bin Klettergerüst und Reitpferd in einer Person. Sie springen vom Hochbett auf meinen Rücken, klammern sich an meinen Beinen fest. Ich bin Koalabär und Känguruh. Ich fange rechte Haken ein, Ellbogen-Checks und Schwinger. Dazwischen heftiges Atmen, Quietschen, Gelächter und die unvermeidlichen Tränen.

Ich benötige auch kein Fitneßstudio mehr: Meine Söhne springen auf meinem Bauch herum, als wäre er ein Trampolin. Sie lassen das Bedien-Panel für mein Autoradio zwischen Heizkörperrippen verschwinden oder wollen mein Notebook für ihre technischen Experimente zweckentfremden. Der Eßtisch geflutet mit Strömen von Kakao und Apfelschorle. Will man sie zur Rechenschaft ziehen, sind sie immer auf der Flucht. Ich schlafe eindeutig zu wenig, arbeite meistens nachts. Ich lese ihnen zum tausendsten Mal die gleichen Geschichten vor, spiele mit ihnen Verstecken oder »Schnapp dich!« oder Jagen; und beim Zubettgehen lassen sie meine Arme nicht mehr los. Ich bin ein gesegneter Mann, übermüdet, mit blauen Flecken übersät – in einer Kolonie von Außerirdischen gelandet.

Nachts, wenn ich aus meinem Arbeitszimmer in den Garten schaue, atmet dort die Stille wie nach einem Wirbelsturm. An den Fensterscheiben lauter verschmierte Spuren von Fingerabdrücken und kleinen Händen. Verschiedene Wasserpistolen dümpeln auf der Oberfläche des Gartenteiches. Bagger, Roller, Schaufeln, Eimer und anderes Spielzeug liegen wahllos verstreut im Garten, wie von Geisterhand einfach fallengelassen: auf dem Rasen, in den zertrampelten Blumenbeeten. Im Kirschbaum hängt von einem der Äste entspannt ein kleiner Spielzeug-Rasenmäher. Ich habe keine Ahnung, wie die beiden Irren den da raufbekommen haben.

Ein kurzer Spaziergang führt mich nach draußen. Ich schaue hinauf, dort, wo meine Söhne, in tiefen Träumen versunken, schlafen. Dann bleibt mein Blick am Wagen meiner Frau hängen. An der hinteren Tür baumeln vom Haltegriff über dem Fenster die Plastikhand-schellen meines Sohnes Vincent herunter. Sie glitzern silbern im fah-len Licht der Straßenlaterne.

Wenn ich schließlich erschöpft ins Bett falle, fühlt sich meine Bett-wäsche etwas eigenartig an: Kleine Magneten, Lego-Bauteile, Gummi-bärchen und Überreste von Brötchen müssen in der Dunkelheit nach einem erneuten Aufstehen still und leise entsorgt werden. Dann falle ich meistens in einen tiefen und traumlosen Schlaf. Seitdem ich hier lebe, ist mir nichts Menschliches mehr fremd.

Ich möchte nirgendwoanders sein.

6 Im Garten des Vaters

Es gibt kaum eine stärkere Verbindung als die zwischen Vater und Sohn. Es scheint nahezu unmöglich, sie zu brechen. Sie wirkt so natürlich und ist es tatsächlich auch. Aber diese Verbindung trennt so sehr, wie sie zusammenbringt. Ein Mann will seinen Sohn beschützen, will ihn die Dinge lehren, die er gelernt hat. Aber genau das ist es, was seinen Sohn in den Widerstand bringt. Er möchte es wissen, aber er will es selber herausfinden. Und je länger der väterliche Einfluß bestehen bleibt, um so schwerer ist es, sich von ihm zu lösen. Oft ist ein abrupter und machtvoller Ausbruch auf Seiten des Sohnes notwendig, um aus dieser starken Struktur zu entkommen.

Es ist Aufgabe des Sohnes, seine Autonomie zu finden, sein eigenes Patriarchat – die eigene Familie und ein eigenes Haus mit Regeln und Prinzipien, denen er sich verpflichtet fühlt und die er selbst geschaffen hat.[119]

Jungen sind die physische Repräsentation ihrer Eltern. Sie entwikkeln sich in den ersten Jahren im Territorium der Mutter. Es ist die Welt der Emotionen, der Wärme, der Düfte, der Schönheit, der Gespräche, des alltäglichen Tuns – eine Welt der Geschäftigkeit, des Spielens, von Stimmungen, von schnellem Ärger und tränenreichen Versöhnungen. Es ist eine Welt des beständigen Wandels. Und es ist das Territorium der Manipulation von Gefühlen: wie man lernt, Menschen emotional zu manipulieren, um bestimmte gewünschte Ergebnisse zu erzielen.

Das Territorium des Vaters besitzt eine andere Qualität. Es ist verlockend und doch so fern. Und weil es uns oft so fremd erscheint, ist es relativ einfach zu hassen. Doch dieser Haß besitzt keinen Fokus und keine Integrität. Er führt zu nichts Gutem.

Die tiefe Ablehnung eines Sohnes gegenüber seinem Vater entspringt nicht nur aus der Abwesenheit des Vaters, aus dessen persönlicher Schwäche und seinem Versagen sich selbst und der Welt gegenüber, sondern vor allem aus der Wut und dem Zorn auf den Vater: weil er sich nicht als der initiierende Mentor herausgestellt hat, den sein Sohn tief im Inneren erwartet hat.

Es ist viel über abwesende Väter geschrieben worden. Die Diagnosen sind eindeutig. So eindeutig, daß die vordergründigen Annahmen und Bewertungen von Vätern und der Bedeutung des Vaters gar nicht mehr in Frage gestellt werden. Abwesende Väter stehen für all das, was in unserem Leben nicht funktioniert: Gewalt, zerrüttete Ehen, mangelnde Lebensperspektiven und fehlende Entschlossenheit. Doch das ist nicht einmal die halbe Wahrheit.

Tatsächlich stimmen fast keine der modernen Mythen über Väter. Warum wird dann so lange und so erfolgreich an ihnen festgehalten? Weil es bequem ist. Und weil wir trainiert sind, in Stereotypen und schnellen Urteilen zu leben. Weil uns Personen oft nicht wirklich interessieren. Und weil wir den künstlichen Glaubenssystemen mehr vertrauen als unseren Erfahrungen.

Sicherlich aber auch, weil Väter bis heute natürlicherweise die dunklere Seite der Familiengeschichte repräsentieren. Das macht es leicht, ihnen gegenüber in eine selbstgefällige und selbstgerechte Anklagehaltung zu verfallen.

Unsere Vergangenheit ist nicht vergangen, sondern lebt in uns weiter. Als Söhne leben wir in der Zivilisation, die unsere Väter geschaffen haben. Was sie erträumten, leben wir heute. Und was sie lebten, träumen wir tief verborgen in unserem Unterbewußtsein.

Ein Junge benötigt die Präsenz von männlichen Vaterfiguren, um seine Männlichkeit erfolgreich in Besitz zu nehmen. Aber er wird erst viel später lernen, daß dies nicht die Aufgabe seines Vaters ist. Das Erlernen der maskulinen Struktur ist für viele Jungen und junge Männer ein herausfordernder Prozeß, der viele von ihnen überfordert. Das Lernen findet innerpsychisch auf verschiedenen Ebenen statt: durch Programme und Nachrichten der genetischen Codes, Konditionierung, durch Modelle und Identifikation. Um das zu erlernende Programm eines Jungen zu verändern, muß man die Männer um ihn herum verändern – und es müssen Männer präsent sein. Keine leichte Aufgabe in diesen Tagen.

Fehlen diese Männer, bleibt eine ganze Generation von Jungen uninitiiert, und die sie tragende Kultur erstickt in naiven und unreifen jungen Männern, die niemals wirklich getestet worden sind und nicht bereit sind, sich auf einer umfassenden Ebene mit sich selbst zu konfrontieren.

Erwachsen geworden leben sie später, wie alle Pharisäer und Hohepriester schon immer gelebt haben: voller Urteile und moralischer Wertungen, mit blutleeren Gedanken und intellektualisierten Ideen über das Leben. Ihre tiefsitzende Furcht vor einem leidenschaftlichen Leben und ihre ausgeprägte Angst vor Menschen im allgemeinen verbergen sie hinter hohen Idealen, ausgeprägter Besserwisserei und einer tief verankerten Depression, die sich in gepflegtem Desinteresse gegenüber all dem ausdrückt, was nicht in ihre Konzepte paßt.

Sie sind miserable Liebhaber, machen nie etwas falsch und sind für die meisten Menschen in ihrem Umfeld eine ungeheure Zumutung.

Ihr emotionaler Körper ist unterentwickelt: Sie vertreten Werte, die niemals erprobt worden sind, zeigen Trauer, die sie niemals wirklich gespürt haben, und vertreten mit religiöser Inbrunst eine Wahrheit, die sie sich niemals wirklich verdient haben. Ihnen bleibt der Zutritt zum Wesentlichen in ihrem Leben verwehrt.

Im Garten des Vaters liegt eine grundsätzliche männliche spirituelle Realität verborgen. An diesem Ort passiert etwas Wesentliches. Vielen Männern fehlt der Zugang zu dieser letzten Tür. Es ist schwierig, darüber zu schreiben. Und doch kann man sich der Tragweite und Tiefe der Gefühle nicht entziehen, die jeden Jungen und jeden Mann überwältigen, wenn er auf dieses verborgene Territorium vordringt. Der Schmerz über den Verlust des eigenen Vaters ist allgegenwärtig. Und es ist unerheblich, ob er früh starb oder nie da war. Oder eines Tages einfach verschwand.

So wesentlich Aufsteigen für die junge männliche Seele ist, so charakteristisch ist Deszendieren, der Abstieg, für die Sphäre des Vaters. Der Abstieg in die Unterwelt ist der Weg nach innen und nach unten, tief in die eigene Subjektivität.

Der furchterregendste Weg eines Mannes ist nicht das Erklimmen von Achttausendern »da draußen«, sondern die Konfrontation mit den eigenen inneren Beschränkungen und Glaubenssystemen »da drinnen«. Der Abstieg in diese dunkleren Seiten seiner Existenz ist ein notwendiger Reifeprozeß und essentiell für wirkliche Stärke und Persönlichkeit eines Mannes: Wer bin ich wirklich? Und bin ich bereit, mich dieser inneren Konfrontation wirklich zu stellen?

Im Garten des Vaters spielt der eigene Vater nur eine untergeordnete Rolle. Obwohl wir ständig auf der Suche nach ihm sind. Nirgends liegen tiefer Schmerz und absolute Erfüllung dichter beieinander. Doch seltsamerweise ist dieser Ort nichts wirklich Bedrückendes. Der Garten des Vaters ist eine Metapher, ein brennender und deutlicher Ort im Antlitz der Welt: ein Ort des Schmerzes und der Wandlung. Dieses Kapitel handelt vom Leben und vom Sterben – und von den Momenten dazwischen, Momenten großer persönlicher Wahrheit. Und es erzählt von großartigen Männern.

»Es macht mir Angst, weil ich meine Mammy so sehr liebe«

Welche Bedeutung hat eine Mutter für einen Jungen? Was ist meine Aufgabe als Frau, wenn Väter so wichtig sind? Darf ich als Frau überhaupt noch eine Rolle spielen, wenn fast alle Jungen von Frauen umzingelt sind? Muß ich mich zurückziehen? Das sind Fragen, die sich viele Mütter stellen.

Sie müssen sich nicht zurückziehen. Aber selbst wenn Sie sich zurückziehen sollten, bedeutet dies keineswegs, daß Sie als Frau und Mutter weniger wichtig für Ihren Sohn wären. Sie sind als Mutter dem Vater ebenbürtig – ohne jede Einschränkung. Ohne eine Mutter läuft gar nichts. Selbst wenn Sie nicht da sind, sind Sie immer präsent. Sie haben mehr Einfluß auf Ihren Sohn, als Sie wahrscheinlich vermuten und wissen. Und dies hat nicht unbedingt etwas mit Ihrer Anwesenheit zu tun, mehr mit der Person, die Sie wirklich sind.

Es macht keinen Sinn, als Mutter eines Sohnes in einen Wettstreit mit dem Vater zu treten. Beide sind wichtig, repräsentieren aber unterschiedliche Dimensionen einer Einheit in Unterschiedlichkeit. Es ist für Frauen in Familien oft die schwierigste Lektion, zu verstehen, daß sie nicht der Ehemann sind. Keine Mutter kann einen Vater ersetzen. Und kein Mann kann eine Frau repräsentieren.

Männer und Frauen stehen für unterschiedliche Werte und repräsentieren unterschiedliche Dimensionen in der Psyche von Kindern. Eine Frau bringt im Unterschied zu ihrem Mann ein bemerkenswert anderes Gefühl, eine andere Qualität und Präsenz in eine Familie: ihre Stimme, ihre Wärme, die Sanftheit und Weichheit ihres Körpers, der Duft ihrer Haut, die aufgereihten Flacons von Parfum und Pflegelotions im Badezimmer, ihr Lachen, ihre Freude an den kleinen Dingen, das gemeinsame Einkaufen, die beständige Suche nach Vervollkommnung und Verschönerung des gemeinsamen Lebensraumes.

Jai Blanche, sechs Jahre alt und Erstklässler aus Los Angeles, drückt es so aus:

»Manchmal kriege ich einen Riesenkrach mit meiner Mam, wenn sie mich nicht mein Lieblings-T-Shirt tragen läßt. Manchmal führt sie sich auf wie ein Boss. Aber ich werde nicht wütend, weil ich sie liebe. Es ist schwer, Liebe zu erklären. Es macht mir Angst, weil ich meine Mammy so sehr liebe. Einmal habe ich woanders geschlafen und ich habe meine Mam wirklich vermißt, und ich fühlte es in meinem Herzen.«[120]

Mütter sind für Jungen in den ersten fünf Lebensjahren oft wichtiger als ihre Väter. Doch irgendwann wird ein Junge auf das männliche Territorium vordringen wollen. Es gibt einige wichtige Dinge, die Sie als Frau und Mutter dann tun können.

So sollten Sie sich als erstes vergewissern, ob Sie grundsätzlich alle negativen Stimmungen und Erfahrungen und Ihren möglicherweise versteckten Groll gegenüber Männern geklärt haben. Falls nicht, wird Ihr Sohn sich entweder mit diesen ungeklärten Erfahrungen identifizieren oder unbewußt permanenten Widerstand und Feindseligkeit demonstrieren, um sich gegen diese negativen männlichen Images in Ihnen zur Wehr zu setzen.

Geben Sie, zweitens, Ihrem Sohn Ihre uneingeschränkte Aufmerksamkeit. Ihr Sohn *braucht* Ihre Aufmerksamkeit. Und wenn er sie nicht von Ihnen erhält, bekommt er sie von jemand anders. Aufmerksamkeit ist einer *der* Grundwerte, die es zu vermitteln lohnt. Und drittens: Ihr Sohn kann sehr genau erkennen, ob Sie ihn lieben. Die Fähigkeit zu lieben ist die wichtigste Qualität, die ein Mensch überhaupt besitzen kann. Denn wenn Sie wirklich lieben, besitzen Sie Integrität. Und Sie können keine wichtigen Werte vermitteln, wenn Sie keine Integrität besitzen.

Ihren Sohn zu lieben bedeutet, ihn so zu nehmen, wie er ist, und seine ganz eigene Persönlichkeit zu achten, die er schon hatte, als Sie ihn das erste Mal nach der Geburt in Ihren Armen hielten.

Natürlich benötigen Sie Fingerspitzengefühl, um zu erkennen, wie viel Nähe, Zuspruch, Ermunterung aber auch Grenzen Sie Ihrem Sohn geben können. Astrid Hofmann-Wellenhof, Mutter von acht Kindern, darunter fünf Jungen, schreibt, daß jedes Kind eine eigene Persönlichkeit repräsentiert, »die sich trotz unserer hoffentlich gerechten Erziehung nach nur ihm innewohnenden Gesetzen formt und entwickelt.« Statt ständig zu intervenieren und verändern zu wollen plädiert sie für Rahmenbedingungen, »in denen sich die Metamorphose vom ganz auf die Mutter angewiesenen Säugling zum jungen Menschen, der seinen eigenen Weg sucht, möglichst ungestört vollziehen kann.«[121] Dieses uralte Wissen war schon unseren Großmüttern bekannt. Und alle Mütter, deren Werte von Liebe und Aufmerksamkeit geprägt sind, teilen diese Einsicht uneingeschränkt.

Daß die modernen Wissenschaften diese Erkenntnis eine Generation später entdecken, ist erfreulich, sollte Sie aber nicht allzu sehr erschrecken. Vieles von dem, was Sie intuitiv als Mutter tun, ist in der Regel richtig und angemessen. Sie sollten dem mehr Vertrauen schenken als wissenschaftlichen Untersuchungen oder wohlmeinenden Ratschlägen kluger Freunde und Kolleginnen.

Stark wie ein Baum

Es ist dieser einzigartige Moment, nach dem sich jeder Junge sehnt und an den sich jeder erwachsene Mann immer erinnern wird. Lange, nachdem sein Vater gegangen ist. Es ist der Moment, wo ein Junge sich umschaut. Sein Vater steht hinter ihm. Seine Statur ist mächtig. Er strahlt Stärke aus. Ein Gefühl absoluter Sicherheit und Geborgenheit. Dann wirbelt der Vater seinen Sohn herum, hält ihn fest mit seinen unglaublich kräftigen Armen. Söhne jubeln dann vor Begeisterung. Etwas Wagemutiges und Verrücktes, etwas sehr Stolzes quillt aus ihrer Brust. Ihre Augen leuchten. Es ist schwer zu beschreiben. Meine Söhne können nicht genug davon kriegen: »Papa, nochmal!«

Für mich fühlt sich das anders an. Jetzt, wo ich erwachsen bin, nagen die Dinge an mir. Ich spüre die Begrenzung. Manchmal ist es diese Erschöpfung, der Mangel an Energie. Diese unglaublichen Anforderungen. Ich habe keine Lust, meine Frau oder meine Familie damit zu belasten. Ich beginne meinen eigenen Vater besser zu verstehen. Wir alle unterliegen automatisierten Streß-Mustern. Und jeder hat seine eigenen. Doch wenn ich nach Hause komme und mein kleiner Sohn Jonah mir sofort flehend seine Arme entgegenstreckt und Sammy aus dem Nichts wie eine Rakete angeschossen kommt – dann ist alles vergessen.

Ich nehme beide hoch, halte sie fest und sehe im Spiegel an der Wand mein müdes, abgespanntes Gesicht. Links und rechts auf meinen Armen meine strahlenden Jungs, tonnenschwer. Aber ich bin glücklich. Für diesen einen Moment ist alles vergessen. Ich werde jünger, jeden Moment jünger. Ich bin zu Hause. Ich verbringe Zeit mit meinen Kindern. Es ist ein Gefühl von Erfüllung. Das ist das Leben, denke ich. Ich gehe schlafen, ein glücklicher Mann, glücklich, daß sie lernen. Es fühlt sich an, als ob ich wieder fünfundzwanzig bin.

»Mein Dad zeigt mir, wie es ist, ein Dad zu sein«, sagt Jai.

»Er lehrt es mich, indem er es zeigt. Es ist schwer zu erklären.«[122]

Es ist wie ein Austausch von Energie. Sehr rätselhaft. Als ob Körper und Unterbewußtsein von zwei Personen miteinander kommunizieren, ohne daß die bewußte Wahrnehmung etwas bemerkt.

Wenn ein Vater und ein Sohn aufeinander eingestimmt sind, geschieht zwischen ihnen etwas, das über die übliche Art der Kommunikation hinausgeht. Und man kann es nicht beschreiben. Etwas passiert zwischen den beiden, das nicht berichtet werden kann. Das mag einer der Gründe sein, warum Väter und Söhne eher körperlich miteinander umgehen, miteinander raufen. In diesen ständigen Berührungen liegt eine tiefere Kommunikation verborgen.

Meine Söhne mögen es am liebsten, wenn ich sie auf meinem Rükken herumtrage, am besten gleichzeitig. Sie wollen da gar nicht mehr herunter. Wenn es nach ihnen ginge, würde ich sie den ganzen Tag auf meinem Rücken tragen, mit dem Körper und der Kraft des Vaters verbunden, mit ihren Köpfen und ihren Gedanken im eigenen Himmel, einem magischen Universum.

Ein Junge will etwas sehr Spezielles von seinem Vater. Sherwood Anderson beschreibt in seiner Autobiografie die Ambivalenz von Liebe und Furcht, die ein Kind in der Anwesenheit eines mächtigen und mysteriösen Vaters empfindet.

»Ich erinnere mich, wie ich mir als kleiner Junge meinen Vater als einen stolzen, ruhigen und würdigen Mann vorstellte. Wenn ich mit den anderen Jungen zusammen war und er die Straße entlang kam, wollte ich in meiner Brust diesen unbändigen Stolz spüren.«[123]

Anderson beschreibt seinen Vater als einen Geschichtenerzähler und Lügner, der vorgab, all das zu sein, was er sein wollte, um seine Ziele zu erreichen – und der trotzdem selbst von den würdevollsten Mitgliedern der Stadt respektiert wurde. Sein Vater traf sich oft mit Leuten spät nachts auf der Veranda und sprach mit ihnen über Gott und die Welt. Sherwood fühlte sich als Junge auf magische Weise von der machtvollen Präsenz seines Vaters angezogen.

Natürlich unterwarf sich sein Vater nicht den heimlichen Wünschen seines Sohnes. Er wußte nichts von ihnen und wäre den Vorstellungen seines Sohnes wohl keinesfalls gefolgt: Er war sein eigener Mann. Was blieb, war das unstillbare Verlangen von Sherwood, in den magischen Raum des Vaters vorzudringen, in dem er als unbestrittener König herrschte.

Dann, eines Nachts, betritt sein Vater schweigend das Haus, mit einem merkwürdigen, absichtsvollen Ausdruck in seinem Gesicht, sehr erschreckend für Sherwood, der in seinem Bett gerade eingeschlafen war und plötzlich hellwach ist. Sein Vater nimmt ihn hinaus in die Nacht, fort von seiner Mutter. In einer rituellen Sequenz, in ihrem Symbolismus den traditionellen Initiationsriten ähnlich, führt er Sherwood zu einem kleinen Teich. Dort ziehen sich beide aus und schwimmen zusammen ohne etwas zu sagen. Vater und Sohn kehren schweigend zum Haus zurück. In diesem Moment formte sich ein unsichtbares Band zwischen ihnen. Anderson beschreibt seine ambivalenten Gefühle, als sein Vater ihn holen kommt: »Ich hatte Angst und dann, plötzlich, hatte ich keine Angst mehr.«[124]

Mein Freund John wurde einmal Zeuge einer ähnlich dramatischen Szene. Einer seiner Freunde arbeitete als Manager in einer Firma. Es war Sommer, und er hatte so viel Arbeit, daß er kaum aus seinem Büro herauskam. Das machte ihm zu schaffen. Er war gerade Vater geworden und vermißte seinen kleinen Sohn sehr. Eines Nachmittags beschloß er, spontan früher Schluß zu machen und fuhr nach einem kurzen Anruf über Mobiltelefon direkt ins Freibad zu seiner jungen Familie. Dort erschien er im Business-Anzug, stellte seinen Aktenkoffer auf den Boden, nahm wortlos seinen sechs Monate alten Sohn auf den Arm, stieg die endlosen Stufen zum Zehn-Meter-Turm hinauf, hielt seinen Jungen fest in seinen Armen – und sprang in voller Montur gemeinsam mit ihm in das tiefe Sprungbecken.

Ein außerordentlicher, ein irrer Moment. Sie denken wahrscheinlich gerade, der Typ ist wahnsinnig. John fand es großartig.

Die gemeinsamen Aktivitäten von Vater und Sohn schaffen einen intimen Raum und eine tiefe emotionale Verbindung: Es ist eine Einladung und eine Huldigung an Eros, den Gott der Wärme und Verbundenheit.

Tiefe Verbindungen zwischen Männern und unter Jungen entstehen nicht unbedingt durch stille Freundschaften oder entspannte Stunden am Kaminfeuer, sondern meist durch gemeinsame Aktivitäten: Segeln, Handeln, Gestalten, Bergsteigen, auf der Bühne agieren, Sport, Trinken oder gemeinsame Reisen. Homo faber: Der Mann als Macher.[125]

In diesen Aktivitäten bringen Jungen und Männer ihre Männlichkeit zum Ausdruck, ebenso wie gemeinsame, verbindende Werte. Eros bezeichnet in der griechischen Mythologie nicht unbedingt eine Person oder eine bestimmte Form. Eros schafft eher ein bestimmtes Gefühl, eine Qualität: Es ist eine vibrierende, aufregende elektrische Energie zwischen Männern, die sich schwer beschreiben läßt. Diese Energie ist nicht unbedingt sexuell. Aber es kann sich so anfühlen.

Der Schauspieler Dan Ackroyd hatte jedesmal dieses Gefühl, wenn sein Freund und Kollege John Belushi den Raum betrat. Weder er noch John bezeichnen sich als homosexuell. Aber es haute ihn jedesmal von neuem um, wenn John den Raum betrat.

»Ich bekam diesen Kick, den du normalerweise hast, wenn du ein tolles Mädchen siehst. Es war dieses Gefühl. Es war dieses Adrenalin, das deinen ganzen Magen in Aufregung versetzt. Es war immer aufregend, in seiner Nähe zu sein. Man wußte, daß irgend etwas passieren würde, selbst wenn es nur darum ging, einen Spaziergang zu machen. Mit ihm zusammen zu sein war elektrisierend, wirklich elektrisierend.«[126]

Warum Strukturen so wichtig sind

Power bedeutet ursprünglich »Fähigkeit« und »Struktur«, »etwas tun oder machen oder hervorbringen«. Keiner repräsentiert das stärker als Saturn, der Herrscher des goldenen Zeitalters, jener Zeit, als Männern noch alles zur Verfügung stand, der Gott der Inseln und der Gesegneten, Erbauer der Städte.

Struktur steht in direkter Verbindung zur Sphäre des Vaters. Das englische Wort für Struktur ist *pattern* und stammt ursprünglich aus dem Mittelenglischen *patron*, das sich aus dem Wort *patronus* ableitet: Beschützer. Der Ursprung von *patronus* wurzelt im lateinischen *patres*, »vom oder durch den Vater«. In diesem Zusammenhang kann man sagen, daß der Vater für Struktur steht, aber auch, daß »die Struktur der Vater ist«.[127]

Dazu gehört das Organisieren und Erstellen eines Hauses oder Anwesens, die sichere Hand im Umgang mit Werkzeug und Richtmaßen, eine klare Vorstellung von der Struktur und Schönheit eines Werkstoffes. Die Hände eines Mannes spielen dabei eine wichtige Rolle: Wie sie arbeiten, prüfen, verwerfen, zupacken und Materie in Form bringen, sagt oft mehr über den Charakter eines Mannes als seine Worte. Und will sich eine Frau nicht sicher und geborgen den Händen eines erfahrenen Liebhabers überlassen? Hände, die genau wissen, was zu tun ist? Die fordernd zupacken können und sich durch Feingefühl und Festigkeit zugleich auszeichnen?

Susan Greer lernte Rick Rescorla an einem sonnigen Samstagmorgen im Juli 1998 kennen. Sie war Mitte fünfzig, hatte drei Töchter großgezogen und zwei gescheiterte Ehen hinter sich und keine Illusionen mehr im Hinblick auf eine romantische Beziehung. Sie bezweifelte, daß sie jemals einen Mann finden würde, dem sie noch vertrauen könnte.

Als sie an diesem frühen Morgen in der Nähe ihres Hauses in Morristown, New Jersey, ihren Golden Retriever Buddy ausführte, rannte dieser Riesenkerl an ihr vorbei, barfuß joggend. Sie war über sich selbst erstaunt, daß sie diesen wildfremden Mann direkt fragte, warum er ohne Schuhe laufen würde.

»Ich muß wissen, wie es sich anfühlt, ohne Schuhe zu laufen«, rief Rescorla ihr zu, ohne anzuhalten oder sich umzudrehen. Und daß er gerade an einem Stück schreiben würde, das in Afrika spiele. Dann war er außer Hörweite.

Susan hatte sein Gesicht nicht sehen können. Aber ihr gefiel seine Stimme – sehr. Es war der Beginn ihrer Liebesgeschichte.[128]

Rick Rescorla hatte sein Büro im Südtower des World Trade Centers, im vierundvierzigsten Stockwerk. Er war Vize-Präsident und verantwortlich für die Sicherheit bei Morgan Stanley Dean Witter. Seine Firma hatte 1997 mit Morgan Stanley fusioniert und für ihre 3 700 Mitarbeiter zweiundzwanzig Stockwerke im Südturm angemietet, sowie noch einige andere Stockwerke in einem Nebengebäude.

Anfang 1990 hatte Rescorla seinen alten Freund Dan Hill angerufen und ihn gebeten, sich die Sicherheitsstruktur des World Trade Centers genauer anzuschauen. Hill war ein Vietnamveteran wie Rescorla, ausgebildet in Guerillataktik, unkonventioneller Kriegsführung, und galt als ausgewiesener Anti-Terrorspezialist. Er hatte 1958 im Libanon begonnen, den Islam zu studieren und Arabisch gelernt. Ende der siebziger Jahre war er zum Islam konvertiert. Und obwohl er die Armee 1975 verlassen hatte, kämpfte er in den achtziger Jahren ohne Bezahlung als Mujahedin an der Seite von Ahmed Shah Massoud mit der Nord-Allianz gegen die Sowjets in Afghanistan.[129]

Im World Trade Center angekommen stellte Rescorla Hill eine einfache Frage: »Wie würdest du das hier zerstören?« Hill schaute sich um und bat darum, sich das Untergeschoß genauer anschauen zu dürfen. Sie gingen eine Einfahrtsrampe hinunter in die Tiefgarage des Südturms. Es waren keine Wachleute zu sehen und niemand hielt sie auf.

»Dies ist ein verwundbarer Punkt«, sagte Hill und zeigte auf eine tragende Säule in der Mitte des Raumes, die leicht zugänglich war.

»Ich würde einen Lkw voll mit Sprengstoff hier rein fahren, hinausspazieren, und es dann hochgehen lassen.«

Rescorla arrangierte ein Treffen mit einem Sicherheitsbeamten der Port Authority von New York und New Jersey, die für das Management des World Trade Centers zuständig waren. Hill erinnerte sich später: »Sie erzählten Rick, er solle sich um seine eigenen Angelegenheiten kümmern. Sie sagten: ›Sie mieten ihre Etagen, und darüber können sie sich Gedanken machen. Der Rest des Gebäudes geht sie nichts an.‹«[130]

Das Haus wird bewacht durch Zeus Herkeios, göttlicher Beschützer. Ein Bild oder ein Relikt von Zeus Herkeios fand sich in jedem griechischen Haus. Dieser Zusatz, Herkeios, bedeutet *die ganze Familie*. Manchmal wird Zeus als Schlange dargestellt, Beschützer der Kornspeicher. Der Schlange wurde *panspermia* angeboten, eine Mischung aus Wasser, Öl und Früchten, zum Dank für den Schutz der Speicher.

Zeus war nicht der Vater der Götter, wie viele glauben. Er erschuf nicht Menschen oder die Welt. Zeus ist *paterfamilias*, der Herrscher der Familie. Sein Name bedeutet *Zaun* oder *Grenze*: Die Grenzlinie, die das Haus verdichtet, die ungeschriebenen Gesetze und Gewohnheiten aufrecht erhält und die moralische Ordnung repräsentiert. Das Haus zu beschützen erfordert zu den grundsätzlichen Dingen vorzudringen. Etwas Höheres, der Kopf, muß geopfert werden. Man steigt hinab in den Keller und schaut sich die wahren Machtverhältnisse an.

Die Lecks, die Fehlfunktionen und die »Probleme« zu reparieren, hält das Haus in einem guten Zustand, in guter Reparatur. Dies ist Küchenarbeit, dreckig und notwendig. Wer versucht, durch seinen Kopf aufzusteigen, ohne sich seiner Basis zu vergewissern, wird vom Himmel fallen. Der Zen-Meister erzählt dem jungen Lehrling, »er solle das Geschirr waschen.« Dies sagt er nicht, um clever oder paradox zu wirken; er meint es wörtlich.

Das Erbauen ist schmutzig, blutig, ermüdend. Das Pflegen eines Hauses, einer Freundschaft oder einer Familie bedeutet schmutzige Arbeit, die Opferung des Kopfes.[131]

Am 26. Februar 1993 explodiert eine LKW-Bombe in New York – im Untergeschoß des World Trade Centers. Nachdem Rick Rescorla alle Angestellten seiner Firma aus dem Gebäude evakuiert hatte, rief er Dan Hill an.

»Hast du gesehen, was passiert ist?«

Hill hatte im Fernsehen gerade vom Anschlag erfahren.

»Beweg deinen Arsch hier runter«, sagte Rescorla.

»Ich bezahl dein Ticket.«

Hill flog nach New York und begann als Berater für Rescorla zu arbeiten. Er half Rescorla, eine Analyse der Sicherheitsmaßnahmen des Trade Centers zu erstellen und beriet ihn bei Personaleinstellungen.[132]

Als Rescorla und Hill ihre Arbeit begannen, war noch niemand verhaftet worden. Aber Rescorla vermutete, daß die Bombe von Muslimen, wahrscheinlich Palästinensern, deponiert worden war, oder der Anschlag von einem irakischen Offizier und Ingenieur koordiniert worden war. Hill ließ sich seinen Bart wachsen und besuchte zahlreiche Moscheen in New Jersey zum Morgengebet, begann Gespräche, in denen er eine anti-amerikanische Haltung einnahm und pro-islamische Einstellungen erkennen ließ. Die Auswertung seiner Interviews war die Basis für Rescorlas Schlußfolgerungen, daß der Anschlag wahrscheinlich von einem radikalen Imam einer Moschee in New Jersey oder New York geplant worden war.[133]

Rick Rescorla vermutete, daß das World Trade Center wie geschaffen war als Ziel für militante, anti-amerikanische Attacken: Es war das höchste Gebäude in New York, erbaut im Herzen der Wall Street und Symbol amerikanischer ökonomischer Macht. Gemeinsam mit Hill überlegte er, wie der nächste mögliche Anschlag aussehen könnte. Die Städte, die sie als mögliche Angriffsziele erwarteten, waren New York, Washington und eventuell Philadelphia, oder sogar alle drei. Rescorla rechnete mit einem Luftangriff auf die Doppeltürme, wahrscheinlich durch eine Frachtmaschine aus dem Nahen Osten oder aus Europa im Anflug auf den Kennedy-Flughafen oder Newark, mit Sprengstoff oder chemischen oder biologischen Waffen. Er hatte bei Treffen mit der Firmenleitung auf unkonventionelle Bedrohungen hingewiesen: schmutzige Bomben, kleine Artillerie-Atombomben und Anthrax.

Rescorla verfolgte die Vorgänge im Nahen Osten sorgfältig. Er vermutete, daß es die Strategie von Terroristen sein würde, das World Trade Center zum Einsturz zu bringen. Rescorla kam zu der Schlußfolgerung, daß Morgan Stanley Dean Witter das World Trade Center verlassen und den Firmensitz in New Jersey beziehen sollte. Doch der Mietvertrag mit dem World Trade Center endete erst 2006.

Rescorla blieb mit seinen Kollegen in Manhattan und arbeitete für die zweiundzwanzig Stockwerke seines Unternehmens einen Evakuierungsplan aus. Dieser beruhte auf militärischem Drill, einer klaren Kommandostruktur und wurde zweimal im Jahr geübt. Einige Mitarbeiter machten Späße darüber und verweigerten sich. Aber Rescorla duldete keinen Widerspruch.

Rick Rescorla meinte einmal scherzhaft zu seinem Freund Dan Hill, daß man einen wirklichen Mann ruinieren und nackt hinauswerfen könnte. Am Ende des Tages wäre dieser Mann gekleidet und genährt. Am Ende der Woche würde er ein Pferd besitzen. Und am Ende des Jahres hätte er ein Unternehmen und ein Bankkonto mit Guthaben.[134]

Viele Männer träumen von einem altehrwürdigen, aus Feldstein gebauten georgianischen Wohnsitz am Meer: mit Schieferdach, vielen Kaminen und Säulen, bleigefaßten Fenstern und breiten Hecken. Ein verläßliches Haus, das nach Nebel und Liguster und Bootslack und Messingpolitur riecht, nach alten Tennisschuhen und Badehosen im Bootshaus: pure physische Verankerung. Es ist ein Ort, wo ein Mann nicht ständig mit seinen Schamgefühlen gegenüber Gott und seinen eigenen Begrenzungen konfrontiert werden muß.

Egal ob Nomade, Künstler oder Industrieboß, Soldat, Verkäufer oder Ladenbesitzer – ein guter Vater findet einen Platz für seine Familie, einen Ort des Schutzes, der einen menschlichen Himmel erschafft. Ein Vater ist der Mann in der Nähe, der seine Kinder beschützt, bis sie gelernt haben, sich selbst zu schützen. Hier kommt er mit den Menschen zusammen, die er liebt, und schläft diese Stunden des Tages in Wärme und Schutz. Kein Mann will nachts allein und nackt der Natur ausgeliefert sein. Jeder wird zum Vater, in dem Moment, wo er das Zelt errichtet oder den Grundstein für die Mauern legt. Er schafft eine Struktur und einen Platz jenseits der Natur. Es sind Männer, die wissen, daß eine gute Struktur eine gute Struktur hervorbringt.

Es ist die Traumzeit, in die sich die meisten Männer hineinkatapultieren, wenn sie Unternehmen führen, in ihre Autos steigen, ihre Werkstatt aufsuchen oder einem Freund bei der Reparatur seines Motorrades oder seines Computers helfen. Diese Energie, diese Metapher verbindet Männer mit ihren inneren und äußeren Strukturen. Es ist ein Ort, an dem sie sich geborgen fühlen und von wo aus sie die Welt inspirieren und bereichern.

Das »Haus« eines Mannes, diese Struktur ist ein heiliger Container und repräsentiert Dinge der inneren und äußeren Welt. Es ist ein mysteriöses Gefäß, ein vibrierendes, vielfältiges Wesen, Symbol männlicher Kreativität. Dieses Haus, diese Metapher verbindet Durchsetzungsfähigkeit, Fähigkeit zum Handeln, Geschäftstüchtigkeit mit Symbolen, Bildern, einer spezifischen Intuition und großer Vorstellungskraft.

Ohne diese Struktur, ohne Verfahren, ohne Training und ohne diesen inneren Kompaß driftet ein Mann ohne Orientierung durchs Leben. Ihm fehlt das Gefühl für Richtung, Gradlinigkeit und Verläßlichkeit. Seine Wahlmöglichkeiten sind begrenzt, und er ist nicht fähig und in der Lage, für sich selber und dem Leben gegenüber innere Freiheit zu entwickeln. Sein Selbstwert tendiert gegen Null. Er wird zum Treibgut auf dem offenen Ozean des Lebens.

Dort unten

Als John Spillane auf der Oberfläche des Atlantischen Ozeans aufschlägt, beträgt seine Fallgeschwindigkeit etwa achtzig Stundenkilometer. Wasser ist das einzige Element, dessen Widerstand um so größer wird, je härter der Aufschlag ist. Bei einer Aufprallgeschwindigkeit von achtzig Kilometern könnte es also genausogut Beton sein.

Menschen, die einen Sturz aus so enormer Höhe überlebt haben, berichten, daß die Gravitationsbeschleunigung so atemberaubend ist, daß man das Gefühl hat, als würde man aus einer Kanone senkrecht nach unten geschossen. In jeder Sekunde des freien Falls erfährt der Körper eine Beschleunigung von zweiunddreißig Stundenkilometern. Nach zwei Sekunden beträgt die Fallgeschwindigkeit also bereits vierundsechzig Stundenkilometer. Die Beschleunigung stoppt bei einem

Grenzwert von ungefähr zweihundertzehn Stundenkilometern. An diesem Punkt ist der Luftwiderstand gleich der Schwerkraft – und der Körper hat seine Endgeschwindigkeit erreicht.

An Bord des H-60 Rettungshubschraubers der Air National Guard ist es seltsam ruhig. Die H-60 ist für größere Reichweiten ausgelegt und kann in der Luft aufgetankt werden. Sie wird vor allem bei umfangreichen Suchmanövern nach vermißten Seeleuten vor der amerikanischen und kanadischen Küste im Atlantik eingesetzt. Doch in dieser Nacht und in diesem Orkan mißlingt das letzte Andock-Manöver zum Nachtanken.[135]

Die Piloten Dave Ruvola und Graham Ruschor beschließen nach dreißig gescheiterten Anflügen an das Tankflugzeug und einem schnellen Blick auf die Tankanzeige, die sofortige Notwasserung vorzubereiten.

Die Männer des Rettungsteams an Bord sind nicht in Panik. Aber sie haben enorme Angst. Der erste Motor ist bereits ausgefallen. Der zweite wird nur noch von den letzten Benzindämpfen am Leben erhalten. Sie befinden sich mitten in einer kontrollierten Notlandung aufgrund akuten Spritmangels. Die gesamte Crew muß von Bord – bis auf den Piloten Dave Ruvola, der mit leeren Tanks und sterbenden Motoren den kontrollierten Absturz in die dunkle, aufgepeitschte See unter ihnen vorbereiten und durchführen muß – damit der Helikopter beim Aufschlag in den Atlantik nicht die kurz zuvor abgesprungene Crew erschlägt.

John Spillane, einer von dreihundertfünfzig Fallschirmrettern der Air National Guard, hat über Bordfunk soeben die Nachricht von Ruvola erhalten. Er sitzt schweigend hinter den Piloten und ist sich sicher, soeben sein Todesurteil vernommen zu haben.

»Während meiner gesamten Berufslaufbahn«, so Spillane später, »hatte ich es immer geschafft – wenn auch nur mit Mühe –, alles unter Kontrolle zu halten. Aber jetzt, plötzlich, war das ganze Risiko überhaupt nicht mehr zu kontrollieren. Wir können keinen Kraftstoff mehr übernehmen, wir werden in diesem brüllenden Ozean enden, und wir werden nicht mehr Herr der Lage sein. Und ich weiß, daß die Chancen, gerettet zu werden, gleich null sind. Ich bin bei vielen Rettungsaktionen dabei gewesen, und ich weiß, daß sie unter diesen Bedingungen kaum imstande sind, einen Verunglückten überhaupt zu finden, geschweige denn, ihn zu retten. Wir gehören zu den besten in diesem Geschäft – wir sind am besten ausgerüstet, am besten ausgebildet. Auch wir waren kurz vorher nicht in der Lage, eine Bergung durchzuführen, und jetzt steckten wir selber in der Klemme. Es sah wirklich düster aus.«[136]

John Spillane sitzt an der offenen Sprungluke. Er hat seinen Mustang-Überlebensanzug angezogen. Es kommt ihm so vor, als ob es neunzig Meter in die Tiefe geht. Und so schrecklich die Vorstellung für ihn auch ist, da hinunterzuspringen – er kann unmöglich dort bleiben, wo er gerade ist. Die H-60 wird jeden Moment in den Ozean stürzen und keiner der Männer will dabei sein, wenn es passiert.

Rick Smith, sein Kollege und Freund und einer der besten PJs im Land, ist gerade vor ihm abgesprungen und in diesem unendlichen, dunklen, tobenden Nichts verschwunden. Spillane hatte noch nicht einmal Zeit, sich von ihm zu verabschieden oder ihm ein paar Worte auf den Weg zu geben. Alles muß jetzt sehr schnell gehen. John Spillane ahnt in diesem Moment nicht, daß dies das letzte Mal sein wird, daß er seinen Freund lebend sieht. Er ist viel zu sehr mit sich selbst beschäftigt.

Der Ozean unter ihnen sieht aus wie eine Mondlandschaft, voller Krater und vom Wind ausgehöhlt und deformiert. Es ist in der Dunkelheit unmöglich, Wellenberge und Wellentäler zu unterscheiden. Spillane tritt hinaus auf die Fußraste und klappt die Nachtsichtbrille herunter. Im schwach-grünen Licht sieht er jetzt die Wellen unter sich entlangrollen. Ihm ist klar, daß der Zeitpunkt seines Sprunges über Leben und Tod entscheiden kann. Als er aus dem Rettungshubschrauber springt, fällt er ungefähr zwanzig Meter in die Tiefe. Die Uhr an seinem Handgelenk zeigt an diesem 30. Oktober 1991 genau 21 Uhr 35. Es ist ein kontrollierter Sprung durch eine pechschwarze Nacht in eine aufgewühlte See mit Wellenhöhen von dreißig Metern und Windgeschwindigkeiten in Orkanstärke: Stärke zwölf. Der Wind erzeugt bei diesen Geschwindigkeiten einen tiefen, orgelnden Ton, der einem durch Mark und Bein geht. Kein Fischer auf Gottes Erden will dieses Geräusch jemals in seinem Leben hören, wenn er da draußen ist.

Spillane fällt in dieses Inferno, ohne die Höhe der Wellen taxieren zu können und ohne zu wissen, wann er aufschlagen wird. Im Fallen läßt er das Ein-Mann-Rettungsfloß los. Dann beginnt sich sein Körper zu drehen. Er denkt noch: »Mein Gott, was für ein langer Weg nach unten«.

Beim Aufschlag bricht er sich drei Knochen in seinem rechten Arm, einen Knochen in seinem linken Bein. Vier Rippen knacken unter der enormen Wucht des Aufpralls auf den Ozean einfach weg. Er erleidet einen Nierenriß und eine Quetschung der Bauchspeicheldrüse.

Spillane kann sich an den Moment des Aufschlags nicht erinnern. Seine Erinnerung geht vom Fallen direkt ins Schwimmen über. Ihm wird bewußt, daß er schwimmt. Das ist aber auch so ziemlich das einzige, was er weiß. Der enorme Aufprall und der Schock des Eintauchens in das kalte Wasser löschen in diesem Moment sein Kurzzeitgedächtnis aus. Er weiß nicht, wer er ist, warum er hierher kam und warum er sich im Wasser befindet. Es ist Nacht. Er schwimmt irgendwo im Ozean und hat fürchterliche Schmerzen. Er befindet sich mitten im Herz der Finsternis.

John Spillane ist ein gutaussehender Mann. Mittelgroß, mit kurzgeschnittenen Haaren und blauen Augen. Er lächelt gern, zeigt keine Spur von Härte oder Gleichgültigkeit und gilt unter seinen Kollegen als freundlich, offen und selbstsicher. Sein beiläufiger Humor und seine lässige Art zu erzählen kennzeichnen einen Mann, der schon lange niemandem mehr etwas beweisen muß. Er ist in seinem Körper zu Hause. Und man spürt, daß er sich mag.

Einmal lief er eine Strecke von vierundsechzig Kilometern – aus einer Laune heraus und nur zum Spaß. Er wuchs in New York City auf. Mit siebzehn ging er zur Luftwaffe und ließ sich als Kampftaucher ausbilden. Dort lernte er, in feindliche Stellungen einzudringen, Strände zu sichern und andere Kampftaucher zu retten. Mit einundzwanzig quittierte er den Dienst und diente der Air National Guard, bis er sich schließlich bei der PJ-Schule einschrieb. Nach mehreren Jahren Dienst absolvierte er die Polizeiakademie und wurde Taucher bei der Polizei von New York City. Als er sich verliebte, zog er nach Suffolk und begann wieder hauptberuflich für die Air National Guard zu arbeiten.

Um ein PJ zu werden, ein Pararescue Jumper, muß man eine achtzehnmonatige Ausbildung durchlaufen, welche die teilnehmenden Männer über die Grenzen ihrer physischen und psychischen Belastbarkeit hinausführt. Die Ausbildung ist so teuer und aufwendig, daß man dem Staat danach vier Jahre aktiven Dienst schuldet.

Während der ersten drei Monate werden die Kandidaten durch rohe Torturen ausgesiebt. Neunzig Prozent der teilnehmenden Männer brechen innerhalb dieses ersten Zeitraumes die Ausbildung ab. Danach beginnt jener Trainingsabschnitt, der Pipeline genannt wird: Die PJs lernen, mit dem Fallschirm abzuspringen, einen Berg zu besteigen, in Wüsten zu überleben, einer Befragung durch den Feind zu widerstehen, nachts unter Wasser ein Ziel anzuschwimmen und jedes nur denkbare Gefechtsszenario zu meistern.[137]

PJs springen nachts mit aufblasbaren, schnellen Booten über dem Ozean ab oder mit angelegter Taucherausrüstung in die See und tauchen sofort ab. In diesem zweiten Abschnitt sieben die Schulen wei-

ter rigoros aus. So werden die Kandidaten im Rahmen der Eintauch-
ausbildung festgeschnallt in einer Hubschrauberattrappe unter Wasser
getaucht. Diejenigen, denen es gelingt aufzutauchen, werden sofort
wieder von den Ausbildern mit dem Kopf nach unten unter Wasser gedrückt. Wer das »überlebt«, wird ein zweites Mal verkehrt herum ein-
getaucht, aber diesmal mit verbundenen Augen. Wer auch diese Situation meistert, wird Fallschirmretter. Die anderen werden halb bewußtlos
von bereitstehenden Tauchern am Beckenrand herausgezogen.

Zum Abschluß der Ausbildung setzen sich die PJs über alle physi-
kalischen Grenzen hinweg und lernen *HALO jumping*. *HALO* ist die
Abkürzung für *High*, *Altitude*, *Low* und *Opening*. Es ist eine Technik,
bei der ein PJ aus fast elftausend Metern Höhe abspringt, seinen Fallschirm aber erst kurz vor der Landung öffnet.

Diese Technik wird in feindlichen Territorien angewendet, in denen eine langsame Landung eines PJ absolut tödlich wäre. Beim Absprung aus einer solchen Höhe muß ein PJ zum Atmen Sauerstoff mit
sich führen. Er verläßt das Flugzeug mit jeweils einer Sauerstofflasche
an der Seite, Fallschirm auf dem Rücken, Reservefallschirm auf der
Brust, einer kompletten Sanitätsausrüstung auf den Oberschenkeln
festgeschnallt und einem M-16 Maschinengewehr an seinem Gurt-
zeug. Beim Absprung befindet sich ein PJ am oberen Ende der Tropo-
sphäre und rast über einen Zeitraum von zwei bis drei Minuten mit einem kreischenden Pfeifen im freien Fall nach unten – bevor er in einer
Höhe von zweihundertfünfzig Metern oder weniger die Reißleine zieht.
So ist es fast unmöglich, ihn zu töten.

Spillane weiß jetzt wieder, wo er sich befindet. Doch die Umstände,
denen er sich gerade bewußt wird, sind ein einziger Alptraum. Es ist
so dunkel, daß er seine eigene Hand nicht vor Augen sehen kann. Der
Orkan fegt das Wasser waagerecht durch die Luft, die Wellen stürzen
wie aus dem Nichts auf ihn herab und begraben ihn für eine nicht enden wollende Minute unter sich. Beim Auftauchen und Atemholen existiert kaum Luft. Überall ist Wasser. Spillane verschluckt sich ständig
und muß das salzige Meerwasser alle paar Minuten wieder herauswür-
gen. Bei diesem Wetter ist so viel Wasser in der Luft, daß man allein
durch Luftholen ertrinken kann. Spillanes Ein-Mann-Rettungsfloß ist
verschwunden, und bei jedem Luftholen raubt ihm der Schmerz der ge-
brochenen Rippen den Atem. Es sind noch acht Stunden bis zur Mor-
gendämmerung, und er spürt, daß er das Sterben in sich trägt.

Es gibt Situationen, wo das eigene Leben keinen Cent mehr wert ist.
Und man nur noch auf das vertrauen kann, was in einem selbst liegt.

Ein Mann ist in diesem Moment auf sich allein gestellt, dort unten. Es ist ein einsamer, ein seltsamer Ort – ein Ort, über den Männer seit Ewigkeiten immer wieder berichtet haben: das existentielle Zurückgeworfensein auf sich selber.

In dieser Erfahrung tauchen immer wieder zwei Worte von Bedeutung auf: Struktur und Reparatur. Über eine Struktur erhält ein Mann die Möglichkeit, das Leben zu erfahren und einzuschätzen. Reparatur ist der Bezugspunkt, um zu wissen, was zu tun ist, wenn die Dinge zusammenbrechen oder versagen und auseinanderbrechen.

»Nachdem ich das Floß verloren hatte, war ich ganz allein, und mir wurde klar, daß meine *einzige* Überlebenschance darin bestand auszuhalten, bis der Sturm sich legte. Es gab keine Möglichkeit, uns aus dem Bach zu holen; ich hatte gerade einen tadellos funktionierenden Hubschrauber verlassen, und ich wußte, unsere Leute würden uns rausholen, wenn sie könnten, aber das ging nicht. Sie konnten in diesem Wetter nicht in der Luft nachtanken. Ich denke also darüber nach und weiß, daß ich es nicht bis zum Ende des Sturms schaffen kann. Vielleicht haben sie ja bei Tagesanbruch jemand im Suchgebiet, aber ich werde es nicht so lange schaffen.«[138]

Es ist das erste Mal seit seinem Sprung vom Helikopter, daß John Spillane Zeit hat, an seinen eigenen Tod zu denken. Es beschäftigt ihn, daß sie alle sterben müssen, weil ihnen zweihundertfünfzig Liter Kerosin fehlten. Er ist sich ziemlich sicher, daß Dave Ruvola beim Versuch, den Hubschrauber runterzubringen, wahrscheinlich ums Leben gekommen ist. Seine eigene Frau ist im fünften Monat mit ihrem ersten Kind schwanger. Das löst in ihm keine Panik aus, aber Trauer. Er wünscht sich in diesem Moment, daß er mehr Zeit zu Hause verbracht hätte, statt sich auf den New-York-City-Marathon vorzubereiten und die Sanitätsakademie zu besuchen. Und er wünscht sich – so absurd es klingen mag – vor dem Winter noch einmal den Rasen gemäht zu haben. Und daß jemand da ist, der seiner Frau und seiner Familie erzählen könnte, was zum Schluß mit ihnen passiert ist.

Allein in dieser Nacht, in diesem apokalyptischen Orkan, diesem unermeßlichen dunklen und schwarzen Ozean, ist Spillane nur noch dieses Bewußtsein außerhalb der Dinge, einsam, wandernd, verstoßen »da draußen« und vor sich hintreibend. Pessimismus und zynische Gedanken kommen als schnelles Gift. Das Überleben eines Mannes hängt in diesem Moment ab von seiner Fähigkeit, sich mit diesen unveränderlichen, harten und kalten Fakten zu konfrontieren und sich von seinen negativen Emotionen zu lösen.

Niemand repräsentiert dieses Ordnungsprinzip stärker als der Vater: Saturn und Senex in Kommunion. Das Temperament dieses Komplexes in einem Mann ist kalt und distanziert. Senex ist das lateinische Wort für »alter Mann«. So wie natürliche, kulturelle und psychische Prozesse erwachsen, an Ordnung gewinnen, sich konsolidieren und vergehen, so spürt jeder Mann mit zunehmenden Alter die spezifischen Energien des Älterwerdens und die Möglichkeit zum Sterben in sich.

Saturn, der alles verschlingende Gott, betrachtet die Welt von außen, mit so einer enormen Distanz, daß er alles auf den Kopf stellen kann. Und in diesem Akt enthüllt sich ihm die Struktur der Dinge.[139]

Er erkennt die Ironie in den Worten der Wahrheit und betrachtet die Stadt durch die Perspektive des Friedhofs, die Knochen unter dem bewegten Spiel der Haut. Der Schwerkraft folgend zwingt er die eigene Subjektivität in das eigene Grab und tiefer: kein Entkommen. Noch tiefer in vergangene Zeiten zu den Geistern der Unterwelt.

Seeleute erzählen immer wieder von diesem mulmigen Gefühl, das einen überkommt, wenn man diesen Stürmen trotzend in die schäumende See starrt – als ob die Seelen ertrunkener Männer in diesen Nächten erneut auftauchen und verzweifelt versuchen, wieder an Bord zu gelangen.

Der starke Sog nach innen, unten, in sich selber und den eigenen Tod ist eine der treibenden Kräfte für Reifung und Individuation. Wer diesen Prozeß überlebt, erfährt psychisch und physisch eine umfassende Wandlung. Manchmal geschieht dies in einer einzigen Nacht. Die Bilder und Metaphern, die auftauchen, sind ein wesentlicher Teil dieses Komplexes in der Psyche eines Mannes: Isolation, Einheit, Steine, kosmische Systeme und geometrische Diagramme, strukturierte Mandalas und der »weise, alte Mann«.[140]

Alles endet hier. Das erste Leben: einfach hinweggefegt. Die Welt beginnt von neuem – nach der großen Flut. Götter und Helden erleben eine zweite Geburt: Ein Mann, der bereit ist, bis zum Äußersten zu gehen, um sich mit diesem schrecklichen Teil der Realität zu konfrontieren, erfährt eine zweite Stufe seines Bewußtseins – und beginnt die zweite Hälfte seines Lebens.

Ein junger Mann sieht nicht den Wahnsinn seines Lebensentwurfs. Er bewegt sich zwischen den Göttern wie der schöne Ganymed, übermittelt deren Botschaften, aber ist nicht fähig, den Horror zwischen den Zeilen zu lesen.

John Spillane weiß, was Leiden ist. Was Horror ist, Horror. Und wie lange es dauern kann. Die Götter geben ihm in dieser Nacht Einblick in ihre Proportionen, das Ausmaß an Destruktivität, das sie bereit sind, auf einen einzelnen Mann loszulassen. Zum Zentrum dieser Zerstörungskraft vorzudringen bedeutet, sich in das Herz der Finsternis zu begeben.

Es sind Männer wie John Spillane und Rick Smith, die diese besondere Gabe besitzen. Es sind perfekt ausgebildete Männer, da draußen, die bereit sind, sich mit dieser Finsternis zu konfrontieren, und die wissen, was zu tun ist. Männer, denen ich ohne jede Frage mein Leben anvertrauen würde. Männer, die neben ihren enormen Fähigkeiten und ihrer klaren und tausendfach trainierten Handlungsfähigkeit bereit sind, ihr Leben für das des anderen zu geben – ohne jede Form von Sentimentalität. Es sind distanzierte Männer, mit kühlem Herzen und professionellem Verstand. Sie reden nicht viel oder nur das Notwendige. In ihrem Blick liegt ein altes Wissen verborgen und schreckliche Geheimnisse, die sie mit niemandem teilen werden. So entfernt und so unerreichbar. Wenn sie ihren Job erledigt haben, kehren sie zurück in den Himmel zu ihrem Vater Saturn. Dort, unter den Gestirnen, warten sie auf ihren nächsten Einsatz.

Es ist eines der Wunder dieser Nacht, daß John Spillane überlebt und zusammen mit seinen anderen Crew-Mitgliedern von einem Trawler namens Tamaroa unter dramatischen Umständen aus dem kochenden Ozean gefischt wird.

Von Rick Smith, der direkt vor John Spillane sprang, fehlt jedoch jede Spur. Niemand glaubt, daß er tot ist. Rick Smith ist einer der besten. Er ist in der Lage, fünf Tage in so einem Sturm da draußen zu bleiben, ohne zu ertrinken. Keiner der Männer will glauben, daß Rick nicht mehr zurückkehrt.

»Dieser Bursche ist ein solches As, sagen die Kameraden, daß er wahrscheinlich einfach in den Luftstützpunkt in Suffolk reinmarschiert kommt und sich fragt, wo zum Teufel wir alle bloß waren.«[141]

Doch nach neun Tagen intensivster Suche mit allem zur Verfügung stehenden Gerät und Flugzeugen wird die Suche nach Rick Smith schließlich eingestellt. Seine Frau Marianne sagte viel später, daß sie sofort wußte, daß ihr Mann nicht mehr am Leben war und daß ihre drei Töchter ihren Vater verloren hatten.

»Sonst hätte Rick ganz sicher ein Notsignal abgesetzt.«

Sehr wahrscheinlich kam Rick Smith in dieser pechschwarzen Nacht beim Aufprall auf dem aufgewühlten Ozean so unglücklich auf, daß er sofort ohnmächtig wurde und ertrank.

Die Bedeutsamkeit eines Augenblickes können wir nicht ermessen, wenn er an uns vorüberzieht. Wir glauben immer, daß das Schicksal noch eine weitere Möglichkeit für uns bereithält. Wir ahnen nicht, daß dies die einzige Chance ist, die niemals wiederkommen wird. Vielleicht hätten die beiden Männer sich vor diesem Absprung aus dem Helikopter für einen kurzen Augenblick noch einmal die Hand gedrückt, etwas Ermutigendes gesagt und sich in die Augen geschaut: für diesen einen Moment das Gefühl zu haben, nicht ganz allein diesem Chaos ausgesetzt zu sein. Daß es einen Sinn hat, da runterzugehen.

Es gehört unglaublicher Mut dazu, sich dieser Situation auszusetzen, mit dem Wissen, daß du alles getan hast, um zu überleben – und daß es wahrscheinlich nicht reichen wird. Sich mit seinem Tod zu konfrontieren.

Marianne Smith war nicht die einzige in dieser Nacht, die fürchterliche Visionen und Ahnungen verspürte. Ähnlich erging es den Ehefrauen und Freundinnen der Männer auf dem Fischtrawler Andrea Gail, der in dieser Nacht spurlos verschwand. Eine tiefe Intuition sagte ihnen, daß ihre Männer nicht mehr am Leben waren. Vielen erschien in dieser Nacht ihr Mann im Traum. Schreckliche Träume, nach deren Erwachen zweifelsfrei feststand, daß der gemeinsame Weg zu Ende war.

Sie hatten sich in der Anwesenheit dieses Mannes immer so sicher gefühlt. Natürlich war es mit ihm oft nicht leicht gewesen. Er hatte seine Fehler und Schwächen. Doch wenn es darauf ankam, war er immer da gewesen für sie. Und die Vorstellung, daß diese Sicherheit nicht mehr dasein würde für sie, war gänzlich unfaßbar.

He's Gone

»Wie kann mein Vater tot sein?«

Brunts Hände fuhren durch sein Gesicht, während er sprach.

»Er ist es nicht, aber er ist es doch. Er wird nicht mehr zurückkommen. Er ist niemals wirklich gegangen. Es tut mir so leid, daß ich es nicht erklären kann.«[142]

Kurz bevor am Morgen des 11. September 2001 die beiden Zwillingstürme des World Trade Centers in New York zusammenstürzten, wurden Tausende von Menschen über die Treppenhäuser evakuiert. Manche trugen Akten vor sich her, andere sprachen über Mobiltelefon mit ihrer Familie, während alle so schnell wie möglich versuchten, das Gebäude zu verlassen. Niemand ahnte, welches Desaster wenig später über Tausende von Menschen hereinbrechen würde, die sich noch in den Gebäuden befanden. Einige hatten Kameras dabei und machten im Treppenhaus geistesgegenwärtig Aufnahmen. Eine Fotografie zeigt Menschen, alle auf dem Weg nach unten. Manche sprechen gerade über ihr Mobiltelefon mit Familienangehörigen, andere tragen Aktenmaterial auf ihren Armen.

Gegen diesen endlosen Strom von Menschen auf der Flucht kämpft sich ein junger Feuerwehrmann in Schutzkleidung hinauf in die entgegengesetzte Richtung. Die Aufnahme wurde mit Blitzlicht gemacht. Man sieht das Erstaunen in seinem Gesicht, aber auch energische Entschlossenheit, mit der er auf dem Weg zum Brandherd ist. Er arbeitet sich gegen den Strom der fliehenden und in Panik geratenen Menschen nach oben. Er hat kaum Platz. Es ist eng. Aber er will hinauf. Es ist angesichts der wenig später folgenden Ereignisse ein absurdes Bild. Es ist ein Bild von unbändigem Mut und absoluter Tragik. Dieses Foto, dieses Bild, ist das letzte Dokument, das ihn lebend zeigt.

John Uelzhoeffer arbeitete im hundertfünften Stockwerk des ersten Towers des World Trade Centers. Er mochte seine Arbeit dort oben. Er rief öfters tagsüber seine Frau an, um ihr zu erzählen, daß er unter sich die Regenwolken sehen konnte, während er in den blauen Himmel schaute. John hatte seine Frau 1989 kennengelernt. Uschi war 1984 aus Graz nach New York ausgewandert. Achtzehn Monate, nachdem sie John kennengelernt hatte, heirateten die beiden. Sie hatte drei Kindern das Leben geschenkt. John hatte sich vom jungen Programmierer zum Vize-Präsident seiner Abteilung hochgearbeitet. Sie waren eine glückliche Familie. John hatte in den Tagen vor dem 11. September gerade begonnen, mit seinem kleinen Sohn Jakob ein Flugzeugmodell zusammenzubauen. Während der kleine Jakob unten am Flugzeug bastelte und darauf wartete, daß sein Dad endlich heimkommt, arbeitete sein Vater oben im Himmel.

Als um 8 Uhr 46 die entführte Boing 767 der American Airlines zwischen der vierundneunzigsten und der achtundneunzigsten Etage mit der unglaublichen Geschwindigkeit von siebenhundertsechzig Stundenkilometern im Nordturm einschlägt, hat für John Uelzhoeffer der Arbeitstag gerade erst begonnen.

Die Maschine knallt in die Büros von Marsh & McLennan und hinterläßt eine Schneise der Verwüstung in einem explodierenden Alptraum aus 38 000 Litern Kerosin. Das Fahrwerk der Boing schlägt wie ein Projektil durch den gesamten Turm, schleudert auf der Südseite hinaus und landet in der Rector Street. Fünf Häuserblocks entfernt. Eine mächtige Druckwelle brandet durch den ganzen Turm. Der Nordturm schwankt vier bis fünf Sekunden wie ein Schiff in Seenot. Riesige Wandplatten lösen sich durch die Explosion und bilden in den Treppenhäusern zwischen der einundneunzigsten und zweiundneunzigsten Etage eine unüberwindbare Sperre. In allen Treppenhäusern nach oben breiten sich Rauch und Hitze aus. Dreizehnhundertvierundvierzig Menschen sitzen in der Falle.

Eine halbe Stunde später ist Johns Mutter am Telefon. Sie weint und schreit hysterisch. Uschi versteht kein Wort, nur: »It's on TV!« Sie schaltet den Fernseher ein, sieht den Einschlag, das Flammenmeer, dort, wo ihr Mann arbeitete, und schaltet den Fernseher sofort aus, damit die Kinder das nicht sehen. Sie bringt die Kinder runter in den Garten. Sie versucht ihren Mann zu erreichen. Alle Leitungen sind tot. Auch auf seinem Mobiltelefon keine Reaktion.

Der Tag, der Gigi Nelsons Welt aus den Angeln heben wird, beginnt mit zwei Küssen. Der erste morgens um sieben, als ihr Mann Peter sich wie immer von ihr verabschiedet und von Long Island zur Feuerwache nach Queens fährt. An diesem Morgen kehrt er noch einmal zurück: Er hatte seine Tasche vergessen. Doch das war nur ein charmanter Vorwand.

»Die Tasche habe ich vergessen, damit ich einen Grund habe, dich noch einmal zu küssen.«

Dann fährt Peter zur Arbeit. Wenig später wird er zum World Trade Center gerufen. Gigi Nelson bleibt zu Hause. Sie ist im achten Monat schwanger und hat an diesem Morgen einen Arzttermin. In ihrem Alter gilt eine Schwangerschaft als Risiko. Sie ist vierzig und hat drei Fehlgeburten erlitten, die letzte erst ein Jahr zuvor. Als sie vom Arzt zurückkehrt, ruft die Frau eines anderen Feuerwehrmannes an. Gigi versucht sofort ihren Mann auf seinem Mobiltelefon zu erreichen. Er meldet sich nicht. Sie hinterläßt ihm eine Nachricht. Sie beginnt sich Sorgen zu machen. [143]

Kurz nach dem Einschlag der ersten Maschine im Nordturm ist Rick Rescorla schon dabei, die zweiundzwanzig Etagen des Südturmes zu evakuieren. Er ruft Dan Hill in St. Augustine über sein Mobiltelefon an.

»Ich evakuiere gerade«, sagte Rescorla.

Hill kann am Telefon hören, wie Rescorla durch das Megaphon Anweisungen gibt, ruhig und gesammelt wie immer, ohne jemals seine Stimme zu erheben.

»Pack deine Sachen und komm hierher«, sagte er.

»Du kannst wieder mein Berater werden.«

Dann fügt er hinzu, daß die Port Authority ihn anwies, nicht zu evakuieren und den Leuten zu befehlen, an ihrem Arbeitsplatz zu bleiben.

»Was hast du ihnen gesagt?« will Hill wissen.

»Ich sagte ›Verpißt euch, ihr verfluchten Hurensöhne.‹«

Und Rescorla fügte hinzu:

»Alles oberhalb der Stelle, wo die Maschine einschlug, wird zusammenbrechen. Und es wird das gesamte Gebäude mit nach unten nehmen. Ich sehe zu, daß ich meine Leute so schnell wie möglich hier raus kriege.« Dann sagte er: »Ich muß los. Pack deine Sachen in einen Koffer und bereite dich darauf vor, hier rauf zu kommen.«[144]

Es ist 9 Uhr 02, als die Port Authority im Südturm des World Trade Centers den Aufruf zur Evakuierung gibt: »Wenn die Bedingungen auf ihrer Etage es rechtfertigen, sollten sie mit einer geordneten Evakuierung beginnen.«[145]

Dan Hill wendet sich wieder seinem Fernseher zu und sieht in diesem Augenblick, wie die zweite Boing 767, Flug 175 von United Airlines, eine scharfe Linkskurve fliegt und mit unglaublicher Wucht zwischen der achtundsiebzigsten und vierundachtzigsten Etage in den Südturm einschlägt. Als das Flugzeug explodiert, ist die Sky Lobby im achtundsiebzigsten Stockwerk voller Menschen. Die meisten sterben sofort.

Susan Greer sieht die Bilder zur gleichen Zeit und schreit auf vor Entsetzen. Verzweifelt versucht sie das Büro ihres Mannes in der vierundvierzigsten Etage des Südturms zu erreichen. Niemand antwortet. Fünfzehn Minuten später klingelt das Telefon und Rick ist am Apparat. Sie fängt an zu weinen und kann nicht mehr sprechen.

»Hör auf zu weinen«, sagt er.

»Ich muß die Leute hier sicher rausbringen. Wenn mir etwas passieren sollte, will ich, daß du weißt, daß ich niemals glücklicher gewesen bin. Du hast meinem Leben erst Sinn gegeben.«

»Nein!« schreit Susan in das Telefon.

Sie weint noch heftiger und kann kaum atmen. Diese Worte klingen wie ein Abschied. Eine furchtbare Angst bohrt sich wie ein Messer in ihren Körper. Rick sagt, daß er gehen müsse. Der Gebrauch von Mobiltelefonen war eingeschränkt worden, um die Funkfrequenzen der Rettungsdienste nicht zu stören. Susan versucht sich zusammenzunehmen.

Vom World Trade Center ruft Rescorla noch einmal Hill an. Er sagt, daß er einige von seinen Sicherheitsleuten nehmen und einen letzten Rundgang machen wird, um sicherzugehen, daß niemand zurückgelassen wurde, verletzt oder vergessen. Dann würde er sich selbst in Sicherheit bringen.

»Ruf Susan an und beruhige sie«, sagte er.

»Sie ist am Durchdrehen.«[146]

Richard Picciotto ist zu diesem Zeitpunkt mit etwa zwei Dutzend Kollegen im fünfunddreißigsten Stockwerk des brennenden Nordturmes des World Trade Centers angekommen. Ein kurzer Blick auf seine Einsatz-Uhr zeigt ihm die Uhrzeit: 9 Uhr 59.

Er ist seit zwanzig Jahren Feuerwehrmann, nun im Rang eines Deputy. Wann immer er mit Kollegen zu einem Einsatz rausging oder sie auf andere Einsatz-Teams trafen, riefen sie sich gegenseitig zu: »Wir treffen uns beim *Ganz Großen*!« Es bedeutete in der Insidersprache der New Yorker Feuerwehrmänner, daß das größte Feuer, die große Katastrophe, noch zu bewältigen war. Es klang wie ein Versprechen. Aber es war auch Warnung und Trost zugleich: Dieses Feuer hier würden sie alle bewältigen. Sie würden alle gesund und lebendig nach Hause kommen. Denn das *Ganz Große* würde da draußen noch auf sie warten, irgendwann. Dessen waren sie sich sicher. [147]

In jedem Stockwerk hatte sich das Chaos vergrößert. Sie hatten Leute evakuiert, die Notausgänge runtergeschickt. Der Weg nach oben schien unendlich zu dauern. Durch das Gewicht ihrer Ausrüstung und das Tragen der Schläuche schafften die Männer nur ein Stockwerk pro Minute. Aber das war ihnen egal. Sie wollten soviel Leute wie möglich rausholen. Das war ihr Job. Immer wieder trafen sie im Treppenhaus auf verbrannte Menschen. Panik in den Gesichtern. Nichts wie raus hier. Ihre Augen schienen die aufsteigenden und schwer atmenden Feuerwehrmänner entsetzt zu fragen: »Was wollt ihr da oben?«

Die gesamten achtundneunzig Fahrstühle des Gebäudes funktionierten nicht mehr. Der feinkörnige Staub kroch teilweise so dicht und beißend durch das Gebäude, daß er durch die Atemgeräte drang. Die Hitzeentwicklung war so intensiv, daß ihnen der Schweiß in Strömen runterlief. Einige Männer hatten sich ihre Jacken ausgezogen und um die Hüfte geschnallt.

Plötzlich begann das ganze Gebäude zu zittern. Dieses erdbebensichere, einsturzsicher konstruierte, gewaltige Bauwerk begann zu zittern und zu beben. Und dann hörten sie dieses Geräusch. Feuerwehrmänner kennen viele Geräusche. Aber das hier hatten sie noch nie zuvor gehört. Es war, als ob hundert Güterzüge gleichzeitig entgleisen und auf sie zurasen würden. Ein dunkles Grollen und Getöse, das sich von oben näherte. Ein äußerst beunruhigendes Geräusch, das ihnen durch Mark und Bein ging.

Richard Picciotto war sich darüber im klaren, daß sie auf dieses Ungeheuer in keiner Weise vorbereitet waren; er wußte nicht, ob sie hier noch lebend rauskommen würden. Aber daß das hier das *Ganz Große* war: Darüber bestand keinerlei Zweifel.

Picciotto schaute sich um. Keiner seiner Männer sagte einen Ton. Keiner von ihnen bewegte sich. Alle starrten nach oben, zur Decke, als ob dort irgendein Geheimnis auf sie warten würde. In seinem Kopf explodierten die Gedanken. Er dachte kurz an seine Frau und seine Kinder. An die Bagels, die er auf dem Frühstückstisch in der Wache hatte liegenlassen. Die ganzen Jahre und Einsätze bei seiner Squad rasten im Zeitraffer an ihm vorbei, die Gesichter der Kollegen und Freunde. Doch alles wurde übertönt von diesem unheimlichen, grollenden Getöse, das sich direkt über ihnen auf sie zu bewegte. Ob sich vielleicht ein Fahrstuhl losgerissen hatte und jetzt mit seinen todgeweihten Insassen donnernd in die Tiefe raste? Er wußte es nicht. Alle Männer standen still, zu Salzsäulen erstarrt, schauten schweigend nach oben zur Decke, und warteten auf das, was ihnen von dort entgegenkommen würde.

Dan Hill konnte Susan am Telefon erwischen.

»Beruhige dich«, sagte er, während sie immer noch schluchzte.

»Er hat solche gefährlichen Momente schon oft durchlebt, eine Million mal.«

Plötzlich hört er Susan durchs Telefon schreien.

Hill dreht sich, um auf seinen eigenen Fernseher zu schauen und sieht, wie der Südturm in sich zusammenbricht. Er dachte an die Worte, die Rescorla so oft gebraucht hatte, um sterbende Soldaten in seinen Armen zu beruhigen.

»Susan, er wird o.k. sein«, sagte er sanft.

»Nimm tiefe Atemzüge. Beruhige dich. Falls jemand überleben sollte, wird es Rick sein.«

Als Hill den Hörer auflegte, wandte er sich seiner Frau zu. Sein Gesicht war aschfahl.

»Scheiße«, sagte er.

»Rescorla ist tot.«[148]

Zusammen mit seinen Männern stirbt Rick Rescorla in einem Inferno aus geschmolzenen Stahlträgern, wegknickenden Betonsäulen, splitterndem Glas, undurchdringlichen Staubwolken und aufeinanderfallenden Stockwerken, die die Schwerkraft nach unten durchsakken läßt. Mit ihm sterben Hunderte erfahrene Feuerwehrmänner, alle auf dem Weg nach oben, um soviel Menschen wie möglich zu retten – und um ein sterbendes Gebäude am Einsturz zu hindern. Sie sind mittendrin in diesem Inferno. Sie besitzen den Mut und die Stirn, sich dieser Apokalypse auszusetzen, wie es Männer immer schon getan haben. Und dort werden sie bleiben.

Niemand wird jemals wirklich nachvollziehen können, was in den Feuerwehrmännern in den beiden Türmen des World Trade Centers vorgegangen sein mag, als sich alles um sie herum aufzulösen begann. In diesem Inferno müssen sie sich untereinander nahe gewesen sein, unglaublich nahe. Und auch wenn sie darauf gedrillt waren, in solchen Situationen nicht zuviel nachzudenken, sondern professionell und automatisiert zu handeln, wird es diesen einen Moment gegeben haben, wo für jeden von ihnen die Sache klar war, absolut klar: Das ist die Hölle. Dies ist das Ende. Wir haben es so gewollt. Und wir gehen gemeinsam da hinunter. Vielleicht hat Gott in diesem Moment Erbarmen gezeigt und ihre Seelen schnell und mühelos in eine andere Dimension übertreten lassen, während sich ihre Körper auflösten.

Als der Staub um Ground Zero sich Tage später gelegt hat, sieht man hartgesottene Feuerwehrmänner, Kollegen, die das Inferno überlebten. Sie sitzen irgendwo in den Trümmern, verdreckt, müde und abgekämpft – und weinen hemmungslos. Stundenlang. Dreihundertdreiundvierzig Familien. Sechshundertsechs Kinder, die vergeblich zu Hause warten, daß Daddy heimkommt. Die meisten Söhne und Töchter wissen zu diesem Zeitpunkt noch nicht, daß sie ihren Dad verloren haben. Gibt es eine größere Liebe, als die, das eigene Leben für seine Mitmenschen zu opfern?[149]

Viele Angehörige sitzen an den Fernsehern, andere telefonieren und jeder versucht, sich in diesem Chaos irgendwie zurechtzufinden. Doch diese Männer werden nie wieder nach Hause kommen. Ihre Söhne werden sich umschauen, vergeblich. Keine starken Arme mehr, kein Herumwirbeln in der Luft, kein Gefühl von Sicherheit und Geborgenheit, nur noch diese undefinierbare Leere und ein abgrundtiefer Schmerz. Zurück bleiben die Bilder und Erinnerungen: an die Hände eines Vaters, an seine körperliche Statur, an starke Arme und schnelle Bewegungen, große kräftige Hände voller Schwielen. Hände, die nachts einen kleinen Jungen aus seinem Bett holen konnten, wenn er an Hustenanfällen litt; die seinen kleinen Brustkorb hielten, um ihn zu beruhigen und seinen Atem zu unterstützen. Diese spezielle körperliche Qualität eines Vaters. Seine Gerüche. Der eigenartige Geruch von Leder und Ruß, das Geräusch von Metallhaken, das Zischen der Sauerstofftanks auf dem Rücken. Dort stehen sie, lächelnd, stark wie ein Baum. Von einem Moment auf den anderen nur noch weit entfernte Stimmen und Stilleben in Familienalben. So stark, und doch so verwundbar. Für immer gegangen.

Susan Greer rannte aus ihrem gemeinsamen Haus auf die Straße. Niemand war zu sehen. Sie rannte zu einem Nachbarhaus zwei Häuser weiter. Sie konnte Schreie aus anderen Häusern hören. Zwei Ehemänner von zwei anderen Frauen in ihrer Straße arbeiteten ebenfalls im Südturm. Susan rief ihre Töchter an. Sie wollte unbedingt in deren

Nähe sein. Doch die konnten Manhattan nicht verlassen. Alle Brücken und Tunnel waren gesperrt. Susan versuchte Ricks Sohn aus erster Ehe zu erreichen. Keine Antwort. Schließlich erreichte sie seine Tochter Kim, die sofort kam.

»Dad wird o.k. sein«, beharrte sie.

Kim sagte, daß sie sich sicher sei, daß er es geschafft hätte, aus dem Gebäude zu kommen. Und nun half er bei den Rettungsversuchen. Er würde sicherlich anrufen, sobald er ein Telefon erwischen würde, genau wie nach dem Bombenanschlag von 1993.

Als der Tag sich dem Ende zuneigte, schaltete Susan die Lichter im Haus an und zündete Kerzen an. Ihre Töchter und Nachbarn unterstützen sie in einer Gebetwache. Ihr Arzt und Heiler kam, ein Vietnam-Veteran und Freund von Rick. Dan Hill rief mehrmals aus Florida an. Andere Vietnam-Veteranen riefen an und schickten Emails.

Ihre Freunde überzeugten Susan schließlich, schlafen zu gehen. Sie nahm den Anzug, den Rick am Montag getragen hatte und legte ihn vorsichtig auf seinen Platz im Bett. Sie konnte im Stoff den Geruch von Rick einatmen. Sie konnte nicht schlafen, und stellte sich vor, wie Rick unter dem ganzen Schutt in einem Luftloch saß. Sie wußte, daß es möglich war, mehrere Tage dort zu überleben. Sie nahm den Anzug und atmete tief in ihn hinein, als ob sie ihrem Mann Mund-zu-Mund Beatmung geben würde.[150]

Es existieren Dokumentaraufnahmen von den Männern auf der Kursk, nachdem es ihnen 1999 das erste Mal gelungen war, ins Mittelmeer zu tauchen, ohne in der Meerenge von Gibraltar von den Amerikanern entdeckt zu werden.

Auf dem Video sieht man Bilder auf der Heimfahrt: Fröhliche, sympathische, lachende Gesichter von jungen Männern, von Offizieren und Kommandanten, Familienvätern, Ehemännern und frisch verliebten Jungs, die sich über ihr gelungenes Husarenstück diebisch freuen. Es sind Bilder des Feierns und der Gelöstheit nach einer langen Zeit der enormen Anstrengung und Konzentration.

Die Kursk ist zu diesem Zeitpunkt ein Koloß und das Flaggschiff der atomaren russischen U-Boot-Flotte, mit sechzehn Metern so hoch wie ein Mehrfamilienhaus und mit hundertvierundfünfzig Metern Länge so lang wie zwei aneinandergereihte Jumbo-Jets. Und dieses Ungetüm hatten sie unbemerkt durch das Nadelöhr von Gibraltar geschleust.

Als im Sommer 2001 das Wrack der Kursk von einem holländischen Spezialunternehmen aus der Barentsee gehoben wird, sind acht der neun Kammern des Bootes komplett zerstört und geflutet. Durch die

Untersuchungen am zerborstenen Bug der Kursk bestätigen sich die Vermutungen, daß wahrscheinlich ein Feuer im vorderen Torpedoraum das Desaster in Gang setzte. Feuer in einem tauchenden U-Boot, das nicht schnell genug gelöscht wird, führt durch die Hitze und die Rauchentwicklung zu einem massiven Druckaufbau, der nicht abgeführt werden kann. Die anschließende Explosion einer oder mehrerer Torpedos im Bug der Kursk in einer Art Kettenreaktion muß so gewaltig gewesen sein, daß sich das Schott der Bugkammer komplett aus seiner Verankerung mit dem äußeren Mantel des Bootes riß und sich wie ein Projektil durch die ersten der insgesamt neun Kammern katapultierte.

Die unbeschreibliche Wucht der Detonation wurde noch über mehrere tausend Kilometer Entfernung von amerikanischen Wissenschaftlern über im Meerboden verankerte Seismographen gemessen.

Den russischen Experten, die ein Jahr nach der Havarie auf dem Trockendock mit der Bergung der Leichen beginnen, bietet sich ein erschütterndes, ein unbeschreibliches Bild der Zerstörung und des Grauens. Obwohl sie psychologisch auf das vorbereitet worden waren, was ihnen begegnen würde, konnten sie die Konfrontation nicht wirklich verkraften. Einige Männer des Teams mußten ausgetauscht werden. Als sie vor der Kamera erzählen, was sie entdeckt haben, versagt ihnen die Stimme. Die Interviews müssen unterbrochen werden.

Viele der jungen Männer an Bord der Kursk haben wohl in der ausbrechenden Panik und dem unbeschreiblichen Chaos noch versucht zu fliehen. Manche findet das Bergungsteam nach dem Öffnen der Kammern eingeklemmt zwischen den Planken an den Außenwänden: als wenn sie instinktiv versucht hätten dort noch Luft zu bekommen. Einen jungen Mann finden sie zwischen den Spanten so festgeklemmt, daß sie zwei Tage an seinem Leichnam arbeiten müssen, bevor sie ihn herausholen können.

Dreiundzwanzig von hundertachtzehn Mann der Besatzung gelang es noch, sich in die neunte Kammer mit der Notausstiegsluke zu retten. Sie waren die wirklich Unglücklichen. Die neunte Kammer ist sehr klein und bietet so vielen Männern eigentlich gar keinen Platz. Irgendwie müssen sie es doch geschafft haben. Es gelang ihnen sogar noch, ihre Überlebensanzüge anzuziehen. Doch in der neunten Kammer stecken sie in der Falle. Die Notausstiegsluke ließ sich nicht öffnen. Durch den unerhörten Druck der Explosion im Inneren des Bootes hatten sich die Druckwellen auf das umgebende Wasser übertragen und die Ausstiegsluke von außen deformiert. Schlimmer noch: Das letzte Schott muß undicht gewesen sein: Langsam, ganz langsam, sickerte

Wasser in die neunte Kammer, in der sich die Überlebenden der Katastrophe aufhielten.

Die Obduktion ergibt später, daß die Männer in unterschiedlicher Reihenfolge starben. Einige von ihnen verloren ihr Leben, als irrtümlich die Signalraketen an ihren Rettungsanzügen explodierten. Andere erstickten am Rauch der explodierenden Zündsätze oder weil ihnen die Atemluft ausging. Der Rest der Männer ertrank, nachdem schließlich auch die neunte Kammer dem Druck der Wassermassen nicht mehr standhielt.

Als die Experten die innere Luke zur neunten Kammer öffneten und das Wasser abgeflossen war, bietet sich ihnen ein groteskes Bild: Einer der toten jungen Männer sitzt vorschriftsmäßig vor dem Safe mit den wichtigsten Dokumenten. In seiner erhobenen Hand hält er immer noch, wie er es in der Ausbildung gelernt hat, den ihm anvertrauten Schlüssel für den Tresor, als ob er jeden Moment auf seinen Einsatzbefehl warten würde.

Die Bilder und Momente dieser Katastrophe im August 2000 haben sich in das kollektive Gedächtnis eingebrannt. Erst nach drei Tagen Suche wurde die havarierte Kursk von den Suchmannschaften überhaupt gefunden. Dann konnte das nach unten geschickte russische Rettungs-U-Boot an der verformten Notausstiegluke nicht andocken. Dann begann das lange, zermürbende Warten auf das Expertenteam aus Norwegen.

Der Mut und das Durchhaltevermögen der Männer da unten und unter diesen Umständen muß enorm gewesen sein: Dunkelheit, Aussichtslosigkeit und Ohnmacht, aufkommende Panik, langsames Sterben. Manche der Männer haben offensichtlich noch versucht, in diese Schwärze hinein ihren Angehörigen auf einem Stück Papier eine Nachricht zukommen zu lassen, einen Gruß, eine Liebesbotschaft. Oben weinten, flehten und beteten Mütter, Ehefrauen und Geliebte für ihre Männer – vergeblich.

Das mit ansehen zu müssen hat mir das Herz gebrochen. Ein Jahr lang wurden diese Frauen dazu verdammt, tatenlos auf diese dunkle, schwarze Barentsee zu starren, ohne zu wissen, wohin mit ihrem abgrundtiefen Schmerz und ihrer Trauer.

Uschi Uelzhoeffer wartete den ganzen Tag auf den Anruf ihres Mannes. Sie gab die Hoffnung nicht auf. Doch der Anruf kam nicht. Gegen Abend begannen die Züge wieder zu fahren. Ihre drei Kinder warteten ungeduldig im Bett darauf, daß ihr Dad endlich nach Hause kommt. Die Kinder hören einen Zug in die Station rollen und rufen aufgeregt zu ihrer Mutter: »Es ist Dad, Dad kommt heim!«

Um die Kinder zu beruhigen sagt sie, daß sie ihr Auto an die Station fahren wird, damit ihr Vater schneller nach Hause kommen kann. Später wird ihr die Polizei mitteilen, daß noch wochenlang an der Station Wagen standen, die niemand mehr abholen kam.

Ein Jahr später weint sie immer noch, wenn sie von ihrem Mann und ihren Kindern spricht. Ihr Sohn Jakob ist verzweifelt.

»Jetzt bin ich der einzige Junge in der Familie. Was soll ich bloß machen?«

Am Nachmittag kommt die Nachricht, daß Peter Nelson nicht von seinem Einsatz zurückgekehrt sei. Aber Gigi Nelson rechnete trotzdem fest damit, ihren Mann wiederzusehen. Doch Peter kehrte nicht mehr zurück.

Susan Greer rekonstruiert später anhand der Berichte der Überlebenden von Morgan Stanley die letzten Minuten im Leben ihres Mannes. Immer wieder hört sie Geschichten, wie Rick, schweißüberströmt, mit Anzug und Krawatte, die Leute die rechte Seite der dunklen Treppe hinuntermarschieren ließ und in sein Megaphon sang, während Feuerwehrmänner und Rettungspersonal an ihnen vorbei die Treppen hochrasten. Zu einem bestimmten Zeitpunkt muß ihn die Hitze fast überwältigt haben, denn er soll sich auf die Stufen gesetzt haben. Aber er sang weiter und sprach beruhigend und versichernd zu den Flüchtenden. Dann gab Rick Rescorla über Mobiltelefon bekannt, daß alle Mitarbeiter von Morgan Stanley aus dem Gebäude raus seien.

Einer der letzten, der den Südturm verließ, war Bob Sloss. Er erzählte Susan, daß er zehn Minuten vor dem Einsturz Rescorla auf der zehnten Etage sah. Als er zu ihm kommt, bittet er Rescorla, mit hinunterzukommen.

»Das mache ich sofort, sobald ich weiß, daß alle draußen sind«, erwiderte ihm Rescorla. Dann begann er, zu den anderen Etagen hochzusteigen. An diesem Punkt enden die Geschichten von Rick Rescorla.

Es ist anstrengend, die Rolle der großartigen Witwe eines Helden zu spielen, angesichts einer Zukunft, die ohne den Mann stattfinden wird, auf den sie so lange gewartet hat.

Die Freunde und Kollegen von Rick Rescorla sagen, daß sie einen Bruder verloren haben, einen der besten und mutigsten Männer, die sie jemals gekannt haben: einen geborenen Krieger, Führer und Freund. Ihre natürliche Tendenz geht dahin, aus Rick einen Helden zu machen. Das ist ein wichtiger Teil ihrer Trauerarbeit. Doch Rick hätte das nicht wirklich gewollt, da ist Susan sich sicher.

»Ich brauche niemanden, der mir sagt, daß Rick ein Held war. Er war mein Held. Das ist das einzige, was für mich zählt.«[151]

Wirklich schwierig für Susan Greer ist es, zu wissen, daß ihr Mann eine Wahl hatte. Er beschloß, dort wieder hineinzugehen.

»Ich weiß, daß er niemals gegangen wäre, bis jeder in Sicherheit war, bis seine Mission vollendet war. Das war seine Art. Das war der Mann, den ich liebte. Ich kann also verstehen, warum er zurückging. Was ich nicht verstehe ist, warum ich zurückgelassen wurde.«[152]

Als Rick in Susans Leben trat, traf sie nicht nur auf eine neue Person. Etwas Magisches kehrte in ihr Leben zurück. Das, was für so lange Zeit nicht mehr zu existieren schien, begann wieder zu existieren. Mit ihm kehrte der Patriarch und das Maskuline in ihrer Seele zurück. In seiner Anwesenheit eroberte sie sich den Teil ihres Lebens zurück, der für sie für immer verloren schien, und sie begann von neuem, diese vibrierende, pulsierende, kämpfende, rollende und konsumierende Welt zu spüren, aus der sie seit Ewigkeiten verschwunden war. 173

Dieser Mann in ihrem Leben war für sie wie eine Rückkehr nach Hause. Wenn sie diesen Mann nur anschaute, reagierte sie auf ihn. Es waren starke körperliche und seelische Reaktionen. Rick besaß diese spezielle Qualität, die Susan so lange in einem Mann gesucht hatte: sein Wunsch, das Leid der natürlichen Welt zu beenden, die Art und Weise wie er ihr gemeinsames Haus aufbaute, sein Respekt für gute handwerkliche Arbeit, etwas gut zu bauen. Seine Aufrichtigkeit.

Rick war Krieger, Vater, Jäger, Erbauer und Philosoph in einem – mit diesem strahlenden, umwerfenden Lächeln. Er liebte die Natur und Geschichte. Er hatte begonnen, Zen-Buddhismus zu studieren und sein Leben zu vereinfachen. Jeden Morgen, bevor er früh in das World Trade Center fuhr, verfielen sie in der Küche routinemäßig in eine gemeinsame Tanzsequenz – Tango, Rumba oder Samba. Sie lachten oft am Telefon über seine morgendlichen Gesang- und Tanzrituale, wenn er sie, pünktlich wie immer, um 8 Uhr 15 Uhr aus seinem Büro im vierundvierzigsten Stockwerk anrief.

An diesem Morgen war er singend und tanzend aus der Dusche gekommen.

»Ich habe mich niemals in meinem Leben besser gefühlt.«

Dann vollführte er mit Susan einige Tanzschritte, bevor er sie zum Abschied küßte.

»Ich liebe dich so.«

Dann verließ er ihr gemeinsames Haus.

Mit ihm war Susan zurückgekehrt zu ihrer Seele, zur Erde, auf der sie gemeinsam lebten, zu den Bergen, Flüssen, Feldern, zum Panther und zu ihren Träumen.

Bevor die Erinnerungen an Rick Rescorla für immer zu verblassen beginnen, ist da noch dieses eine Bild. Wie er jeden seiner sterbenden Soldaten in Vietnam wie ein Baby in seinen Armen hielt und wiegte, während er sanft und versichernd zu ihnen sprach, unabhängig davon, wie furchtbar die Situation wirklich war.

»Es wird alles gut.«

Nachdem ein Soldat gestorben war, bedeckte Rescorla in einem stillen Ritual seine Hände mit dessen Blut.

»Er war unglaublich mitfühlend, ganz anders als ich«, erinnert sich sein Freund Dan Hill: »Rick starb ein wenig mit jedem Mann, der unter seinem Kommando starb.«[153]

Rescorla hatte Dan Hill nach der Rückkehr aus Vietnam gesagt, daß es Zeit wäre, etwas anderes zu tun. Er wollte die Armee verlassen. Doch der wahrscheinlichere Grund, so vermutete Hill, war, daß Rescorla es nicht mehr ertragen konnte, diese vielen jungen Männer in seinen Armen sterben zu sehen.

Ende September läßt Gigi Nelson sich widerstrebend von ihrer Familie zu einer Trauerfeier überreden. Gefunden hatte man ihren Mann nicht. Und insgeheim hofft sie immer noch, daß man ihn irgendwo in einem Hohlraum lebend finden wird. Während der Trauerfeier in der Kirche beginnen plötzlich die Wehen, Wochen vor dem vermuteten Geburtstermin. Drei Stunden später bringt Gigi im Krankenhaus ihre kleine Tochter Lyndsi zur Welt, kerngesund.

Peter Nelsons Feuerwehrhelm mit der Nr. 9 798 wurde Ende Oktober unter den Trümmern des World Trade Centers gefunden. Das war der Tag, an dem Peter für sie wirklich starb. Was bleibt, ist das Bild ihres Mannes in seiner Feuerwehruniform und ihr Wunschkind, ihre kleine Tochter Lyndsi, der sie mehrmals am Tag das Bild ihres Vaters in die Hand drückt.

»Daddy. This is your Daddy, Baby.«

Lyndsi patscht mit ihren kleinen Händen auf das Bild. Auf dem Foto sieht man ihren Vater: einen sanftmütigen, freundlichen Mann mit Schnauzbart und einem verlegenen Lächeln.

Marian Fontana hat die Entscheidung über eine Trauerfeier ohne Beerdigung noch aufgeschoben. Ihr Mann ist einer von zwölf Feuerwehrleuten der Squad 1 in Brooklyn, die bei den Anschlägen auf das World Trade Center umgekommen sind. Die ganze Squad auf einen Schlag ausgelöscht: Zwölf Männer und Familienväter. Natürlich weiß sie es schon seit Wochen, seit die letzten Hoffnungen auf Luftlöcher unter den Trümmern gestorben sind.

Es gibt Momente, da weiß Marian Fontana nicht mehr, wer sie ist. Wenn sie nach Hause zurückkehrt, blinkt ihr Anrufbeantworter unaufhörlich. Es sind andere Frauen, die ihre Männer verloren haben und bei ihr den Trost suchen, den sie selbst kaum finden kann.

»Von meinem eigenen Leben«, so sagt sie, »ist nichts übrig geblieben.«[154]

»Aber das Problem ist mein Sohn. Er will es einfach nicht glauben«, erzählt die fünfunddreißig Jahre alte Frau gefaßt. Ihr Sohn Aidan ist fünf Jahre alt und hat seine eigene Logik:

»Er sagt mir einfach: ›Papa ist nicht tot. Er ist nur unterwegs, und es dauert etwas länger. Wenn er kommt, machen wir eine Willkommensfeier für ihn.‹«

Ende Oktober finden die Kollegen unter den Trümmern auf Ground **175** Zero David Fontana. Während ihr Sohn Aidan von der Willkommensfeier für seinen großen, starken Dad träumt, bereitet Marian Fontana heimlich die Trauerfeier vor. Ein paar Tage wird sie sich noch Zeit lassen. Denn Zeit spielt in ihrem neuen Leben nur noch eine untergeordnete Rolle.[155]

Ein Jahr danach sitzt ihr Sohn Aidan manchmal immer noch am Bett und fragt, »ob Daddy nicht doch noch mal wiederkommt.«[156]

Dann beginnen beide zu weinen und schauen gemeinsam auf ein Foto von David Fontana: Man sieht einen gutaussehenden, Selbstverläßlichkeit ausstrahlenden, attraktiven Mann Mitte dreißig, mit kurzgeschnittenen Haaren und klarem Blick. Ein Mann, auf den man sich verlassen konnte.

»Ich bin in zehn Minuten wieder da«, waren seine letzten Worte.

David Montana starb an ihrem gemeinsamen Hochzeitstag.

Ein junger Mann beerdigt seinen Vater auf einer einsamen Farm im Mittleren Westen. Er legt seinen Körper zurecht, behandelt ihn sorgfältig und beginnt den Sarg zu bauen, während er die ganze Zeit versucht, mit dem Tod seines Vaters irgendwie fertigzuwerden. Allein mit seiner Schwester und einem Helfer, bereitet er sich darauf vor, den Sarg zu verschließen und in das vorbereitete Grab abzusenken. Es sind keine Trauergäste anwesend.

»Charles starrte auf den Sargdeckel, auf das Kruzifix, das Oval, auf dem der Name seines Vaters eingraviert war, auf die Nägel entlang des Deckels, jeder mit seinem eigenen schwarzen Schatten, auf den Hammer neben dem Deckel – und empfand eine solch ungewöhnliche und tiefe Bitterkeit, daß er seine Knie zusammenpressen mußte, um seine Beine unter sich zu spüren. Er wollte Blitze über den ganzen Himmel zucken sehen, einen gewalttätigen Sturm, fallenden Schnee oder eine

Taube, die aus der Brust seines Vaters herausbrach, um aus dem Sarg zu fliegen – irgendein Zeichen, daß das Leben seines Vaters und seine guten Taten für diese Welt nicht verloren waren. Nicht um seines Vaters willen oder seinetwegen, sondern daß seine Söhne und Töchter für immer empfinden würden, daß er an einen gerechten und weisen Gott geglaubt hatte.«[157]

Der Verlust des Vaters initiiert den Sohn in eine wesentliche Erfahrung des Schmerzes und des Wandels. So schmerzhaft dieser Verlust ist und so furchtbar die Konsequenzen für die ganze Familie sein können – der abwesende Vater ermöglicht dem Sohn einen Weg, seine eigene Autonomie und sein eigenes Territorium zu entwickeln.

»Der König ist tot. Es lebe der König!« ist ein Hinweis darauf, daß die Energie und der Geist des Vaters nicht einfach verschwinden, sondern in anderer Form und Gestalt wiederkehren: in der Psyche seiner Söhne und Töchter. Dort beginnt erneut die Suche und die Frage nach dem, was »Vater« bedeutet.[158]

Als Junge erfährt man das Mysterium des Lebens immer durch den Verlust der eigenen Unschuld. Traumatische Ereignisse geschehen nicht zufällig. W. H. Auden bezeichnet diese Erfahrungen als eine Gelegenheit, auf die ein Kind geduldig gewartet hat: Wären sie nicht eingetreten, hätte es sich eine ähnliche Situation gewählt – um Tiefe und Richtung für seine Existenz zu finden, und damit sein Leben eine ernsthafte Angelegenheit wird.

Letzten Endes zählt unser Leben nur, wenn wir das Essentielle unserer Person erfahren und verkörpern. Tun wir das nicht, ist unser Leben vergeudet.

Der Gott, der darauf wartet, entdeckt zu werden

Es ist nicht die Aufgabe eines Vaters, seine Kinder vor dem Leben zu beschützen. Natürlich gewährt er ihnen Schutz, solange seine Kinder sich nicht selber schützen können – auf seinem Territorium. Es ist egal, wo du als Mann geboren bist. Es spielt keine Rolle, welche Farbe deine Haut hat. Jeder Mann kennt dieses Gefühl, wenn eine Wand zwischen ihn und seine Kinder geschoben wird. Oder wenn sie sich fürchten, und du kannst nichts tun, um ihnen zu helfen. Seine Kinder zu beschützen ist wesentlich für einen Mann – so lange, bis sie sich selber schützen können. Danach liegt es nicht mehr in seiner Hand.

Mütter versuchen oft verzweifelt ihre Söhne vor der real existierenden Negativität der Welt zu beschützen – aus Liebe, und weil sie aus erster Hand wissen, wie schrecklich das Leben sein kann. Aber damit unterstützen sie ihre Söhne nicht. Sie schüren lediglich deren Ängste.

Ein Vater, der jeden Tag das Haus verläßt und am Ende des Tages wiederkehrt, überschreitet jedesmal eine unsichtbare Schwelle, eine Barriere. In dieser beständigen Bewegung von innen nach außen, von draußen nach drinnen, transportiert ein Vater Informationen, Bedeutungen und Mythologien der inneren und äußeren Welt. Väter sind Botschafter zwischen den Welten. Und in der Verknüpfung dieser Welten mit ihrer Persönlichkeit und ihrer speziellen Art, in dieser Welt als Mann zu Hause zu sein, kommunizieren sie ihren Kindern etwas Wesentliches: Es existiert eine innere Welt der Familie, der Gefühle, Bindungen, geliebter Dinge und Geheimnisse und des familiären Zusammenhalts. Und es existiert eine äußere Welt. Und diese äußere Welt gilt es zu entdecken. Natürlich durchschreiten auch Frauen und Mütter diese Welten. Doch sie transportieren etwas anderes.

In diesem Ritus des beständigen Ein- und Ausgehens betreten mit dem Vater unsichtbare Gestalten den Raum: Abenteurer, Visionäre, Erfinder und Handlungsreisende tauchen auf und driften in die Imagination der Söhne. Väter repräsentieren auf archetypischer Ebene diese uralte Verbindung zwischen innen und außen. Daher auch ihr Hang zur Relativierung der innerfamiliären Dramen: Diese bekommen ihre Bedeutung erst in der Verbindung mit den Dramen der äußeren Welt. Daher auch der Drang von Männern und Vätern hin zur polis, dem Zentrum eines jeden Gemeinwesens: als Politiker und Gelehrte.

Tatsächlich und ursächlich entspringt alles aus der Familie. Sie ist der Ursprung und das Ende. Dazwischen entfaltet sich das Mysterium der äußeren Welt, der Gesellschaft, des Kosmos – wie in einer großen Klammer. In dieser Welt sind Männer zu Hause.

Es ist Aufgabe des leiblichen Vaters, den Sohn daran zu hindern, eine zu starke Verbindung mit seiner Mutter einzugehen, und die inzestuöse Bindung zu trennen, die zwischen Mutter und Sohn bestehen kann.

Männer verwechseln ihren leiblichen Vater und dessen Charakter mit dem *realen* Vater. Dieser Vater ist weder schwach noch begrenzt. Ungeklärter Zorn und Vorbehalte gegenüber ihren Vätern blenden die Söhne. Und sicherlich führt sie ihre Ignoranz gegenüber der spirituellen Realität ihrer Existenz in die Irre.

Es ist notwendig, seinem leiblichen Vater zu vergeben: für das, was er getan oder nicht getan hat. Es ist unerläßlich, ihn zu lieben und ihn gehen zu lassen – als Ausrede dafür, daß das eigene Leben nicht funktioniert, als Verursacher von Entfremdung und Tyrannei und als billige Ausrede dafür, daß man kein richtiger Mann ist.

Lassen Sie Ihren Vater gehen – als Verursacher Ihrer Ängste und Ihrer Unfähigkeit, sich auf einer umfassenden Ebene mit dem Leben zu konfrontieren. Lassen Sie ihn gehen als Verursacher Ihres Leidens und Ihrer Mißerfolge. Für keins dieser Dinge ist er wirklich zuständig.

Ohne Verbindung zu diesem reifenden Teil seiner Psyche lebt ein junger Mann ohne Zentrum, ohne Richtung und ohne Form, die notwendig ist, um sich in einen erwachsenen Mann zu verwandeln. Und er besitzt nicht die Fähigkeit, diesen erwachsenen Mann in sich physisch und seelisch zu nähren.[159]

Der wirkliche Vater ist nicht die tragische oder bemitleidenswerte Figur, verbannt ins Exil durch seine Sünden oder die Ablehnung seiner Söhne, sondern der Gott in der Psyche eines jeden Mannes, der darauf wartet, entdeckt zu werden. Dieser Teil in einem Mann ist Quelle und Ursprung jener Qualitäten, die notwendig sind, um ihm die Fähigkeit zu geben, für sich zu stehen, gegen Widerstand, Opposition oder großen äußeren Druck. Es befähigt ihn, für mehr zu stehen als das, was gegenwärtig wichtig und notwendig ist: etwas außerhalb der unmittelbaren und persönlichen Lebensumstände. Ohne diese innere Stärke ist ein Mann nicht fähig und in der Lage, die notwendigen und unvermeidlichen Herausforderungen und Tests, den Schmerz und den Druck des Lebens und die damit verbundenen Konflikte und Leiden zu bestehen.

Dieser reale Vater besitzt zwei Aspekte, zum einen ursprünglich, primitiv und dunkel, zum anderen erhebend und strahlend. Der animalische Vater in der Psyche eines Mannes, der Vater als wilder, leidenschaftlicher Mann initiiert den Sohn in seine dynamische, phallische Potenz und kreative Lebenskraft. Der transzendentale Vater, der Vater als Logos, initiiert den Sohn in die höhere Welt des männlichen Geistes – das Territorium universeller Prinzipien und Domäne tieferer Bedeutung.

Die Mutter ist das, wovor wir flüchten: Emotionen, Liebe und Erwartungen. Der Vater ist symbolisch und konkret immer das, was wir entdecken müssen – es ist immer und ultimativ die Suche nach dem höheren Selbst.

Es ist jener Ort, nach dem sich jeder Junge und später jeder Mann auf die Suche machen wird. Ein Mann muß weit gehen und viele Risiken auf sich nehmen, um diesen Ort zu finden. Wir segeln über alle Ozeane, hinterlassen auf sämtlichen Achttausendern unsere Flaggen und kartographieren die Welt, immer auf der Suche nach diesem magischen Ort. Aber ein Mann findet diesen Ort nur in sich selber. Es ist ein Platz in der Psyche eines jeden Jungen und Mannes. Das ist das Paradoxe.

Der französische Einhand-Segler Bernard Moitessier sagte, einmal um die Welt zu segeln sei für ihn der kürzeste Weg gewesen, zu sich selber zu finden.[160]

Der britische Musiker Gordon Haskell wurde auf dem europäischen Fernsehkanal *Arte* in der Sendung *2nite* von Ray Cokes über sein bewegtes Leben interviewt. Haskell hatte mit dem jungen Jimi Hendrix gespielt. Jenem Jimi Hendrix, der zu der Zeit noch als arbeitsloser Gitarrist in Londoner Wohnungen von Freunden herumhing, bevor »Hey Joe« erschien und sich alles für ihn veränderte.

Haskell hatte unter anderem für King Crimson als Bass-Gitarrist gearbeitet und allerhand abgefahrene musikalische Experimente hinter sich. Seine Bühnenerfahrung war endlos.

Hier stand er nun, ein Mann Anfang vierzig. Er hatte die Wahl, bei Van Morrison, Cliff Richard oder einer weiteren namhaften Band als Gitarrist einzusteigen. Doch statt dessen entschied er sich, sein eigenes Ding zu machen, gründete seine heutige Band und begann durch kleine Bars und Clubs zu touren. Er verdiente nicht viel Geld. Aber das war ihm egal. Denn es fühlte sich völlig anders an.

»Ich hatte keine Lust mehr, im Schatten dieser Stars zu spielen. Und mit vierundvierzig Jahren begann ich, mich das erste Mal richtig wohl in meiner Haut zu fühlen. Ich spürte, daß dies der richtige Weg war.«

Ray Cokes sitzt ihm gegenüber und grinst ihn an. Komplizenschaft.

»Weil du der Boss warst.«

Haskell grinst zurück, ein entspannter, gelassener Mann in den späten Fünfzigern mit Cowboy-Hut, jeder Menge Lachfalten um die Augen und einem Haufen harter Arbeit hinter sich.

»Ich war mein eigener Mann und wußte plötzlich genau, was ich zu tun hatte.«

Haskell ging mit seiner erfahrenen Band in ein Studio, machte die ersten Aufnahmen und spielte die Demo-Tapes einem ausgewählten Publikum vor. Nachdem er sein Publikum gefunden hatte, suchte er sich die passende Plattenfirma, die bereit war, »Harry's Bar« zu seinen Konditionen zu produzieren.

Da sitzt Haskell nun Ray Cokes gegenüber, ein Mann in Frieden mit sich selbst und dem guten Gefühl, niemandem mehr etwas beweisen zu müssen. Die Studiokamera wechselt zu Ray Cokes. Ich verstehe plötzlich, warum Cokes einfach unwiderstehlich ist: eingestimmt und im Einklang mit sich strahlt er Ruhe und Sicherheit aus. Sein Esprit, seine Leichtigkeit und Freundlichkeit schweben wie ein Juwel im Raum. Von dem läßt man sich gerne interviewen.

Anschließend legt Haskell mit seinen Musikern los zu einer Jam-Session. Und man spürt in diesen alten Männern und Haudegen eine unglaubliche Spielfreude, gepaart mit Eleganz, traumwandlerisch sicheren Riffs und dieser Gelassenheit, die aus all ihren Poren strömt. Dies ist das Leben. Und schöner kann es nicht sein. Es wirkt auf mich auf eine ungeheure Art sehr sexy und sehr männlich.

Jeder Mann, der diesen Teil in sich in Besitz nimmt, steht vor großen Herausforderungen und vielen Jahren harter Arbeit. Diese Auseinandersetzung, dieser Kampf richtet sich nicht mehr gegen sein Umfeld oder die eigenen Eltern, seine Ehefrau oder seinen Boß. Es ist ausschließlich ein Kampf mit sich selbst, seinen eigenen inneren Grenzen und Glaubenssystemen. Diese innere Auseinandersetzung erfordert Mut, Verpflichtung, praktische und disziplinierte Arbeit, Energie und Zeit – es verlangt einem Mann alles ab.

Erst dann ist er überhaupt fähig, sich selbst zu konfrontieren. Dies ist ein harter Weg. Es ist der einzige Weg, der wirklich funktioniert. Mit dieser Energie, mit diesen ausgestandenen Kämpfen und integrierten Niederlagen, kann ein Mann vor seinen Schöpfer treten und dem Tod in sein Antlitz schauen. Albert Camus hat einmal gesagt, daß die Arbeit eines Mannes nichts anderes ist als der lange, beschwerliche Weg, um über die verschiedenen Territorien der Kunst zu jenen ein oder zwei Images zurückzufinden, in deren Anwesenheit sich zum ersten Mal sein Herz öffnete.

Ein stiller Moment

Als er den Sprung vom Schanzentisch zog, spürte er, daß dies der Sprung in die Ewigkeit sein würde. Diese sieben Sekunden, die er auf seinem Luftpolster hinunter zu den Zuschauern schwebte, erlebte er wie einen sich endlos ausdehnenden Moment der Stille. Weder bemerkte er seinen Atem, noch hörte er das schreiende Publikum dort unten.

Als er bei 131,5 Metern mit einer perfekten Telemark-Landung aufsetzte, explodierte alles in ihm, und das ganze Stadion brach in einen orkanartigen Jubel aus: Sven Hannawald hatte soeben das Springen auf der Paul-Außerleitner-Schanze in Bischofshofen gewonnen. Er hatte die Vier-Schanzen-Tournee mit Rekordpunktzahl gewonnen – und als erster Springer überhaupt in der Geschichte des Ski-Springens auf allen vier Schanzen seine hochkarätigen Konkurrenten in die Schranken gewiesen. Er hatte den Grand Slam gepackt.

Keinem vor ihm war in fünfzig Jahren Tournee-Geschichte diese außergewöhnliche Leistung gelungen, selbst den Größten der Großen nicht: Weder der österreichischen Legende Toni Innauer noch dem finnischen Wunderspringer Matti Nykänen, dem akribischen Jens Weisflog oder dem Ästheten der Lüfte, dem Japaner Yukio Kasaya oder später Martin Schmitt. Selbst dem Überflieger der letzten zwei Jahre, Adam Malysz, blieb dieser einmalige Moment versagt. Der Jubel des Publikums dort unten hatte etwas Ehrfürchtiges an sich. Sie alle waren Zeuge eines historischen Ereignisses geworden. Hannawald hatte Geschichte geschrieben und war in den Olymp der Skispringer und damit in die Unsterblichkeit gesprungen.

Wer will sterben, ohne ein Vermächtnis zu hinterlassen? Welcher Junge träumt nicht vom Erhabenen? Zumindest einmal den Rahmen des obskuren Mittelmaßes zu verlassen und sich für diesen einen Moment unvergeßlich zu machen. Jeder junge Mann träumt davon, etwas Außergewöhnliches zu leisten, berühmt zu werden. Es ist Teil seines Dranges nach Exzellenz und nach Unsterblichkeit. Sein Vermächtnis zu hinterlassen. Nicht jedem sind diese Momente gegeben. Es ist wie ein Gnadenakt, ein Tribut Gottes selber an die Schönheit und Demut. Nichts, was man von selbst herbeiführen kann. Es läßt sich nicht forcieren. Wenn die Zeit gekommen ist, passiert es. Oder auch nicht.

Vier Jahre zuvor, mit dreiundzwanzig Jahren, schien Hannawalds Traum schon begraben. Noch immer hatte er kein Weltcupspringen gewonnen und nicht wenige kritische Stimmen im Trainerstab meinten, er gehöre nicht mehr in den A-Kader. Wenn die jungen Männer da oben auf der Schanze stehen und über den Schanzentisch hinunterschauen auf die wartende Menge im Tal, kann man nur erahnen, was es für sie bedeuten muß, loszulassen und sich ihrem Schicksal zu offenbaren. Ein junger Mann benötigt Mut, Talent, Beweglichkeit, Intelligenz und Kreativität.

»Du kannst all das haben«, so Cus D'Amato, »aber wenn er es da oben nicht zusammenbringt, kann er nicht groß herauskommen. Viele haben das Handwerk, aber nicht das Herz; viele haben Herz, aber kein Handwerk; das, was es zusammenbringt, ist etwas Mysteriöses, etwas wie die Arbeit an einem Kunstwerk. Du bringst alles dafür ein, du erfindest es, während du es erschaffst.«[161]

Sven Hannawald gelang an diesem Sonntag im Januar 2002, wovon jeder Athlet träumt: Er hatte seine Furcht überwunden und erlebte einen magischen Moment der Einheit mit sich und der Welt. Es paßte einfach alles zusammen. Gott hatte sich in ihm offenbart. Und es gab keine Fragen mehr, keine Erklärungen, keine Gefühle, nur diesen unglaublichen flow.

»Die Kunst eines Kriegers«, so schreibt Carlos Castaneda, liege darin, »den Terror, ein Mann zu sein, zu balancieren mit dem Wunder, ein Mann zu sein«.[162]

Als Jens Voigt, der deutsche Radrennfahrer vom Team Crédit Agricole, nach langen Jahren erfolgloser Versuche im Sommer 2001 endlich diese erste, diese eine Etappe der Tour de France gewann, sahen alle Zuschauer, wie er nach diesem exorbitant anstrengenden Rennen mit einer Alleinfahrt über fast hundertachtzig Kilometer langsam über die Ziellinie rollte und die Hände in den Himmel streckte. Er hatte alle seine Begleiter und Widersacher auf den letzten Kilometern abgeschüttelt.

Später am Abend liefen immer wieder dieselben Bilder seines Triumphes in Zeitlupe über die Kanäle der verschiedenen Fernsehstationen. Aus dem Off seine Stimme, was er den Reportern direkt danach in die Mikrophone diktierte: »Dies war der eine Moment, auf den ich mein ganzes Leben hingearbeitet habe. Die ganzen Strapazen, Trainingskilometer, Krankheiten und Entbehrungen, die ständige Trennung von meiner Familie: Dieser eine Moment ließ mich all das vergessen. Es ist ein Moment für die Ewigkeit, an den ich immer denken werde.«

Es klang wie ein Vermächtnis.

Dieser eine Moment. Wo alles beginnt und alles endet. Dort, wo eine große Stille entsteht und die Wirkung der Schwerkraft sich für eine kurze Zeit in Gnade übt. Diese unbeschreibliche Ruhe mitten im Geschrei der Menge. Dieser eine stille Moment. In all diesen Adrenalin-Schüben und dieser Geschwindigkeit erleben wir für kurze Zeit einen überirdischen Augenblick. Die Haare richten sich auf. Die Zeit bleibt stehen.

Es ist ein magischer Moment. Ein Moment der Klarheit und der Einsicht. Der Himmel öffnet sich. Die Planeten aufgereiht wie auf einer Perlenkette. Das ist es, was wir alle suchen. Darum sind wir hier. Nicht wegen der Geschwindigkeit. Nicht wegen des Kicks. Nicht wegen des Gewinnens. Unendliche Möglichkeiten vor dem inneren Auge. Es ist der Schlüssel zum universellen Glück. Aber es ist nur dieser eine stille Moment. Für diesen einen kurzen Moment öffnen sich uns die Geheimnisse des Universums, und man ist frei und mit sich auf einer tiefen Ebene im Reinen.

In diesem Moment spürt ein junger Mann seine Essenz. Alles wird offensichtlich.

»Und wann immer wir innehalten und in die Ruhe eintreten und in der unendlichen Stille ruhen, vernehmen wir diese flüsternde Stimme, die uns immer noch ruft: Vergiß niemals das Gute, und vergiß niemals das Wahre, und vergesse niemals das Schöne, denn dies sind die Gesichter deines eigenen, tiefen Selbst, die sich frei vor dir enthüllen.«[163]

Der Einhand-Segler Bernard Moitessier nennt diesen Moment »einen nicht definierbaren Zustand der Gnade«: »Das Wesentliche ist, daß dieser Zustand existiert und daß in ihm alle Dinge wieder ihren natürlichen Platz einnehmen und ihr Gleichgewicht in der Innenwelt finden.«[164]

Das Wort *Religion* stammt aus dem Sanskrit *re ligio*, was soviel bedeutet wie *zurück-verbinden.* Es bezog sich ursprünglich darauf, über das Materielle und Zeitliche hinauszureichen, jenseits von Gegensatzpaaren zu stehen und sich in dem unbeschreiblichen transzendenten Zustand zu befinden, den man unter vielen Namen kennt: Nirvana, Zustand der Gnade oder Himmel.

»Ich möchte sterben«, so Lance Armstrong, »100 Jahre alt, mit der amerikanischen Flagge auf dem Rücken und dem Stern von Texas auf dem Sturzhelm, wenn ich gerade auf dem Rennrad mit 100 Sachen einen Alpenpaß hinuntergerauscht bin. Ich möchte über die allerletzte Ziellinie rollen, während meine zehn Kinder und meine tapfere Frau Beifall klatschen, und dann möchte ich mich in eines dieser berühmten französischen Sonnenblumenfelder legen und würdevoll mein Leben aushauchen – das totale Gegenteil von dem bitteren frühen Ende, das scheinbar für mich vorgesehen war.«[165]

7 Typische Mißverständnisse

James Baldwin hat einmal gesagt, daß wir nur das in anderen Menschen ertragen können, was wir bereit sind, in uns selber zu konfrontieren. Was wir nicht ertragen können, wenn wir mit unseren Söhnen konfrontiert sind, ist unser eigenes Spiegelbild. Dies ist die Geschichte vieler Familien.

Sie tun sich keinen Gefallen, wenn Sie versuchen, das Verhalten Ihres Jungen zu verändern. Sie erzeugen Widerstand, mehr als Ihnen lieb sein kann. Nichts hassen Jungen und Männer mehr als Personen, die versuchen, sie zu verändern. Die grundsätzliche Botschaft hinter Ihrem gutgemeinten Wunsch nach Veränderung lautet: »Du bist grundsätzlich nicht okay, so wie du bist.« Auch wenn Sie es so nicht meinen. Es ist unerheblich, wie Sie das sehen oder interpretieren. Männer und Jungen verstehen es grundsätzlich so. Sie haben keine Wahl, es anders zu sehen, weil sie bereits abgeschaltet sind. Abschalten nennt man auch den »Gehirntod«, weil ein Junge bei einem interpretierten Angriff auf seine Person sein Überlebensprogramm einschaltet.

Dieser Abwehrmodus befindet sich in seiner linken Hemisphäre und ist dafür verantwortlich, daß die rechte Hemisphäre abgeschaltet wird. Die rechte Hemisphäre steht für die Wahrnehmung des gesamten Bildes und für Wahlmöglichkeiten und damit für Integration. Die linke Hemisphäre ist darauf fixiert, recht zu haben und recht zu bekommen – und die Person jederzeit zu schützen. Besonders dort, im linken vorderen Quadranten unseres Gehirns, sitzen unsere Glaubenssysteme und vergleichen die eingehenden Informationen mit dem, was wir aus der Vergangenheit als unsere »Wahrheit« definiert haben. In diesem Zustand ist Ärger vorprogrammiert.

Jungen zu verstehen bedeutet, sie von verschiedenen Positionen und Standpunkten aus sehen zu können. Wir verstehen, wenn wir etwas auf mehrere Arten definieren können. Je mehr Richtungen wir haben, um auf einen Jungen zu schauen, um so größer wird unser Verständnis für ihn. Unterscheidung ist die Grundprämisse, nach der unser Gehirn funktioniert. Deswegen vergleicht es ständig unterschiedliche Informationen derselben Thematiken, um das Verständnis zu erhöhen. Betrachten wir eine Person von drei Dimensionen her gleichzeitig, verstehen wir diesen Menschen besser. Wenn wir uns nur auf unsere eigenen Definitionen konzentrieren, wird unsere Betrachtungsweise eindimensional. Wir begrenzen uns selbst. Wenn wir von einem Jungen in einer bestimmten Situation nur eine einzige Definition haben, können wir nicht behaupten, ein vollständiges Verständnis von ihm zu haben. Wenn wir nur unsere eigenen Definitionen über das, »wie Jungen sind« in unserem Kopf haben, wird die Anwendbarkeit und das Wesentliche unseres Wissens begrenzt. Das hat Auswirkungen auf unsere Kommunikation und unsere Beziehungen zu ihnen. Einen Jungen wirklich zu verstehen beinhaltet die Fähigkeit, die eigenen Definitionen zu verlassen und sich auf die individuelle und einzigartige Persönlichkeit dieses Jungen ohne einschränkende Vorannahmen einlassen zu können.

Die Entwicklung unserer Wahrnehmungsfähigkeit ist eine faszinierende Übung. Aber noch viel wichtiger ist das Freimachen unseres Gehirns von bereits existierenden Überzeugungen, die uns von Entwicklung und dem Verstehen anderer Menschen abhalten können.

Dieses Kapitel greift typische Mißverständnisse auf: Wie werden Situationen mit Jungen und jungen Männern häufig gesehen und interpretiert? Wie kann man sie auch verstehen?

Perspektivische Wechsel der eigenen Sichtweisen sind wesentlich, um von einem Zustand des Überlebens zu Wahlmöglichkeiten zu gelangen.

Das Feld der Konflikte

Natürlich haben Sie mehr Lebenserfahrung als Ihr Sohn. Natürlich wissen Sie, daß er gerade im Begriff ist, eine Riesendummheit zu begehen. Aber diese Einsicht hilft Ihnen nicht. Er sucht Ärger – und er wird ihn finden.

Es ist erstaunlich, wie viele negative Emotionen in Jungen auftauchen, wenn sie mit Eltern und Erwachsenen konfrontiert sind. Speziell in dieser Zeit zwischen dreizehn und neunzehn scheinen sie geradezu ein Verlangen danach zu haben, sich in negativer Weise von den Erwachsenen fernzuhalten. Es gibt faktisch nichts, was sie am Ausleben dieser Negativität hindern könnte. Die hartnäckige Weigerung Ihres Sohnes, etwas von Ihnen anzunehmen, was Sie ihm freiwillig, in Liebe und in guter Absicht, geben wollen, mag auf Sie oft wie eine bewußt gewählte und grausame Strategie wirken. Doch wenn Sie sich andere junge Männer in Ihrem Umfeld genauer anschauen, werden Sie bemerken, daß sie keine bewußte Kontrolle über ihre Verweigerungshaltung besitzen. Sie *müssen* uns ablehnen. Und niemand weiß genau, warum.

Als ich wieder einmal beruflich in Lörrach zu tun hatte, nahm ich sonntags im Gasthof Engel mein Mittagessen ein. Der Engel ist das älteste Lokal am Ort, mit einer hervorragenden Küche und einem gutbürgerlichen Stammpublikum. Während mein Essen gerade serviert wurde, kam eine Mutter mit ihrem Sohn und der Großmutter in das Restaurant. Beide Damen passierten, ähnlich elegant gekleidet mit Pelzmantel und mondänen Hüten, meinen Tisch. Der Sohn hielt sich in zwei Metern Sicherheitsabstand hinter ihnen, als wollte er auf keinen Fall mit ihnen assoziiert werden. Ich schätzte ihn auf sechzehn Jahre.

Er war großgewachsen, hatte seine Baseballkappe nach hinten gezogen, die Hände in seinen beiden Hosentaschen vergraben und kaute gelangweilt Kaugummi, während die Kopfhörer aus seinem Walkman niemanden in seiner Nähe darüber im Unklaren ließen, was er gerade hörte. Er hatte diese überdimensionierten Shirts und Hosen an, die junge Männer in diesem Alter gerne tragen. Die Hose hing tief nach unten und schleifte an den Enden über den Boden, zusammen mit den offenen Schnürsenkeln. Der Ausdruck in seinem Gesicht hatte diese besondere Mischung aus Langeweile und geladener Feindseligkeit, die man bei jungen Männern in diesem Alter immer wieder feststellen kann. Es war ganz klar, daß das hier nicht seine Party war.

Die anderen Gäste im Restaurant reagierten auf ihn mit einer stillschweigenden Mißbilligung. Die drei setzten sich am Ende des Restaurants in eine Sitzecke, die nur von der Vorderseite zugänglich war. Der junge Mann saß eingekeilt zwischen Mutter und Großmutter in der Mitte. Das Drama nahm seinen Lauf, während ich noch dachte: »Wieso nehmen sie ihn ausgerechnet in die Mitte?«

Es war offensichtlich, daß Mutter und Großmutter sich nicht allzugut verstanden, aber darum kämpften, eine gewisse Loyalität zueinander aufrechtzuerhalten. Doch die Gesichter der beiden Frauen versteinerten zusehends, während der Sohn in der Mitte sie weiterhin vollständig ignorierte und auch auf die Frage nach dem Essenswunsch mit einem verächtlichen Blick reagierte.

Es ist dieser verächtliche Blick, der alle Mütter und Väter in den Wahnsinn treibt. Die Botschaft dieses Blickes ist kurz und knapp: Sechzehn Jahre an Mühen, Aufopferung und finanziellen Engpässen hätte man sich auch sparen können. Aber es sind nicht nur dadurch begründete Gefühle von unterdrückter Wut und Hilflosigkeit! Es geschieht in der Öffentlichkeit, und jetzt kann es *jeder* sehen, daß diese Familie nicht funktioniert.

Es dauerte nur wenige Minuten, dann verließ der junge Mann in Lörrach angewidert das Restaurant. Er ließ zwei konsternierte Frauen zurück, denen die ganze Situation sichtlich peinlich war. Ich verstand alle drei, und sah doch, wie aussichtslos die ganze Sache war.

Junge Männer müssen es tun, selbst wenn diese Verweigerungshaltung in ihnen tiefe Schuldgefühle und Scham auslöst. Das verschlimmert die Situation. Es ist unerheblich, ob Ihnen das gefällt oder nicht. Ihre emotionale Explosion könnte Teil des Dramas sein, das Ihr Sohn auf unbewußter Ebene gerade inszeniert – mit Ihnen mittendrin.

Sie hassen das. Sie wollen nicht so mit sich umspringen lassen. Sie fordern ihn unmißverständlich auf, endlich erwachsen zu werden. Sie werden moralisch, besonders als Mutter. Und dann kommt diese unglaubliche Wut. Das einzige, was in diesem Moment klar ist, ist die Tatsache, daß Sie nun ebenfalls abgeschaltet sind. Sie sehen nicht mehr das ganze Bild. Sie wollen recht haben und recht bekommen. Nun sind *Sie* im Begriff, eine Riesendummheit zu begehen.

Es ist wirklich erstaunlich. Egal, wie man seine Söhne großzieht, egal, was man für sie getan hat: Mit dem Beginn der Pubertät finden sich junge Männer und ihre Eltern in extremen negativen Emotionen wieder.

Eltern fühlen sich durch solche eruptiven und destruktiven Szenen mit ihren Söhnen beschämt und überfordert. Es ist fast unmöglich, in solchen Eskalationen mit dem eigenen Fleisch und Blut nicht die Fassung zu verlieren. Sie versuchen sich das Vorgefallene psychologisch zu erklären und glauben, daß es ausschließlich ein Problem in ihrer eigenen Familie sei. Diese Annahme ist absurd. Es ist nicht möglich, ein kollektives Phänomen, das sich in allen Kulturen gleichzeitig ereignet, auf eine einzelne psychologische Ursache zu reduzieren. Sie werden sich wahrscheinlich für vieles im Leben Ihres Sohnes verantwortlich fühlen. Besonders für all das, was schiefläuft. Vielleicht wird es Zeit, einmal tief durchzuatmen und einen Blick über den Horizont Ihrer eigenen Familie und der Kultur zu werfen, in der Sie verwurzelt sind.

Man kann das Phänomen der männlichen Adoleszenz nicht allein auf individuelle oder familiäre Ursachen beschränken. Wer das tut, übersieht die harten Fakten: die Tatsache, daß trotz unterschiedlicher Geschichte, Kulturen, Technologien und Wirtschaftsordnungen in allen Gesellschaften während der männlichen Adoleszenz im wesentlichen die gleichen Dinge ablaufen, oft in simultanen Wellen, die alles und jeden erfassen. Sie ähneln in ihrem Charakter den Naturkatastrophen, die alljährlich mit ihren Überschwemmungen die Kontinente heimsuchen: Es geschieht plötzlich und absolut unvorhersehbar, hat eine durchschlagende Wirkung und schlägt in kürzester Zeit alles kurz und klein, was sich den Jungs in den Weg stellt. Und wenn die Fluten verschwunden sind, bleibt die Einsicht, daß die Arbeit von Jahrzehnten vergeblich gewesen ist.

Die Struktur der männlichen Psyche, konstant seit mehr als 100 000 Jahren, wird sich nicht innerhalb einer Generation durch einige oberflächliche Ereignisse und psychologische Interventionen verändern lassen: Der gleiche rauhe, uralte Geist jagt durch die Psyche der jungen Männer.

Wir Erwachsenen haben offensichtlich schlichtweg vergessen oder verdrängt, wie man dieser unglaublichen Energie begegnen kann, wie man sie lenkt und wie eine Kultur von dieser Kraft profitieren kann. Wir haben vergessen, wie hart wir selber draufwaren, in dieser verrückten Zeit.

188 *Larry Sole will selber denken*

Larry hatte keinen Schaden oder war Psycho oder beides. Die meiste Zeit las er bloß und luchste auf irgendwelche irren Storys. Irre Storys hätte er noch nach Jahren erzählen können, wortwörtlich. Aber Larry war schwer genervt von der Schule. Er hatte keine Ahnung, warum er Französisch lernen sollte. Er haßte es, aber die Studienberater sagten, er würde dann leichter aufs College kommen. Larry ging zu Französisch nur, wie er sagte, um seine Probleme zu managen. Er hatte furchtbare Pubertätsprobleme, und die Vorsprünge von Mademoiselle Sauvés waren spitze. Er hatte irgendwie das Gefühl, pervers oder so was zu sein. Aber da war nichts zu machen. Er ging zu Französisch nur,»um ihre Titten zu kitzeln oder um es mit ihr doggy-style zu treiben – in Gedanken versteht sich.«[166]

Manchmal linste Larry rüber, dorthin, wo Johnny Beck saß. Johnny hatte jede Menge Sprüche in die Tischplatte geritzt:»Johnny Beck bittet um Feuer« oder»Bleibt in der Luft – Schweine können nicht fliegen.« Larry wußte, daß die Lehrer ihn und auch die anderen Jungs für eingeschränkt und egozentrisch hielten. Aber ihm ging die ständig insistierende Fragerei seiner Mutter, der Erwachsenen, der Lehrer, auf die Nerven: was er denn mache? wie es ihm denn gehe? »Ich kann es nicht mehr hören«, sagte Larry Sole. Er wollte selber denken. Er hatte ausgecheckt, was die einzelnen Lehrer von ihm hören wollten, damit sie ihn zufrieden ließen. Nicht dieses ständige insistierende Fragen nach dem, was ihn überhaupt nicht interessierte.

»Die Schule hatte sich weitergeschleppt. Wir waren in der dritten Septemberwoche. Ich hatte mich wieder an den Schulalltag gewöhnt, an den Gestank in unseren Umkleideräumen und an die neuen Lehrer auch.

Mister Harris war aus Hay River.

Harris und Johnny waren von Anfang an überkreuz. Gleich am ersten Tag, bei der Anwesenheitskontrolle, griff sich Harris Johnny raus: ›Mister Beck, Sie kommen mir so bekannt vor? Kenne ich Sie?‹

Johnny gab zurück: ›Klar, Mister Harris, ich bin die Type, die Ihnen in Hay River immer den Rasen zerlatscht hat.‹

Mister Harris starrte ihn eine Weile an und wir kicherten.

Harris war ein trauriges Exemplar von einem Mann. Unter seiner Kolbennase hatte er ein Haifischgrinsen. Im übrigen sah er aus wie 'ne abgewrackte Ballettratte, wenn er mit seinem Dickbauch und seiner Kolbennase durch die Klasse tanzte. Er litt unter Haarausfall, und während wir lasen, pflegte er geistesabwesend seine fliehende Stirn und seine Glatze zu streicheln wie einen Babyarsch. Oder wie einen 189 Kuchen, den er nach besonders fetten Streuseln abtastete. Dem galt seine gesamte Aufmerksamkeit. Und dann hatte er noch diese Wackelkopfkrankheit.

Die traurige Wahrheit war, daß unsere Schule weit unter Durchschnitt lag und daß sie uns wie Jungvögel aus dem Nest fallen ließ, ohne sich weiter um uns zu kümmern. Die Lehrer schickten ihre Kinder in Schulen unten im Süden, damit sie was lernten. Ich will auf niemand mit dem Finger zeigen, aber Harris war da der klassische Fall. Er war gar kein Mensch. Er war ein Autoreifen, aus dem alle Luft raus war.

Ein Ding sagte alles über ihn: sein Zeigefinger. Er war ein Zauberstab, der jeden in der Klasse zum Rotwerden brachte. Auf wen er auch immer zeigte, der wurde rot. Er zeigte auf mich – schon wurde ich rot.

Eines Tages hatten wir eine Riesendebatte darüber, was Leute zu Verbrechern macht: wo sie lebten oder wie sie erzogen wurden. Total sinnlose Diskussion. Man brauchte sich nur umzusehen: die Umkleideräume und ihr Gestank nach verfaulten Krabben; der süßliche Muff unserer Füße; die flackernden Neonröhren, die dich meschugge machen; die ewige Krabbenpampe zu Mittag; der Schlamm an meinen Turnschuhen; der Kaugummi unter meinem Tisch; die Spucke auf dem Fußboden; die Kakerlaken überall – der Schlamm an meinen Turnschuhen ... die schwarzen Hauer meines Vaters ... die blutige Sonne am Himmel ... der Schlamm an meinen Turnschuhen ...

Kevin Garner, in der letzten Reihe, dealte mit Drogen. Clarence Jerome presste seinen Bleistift in das ausgebaute Zündschloß einer Zwölfzollflinte. Alle im Raum hatten die Augen fest zu.«[167]

Junge Männer sind in diesem Alter und in dieser Zeit sicher am schwierigsten zu führen. Es erreicht sie nur weniges. Das meiste, was sie von Erwachsenen hören, hat nicht wirklich Bedeutung für ihr Leben. In dieser Zeit, in diesem Moment, sind sie sich der Kräfte ihrer inneren Natur in keiner Weise bewußt – und schon gar nicht im Einklang mit diesen. Es ist die schwierigste Zeit überhaupt. Autoritätskonflikte sind vorprogrammiert. Lehrer und Lehrerinnen in der Schule wandern auf einem schmalen Grat. Die meisten Lehrpersonen fallen in emotionale Abgründe – und wollen eigentlich nicht wirklich dort sein, wo sie sich gerade befinden. Vielleicht denken sie sogar, daß Jungen in diesem Alter überhaupt nicht denken. Gefühle von Wut und Verachtung kommen schnell. Die Verachtung gegenüber diesen jungen Schnöseln wächst ins Unermeßliche.

Wenn man Jungen in diesem Alter befragt, was Sache ist, hört man fast immer die gleiche oder ähnliche Antwort: »Alle wissen, was gut ist für mich. Aber niemand fragt mich.«

Womit wir beim Thema sind.

Die meisten Lehrer und Eltern verstehen nicht, daß junge Männer in diesem Alter mehr von ihren Gefühlen als von der Logik regiert werden. Es ist natürlich, daß sie die populäre Kultur stärker anspricht als akademische Abhandlungen. Wir versuchen, die Welt junger Männer zu verstehen, in dem wir Einteilungen und Denkkategorien schaffen. Unglücklicherweise ist aber die Wirklichkeit junger Männer nicht dasselbe wie die Worte, die wir zu deren Beschreibung benutzen. Eltern und Lehrer begreifen oft nicht, was für eine belastende Bürde diese intellektuellen Kategorien der Erwachsenenwelt sind: wie sehr sie junge Männer bedeutsamer und wichtiger Erfahrungen berauben.

Das moderne Leben wird von Technologie, Politik und Wirtschaft bestimmt. Es sind oberflächliche Themen, die den rationalen Verstand beschäftigen. Doch weil diese oberflächlichen Reize so stark sind, ignorieren wir gewohnheitsmäßig die Tiefe, in der wir wirklich leben. »Es ist eine seltsame Tatsache des modernen Lebens«, so Andrew Verity, »daß wir an der Oberfläche leben und dabei die Kraft und die Wirklichkeit unserer inneren Erfahrungen verleugnen.«[168]

Wir wachsen mit der Stimme von der Kanzel auf, die uns ermahnend sagt, was wir nicht tun dürfen oder was wir tun müssen. Wir verleugnen unsere tiefsten Wünsche, um so zu leben, wie es die uns umgebende Gesellschaft verlangt. Wir leben das Leben unserer Eltern oder streben nach Geld, einer guten Stellung und sogenannter Macht, Dinge, die andere für wichtig erachten. Wir streben nach Erfolg und bemerken gar nicht, was wir unserer Erfahrung aufbürden. Wir behandeln die Vorstellung von *Erfolg* als lebenswichtig. Wir glauben Erfolg zu haben, wenn wir die äußeren Bedingungen erfüllen, welche ihn definieren. Doch die Diskrepanz zwischen *äußerem Erfolg* und dem, was tatsächlich unsere tiefsten inneren Bedürfnisse erfüllt, ist enorm groß.

Das von den Konventionen der Gesellschaft verordnete Glück, sich dem Diktat einer Kultur zu beugen, bedeutet, ein nicht-authentisches Leben zu führen. Auf eine höchst erstaunliche Weise wird Jungen und jungen Männern in den Schulen gelehrt, ihre Gefühle, ihre Träume, ihre Wünsche und die Gesamtheit ihrer subjektiven Bedürfnisse beiseite zu schieben.

Besonders in der Schule lernen Jungen und junge Männer, sich allzuleicht mit dem Rationalen, Äußerlichen und Objektiven zu identifizieren. Dieses strukturelle Problem teilt die Schule mit der Psychiatrie. Dort heißt die zentrale Aktivität Psychoanalyse. Es ist seltsam, daß Schule und Psychiatrie sich so stark mit Verstand und Vernunft identifizieren.

Beide Institutionen glauben offensichtlich, daß sie einen jungen Mann besser verstehen, wenn sie ihn analysieren. Doch wir können unsere Seele nicht analysieren. Was wir tun können, ist unsere Seele zu erwecken. Die männliche Seele hervorzulocken bringt uns weg von der Oberflächlichkeit der äußeren Erklärungen und Fragen. Jungen und junge Männer sind am innigsten durch ihre emotionale Seele mit dem Leben verbunden. Und dort ist der Ort, wo man die Tiefe begreift, in der sie tatsächlich leben.

Monster, Pokémon, Harry Potter und andere Außerirdische

Tillmann malt Monster – seit seinem dritten Lebensjahr. Eines schöner als das andere. Seitdem machen sich die Erzieherinnen im Kindergarten und seine Lehrerinnen in der Schule Sorgen, mit dem Jungen könnte etwas nicht in Ordnung sein. Doch Tillmann produziert weiter seine Drachen und Monster.

Die Küche seiner Eltern ist inzwischen zu einer Art Galerie geworden. Furchterregende Gestalten brillieren dort in all ihrer Schönheit: flammenwerfende Dinosaurier, elegante Flugdrachen und phantasievolle Eigenkreationen, halb Drache, halb Pokémon. Inzwischen ist Tillmann zehn Jahre alt. Aber ich kann keine Anzeichen eines Serienkillers erkennen. Er ist einer der nettesten und liebenswertesten Jungen, die ich überhaupt kenne.

Das einzige, was uns wirklich Sorgen macht, sind die hohen Telefonkosten, die durch die Gespräche zwischen Tillmann in München und unserem ältesten Sohn Vincent entstehen. Jungen reden generell nicht viel. Aber wenn es um Pokémon geht, um Kämpfe und Verbesserung des »levels«, dann können sie stundenlang reden, ohne Unterbrechung. Sie müssen noch nicht einmal etwas essen. Mit den Pokémon ist es kaum anders als mit Harry Potter. Auf beides fahren Jungen voll ab. Die Zutaten sind relativ einfach und haben auf Jungs eine umwerfende Wirkung: Meist geht es dort um ein magisches Wunderland, das es nach vielen Entbehrungen und Abenteuern zu entdecken gilt. Es wird immer viel gereist und gekämpft. Unmittelbare und effektive Vergeltung gehören dazu. Im Mittelpunkt der Handlung steht ein tapferer kleiner Junge, der seine Heimat verlassen muß, um die Mächte des Bösen zu besiegen – und dabei unglaubliche Freundschaften schließt. Ohne Teamfähigkeit und absolute Loyalität geht gar nichts.

Die Geschichte beginnt immer damit, daß der junge Held am Tor zu einer Welt voller Träume und Abenteuer steht, in der sich seine eigene Legende zu entfalten beginnt. Das Ergebnis des langen heroischen Kampfes mit vielen Rückschlägen ist fast immer Meisterschaft: über die eigenen Ängste und in der Herausbildung einer exzellenten Fähigkeit. Man trifft dort auf intelligente und eigentümliche Geschöpfe, die klein, aber mächtig sind, und ihren Trainern bei richtiger Erziehung treu ergeben. Zauberbücher, Geheimwissen, Magazine und Trainingsanleitungen spielen eine wichtige Rolle und müssen studiert werden. Im Hintergrund ist meist ein weiser alter Mann, ein Professor oder ein Großvater, in beratender Funktion zu erkennen. Extrem klug und hilfsbereit, unterstützt er die Jungs, ihre Träume und Ziele zu realisieren. Ein magisches und kraftvolles, ein perfektes Setting: Es ist die archetypische Heldenreise, eine Rap-Odyssee, die Homer heute nicht hätte besser schreiben können.

Im fünften Stockwerk kam ein Fremder auf Ash zu. Er intonierte »Gib … mir … deine … Seele …« und griff dann mit einem Level-23-Alpollo an. Natürlich ohne Erfolg. Bevor er die nächste Treppe hinaufstieg, bemerkte Ash eine merkwürdige Plattform auf dem Boden in der Mitte des Raums. Als Ash auf diese Kacheln trat, waren alle seine Pokémon geheilt!

Gerade als Ash die Treppe zur siebten Etage hochsteigen wollte, erschien ein großer Geist. Ash prüfte das Silph Scope und fand heraus, daß es sich bei der übernatürlichen Kreatur um ein wildes Level-30-Knogga handelte! Ash befahl »Charmer« den Einsatz einer Glut-Attacke gegen die Kreatur, und dann warf er einen Superball nach ihr. Aber das Knogga konnte dem Superball leicht ausweichen. Ash erkannte, daß sich diese Kreatur nicht fangen ließ. Sie mußte besiegt werden!

Schließlich erreichte Ash die siebte Etage des Turms, aber es blieb keine Zeit zur Pause. Drei Team-Rocket-Mitglieder warteten auf ihn. Sie attackierten Ash einzeln.

»Dieser alte Kerl kam und beschwerte sich darüber, daß wir Pokémon Schaden zufügen! Wir haben darüber wie Erwachsene gesprochen!« informierte der zweite Gangster Ash, bevor er einen Level-26-Smogon und einen Level-26-Traumato losließ.

»Pokémon taugen nur zum Geldmachen!« erläuterte er.

»Halt dich aus unserem Geschäft raus!«

Ash hoffte, daß es sich bei dem alten Mann, von dem der Wächter sprach, um den vermißten Mr. Fuji handelte.

»Du rettest niemanden, Junge!« warnte der dritte Gangster, bevor seine vier Pokémon Ash zu schlagen versuchten.

»Damit kommst du nicht davon!«

Schließlich konnte Ash, nachdem er alle Team-Rocket-Mitglieder verprügelt hatte, zu dem Mann gelangen, der zwischen zwei großen Statuen stand und sich als Mr. Fuji erwies.

»Heh? Du kommst, um mich zu retten? Danke«, sagte Mr. Fuji.

»Ich bin aber freiwillig hergekommen. Ich kam, um der Seele von Tragossos Mutter zur Ruhe zu verhelfen. Ich glaube, Knoggas Geist befindet sich im Jenseits«, fuhr er fort.

»Ich muß dir für deine freundliche Sorge danken! Folge mir in mein Heim, das PKMN-Clubhaus am Fuß dieses Turms.«

Mr. Fuji und Ash wurden sofort ins PKMN-Clubhaus transportiert. Mr. Fuji sagte Ash dann:

»Deine Pokédex-Suche könnte ohne Liebe für deine Pokémon fehlschlagen. Ich glaube, das wird deine Suche unterstützen.« Er gab Ash eine Pokéflöte.

»Schlafende Pokémon werden geweckt, wenn sie die Pokéflöte hören. Sie wirkt auf alle schlafenden Pokémon.«

Ash verließ Mr. Fujis Heim und befand sich wieder im Herz von Lavandia. Schließlich fand er Zeit, die Gegenstände zu untersuchen, die er vom Boden des Turms aufgelesen hatte: ein Fluchtseil, einen Aufwekker, ein KP-Plus, ein Nugget, einen X-Treffer und ein Sonderbonbon.

Nach einem kurzen Stop im Pokémon-Center machte sich Ash auf den Weg zu seinem nächsten Ziel: Saffronia City.[169]

Die Symbolik ist eindeutig: Hier geht es um das Erreichen eines Zieles gegen großen Widerstand. Es geht um Meisterschaft und exzellentes Tun. Das ganze Territorium des Machens, Träumens und des Erschaffens. Jedes Pokémon kann den nächsthöheren Level erreichen, wenn es kämpft oder etwas lernen will. Einen einmal erreichten Level kann man nicht wieder verlieren. Es ist ein generelles Zeichen nicht unbedingt dafür, daß wir gut sind, sondern kompetent. Es unterstützt Selbstwert und Selbstbewußtsein. Es ist der Wert in einem selbst, dem ein Junge vertrauen und auf den er sich verlassen kann. Diese zugrunde liegenden Werte kann man schon in einem zweijährigen Jungen beobachten, der lernt, kleine Objekte zu meistern.

Kleine Jungen sind Erforscher, Erbauer und Zerstörer *par excellence*. Die Welt der Pokémon ist eine symbolische Repräsentation dieser Struktur und eine sehr phantasievolle dazu. Der extreme Erfolg von Pokémon und Harry Potter beruht nicht, wie von vielen kritischen Eltern immer wieder geäußert, auf einer perfekten Vermarktung, sondern in der perfekten Kongruenz mit den imaginären inneren Welten von Jungen aus den unterschiedlichsten Kulturkreisen. Insofern sind der junge Ash in Pokémon und Joanne Rowlings Harry Potter geniale Produkte eines neuen Medienzeitalters. Sie verbinden Jungen auf den verschiedensten Kontinenten und über kulturelle Grenzen hinweg mit archetypischen Themen, die einen zeitlosen Charakter besitzen, weil sie die existentiellen und wesentlichen Seiten der Seelen von Jungen auf einer unbewußten Ebene auf eine sehr kraftvolle und heilende Art ansprechen.

Jungen in diesem Alter wollen fliegen und zaubern können, auf magische Art und Weise mit der Tierwelt in Verbindung treten und mit etwas Größerem verbunden sein, das über ihre gegenwärtige Welt hinausweist. »Unsere Geschichte beginnt damit, daß Ash am Tor zu einer Welt voller Träume und Abenteuer steht, in der sich seine ureigene Pokémon-Legende entfalten wird...«[170]

Tillmann übrigens malt heute, mit zehn Jahren, immer noch Monster. Und es ist immer noch ein Vergnügen, ihm dabei zuzuschauen.

Waffen

Wenn ich mit Vincent in die Stadt gehe, rennt er die ganze Zeit vor mir her. Wenn ich schon nicht bereit bin, seinen ständigen Aufforderungen zu Wettrennen zu folgen, dann reicht es, ihn bis zum Horizont vorauslaufen zu lassen. Vor Toys 'R Us in der Fußgängerzone bleibt er meistens abrupt stehen und schlägt einen Neunzig-Grad-Haken nach rechts – und ist verschwunden.

Wenn ich direkt vor Toys 'R Us stehe, tauchen in mir unwillkürlich Assoziationen zum Wilden Westen auf. Ich habe keine Ahnung, warum. Wahrscheinlich erinnert mich der Eingang an einen Saloon.

Drinnen trifft man meistens nur Cowboys. Ihr Alter liegt zwischen sechs und zehn Jahren. Sie sind alle schwerbewaffnet, während ihre rastlosen Blicke die Regale durchforsten, sehr zielstrebig, aber in einem tranceähnlichen Zustand. Es ist schon ein kleiner Rausch, der sie erwischt hat. Aber Alkohol ist hier nicht erlaubt.

Die wenigen Mütter laufen etwas ratlos und leicht genervt hinter ihren Söhnen her, die wie Star-Wars-Piloten durch die Gänge zischen. Aber man spürt sofort, daß die Jungs hier zu Hause sind. Dies ist ihr Terrain. Das unglaubliche Sortiment an Spielzeug und Action-Figuren läßt einen schwindelig werden. Aber genaugenommen existieren in diesem Universum nur zwei Spezies: Maschinen und Waffen. Über Maschinen haben wir schon gesprochen. Waffen, das ist der schwierigere Teil.

Es gab eine Zeit, da wurden Kinderzimmer in einer kollektiven Pazifizierungsstrategie entmilitarisiert. Es galt nicht nur, die Stationierung von Pershing-II-Raketen auf deutschem Boden zu verhindern. Von hier sollte nie wieder Krieg ausgehen. Eine ganze Generation hatte sich das auf die Fahnen geschrieben – Politik beginnt immer zu Hause. Die Säuberungsorgien wurden von engagierten Eltern organisiert und fanden vor allem in den Zimmern der Jungen statt. Es folgte ein Jahrzehnt ohne Schwerter und Pistolen an den Wänden, ohne Panzer in Lauerstellung am Boden, ohne Handgranaten im Gepäck. Ganze Waffenarsenale wurden ausgehoben, Sprengstoffkisten beseitigt. Anschließend wurden kooperative Kommunikationsspiele eingeführt, sogar Puppen tauchten in den Zimmern der Jungs auf. Wenn die Türen zufielen, wurden sie jedoch als Wurfgeschosse in das feindliche Universum hinausgeschossen. Der großangelegte pädagogische Feldversuch mußte scheitern, weil man nicht ideologisch ändern kann, was in Jungen seit ewigen Zeiten strukturell angelegt ist.

Die Psyche eines Jungen hat ein starkes Verlangen nach Konzentration. Waffen repräsentieren diese intensive, konzentrierte Macht: sei es nun durch ein Messer, eine Kette, ein Gewehr oder einen Schlagstock. Sie geben den Jungen das, was ihrem Geist fehlt: Fokussierung, Durchschlagskraft, Entschiedenheit und Entschlossenheit. Man sieht das allen Jungen an, sobald sie eine Waffe in ihren Händen halten. Ihr ganzer Modus verändert sich, ihre Mimik, ihre Gestik, ihre Atmung, selbst ihre Sprache. Es ist eine erstaunliche Wandlung, die sich von einem Moment zum nächsten vollzieht. Eine andere Person beginnt in ihnen lebendig zu werden. Es ist eine Person, die genau weiß, was sie zu tun hat. So fühlt sich reale Macht an. Das ist Konzentration. Und es ist wie ein Rausch.

Wenn man heute Jungen beobachtet, wie sie durch Straßen und Einkaufszentren streifen, fällt einem vor allem eines auf: ihr leicht ablenkbares und diffuses Bewußtsein, das durch die Tage surft, als wäre es selbst Teil der Massenmedien. Alle Kanäle auf einmal geschaltet. Sie sind vollgestopft mit fremden Symbolen, Images und Metaphern. Sie wissen wenig oder nichts über ihre eigenen inneren Bilder und Metaphern. Daraus resultiert unter anderem ihre Schwierigkeit, sich auf eine Aufgabe zu konzentrieren.

Eine Waffe verspricht etwas, was die Schule oft nicht mehr leisten kann: Konzentration und Fokussierung für eine verhungernde Vorstellungskraft. Wenn man also keine Waffen im Klassenzimmer haben will, hilft es nicht, nur die Waffen zu verbieten. Es ist notwendig, nach Lernmethoden zu suchen, die Imagination erschaffen, Aufmerksamkeit halten und Konzentration hervorrufen.

In allen alten Kulturen ist bekannt, daß unsere Vorstellungskraft, unsere Imagination, den Zugang zur Weisheit des Herzens ermöglicht. Unsere Imagination zeigt uns, was wir im Herzen wirklich über das Leben empfinden. Imagination ist der Gedanke des Herzens. Und wir drücken diese Empfindungen und dieses Wissen aus durch Symbole, Images und Metaphern, die aus unserem Inneren emportauchen. Alle Formen von Kunst und Musik sind geeignet und fähig, diese Emotionen und Bilder zu einem bedeutungsvollen Ausdruck zu bringen. Kunst und Musik sind ritualisierte, rhythmische Container für das ansonsten Unaussprechliche. Diese Formen des Ausdrucks bieten eine ideale Ergänzung oder Alternative zu Waffen.

Das blaue Leuchten

Sie haben es wahrscheinlich schon an sich selber bemerkt. Man bleibt einfach vor der Kiste hängen. Bei abendlichen Spaziergängen sieht man fast überall in den Wohnzimmern das blaue Leuchten. Tagsüber sehe ich meinen ältesten Sohn, wie er mit offenem Mund, glasigen Augen und völlig krumm auf dem Sessel hängt, während die Comic-Figuren von der Mattscheibe ins Zimmer tanzen. Dann frage ich mich, welche unglaublichen Energien in diesem Medium lauern. Ich bin mir sicher, daß Dämonen über die Programme ins Haus gelangen, direkt in die Köpfe meiner Söhne. Wie werden sie damit klarkommen?

Ein junger Mann in Kalifornien hatte sein junges Softwareunternehmen an die Börse gebracht und für unglaubliche sechs Milliarden Dollar verkauft, bevor der Crash einsetzte und die Aktienkurse an den

Neuen Märkten ins Bodenlose fielen. Von einem Teil dieses Erlöses hatte er ein Basketball-Team gekauft. Er war scharf auf Denis Rodman, der sein Team verstärken sollte. Doch Rodman war schwer zu haben. Denis Rodman, das ist dieser exzentrische farbige Basketball-Champion, der sich seine pechschwarzen krausen Haare blond färbte, zehn Ringe durch die Ohren zog, Frauenkleider trug und unglaubliche Dinge tat – eine Skandalnudel und ein phantastischer Athlet – schon zu Lebzeiten eine Legende. Denis Rodman kam tatsächlich nach Chicago – und nun wollte der junge Milliardär sein Idol endlich näher kennenlernen.

Er traf Rodman im Hotel vorm Fernseher, Comics schauend. Sie schauten zusammen Comics im Comic-Kanal, bis er Rodman vorschlug, rauszugehen, vielleicht ein Lunch zu nehmen und ein wenig zu reden. Doch Rodman wollte auf keinen Fall die nächste Comic-Serie verpassen – und blieb bis weit in die Nacht vorm Fernseher sitzen. Das war alles, was dieser aufstrebende junge Mann von seinem Idol zu sehen bekam. Sehr ernüchternd.

Vielleicht verstehen Sie jetzt besser, warum der Medienmogul Ted Turner, Besitzer von CNN, ein Drittel seines gesamten Vermögens den Vereinten Nationen gespendet hat. Sehr wahrscheinlich aus schlechtem Gewissen: Ted Turner selber hat den Comic-Kanal erfunden und durchgesetzt – und Millionen von Kids zu abhängigen Fernseh-Zombies gemacht.

Trotzdem funktioniert es nicht, das Fernsehen zu verbieten oder aus dem Haus verbannen zu wollen. Das wird für Ihren Sohn vorhersagbar der garantierte Weg in den Widerstand und Trotz, nicht in die Meisterschaft.

Visuelle Medien werden ein unverzichtbarer Bestandteil einer Generation sein, die es liebt, sich in der Zweidimensionalität aufzuhalten. Aber mehr noch als in jedem anderen Medium sind im Fernsehen die versteckten Botschaften, Wünsche und Geheimnisse der nächsten Generation zu sehen. Man muß diese Botschaften nur dechiffrieren können. Schauen Sie einfach mal, was auf den ganzen Musik- und Video-Kanälen läuft – und lassen Sie es wirken, ohne gleich zu bewerten oder zu emotionalisieren.

Es sind Botschaften aus der Zukunft, die wie Flash-Lights in das Unterbewußtsein der Jungs driften. Fernsehen ist ein Werkzeug, ein Kulturträger erster Güte, aber auch ein Raubtier und Suchtmittel. Entscheidend ist, Jungen die Kompetenz zu vermitteln, die notwendig ist, um mit den damit einhergehenden Herausforderungen fertig zu werden: Apathie, Langeweile, reaktives Handeln und die Schwierigkeit, die dritte Dimension, den dreidimensionalen Raum, wieder zu integrieren.

Ein Großteil unserer mentalen Entwicklung und Lerndisziplin entsteht durch formale Ausbildung. Auf dieser Ebene geht es darum, seinen Geist zu kultivieren und zu nähren. Auf der tieferen Ebene der Gedanken, Gefühle und Vorstellungen zu kommunizieren ist wesentlicher und bedeutsamer, als auf der oberflächlichen Mattscheibe von Ereignissen zu surfen. Dies gelingt einem nicht mit fünfunddreißig bis fünfundvierzig Stunden Fernsehen in der Woche.

Unterstützen Sie Ihren Sohn also darin, einen Teil dieser Zeit anders zu nutzen. Dazu gehört Lesen genauso wie Visualisieren und Planen. Ernsthaft Lesen bedeutet, wirklich neue Themen außerhalb unseres Tätigkeitsbereiches zu erforschen. Und es bedeutet, analytisch zu denken. Das Schreiben von Tagebuch, Briefen oder E-Mails ist ebenfalls wesentlich. In einer Art und Weise schreiben, die unsere Fähigkeit auf die Probe stellt, uns in klarer, präziser und knapper Sprache auszudrücken, ist für Jungen eine wunderbare Herausforderung, sofern die Themen sie begeistern.

Unser ältester Sohn hatte in den ersten Tagen unseres aktuellen Sommerurlaubs in Schweden ziemliche Entzugserscheinungen was das Fernsehen betraf. Es fehlte ihm als rhythmisierendes Mittel für seinen Alltag. Und am Anfang wußte er nicht recht, was er statt dessen mit seiner Zeit anfangen sollte.

Dann entdeckte er ein altes Fahrrad in einem angrenzenden Schuppen und beschloß, Fahrradfahren zu lernen: »ohne den Einsatz von Stützrädern!«, wie er später bekanntgab. Dann entdeckte er die Natur und das Meer, spielte zwischendurch auf seinem Kinder-Notebook, baute seine Fahrkünste auf dem Fahrrad aus und war der glücklichste Junge, den man sich vorstellen konnte. Als er braungebrannt und fröhlich nach Hause zurückkehrte, führte ihn der erste Weg zu seiner Großmutter, die er in den letzten Tagen des Urlaubs zu vermissen begonnen hatte. Dort holte er die verlorene Fernsehzeit innerhalb kürzester Zeit wieder auf. Da saß er wieder vor der Mattscheibe und schaute *Ravensburger TV*.

Der glücklichste Junge, den man sich vorstellen konnte.

Es hilft wenig, das Medium Fernsehen zu bekämpfen. Wesentlicher ist das Erlernen von Weisheit im Umgang mit dem Fernsehen. Worüber wir uns nicht erheben können, das müssen wir lernen zu meistern. Fernsehen gehört dazu.

Ändern Sie Ihr Glaubenssystem, nicht Ihren Jungen

Ihr Sohn entspricht nicht dem, was Sie sich immer vorgestellt haben, was er für Sie sein sollte. Sie haben so viel Aufmerksamkeit, Zeit, Geld, Geduld und Liebe in ihn investiert. Und nun stellt sich heraus, daß er nicht das Produkt ist, das Sie sich immer erträumt haben. Er ist jemand ganz anderes, der Bastard. Und nach all den Jahren bekommen Sie dieses unheimliche Gefühl, nicht wirklich zu wissen, wer er ist.

Jeder wird eine Überzeugung oder einen Glauben haben – und muß das auch haben. Unsere Überlebenstechniken basieren auf Glaubenssystemen. Unser ganzes Leben wird durch die Filter, welche wir Überzeugungen nennen, gesehen. Glaubenssysteme sind feste Überzeugungen. Sie sind so etwas wie die sicheren Seitenlinien. Das Spiel auf dem Platz aber besitzt eine andere Dynamik. Es ist wie in der Wildnis. Sie ist die Heimat von Eros, Tod und musischer Schöpfung. Hier beginnt alles und hier endet jeder. »Mit der Wahrheit mag man einen Versuch machen«, schreibt Gerd Bergfleth, »doch das Leben findet sich ein.«[171]

Dies ist die Geschichte von Monika, einer Freundin, und ihrem sechsjährigen Sohn Tobias. Monika konnte mit der ganzen Pokémania ihres Sohnes wenig bis gar nichts anfangen. Sie versuchte ihn immer auf andere Dinge zu bringen, mit denen er sich sinnvoll beschäftigen sollte. Was Tobias nicht tat.

Monika hielt – offen gesprochen – die ganze Sache mit den Pokémon für ziemlich bescheuert und ausgemachten Schwachsinn: »totaler Blödsinn, Gruselzeugs, schreckliche Szenen, Kampf und Böse und Schlangenfängerei.« Sie weigerte sich, Tobias auch nur einen Pokémon oder eine Karte zu kaufen.

Lange Zeit wunderte sie sich, daß ihr Sohn so aggressiv und abweisend auf sie reagierte. Sie hatte begonnen, sich Sorgen zu machen, weil sie bemerkt hatte, daß sich, bedingt durch ihre berufliche Tätigkeit und die anfallende Doppelbelastung, die Beziehung zu Tobias systematisch zu verschlechtern begann. Er fiel im Kindergarten durch sein aggressives Verhalten auf. Die Dinge im Haushalt mußten schnell erledigt werden, und sie mußte morgens früh aus dem Haus. Oft gaben sie und ihr Mann sich die Klinke und die Kinder nur noch in die Hand.

Monika bemerkte bei all der Arbeit und dem Streß gar nicht mehr, wie ihr langsam aber sicher ihre Familie abhanden kam. Die Familie, für die sie so lange gekämpft und gearbeitet hatte.

Dann, eines Tages, passierte etwas Erstaunliches. Sie nahm sich Zeit für ihren Sohn. Sie schaute ihn sich genau an, wie er dort saß und seine Pokémon-Figuren malte. Sie begann den verletzten Stolz ihres

Sohnes zu spüren. Monika begann zu verstehen, daß es ein tiefes Bedürfnis ihres Sohnes war, sich mit den Figuren der Pokémon zu beschäftigen, ein Herzenswunsch. Sie spürte seine Begeisterung. Und konnte diese annehmen.

Die Verwandlung von ihr und Tobias beginnt an jenem Sonntagmorgen, als Tobias in die Küche kommt, sich an den Küchentisch setzt und seine Mama anschaut.

»Mama, malst du mir einen Pokémon?«

Tobias gibt ihr die Erlaubnis, in seine Welt einzutauchen.

»Ja, den male ich dir gerne.«

Dann stellt Monika sich ans Fenster und zeichnet das Pokémon durch ein Zeichenpapier auf ein anderes Papier, noch stockend zwar und unter Anleitung ihres Sohnes. Tobias steht neben ihr und schaut ihr zu. Für Monika ist es so ein schönes Gefühl. Dann sagt Tobias zu ihr:

»Mama, das kannst du gut!«

Monika spürt plötzlich die Einheit mit ihrem Sohn. Ein Gefühl, das sie lange vermißt hatte. Wie lange hat sie gegen ihn gekämpft? Es kommt ihr wie eine Ewigkeit vor. Doch jetzt spürt sie diese Ruhe und Zufriedenheit in sich, die sich in ihr ausbreitet wie ein warmes, beständiges, schmelzendes Feuer. Es ist ein völlig unspektakulärer Moment. Es ist ein sehr lichter Moment. Und es berührt sie sehr. Könnte es immer so sein?

Tobias nimmt das Bild, das Monika für ihn gemalt hat, schneidet es aus, malt die Farben aus und klebt das Bild seiner Mama in sein Buch mit den selbstgemalten Pokémon.

Von diesem Tag an begann sich ihre Beziehung auf dramatische Weise zu verändern. Beide hatten plötzlich das Gefühl, mit einer neuen Person zusammenzuleben. Und Monika spürte, daß das geheimnisvolle Herz ihres Sohnes ihre Unterstützung benötigte – das Gefühl angenommen und verstanden zu werden, auch wenn das, was er tat, für sie im ersten Moment nicht unbedingt einsichtig erschien.

Eine andere Person in ihrer Individualität und Eigenständigkeit zu »sehen« und wahrzunehmen, erfordert wesentlich mehr: eine relativ ausgeglichene emotionale Stimmungslage, ein gut ausgeprägtes Selbstwertgefühl, spontane Begeisterungsfähigkeit, expansive Vorstellungskraft und die Fähigkeit, frei zu denken.

Als Erwachsene vergeuden wir im Alltag mit Kindern viel Kraft, indem wir unsere Glaubenssätze aufbauen, sie verteidigen und unsere Kinder überzeugen wollen, auch daran zu glauben. Unsere Vermutung ist, daß unsere Glaubenssätze dann dauerhaft werden können. Tatsächlich werden die emotionalen und intellektuellen Strukturen, die wir aufbauen, dauernd durch äußere Kräfte verändert.

Wenn wir diese natürliche Entwicklung erst einmal verstehen, können wir sie zu unserem Vorteil verwenden: Menschen, die Veränderung akzeptieren, annehmen und unterstützen, wann und wo immer sie geschieht, beginnen, mit den Kräften der Natur zu kooperieren. Sie werden zu einem Teil dieser Kräfte. Sie entwickeln Bedeutung und Kraft, weil die Stärke ihrer Wahrnehmung das Universum um sie herum aktiv definiert.[172]

Und es scheint tatsächlich wahr zu sein: Wenn man ohne Eigennutz handelt, werden die Interessen erfüllt. Menschen, die ihren Eigennutz überwinden, werden entdecken, daß ihre Wünsche transformiert werden. Sie entwickeln gradlinig ihre Prioritäten mit größerem Einfluß auf die Welt.

Jungen lieben Pokémon, Harry Potter, Waffen, Außerirdische und Fernsehen, weil sie ihnen Zugang zu einer Erfahrung und zu einer Mythologie ermöglichen. Das bezeichnen wir generell als *Lebenserfahrung*. Der erwachsene Geist dagegen sucht immer nach Sinn und Bedeutung. Die Frage nach dem Sinn einer Erdbeere oder einer Blume oder eines Schwertes ist jedoch eine absurde Frage. Eine Erdbeere und eine Blume, ein Pokémon, ein Schwert oder ein Monster kann nur erfahren, nicht aber analysiert werden.[173]

Es ist für den erwachsenen Verstand vieler Eltern schwierig zu begreifen, daß manchmal bei ihrem Sohn einfach nichts auszurichten ist. Wenn wir uns in solch widersprüchlichen Situationen befinden, hilft eine Selbst-Analyse in der Regel nicht weiter: Das einzige Resultat solcher Überlegungen sind Schlußfolgerungen des Verstandes. Diese wiederum sind Anlaß, den Willen noch stärker einzusetzen, um in unseren Söhnen zu verändern, was sich nicht verändern läßt.

Der Fehler, den viele Eltern im Umgang mit ihren Söhnen begehen: Sie können zwar einen objektiven Standpunkt zu einer Sache haben, mit der sich ihr Sohn beschäftigt, aber nur *vom eigenen, subjektiven Standort* aus. Eltern können keine subjektive Bewertung irgendeiner Spezies treffen, außer der eigenen. Sie können daher nicht wissen, wie es *ist*, wie es sich wirklich *anfühlt*, eine Fledermaus, ein Wal oder ihr eigener Sohn zu sein. Der Irrtum von Eltern in der Betrachtungsweise ihrer Söhne liegt darin begründet, ihre eigene Vernunft und Objektivität über alles andere zu stellen (zum Beispiel die Erfahrung ihres Sohnes). Sie glauben an keine spirituelle Realität und versuchen folgerichtig eine objektive Sicht aus dem Nichts heraus zu entwickeln. Man könnte auch sagen, daß sie Vernunft und Objektivität als ihre Götter betrachten.

Vielleicht ist es vorstellbar, von einem Standort im Weltall aus zu urteilen. Aber je mehr Sie darüber nachdenken, desto eher werden Sie erkennen, daß es unmöglich ist, einen Blick aus dem Nirgendwo heraus zu entwickeln – wenn Sie nicht *irgendwo* beginnen. Dieses irgendwo sind Sie selbst. Es ist schwer vorstellbar, welchen objektiven Charakter eine Erfahrung hätte.[174]

Die Seele Ihres Sohnes ist hier zu ihrem eigenen Vergnügen. Den Weg der Nicht-Einmischung zu praktizieren wird Ihnen helfen, zu verstehen, daß in allem eine natürliche Geometrie verborgen liegt. Kristalle bilden und Zellen reproduzieren sich innerhalb strenger mathematischer Organisation. Das Leben findet sich von selbst ein.

Im Zusammenleben mit Ihrem Sohn die Macht Ihrer eigenen Überzeugungen loszulassen und sich auf die innere Wahrnehmung Ihres Sohnes zu fokussieren, bedeutet, den strategischen Weg der Nicht-Einmischung zu praktizieren.

Gelingt Ihnen diese Anpassungsfähigkeit, werden Sie sehr wahrscheinlich eine völlig neue Qualität der Beziehung zu Ihrem Sohn entdecken. Er wird zu Ihnen kommen und Ihnen offen und vertrauensvoll die Mysterien seiner inneren Welten offenbaren – ohne Angst, dafür von Ihnen bewertet oder kritisiert zu werden.

8 Vergiftete Pfeile

Keine Lotosblüte entfaltet sich unter einem kritischen Blick. Hinter der Manie vieler Menschen, ständig alles und jeden zu kritisieren, steckt in Wirklichkeit ein tief empfundenes Gefühl von Unzulänglichkeit und ein mangelndes Gefühl für ihren eigenen Selbstwert.

Ein junger Mann lebt auf in Gesellschaft eines sensiblen Betrachters, in dessen Bewußtsein er sich entfaltet und wächst. Die Reaktion eines Erwachsenen kann aber auch tödlich sein. Jeder Junge reagiert auf die Aktion oder Reaktion eines Erwachsenen in seiner Umgebung. Manchmal scheint es sogar, als ob Jungen geradezu darauf versessen sind, die Reaktion eines Erwachsenen zu testen, weil sie wissen wollen, woran sie sind.

Sie wissen aus eigener Erfahrung, was ich meine: Noch bevor Sie als Kind herausgefunden hatten woraus Ihr eigener Geist beschaffen ist, waren Feinde da, um Ihnen wieder zu nehmen, was Sie als Person eigentlich auszeichnete. Für Jungen ist es enorm schwierig, sich diesem Anpassungsdruck an »Normalität« zu widersetzen. Weniger, weil sie Schwierigkeiten hätten, sich zur Wehr zu setzen, sondern mehr durch die starken emotionalen Reaktionen ihres Umfeldes auf ihren Widerstand.

Studiert man die Kommunikation der meisten Erwachsenen mit Jungen in Elternhaus, Schule und Ausbildungsstätten, so fällt auf, daß fast achtzig Prozent des Kontaktes sich auf Verbote, Disziplinierungen, abfällige Bemerkungen, Bewertungen, moralische Urteile und die Vermittlung von Schuldgefühlen beschränken. Das ist mehr, als die meisten Jungen vertragen können.

Sie wissen das ganz genau. Vielleicht wollen Sie es aber auch einfach nicht wahrhaben. Vor allem, wenn Sie ein Mann sind, der immer alles besser weiß und unbedingt jedes Spiel gewinnen will – oder als eine Frau, die von ihren tiefsitzenden Ängsten getrieben wird.

Heute haben sich die Maßstäbe verändert, mit denen Jungen betrachtet werden. Das Verhalten und die Natur von Mädchen sind zum allgemeinen Vergleichsmaß geworden. Was tun in aller Regel die Mädchen in den Schulklassen? Sie sitzen ruhig dort, halten sich an die Regeln, verhalten sich diszipliniert, hören zu und tun normalerweise das, was man ihnen sagt. Und aus diesem neuen Standard ergibt sich verständlicherweise die Frage: Warum können Jungen nicht genau das gleiche tun? Natürlich waren die Jungs früher genauso wild und ungestüm wie heute. Doch dies wurde sehr restriktiv und in einer Art und

Weise behandelt, die sich mit unseren modernen Prinzipien von Pädagogik und Erziehung nicht mehr vereinbaren läßt, die vor allem die individuellen Rechte von Kindern als Einzelpersönlichkeiten achtet. Es funktioniert nicht, in die alte Zeit der Disziplinierung und der Sanktionierung zurückzufallen, auch wenn das immer wieder versucht wird. Die Zeit läßt sich nicht zurückdrehen. Disziplinarmaßnahmen von Eltern oder einer Lehrperson oder ihre Androhung unter Zuhilfenahme von moralischem Druck oder Strafe sind letztendlich nichts anderes als ein Ausdruck des Mangels an Intelligenz und Kreativität im Umgang mit Jungen.

Es ist natürlich und alltäglich, daß wir Erwachsenen immer wieder dazu neigen, in diese Muster zurückzufallen, solange uns keine besseren Instrumente zur Verfügung stehen und die Dinge immer wieder so schnell eskalieren. Mit dem ersten Atemzug unseres Lebens beginnen wir unsere Ausbildungsphase und beenden sie mit dem letzten Atemzug. Sehr leicht verfallen wir in dieser Lebensspanne in bestimmte Verhaltensmuster und automatisierte emotionale Reaktionen.

In diesem Kapitel finden Sie einige Dinge, die Sie Jungen und jungen Männern gegenüber niemals tun sollten, unabhängig davon, ob Sie nun ein Mann oder eine Frau sind. Wahrscheinlich haben Sie es schon getan. Dann wissen Sie, wovon ich spreche. Um das Desaster in einen Erfolg umzuwandeln, gebe ich Ihnen folgenden Tip: Notieren Sie diese Todsünden auf einer kleinen Karte, die Sie bei sich tragen, oder zu Hause deponieren, und machen Sie jedesmal ein Kreuz, wenn Sie diese Motivationskiller in brenzligen Situationen mit Jungen und jungen Männern *nicht* angewendet haben.[175]

Es könnte Ihr Leben retten. Es hilft Ihnen, Ihre Abwehrphysiologie zu verlassen. Sie können wieder beginnen zu leben. Und Sie werden Gelegenheit haben zu erfahren, was es bedeutet, eine völlig nutzlose Negativität hinter sich zu lassen.

Spöttische Bemerkungen

Entgegen allen Behauptungen ist es nicht unbedingt das, was wir essen, das uns ruinieren wird – sondern das, was wir sagen. Worte sind scharfe Waffen und werden seit Urzeiten genutzt, um andere lächerlich zu machen und vordergründige Siege zu erringen. Worte brennen sich mit einer emotionalen Intensität ins Gedächtnis ein, die ihresgleichen sucht. Die damit assoziierte negative emotionale Ladung speichert sich ins Unterbewußtsein ein, verbleibt dort und wartet auf einen geeigneten Moment der Rache. Spöttische Bemerkungen sind nicht gleichzusetzen mit »aus der Haut fahren«, dem spontanen Kontrollverlust durch eine streßgeladene Situation. Spöttische Bemerkungen sind der tief verankerte Ausdruck von Rache und Vergeltung – Hinweis auf eine tiefe Verletzung, die eine Person erlitten hat und nicht hat integrieren können.

Frauen und Mütter besitzen so enorm viel Macht mit ihren Worten und der Art und Weise, wie sie mit ihren Emotionen Stimmungen erzeugen – und wenig von dieser allgegenwärtigen Macht scheint ihnen wirklich bewußt zu sein. Der schottische Poet und Sänger Jackie Leven beobachtete eines Tages in einem Park in Glasgow zwei befreundete Frauen, die mit einem kleinen Jungen unterwegs waren, der offensichtlich klagte und dem die ganze Sache nicht paßte. Der Junge lief unwillig hinter den beiden Frauen her und zeigte ziemlich offensichtlich seine Abneigung gegen das gesamte Geschehen. Daraufhin drehte sich eine der Frauen, wahrscheinlich seine Mutter, abrupt um und schlug ihm zweimal heftig ins Gesicht. Der Junge fing an zu weinen. Seine Mutter zog ihn an den Ohren hinter sich her und meinte spaßend zu ihrer Freundin: »Du weißt ja, und sie wollen Männer werden.« Dann lachten beide.

Eine ganz alltägliche Geschichte, die man tagsüber in jeder beliebigen größeren Stadt beobachten kann. Vielleicht denken Sie ja, daß ich das Ganze ein wenig überbewerte. Mag sein. Nun, stellen Sie sich die Szene im Park doch einfach noch einmal vor, aber diesmal mit zwei befreundeten Männern und einem kleinen Mädchen. Vielleicht verstehen Sie jetzt, was ich meine.

Jackie Leven nannte diese Szene »Women are hardmen, too.« – Frauen sind ebenfalls knallhart.

Ich weiß, daß Jungen die größten Nervensägen sein können. Doch spöttische Bemerkungen gegenüber Jungen sind zu keinem Zeitpunkt gerechtfertigt. Sie dienen nur einem: über diesen kleinen Jungen zu triumphieren und seinen Stolz und seine Eigenständigkeit zu verletzen. Wer das längere Zeit mit Jungen tut, wird Sturm ernten. Seien Sie vorsichtig mit Ihren Worten. Kein Junge verdient Kritik. Aber jeder Junge verdient Ermutigung und ein Gefühl dafür, was in verschiedenen Situationen jeweils das Richtige ist.

Eine Frau kann einen Mann mit einem Satz aufbauen und mit einem anderen Satz in seine Einzelteile zerlegen – und es gibt nichts, was er dagegen tun kann. Männer fliehen vor diesen verbalen Auseinandersetzungen, denen sie nicht gewachsen sind, wie vor der Pest. Aber ihre

Söhne können nicht entkommen. Jungen leben auf engstem Raum mit ihren Müttern zusammen und werden in das emotionale Drama hineingezogen. Das verbale, emotionale und sexuelle Territorium wird von Frauen kontrolliert. Männer wissen das. Jungen erleben das alltäglich. Aber sie können das Drama nicht »lesen«.

Haben Sie es auch schon erlebt, daß Ihr Sohn, den Sie manchmal für einen ausgesprochenen Macho halten, bei der kleinsten kritischen Bemerkung weinend zusammenbricht? Und Sie ihn anschließend bloßstellten, indem Sie seine Reaktion als übertrieben und unnötig abkanzelten?

Wer austeilt, muß auch einstecken können, denken Sie vielleicht unwillkürlich. Was Sie vergessen haben, ist die Tatsache, daß Sie es mit einem Vierjährigen zu tun haben.

Spöttische Bemerkungen werden besonders gerne von Frauen eingesetzt, oft sehr gezielt gegen Männer, die sie verachten. Aber vor allem auch und gerne von Lehrern und Lehrerinnen, die offensichtlich von Jungen genervt sind und die ihre rhetorische Überlegenheit eklatant ausnutzen.

Ich kann nachvollziehen, daß Frauen enttäuscht und zynisch auf die zunehmende Zahl von Männern reagieren, die mit ihrem heute um sich greifenden unerotischen Verhalten, zusammengesetzt aus Jungenhaftigkeit, Geheimnislosigkeit und Frotzeleien, jede erotische Möglichkeit der Annäherung schon im Ansatz ersticken. Solche Männer sind eine Zumutung für jede erwachsene Frau. Aber was haben die Jungen damit zu tun? Tatsächlich sind spöttische Bemerkungen kein Beweis für moralische und intellektuelle Überlegenheit, sondern Ausdruck eines tiefen Mangels an persönlicher Integrität.

Gebote und Verbote

Schon im Alter von sechs Jahren läßt sich bei Jungen die Dominanz der rechten Gehirnhälfte experimentell nachweisen.[176] Jungen können Formen mit der nicht-dominanten Hand – üblicherweise die linke – viel besser ertasten (die nicht dominante Hand wird von der rechten Gehirnhälfte gesteuert). Jungen bauen Hütten, Indianerforts, Raumstationen.

Von der Schule heimgekehrt erzählt Ihr Sohn Ihnen mit knappen Worten, daß er sein Taschenmesser verloren oder beim Fußball drei Tore geschossen hat. Wahrscheinlicher ist es aber, daß er sich an seinen Computer setzt. Nach einem Tag voller Lern-Frustrationen – ein

Mangelhaft im Diktat, beim Lesen ständig verhaspelt – »kann er es kaum noch erwarten, endlich seine wahren geistigen Fähigkeiten zu nutzen und das marsianische Raumschiff mit seiner Laserkanone zu beamen.«[177]

Jungen ernten für dieses Verhalten in ihrem Umfeld oft Kritik und Ablehnung, einfach weil man nicht verstehen will, daß sie die Welt aus einer völlig anderen Struktur und Perspektive wahrnehmen. Sie werden als widerspenstig, lernunwillig und undiszipliniert wahrgenommen.

Das ist der Moment, in dem Erwachsene Gebote und Verbote ins Spiel bringen, um wieder »Kontrolle« über die Situation zu erlangen. Das sind zum Beispiel Botschaften wie: »Du mußt perfekt sein«, »Du wirst niemals gut genug sein«, »Es ist nicht in Ordnung, wütend zu sein«, »Große Jungen weinen nicht«. Diese Botschaften wandern in das Unterbewußtsein und in das Körperbewußtsein von Jungen und beginnen dort, auf unheilvolle Art und Weise zu wirken.

Wenn das innere Erleben von Jungen von Ge- und Verboten beherrscht wird, geben sie sich selbst nicht mehr die Erlaubnis, etwas zu fühlen oder zu erfahren. Sie werden dazu tendieren, Raum, Zeit und Beziehungen zu nutzen, um recht haben zu müssen. Ihnen wird die Kraft der Erlaubnis und der Würdigung fehlen, die ihnen hilft, im Leben voranzukommen. Sie werden sich darauf konzentrieren, Dinge heimlich zu tun, etwas »Verbotenes« zu tun. Das kann langfristig ihr Gefühl von Selbstwert und Integrität schwächen. Es vermittelt ihnen das Gefühl, daß das, was sie tun, »nicht okay« ist. Mit anderen Worten: Sie werden das perfekte Abbild ihres Umfeldes, das diese Vorgehensweise für das »Leben« hält.

Sehr wahrscheinlich sind Gebote und Verbote, die wir als Erwachsene aussprechen, nichts anderes als die Gebote und Verbote, die wir durch bestimmte frühere Lebenserfahrungen selber internalisiert haben – und die wir einfach weitergeben. Das ist das Gift, das wirkt, wenn wir als Kinder und Erwachsene selber keine Erlaubnis und keine Würdigung erfahren haben. Statt diese negativen Erfahrungen aber zu erkennen und abzulösen, geben wir sie als Eltern allzuoft ungeklärt an die nächste Generation weiter.

Zum Beispiel Marcel

Marcel aus Bottrop. Zwölf Jahre. Großer, schlaksiger, liebenswerter Junge, immer hungrig nach Aufmerksamkeit, mit dicken Brillengläsern. Marcel ist Sonderschüler, Schlüsselkind und hat immer einen Fußball dabei. Super-Torwart.

»Tauchte eines Tages plötzlich hier auf«, wie eine Kindergärtnerin erzählt.

»Niemand wußte, wo er hingehört.«

Marcel schikaniert gern die Kleinen im Kindergarten, trägt ein Trikot von Eintracht Frankfurt, will Andy Möller sein, ist aber nicht einverstanden mit dessen Wechsel zu Schalke 04.

»Von Dortmund nach Schalke!«

»In welchem Fußballverein spielst du denn?«

Seine Miene verfinstert sich.

»Ich war kurz im Vfl 07, aber dann hatte ich keine Lust mehr.«

Auf meine Nachfrage stellt sich heraus, daß sein Trainer nicht mit ihm zurechtkam, ihn nicht mochte, schikanierte. Nach zwei Wochen geht Marcel nicht mehr hin. Aber Fußball ist sein Leben.

»Langsam wurde Brendan als einer bekannt, der sich einfach nicht einfügen wollte. Er kuschte nicht vor den Football-Spielern. Es war Herbst, und da spielten wir in Sport Flag-Football. Normalerweise gingen wir einfach raus und tobten rum. Es gab zwei Spiele: das Gewinnerspiel und das Loserspiel. An diesem Tag hatte Bosco sich vorgenommen, uns Losern zu zeigen, wie man einen Passempfänger *richtig* zu decken hat. Und ich sag's noch einmal, wir haben bloß Flag-Football gespielt, ein paar Idioten in T-Shirts und Shorts.

Um uns die Sache vorzuführen, hat Bosco sich Sam Flach und Brendan rausgesucht. Natürlich war allen gleich klar, daß das kein Zufall war. Bosco konnte Brendans ›Einstellung‹ nicht ausstehen. Jedenfalls sagte er:

›Sam und Lawlor, vorne rein und in die Mitte.‹

Sportler haben Vornamen. Mutanten wie wir haben nur Nachnamen.

Und ich denke noch, Sam ist ja vielleicht gebaut wie ein Schrank, aber Brendan ist schlank und schnell, also wird er versuchen, gleich an der Linie von ihm wegzukommen. Ja, toll, was Ryan so für Träume hat. Unsere große Chance, die Muskelheinis zu überrumpeln und ihnen zu zeigen, daß auch solche Volltrottel wie wir in der höchsten Liga spielen können.

Brendan baut sich an der nicht vorhandenen Linie auf, und Sam kauert fünf Meter vor ihm und grinst ihn höhnisch an. *Komm schon, du Loser, zeig mir, was du draufhast.* Und ich bin auch noch so blöd und feure Brendan an:

›Wir sind hier nicht in der Halle, Flach. Hier ist viel mehr Platz.‹ Bosco macht den Quarterback.

Er schreit: ›Los!‹

Brendan macht drei Schritte, täuscht nach links an, rennt nach rechts, und ZACK haut Sam ihn um. Brendan hat gar nicht gewusst, was ihn umgehauen hat. Er hat auf dem Rücken gelegen und wahrscheinlich Sternchen gesehen.

Ich sehe mich um. Die Sportler johlen lauthals. Und wer hat das breiteste Grinsen im Gesicht? Bosco natürlich.

›He, Sam‹, sagt er, ›wir spielen hier Flag-Football. Also: Kein Körperkontakt.‹

Sam grinst bloß blöd zurück.

›Oh, Entschuldigung, Trainer.‹

Brendan war noch ganz benommen, als er wieder aufgestanden ist. Sie glauben doch nicht, daß Bosco ihn gefragt hat, wie's ihm geht? Von wegen, er mußte sich ja schon das nächste Opfer aussuchen. Ich hatte mich inzwischen ganz nach hinten geschlichen, zu den restlichen Losern, die da zitternd hockten und beteten, daß Bosco sie nicht als Nächsten drannehmen würde.«[178]

Wir spielen ein paar Bälle, sitzen im Gras. Die anderen Jungen kommen, setzen sich neben uns, lehnen sich gegen meinen Rücken. Ein vierjähriger Junge, den ich noch nie vorher gesehen habe, umarmt mich von hinten und legt seinen Kopf gegen meine Schulter. Marcel stellt mir ständig Fragen. Er will auf alles eine Antwort. Die anderen Jungen sitzen daneben und hören mit großen Augen zu. Wir sitzen an diesem warmen Frühsommertag auf dem Rasen wie eine verschworene Gemeinschaft, blinzeln in einen blauen Himmel, und ich frage mich, wann diese Jungs das letzte Mal einen Mann zu Gesicht bekommen haben, der Zeit für ihre Fragen und ihre Nöte hatte.

»Wann kommst du wieder, um mit uns Fußball zu spielen?«

Marcel fragt, während er den Ball in seinen Händen rollt und tanzen läßt: in seinem Gesicht ein Ausdruck von gespanntem Erwarten und – Angst, daß ich nicht mehr wiederkommen könnte.

»Morgen«, antworte ich freundlich, »und wir machen Fotos von dir in Aktion«. Das sage ich ganz selbstverständlich. Ungläubiges Staunen. Ich nicke noch einmal zur Bestätigung und sehe ein Leuchten in seinen Augen: Es ist die reine Freude.

Auf dem Rückweg vom Kindergarten sehe ich auf einer riesigen Plakatwand Superman mit einem lachenden Jungen und Mädchen unterm Arm durch die Luft fliegen. Eine weitere Werbekampagne des

Deutschen Sport Bundes. Nach »Keine Macht den Drogen« und »Vereine holen die Jugend von der Straße« jetzt also der Super-Coach, bei dem Lernen Spaß macht.

»Frau Lehrerin, ich zeig Ihnen, wie das geht!«

Für Jungen ist der Eintritt in die Schule mit großer Freude und großem Streß verbunden. Alles verändert sich. Es ist ein Schritt weg vom Elternhaus und hin zu ihrer eigenen Autonomie. Es ist die Zeit, wo Ängste und Ungeheuer das Unterbewußtsein eines Jungen entern: neuer Schulweg, fremde Menschen, aggressive Gruppen-Spannungen, unerwartete Attacken und vor allem die unbewußten, unverarbeiteten Ängste der Eltern, die sich wie von Zauberhand auf die Jungen übertragen. Aber es ist auch eine Zeit der Reife, der Entdeckungen, der Selbständigkeit und des Verstehens: Die Welt entschlüsselt sich in Worten und Zahlen. Dieser Vorgang besitzt sehr viel Magie.

Für einen sechsjährigen Jungen ist die Einschulung eine riesige Herausforderung. Wenn ich morgens meinen ältesten Sohn zur Schule bringe, sehe ich all diese Jungen, viele von ihnen noch in Trancezuständen. Sie laufen zwar mit ihren schweren Tornistern über die Straßen. Aber wenn man in ihre Gesichter schaut, erkennt man schnell, daß sie in Wirklichkeit ganz woanders sind. Manche bewältigen ihren Streß über einen starken Bewegungsdrang. Anderen sind ihre Ängste direkt ins Gesicht geschrieben. Wie ich sie so laufen sehe, mit ihren dünnen Beinen, den überdimensionierten Kästen auf ihrem Rücken und verwirrenden Gedanken und Gefühlen im Kopf, überkommt mich oft ein tiefes Mitgefühl. Wie, frage ich mich, sollen Jungen diese Herausforderungen ganz allein bewältigen?

»In der Nacht nach seinem ersten Schultag wachte Marcus ungefähr jede halbe Stunde auf. Er sah es an den Leuchtzeigern seines Dinosaurierweckers: 22.41, 23.19, 23.55, 0.35, 0.55, 1.31 ... Er konnte nicht glauben, daß er am nächsten Morgen wieder hingehen mußte, und am übernächsten Morgen, und am überübernächsten Morgen, und ... na ja, dann wäre Wochenende, aber mehr oder weniger jeden Morgen für den Rest seines Lebens, so ziemlich.

Jedesmal, wenn er aufwachte, war sein erster Gedanke, an diesem entsetzlichen Gefühl müsse doch irgendein Weg vorbeiführen – oder darum herum oder sogar mittendurch; wenn er früher einmal Probleme hatte, fand sich normalerweise immer irgendeine Lösung – meistens bestand sie darin, daß er seiner Mutter erzählte, was ihn quälte. Aber diesmal konnte sie nicht das Geringste machen. Sie würde ihn nicht die Schule wechseln lassen, und selbst wenn, würde es keinen großen Unterschied machen. Er würde immer noch der sein, der er war, und das schien ihm das eigentliche Problem zu sein.

Er war für die Schule einfach nicht geschaffen. Nicht für die weiterführende Schule jedenfalls. Das war es. Und wie sollte er das irgendwem erklären? Es war okay, für einige Dinge nicht geschaffen zu sein (er wußte bereits, daß er für Partys nicht geschaffen war, weil er zu schüchtern war, oder für Schlabberhosen, weil seine Beine zu kurz waren), aber nicht für die Schule geschaffen zu sein, war ein Problem. Alle gingen zur Schule. Daran führte kein Weg vorbei.«[179]

Die Schule funktioniert für die meisten Jungen nicht. Und die Gründe dafür liegen auf der Hand. Seine Welt ist eine Welt der Dinge, die es tatkräftig zu erforschen und zu erobern gilt. Das ist Teil seines Master-Programms. Doch die Schule verlangt von ihm, daß er stillsitzt, zuhört, nicht herumzappelt und konzentriert Gedanken aufnimmt. Die Schule verlangt also das genaue Gegenteil von dem, wozu sein Hirn, seine Hormone und sein Körper ihn drängen.

Testosteron im Körper von Jungen weckt den Drang nach Bewegung, nach Konkurrenz, und will die Grenzen des Verhaltens ausdehnen. Der Bewegungsdrang und die Grenzüberschreitung bringt die kleinen Jungen in Schwierigkeiten. Die Lehrerinnen sehen die kleinen Mädchen ruhig dasitzen und die Regeln befolgen und denken: »Warum können die Jungen das nicht auch tun?«[180]

Meine eigene Wahrnehmung ist sicherlich subjektiv und nicht repräsentativ. Aber immer wieder erlebe ich in Schulen, daß die Lebendigkeit von Jungen grundsätzlich falsch verstanden wird. Und dieses Mißverstehen geht so weit, daß man ihnen an manchen Orten mit latenter Feindseligkeit begegnet oder akzeptiert, daß Mittel wie Ritalin verordnet werden, um sie ruhigzustellen. Die Bedürfnisse der Erwachsenen zu erfüllen, weniger die der Jungen – darum geht es in vielen Schulen.

In Intelligenztests mit Jungen konzentriert sich die erwachsene Aufmerksamkeit oft auf die Fähigkeit eines Kindes, korrekte Antworten zu produzieren. Jean Piaget befand schon Anfang 1920, daß, ganz im Gegenteil, die *inkorrekten* Antworten von Kindern wesentlich interessanter waren. Jungen geben besonders gerne inkorrekte Antworten, wider besseren Wissens – nicht weil sie dumm sind, sondern weil sie sich langweilen. Und wenn man sich langweilt, ändert man die Spielregeln oder das Spiel. Das ist weniger ein Mangel an Disziplin. Es ist vielmehr ein Zeichen von Intelligenz.

Eine Taube mag den richtigen Schalter fünfmal drücken, wenn man sie im Labor richtig konditioniert. Das würde ein Delphin niemals tun. Er ist dafür zu intelligent. Außerdem will er Spaß haben. Jungen versuchen beim Spielen, Ihnen eine Botschaft zu übermitteln. Man kann diese konditionierten Spiele nicht mit jemandem durchführen, der wirklich intelligent ist und darauf besteht, sein Leben zu genießen.

»Wenn Sie die Intelligenz eines überlegenen Lebewesens erforschen wollen«, so John Lilly, »müssen sie bereit sein, es in seinen eigenen Kategorien zu beobachten.«[181]

Es ist ein Irrglaube des Schulsystems, zu glauben, daß die grundlegende Motivation eines Jungen durch Methoden und Prozeduren stimuliert werden könnte. Jungen sind entweder intrinsisch motiviert – oder gar nicht.

Stephen war ein schlechter Schüler. Aber eine Sache konnte er besonders gut. Er war ein Künstler. Er machte wunderbare Zeichnungen. Aber das, was diese Bilder so schön machte, brachte ihn auch in Schwierigkeiten. Seine Zeichnungen waren nicht sauber, ordentlich und organisiert, sondern vollständig zufällig, hingeworfen, unordentlich und irgendwie nicht einzuschätzen. Sie entsprachen selten den Anweisungen, die ihm gegeben wurden. Es waren keine *richtigen* Zeichnungen.[182]

Die übliche Technik seiner Kunstlehrerin bestand darin, den Kindern in der Klasse kleine Bilder auszuteilen, die sie dann nach einem vorgegebenen Plan oder nach Diktat der Lehrerin mit Farben auszufüllen begannen. Eine andere Methode war, an den Wänden oder an der Tafel Bilder von Kindern aus vorherigen Klassen aufzuhängen. Diese Bilder, sehr sauber, ordentlich und stereotyp, wurden die Modelle für diese Kinder.

Die Kunststunde, auf einen Nenner gebracht, bestand darin, zu kopieren, was vorher getan worden war. Die saubersten und genauesten Reproduktionen der Originalzeichnungen waren jene, welche die größte Zustimmung der Lehrerin erhielten. Stephen reagierte auf den Stil dieser Lehrerin, wie fast alle einzelgängerischen Jungen reagieren. Er schaltete einfach ab, während sie sprach, und zog sich in seine innere Sphäre zurück

Wenn Stephen während einer Stunde wieder herumzuschmieren begann, bemerkte die Kunstlehrerin das zunächst nicht. Wenn sie es schließlich doch registrierte, bereiteten sich Stephen und die Kinder in der Klasse innerlich auf Ärger vor. Die Lehrerin stürmte wutentbrannt an seinen Platz und schrie ihn auf furchtbare Weise an: »Gib das her! Deine Farben sind alle verdreckt! Du machst hier eine Riesensauerei!

Schaut nur, was er getan hat. Er hat die Farben vermischt! Ich weiß nicht, warum wir diesem Kind überhaupt gutes Papier geben.«[183]

Ich vergaß zu erwähnen, wie klein Stephen war. Er nicht größer als 1,20 Meter und wog vielleicht dreißig Kilogramm. Er war ein dünner Junge mit zarten Armen, hatte hellbraune Haut und trug ein Baseballhemd der Red Sox. Seine Augen schauten terrorisiert und voller Angst in die Welt, ohne jede Hoffnung. Seine Hosen waren ausgebeult, und seine Basketballstiefel schienen ein paar Nummern zu groß. Sein Haar war fast bis auf die Kopfhaut geschoren.

Er stand unten im Keller der Schule. Über ihm, unter der Decke, verliefen die Rohre und Versorgungsleitungen. In unmittelbarer Nähe war die Tür zur Jungentoilette. Aus dem Flur drang der Gestank von Urin. Stephen starrte auf den Boden. Er schaute niemals auf. Sein Blick klammerte sich an einen bestimmten Punkt. Seine Ellbogen gefroren an seinen Seiten.

Der Lehrer, der die Bestrafung durchführte, befahl Stephen, seine Hände auszustrecken. Er antwortete nicht und starrte weiter auf den Boden. Es war das Bild eines Menschen, der gefoltert wird.

Abermals wiederholte der Lehrer, der über ihm stand, den Befehl. Aber Stephen reagierte nicht. Der Lehrer verlor die Geduld und befahl es ein drittes Mal. Und noch immer antwortete Stephen nicht oder folgte der Anweisung. Ein viertes Mal. Stephen stand zur Salzsäule erstarrt. Die Entscheidung wurde gefällt, daß er die doppelte Bestrafung bekommen sollte. Immer noch der Gestank von der Toilette.

Ein anderer Lehrer kommentiert im Vorbeigehen: »Die kleinen Bastarde tanzen uns gerne auf der Nase rum. Aber wenn die Zeit gekommen ist, ihre Bestrafung zu erhalten, stellen sie sich plötzlich an.«[184]

Stephen konnte nicht ewig dort stehenbleiben. Er gibt schließlich nach und widersteht nicht mehr länger. Er hält seine Hände nach draußen. Er bekommt die Schläge.

Die meisten Lehrer heute haben Angst, zu stark und zu autoritär zu wirken. Sie vermeiden das Thema persönlicher Macht und versuchen, es allen recht zu machen. Sie wollen auf keinen Fall den Eindruck erwecken, als dominierender Tyrann im Klassenzimmer zu wirken. So begehen sie den Fehler, sich selbst zu pädagogischen und ethischen Neutren zu reduzieren.

Der Mythos hinter dieser Vorstellung läßt Lehrer glauben, daß, wenn sie ihre eigenen Überzeugungen verbergen, ihr Einfluß im Klassenzimmer nicht so machtvoll ausfällt. Das ist eine Illusion. Das heimliche Curriculum einer Lehrperson liegt in ihren eigenen unbewußt gelebten Werten und Überzeugungen. Deren Ausprägungen manifestieren sich im Gesicht und in den Augen einer Lehrkraft. Sie sind der Spiegel einer Biographie der Leidenschaft oder des selbstverordneten Exils, in dem negative Metaphern auf der unbewußten Ebene das Heft des Handelns übernommen haben.

Aus dieser Diskrepanz entsteht jene Handlungsunsicherheit, die sich epidemieartig an so vielen Schulen ausgebreitet hat. Untrainiertes Ausagieren unbewußter Scripte in Lehrpersonen führt zu vorhersehbaren Desastern im Klassenzimmer. Lehrpersonen, die sich ihrer unbewußten Sabotageprogramme nicht bewußt sind, werden nach Macht streben und gleichzeitig Macht in ihrem Wertesystem emotional negativ laden. Diese Strategie funktioniert weder für die Schüler, noch für die Lehrperson.

Was für die Regelschule gilt, macht auch vor den freien Schulen nicht Halt. Sie sind keineswegs immer der Hort des Guten, wie viele glauben wollen. Ihre Ignoranz gegenüber den eigenen, inneren destruktiven Kräften ist oft größer, weil sie tatsächlich in der Illusion gefangen sind, daß bessere System anzubieten. Ihre Hauptaktivität richtet sich oft auf den Kampf gegen Regelschulen und den umfassenden Schutz der eigenen, eingeschränkten Ideologie des »Guten«. Oft sind freie Schulen unwiderstehlich attraktiv für die unglücklichsten und aggressivsten Lehrer, die man sich vorstellen kann.

Man trifft dort auf Männer und Frauen, die sich nicht unbedingt für Kinder interessieren. Aber sie lieben es, Macht auszuüben und Machtspielchen zu treiben. Ihre Energien wirken enorm zerstörerisch im Klassenzimmer und im Kollegium.

Eines der größten Handicaps der normalen Regelschule ist ihr Verpflichtungssystem. Manche sagen Zwangssystem. Es ist ein Schritt in ein Gefängnis, das sich »Keine Wahl« nennt und paradoxerweise mit Kreativität und Lernen assoziiert ist. In diesem System werden Jungen gezwungen, in eine Schule zu gehen, wo Lehrer sich verpflichtet fühlen zu arbeiten – statt mit Leidenschaft und bewußt getroffener Wahl ihrer Berufung zu folgen. Das Ergebnis ist ein Ort, an dem keiner der Beteiligten wirklich sein will – sich aber verpflichtet fühlt, dort zu bleiben und die Zeit irgendwie »rumzukriegen«. Dieser Zustand wird dann das Leben genannt. Was für eine seltsame Botschaft an das Gehirn eines kleinen Jungen!

Wie bewegt man also ein altes Schlachtschiff, dessen Navigationsgeräte aus dem letzten Jahrhundert stammen und das kaum bereit ist, von seinem angestammten Kurs abzuweichen?[185]

Jungen wollen natürlicherweise lernen. Sie wollen die Besten sein. Und sie lieben Herausforderungen. Lernen für Jungen wird deshalb dort besonders effektiv, wo herausfordernde Tätigkeiten die Suche nach Exzellenz stimulieren. Dieses Lernkonzept kommt ihrer Struktur entgegen.

Das Gehirn-/Geist-System von Jungen ist für Funktionen entworfen, die völlig anders und vielseitiger sind, als sie momentan gebraucht werden. Eine erstaunliche Kapazität für kreative Macht wohnt ihren Genen inne, bereit sich zu entfalten. Ihre angeborenen Geistesfähigkeiten sind nicht weniger als wunderbar, und sie kamen auf diese Welt mit der energetischen Absicht, dieses Vermögen zum Ausdruck zu bringen.

Die Kreativität Ihres Sohnes ist wie eine Geschichte. Sie benötigt eine Stimme, um gehört zu werden. Kreativität ist so unmittelbar Teil der eigenen Lebensenergie. Man lebt durch sie. Manchmal explodiert sie in die Welt. Eine rauhe Kraft, der ein Container fehlt. Wenn es Jungen nicht gelingt, ihre Kreativität in ihrer eigenen Stimme auszudrücken, leben sie in Wahrheit das Leben eines anderen. Sie sterben früh als individuelle Wesen – und leben doch weiter, als Statisten, als Kopien ihrer Eltern und ihres Umfeldes. Deshalb ist es notwendig, daß Jungen ihre Vorstellungskraft aktivieren und in der Welt zum Leben erwecken können. Unsere Aufgabe ist es, diesen Prozeß zu unterstützen und zu schützen.

Verhungernde Imagination

Jungen stürmen in die ersten Klassen mit verrückten Ideen im Kopf. Sie laufen nicht, sie fliegen. Sie träumen davon, zaubern zu können. Aus ihren brennenden Köpfen entspringen merkwürdige Geschichten, selbstgebaute Maschinen, Schrauben, Witze und sehr viel Gelächter. Jungen erzeugen ihre eigene anarchistische Freiheit, ihr eigenes Chaos, Unordnung und Ordnung und auf ihre eigene Weise ihren Zufall. Es dauert jedoch nicht lange, und dann verlassen sie die Schule wieder: frustriert, mit gestutzten Flügeln, Rügen, schlechten Noten und finsteren Gedanken im Gepäck.

Jean Tinguely beginnt 1941 im Alter von sechzehn Jahren seine Lehre als Dekorateur im Warenhaus Globus in Basel beim freischaffenden Dekorateur Joos Hutter. Er beendet sie vier Jahre später, nach seiner fristlosen Entlassung wegen Unpünktlichkeit und fehlender Disziplin. »Jean«, so sein späterer Assistent Sepp Imhof, »hatte ein unwahrscheinliches Vorstellungsvermögen. Er hatte die Maschine, an der er gerade arbeitete, im Kopf, war aber beim Konstruktionsvorgang nicht festgefahren, blieb jederzeit offen und flexibel, hörte nie auf zu ändern, zu improvisieren und zu experimentieren, ließ sich von seiner Phantasie, seiner Spontaneität und seinen Stimmungen leiten. Die Genese eines Kunstwerks war immer eine höchst dynamische Sache.«[186] Tinguely machte das, was er machen wollte. Kompromißlos. Er spielte stundenlang mit den verschiedensten Materialien. Kunst war für ihn das Verzerren einer unerträglichen Realität:»Ich korrigiere die Vision der Realität, die mich im Alltag überfällt. Kunst ist das Korrigieren, das Modifizieren eines Zustandes, Kunst ist Kommunikation, Verbindung … Kunst ist sozial, komplett und total …«[187]

Leidenschaften erwecken Bilder und Images. Sie sind die direkte Verbindung zu unserer Vorstellungskraft.»Leidenschaft ist heilig«, hat D.H. Lawrence einmal gesagt. Ohne Leidenschaft, ohne Verlangen existieren keine Bilder und Images. Und ohne Bilder und Images kann unsere Vorstellungskraft nicht existieren. Unfähigkeit zu imaginieren, ist gleichbedeutend mit der Unfähigkeit zu leben. Wenn wir uns nicht vorstellen können, etwas Bestimmtes zu tun, werden wir es auch nie tun. Wenn Sie sich nicht vorstellen können, höchst erfolgreich zu werden, dann werden Sie es wahrscheinlich auch nie. Wenn wir uns nicht vorstellen können, zu lieben, werden wir es niemals tun.

Jungen und junge Männer werden ständig attackiert, weil sie angeblich »spinnen«, »verrücktspielen«, oder einfach »einen Knall haben.« Gemeint sind ihre überbordenden Phantasien und Wahnsinnsprojekte, die »sie niemals werden realisieren können.« Man wünscht sich, daß sie normaler werden, erwachsener, bodenständiger, geerdet, einfühlsamer und sensitiver. Doch dies ist ein furchtbarer und kastrierender Gedanke gegenüber jungen Männern.

Wie sollen sie jemals vom Boden wegkommen und zu den Sternen aufsteigen ohne dieses irrsinnige, lodernde Feuer? Dieses lodernde Feuer gilt es zu schützen gegen die ganzen »Erwachsen-Macher« in unserer Kultur, die zwar vom Erwachsensein sprechen, aber eigentlich Anpassung meinen.

James Hillman beschreibt, wie er selber als junger Mann in diesen Prozeß geriet, als er in Zürich studierte und sich dort als Analytiker ausbilden ließ. Er war voller Ideen, Enthusiasmus und innerem Feuer, folgte den Stars der einzelnen Disziplinen – und bekam immer wieder die gleichen Sätze zu hören:»Nicht in der Lage, Verantwortung zu übernehmen, um ein richtiger Mann zu werden«, »voller verrückter, unrealistischer Ideen«, »mit dem Kopf in den Wolken«, usw. Die Empfehlung an ihn war, endlich erwachsen zu werden, auf den Boden zu kommen, Verpflichtung zu spüren, Verantwortung zu übernehmen – all diese schweren, guten, protestantischen Worte, die Therapeuten so lieben. Wie fühlte sich das für James Hillman an?

»Wie der Unteroffizier, der morgens um sechs die Tür eintritt, und einem befiehlt, aufzustehen.«[188]

Die Kreativität von Jungen wird oft schon in der Schule und im Elternhaus verbannt. Das Resultat ist, daß Jungen von klein auf sich selber lehren, nicht imaginativ zu sein. Die Beschäftigung eines Jungen mit Phantasie und Imagination ist für seine Entwicklung jedoch äußerst wichtig. Ohne seine Imagination, ohne seine Vorstellungskraft, verliert er den Zugang zu seiner eigenen inneren Stimme. Lehrer wissen vieles. Aber sie verstehen offensichtlich nicht, daß die eigene Stimme nicht aus dem bewußten Teil der Psyche kommt, sondern aus ihrem unbewußten.

Dieser rechtshemisphärische Teil des Gehirns eines Jungen lebt in seinem eigenen Rhythmus, ist kreativ und außerordentlich einfallsreich und Zentrum des wahren und tieferen Selbst. Er folgt seiner eigenen Logik und weiß Dinge, die dem Verstand einer Person niemals zugänglich sein werden. Wir verlieben uns in bestimmte Kunstwerke, wie wir uns in bestimmte Menschen verlieben: aus nicht sehr einsichtigen Gründen.

Die innere Stimme eines Jungen ist so geheimnisvoll, so schwer zu erfassen wie die Stimme eines Romans oder die Technik eines Pianisten. Diese Stimme, diese Vorstellungskraft, diese Leidenschaft kann nicht analysiert werden. Das tut aber die linke Hemisphäre eines Lehrers oder einer Lehrerin dauernd, wenn sie die Vorstellungskraft eines Jungen bewertet, statt sie einfach auf sich wirken zu lassen.[189]

Künstler erleben Imagination in ihrem psychischen System als eine kontinuierliche Erfahrung der Öffnung und der Erneuerung. Darauf hat Gaston Bachelard hingewiesen. Für Yves Klein bedeutete Phantasieren, sich zu entgrenzen, sich in ein neues Leben zu stürzen. Er nannte das die Verwegenheit der Sensibilität.[190]

Sensibilität war für Yves Klein das, »was über unserem Sein existiert und dennoch immerzu unser Eigenstes ist. Das Leben selbst gehört uns nicht, nur mit der Sensibilität, die uns wirklich gehört, können wir es uns erwerben. Die Sensibilität ist die Währung des Universums, des Weltraums, der grossen Natur, die uns gestattet, LEBEN im Rohzustand zu kaufen! Mitgerissen von der Phantasie, erlangen wir das ›Leben‹, das Leben selbst, das die absolute Kunst ist.«[191]

Imagination ist ein enorm wirksames Handwerkszeug, das so sehr mißverstanden wird. Imagination ist die Erschaffung von Vorstellungen, die sinnlich nicht vorhanden sind. Diese sind Voraussetzung dafür, daß überhaupt etwas entstehen kann. Ein Tischler, der sich den Stuhl oder Tisch, den er bauen will, nicht vorstellen kann, wird diesen niemals bauen.

Ein neun Jahre alter Junge wurde wegen schwerer psychischer Probleme zu einem Psychologen gebracht. Dieser Junge war verwirrt, desorientiert, sehr ängstlich und unfähig in die Schule zu gehen oder am normalen Alltagsleben teilzunehmen. Seine Eltern waren gebildete Leute, die ihrem Sohn ihrem besten Wissen entsprechend jede Gelegenheit, jeden Reiz und jegliche nährende Atmosphäre schenkten. Es waren zwei praktische, sachliche Menschen, die ganz entschieden dafür eintraten, ihren Jungen nicht dem lächerlichen Unsinn auszusetzen, der die meisten anderen Jungen zu plagen schien.

Sie wollten ihren Sohn aufrichtig erziehen und verfielen niemals in die bequemen, faulen gesellschaftlichen Lügen, von denen sie glaubten, daß sich die meisten Eltern damit einfach die lästige Fragerei vom Leib hielten. Sie reagierten auf Fragen nach der Geburt nicht mit Storchengeschichten, sondern erklärten den gesamten Vorgang der Fortpflanzung, vollständig mit Bildern und Diagrammen. Es gab da keine Phantasiegeschichten vom Nikolaus, keine Elfen oder Schutzengel in der Nacht. Sie entschieden sich, ihm die Literatur mit äußerster Sorgfalt vorzulesen, stellten sicher, daß sie verständlich und informativ war.

Der Junge reagierte glänzend: ein sich klar ausdrückendes, gedankenreiches, frühreifes Kind. Seine Konversationen im Alter von fünf Jahren waren erstaunlich. Aber die Dinge fielen auseinander, als der Junge ungefähr sieben Jahre alt war. Der Fortschritt schien aufzuhören.[192]

Der Kindergarten hatte nicht funktioniert, der Junge war nicht in der Lage, von seinen Eltern getrennt zu sein – und die Situation verschlechterte sich laufend. Er litt an nächtlichen Panikattacken und wurde dünn und zerbrechlich. Nach einem Jahr erfolgloser Behandlungen überließ der leitende Psychologe schließlich dem Jungen die Führung und beschränkte sich darauf, genau auf die Hinweise zu achten, die der Junge ihm gab. Die Diagnose ergab schließlich, daß das Intelligenzwachstum des Jungen im Alter von fünf Jahren zum Stillstand gekommen war. Ihm fehlte eine wichtige Zutat: Imagination und Phantasie.

Der Therapievorschlag dieses außergewöhnlichen Psychologen war für die vernünftigen und gebildeten Eltern des Jungen ein Schock: Sie sollten ihrem Sohn nichts anderes als Phantasiegeschichten oder Märchen vorlesen. Ihre Aufgabe bestand darin, mit ihm zu den Blumen zu sprechen, Zwiegespräche mit den Bäumen und dem Wind zu halten, jeden Winkel und jede Ritze mit imaginären Wesen zu beleben: Zwergen, St. Nikolaus, Engel, Feen und wunderbaren Zauberern, Wolkenschlössern und sprechenden Tieren.

Innerhalb von wenigen Monaten war ihr Sohn wieder wohlauf, und ihm gelang der Anschluß in der Schule. Er wurde ein gesunder und glücklicher Junge. Das fehlende Teil seiner Entwicklung, seine Vorstellungskraft, wurde ausgefüllt und durfte so funktionieren, wie die Natur es eingerichtet hat: erfolgreich.[193]

Das eigene innere Feuer aufzugeben oder zu löschen ist kein Beweis dafür, daß man ein erwachsener Mann wird. Es ist ein Hinweis, daß man ein alter Mann geworden ist. »Zeigen Sie mir einen Menschen«, so Mister McAllister in Peter Weirs Film *Der Club der toten Dichter* an den Mentor und Lehrer der Jungen, John Keating, gewandt, »der frei ist von törichten Ideen – und ich zeige Ihnen einen zufriedenen Menschen.«[194]

So denken alte, erstarrte Männer. Männer, die schon gestorben sind, obwohl ihr Herz noch schlägt. Deren Herz keine Verbindung mehr hat zu ihren Leidenschaften. Es ist nur noch dieses Organ, wie eine Maschine, welches das Blut durch ihre Adern pumpt, während der Geist eines Mannes in Agonie versinkt. Viele erwachsene Männer, viele Lehrer, leben in diesem Zustand, haben sich dort eingerichtet. Und es ist furchtbar, wenn sie jungen Männern diese Agonie als Modell aufzwingen wollen.

Ohne das innere Feuer unserer Ideen, ohne unsere Vorstellungskraft, kämen wir im wahrsten Sinne des Wortes nicht vom Fleck. Würden wir nur aus unseren Erinnerungen heraus leben, wären wir dazu verdammt, die Vergangenheit auf ewig zu wiederholen. Unsere Überzeugungen würden uns daran hindern, zu glauben, daß es auch anders gehen könnte.

Yves Klein bezeichnete Feuer als die deutlichste alchimistische Kraft, die Schwelle zwischen Leben und Tod, fähig, Materie zu dematerialisieren und in einen veränderten Zustand zu versetzen. Er sah in der widersprüchlichen Beschaffenheit des Feuers, etwas zu zerstören und gleichzeitig Neues hervorzubringen, ein universelles, absolutes Prinzip.

»Das Feuer bedeutet für mich Zukunft ohne das Vergangene zu vergessen. Es ist das Gedächtnis der Natur.«[195]

Wir vergleichen alle gegenwärtigen und neuen Erfahrungen mit dem, was sie aus der Vergangenheit gelernt haben und was in unserem Gedächtnis abgespeichert ist. Unsere Seele, unser Verlangen wird nicht mehr aktiviert. Wir werden fett und träge. Das ist das Phänomen einer hochentwickelten Kultur, in der Übergewicht und Diäten inzwischen an der Tagesordnung sind. Das muß etwas mit unserem frustrierten, irritierten und blockierten Appetit zu tun haben. Dieser ist nichts anderes als der Ausdruck eines frustrierten und blockierten Geistes. Als ob in dieser Hülle aus Fett ein junger Mann sitzt, eingesperrt, ohne Möglichkeit zu träumen und sich auszudrücken. Fett als Ersatz für dieses spirituelle Verlangen.

Oder als Ausdruck dafür, wie unsere Kultur versucht, Energie zu aktivieren: durch Verschlankung von Unternehmen, Bürokratien oder durch persönliche Diäten, sogar durch operative Verkürzung des Magen-Darm-Traktes – der endlose Kampf gegen den frustrierten Geist und seinen unnachahmlichen Appetit, der Fettschicht auf Fettschicht türmt, weil er nicht das tun kann, was er wirklich tun will.

Imagination ist expansiv, Überzeugungen sind begrenzend. Und wir brauchen beide. Wir können Überzeugungen, die unser Wachstum verleugnen, durch unsere »Imagination« überschreiten. Auf diese Art gibt es nur Zugewinn und keine Verluste. Die Überzeugungen, die wir haben, können durch Anwendung unserer Imagination neu eingeschätzt werden. Wenn Jungen ihrer Vorstellungskraft vertrauen können, werden sie mehr Unabhängigkeit entwickeln: Sie können die Stimme der Zukunft hören – eine andauernde Quelle der Information, die »ohne zu lernen« kommt.[196]

Diese innere Stimme sagt Jungen, daß sie in naher oder ferner Zukunft jemand anders sein können, der großartiger und weiter ist als die Person, die sie gerade sind. Und sobald die Vorstellungskraft eines Jungen eine Idee für die Zukunft entwickelt hat, wird seine Seele ihm helfen und von der anderen Seite eine Brücke bauen. Warum Männer an ihren Arbeitsplätzen oder in ihren Umkleideschränken Bilder von Pin-Up-Girls aufhängen? Um die Leidenschaft am Leben zu halten oder wiederzubeleben, die ihnen verlorengegangen ist. Sex ist eines der besten Mittel für Jungen und Männer, eine verhungernde Imagination am Leben zu erhalten und neu zu fokussieren. Die Bilder und Images kommen schnell. Wenn Ihnen also Jungen oder Männer begegnen, die ständig über Sex reden müssen, ist dies ein sicherer Hinweis, daß ihre Vorstellungskraft am Verhungern ist und ihre Leidenschaften brachliegen.

Zu viele Negativ-Feedbacks

Abstraktionsfähigkeit, Generalisierung und Kritikfähigkeit sind wichtige Werkzeuge in einer sich ständig wandelnden und beschleunigenden technologischen Zivilisation. Aber was für Maschinen und Computer gelten mag, entwickelt im Kontakt mit Personen andere Gesetzmäßigkeiten. Kritikfähigkeit in unserer Kultur zu entwickeln bedeutet oft genug, sich darin einzuüben, andere zu verletzen. Dabei kollidieren zwei Facetten des menschlichen Geistes miteinander: der kognitive Verstand und der emotionale Geist.[197]

Mit zwölf Jahren sind die meisten Jungs vollgestopft mit negativen Urteilen und Meinungen aus ihrem Umfeld. Ihnen wird sehr deutlich signalisiert, daß die Art, wie sie nun mal sind, absolut nicht o.k. ist. Dies alles sind Nachrichten des kognitiven Verstandes. Der kognitive Verstand liebt Kritik, weil er glaubt, damit Dinge steuern zu können und die Kontrolle über etwas zu erhalten. Tatsächlich erzeugt er genau das Gegenteil. Unser Verstand ist auf diesem Territorium vollkommen überflüssig. Er ist zuständig für fast alle emotionalen Desaster zwischen Menschen. Die Kritiker und die Kritik rollen an Jungen und junge Männer heran wie die täglichen Züge in die Bahnhöfe oder die Flutwellen in den Katastrophengebieten. Welcher Junge oder junge Mann ist in der Lage, sich dagegen resolut zu wehren? Johnny konnte das. Aber welcher Junge ist schon wie Johnny Beck?

»Harris sagte: ›Mister Beck, wollen wir unsern Krieg wieder von vorn beginnen?‹

›Ist das eine Frage?‹ erkundigte sich Johnny und stocherte in seinen Zähnen.

›Das ist eine Frage, Mister Beck‹, sagte Harris kopfwackelnd.

›Sie und ich haben Ihr Verhalten diskutiert. Wir waren einer Meinung, daß Sie sich bemühen wollten, ein besserer Schüler zu werden.‹

›Richtig, Mister Harris‹, sagte Johnny, ›aber können wir nicht erst umräumen und dann über mich reden?‹

›Nein!‹ schrie Harris.

Er fuhr zusammen – aus Schreck über sich selber.

Er setzte sich schnell wieder, dachte nach. Keiner sagte ein Wort. Ich fühlte, daß jeder Lust hatte loszuschreien, aber keiner hatte den Mut.

›Okay, John‹, sagte Harris, ›reden wir, reden wir über die Schüler, die begabt sind, sich aber einfach keine Mühe geben.‹

›Okay, Mister Harris, reden wir über Lehrer, denen die Frau weggelaufen ist.‹ Johnnys Stimme kam tief aus seinem Brustkasten.

Die Luft im Raum war zum Schneiden dick.

Harris erstarrte, und dann zeigte er, wozu er in der Lage war:

›Gut. Reden wir über Jungs, die keinen Vater haben und eine Mutter, die ...‹

Johnny federte hoch. Er schrie:

›Reden wir über Lehrer, die zu viel saufen!‹

Harris kreischte: ›Und jetzt verschwinden Sie, Beck!‹

Er zeigte zur Tür.

Johnny ging mit gesenktem Kopf, aber in der Tür drehte er sich um.

›Ich weiß, Babyarsch, du bist ein ganz, ganz harter Junge.‹

Wir lachten. Kaum zu glauben. So was hatten wir noch nicht gehört.

›Raus!‹ Harris' Stimme überschlug sich.

Wir waren ganze fünf lange Minuten steif und still.

Er stammelte: ›Es muss doch geradezu ein Alptraum für Eltern sein, ein Kind zu haben, das ins soziale Abseits driftet, und sie können nur tatenlos zusehen.‹

Das sollte sein Versuch sein, die Klasse wiederzubeleben.

Ich sagte: ›Ich glaube, alle Eltern träumen nur von einem, ihre Kinder verbrennen zu sehen.‹

Aber ich sagte es nicht laut.«[198]

Erwachsene wollen Situationen mit Jungen, die ihren Wünschen zuwiderlaufen, nicht akzeptieren. Unser Verstand identifiziert sich so stark mit dem Wunsch, es wäre anders als es ist – ganz besonders in kritischen Situationen mit Jungen. Der Verstand von Mister Harris will analysieren und erklären. Dieser Teil in Mister Harris meint, er könne alles, was er versteht, auch kontrollieren. Und wenn er die Gründe kennt, glaubt er, seinen Willen nutzen zu können, um die Umstände nach seinen Vorstellungen zu verändern. Der Verstand, als *eine* Facette unseres multiplen Geistes, muß dauernd etwas tun und kann nichts akzeptieren, das fertig und einfach da ist. Es ist dieser Teil in einem Lehrer oder einer Lehrerin, der alle wahnsinnig macht: die Schüler, die Eltern, das Kollegium und die Partnerin oder den Partner zu Hause. Es kommt dem kognitiven Verstand einer Person *niemals* in den Sinn, seine Wünsche an die Umstände anzupassen. Das würde der emotionale Geist einer Person tun.

Der Verstand ist stets auf die Zukunft ausgerichtet und sehr mit Wünschen, Besitzstreben und Kontrolle beschäftigt. Er ist glücklich, wenn er das Objekt seiner Begierde erhält – nicht weil das Objekt für ihn so attraktiv ist, sondern weil die Begierde selbst momentan gestillt ist. Der Verstand muß stets Gründe haben. Die emotionale Seite des Geistes dagegen sucht nach Erfahrung. Es ist der Weg, auf dem Erkenntnis gewonnen werden kann. Die Erfahrungen, die wir machen: das ist die Tiefe, in der wir tatsächlich leben.

»Noch im Morgenmantel begleitete sie ihn in die angrenzende Garage. Die Tür öffnete sich auf Knopfdruck und schob sich knirschend und klappernd zur Decke hoch. Die feuchte, staubige Luft geriet in Bewegung. Licht strömte herein und enthüllte zwei Autos: Pauls Audi und Joannas Alfa Romeo.

Sie stellte sich auf die Zehenspitzen, küsste ihn heftig und biß ihn dann in die Unterlippe. Er fuhr zurück. Im Inneren seines Mundes spürte er einen leichten Blutgeschmack. Sie starrte ihn an.

›Es ist leicht einander zu verletzen‹, sagte sie. ›Was schwer ist: einander nicht zu verletzen.‹

Sie ging zurück in die Küche, bevor Paul antworten konnte.«[199]

Kleiner Hase

Als Nicolas Zuberbühler sich an diesem Tag auf den Schulweg macht, geht er auffallend langsam weg. Immer wieder schaut er auf sein Elternhaus zurück, ganz nachdenklich. Daran wird sich sein Vater später als erstes erinnern: an diesen langen Blick. Nicolas hat alles genau geplant. Bis ins letzte Detail. Er weiß, was er zu tun hat.

Es ist der 14. Februar 2000. Montagmorgen. Ich befinde mich gerade auf dem Weg nach Schwerin, um einen Vortrag über Jungs zu halten. Das Thema des Vortrags lautet: Verwundete Krieger. Es ist ein strahlend blauer Tag, ungewöhnlich schön für diese Jahreszeit.

Zur gleichen Zeit ist Nicolas auf dem Weg zum Primarschulhaus von Pfyn TG. Auf dem Schulhof zeigt er zwei Schulkameraden eine Walther PPK, Kaliber 7,65, und sagt ihnen, daß er sich umbringen wird. Sie glauben ihm kein Wort. Die Waffe halten sie für eine seiner Softguns.

Zwanzig Minuten später, um 7 Uhr 45, setzt sich der dreizehnjährige Junge auf dem WC des Primarschulhauses die Waffe an seinen Kopf. Dann drückt er den Auslöser.[200]

Ein paar Stunden später findet Ueli Zuberbühler im Zimmer seines Sohnes einen Brief. Er zittert, als er den Brief liest. Sein einziges Kind, sein Sonnenschein, sein Nicolas lebt nicht mehr. Auf dem Schreibtisch, neben dem Schreiben, findet er das weiße Schlaftuch von Nicolas und eine Gummifigur von Lucky Luke, mit einer Pistole gegen die Schläfe gerichtet. Und ein gelbes Taschentuch liebevoll drapiert. Für die Tränen seiner Eltern.

»Mein Leben hat keinen Sin mehr. Fragt alle meine Freunde um ein Puzzle der Lügen herzustellen. Ich bin faul unzuferlässig und zerstöre alles was den anderen ist. Bitte Weint nicht. Was meine Sachen angeht verschenkt sie an alle meine Freunde. Es tut mir leid für alles ich werde von forne anfangen, vieleicht bin ich im nächsten Leben besser.«[201]

Weiß irgendjemand, wo die Liebe Gottes hingeht, wenn die Minuten zu quälenden Stunden, die Stunden zu Tagen voller Gram werden? Tage, die sich endlos ausdehnen?

Jährlich setzen allein in Deutschland mehr als zweitausend Jungen und Männer solch einen Schlußpunkt unter ein Leben der Verzweiflung, des verletzten Stolzes und der verlorenen Würde. Niemanden außer den Angehörigen interessiert das wirklich. Aber jeder einzelne von ihnen könnte Nicolas sein.

Es ist schlimm, wenn die eigenen Kinder sterben. Die Frage des Weiterlebens beschäftigt Eltern dann nicht mehr. Es geht nur noch darum, wie sie das irgendwie überleben können: den brennenden Schmerz, den man oft nur betäuben kann und der nicht mehr weggeht, die ständigen Fragen nach den Gründen, die Selbstzweifel, die Entfremdung von sich und seinem Partner oder seiner Partnerin. Es ist keine Welt mehr, in der es noch zu leben lohnt. Dies hier ist der wirkliche Alptraum. Und er verschwindet nicht.

Alle Anteilnahme von Freunden und Verwandten ist akademisch. Niemand versteht wirklich, wie sich das anfühlt. Das Gefühl, so viel von sich gegeben zu haben und das Wissen darum, daß nichts mehr da sein wird, wenn man geht. Niemand kann das wirklich nachempfinden. Und immer wieder kommen Momente, wo nur das eine Wort übrigbleibt: warum?

Es ist ziemlich sicher, daß viele Jungen an ihrem eigenen Perfektionswahn scheitern, einem Perfektionswahn, den sie aus der Erwachsenenwelt übernommen haben.

Nicolas ist gegangen, um von vorne anzufangen. Der innere Druck und seine tiefsitzenden Ängste müssen zum Schluß unerträglich gewesen sein. So unerträglich, daß er das Gefühl gehabt haben muß, keine Wahl mehr zu haben. Wahrscheinlich gab es niemanden in seinem Umfeld, dem er sich wirklich anvertrauen konnte. Oder der ihm wirklich hätte helfen können, die quälenden Gedanken an eine Perfektion gehen zu lassen, die er glaubte, niemals erreichen zu können. So ist es nicht die Liebe Gottes, die ihn befreit hat, sondern ihre Abwesenheit in seinem Inneren. Er wußte nichts mehr von ihr. Die Frage, die sich stellt, ist: Wer kann Jungen von dieser Liebe erzählen?

Ich schaue auf ein Foto von Nicolas und sehe einen aufgeweckten Jungen von dreizehn Jahren, strahlende blaue Augen, ein offener, intelligenter Blick, Sommersprossen und eine zerfranste Ponyfrisur. Es ist das Gesicht eines einfühlsamen und sensitiven Jungen. Seine Mutter nannte ihn immer *petit lapin* – ihren kleinen Hasen. Sie legte sein Schlaftuch mit in sein Grab.

9 Verwundete Krieger

Jungen haben keine Vorstellung, wie stark Menschen wirklich sein können. Und sie wissen noch nicht, was für furchtbare Dinge Menschen sich gegenseitig antun können. Sie wissen nichts über ihre Sterblichkeit, und ihnen stehen harte Lektionen bevor.

Aber dies ist nichts, wofür man sie bedauern oder wovor man sie in Schutz nehmen sollte. Es ist das Leben selbst, das sich mit Macht zu entfalten beginnt. Und was wären tiefe Freude und Euphorie ohne ihren Gegenpol? Schmerzen und Verwundungen sind unverzichtbarer Bestandteil eines jungen Lebens, das seiner Seele eine Reise auf unbekanntes Terrain und damit Fülle und Erfüllung ermöglicht. Das Mysterium der eigenen Existenz entfaltet sich. Der Preis ist der Verlust der Unschuld.

Es ist nicht sinnvoll, ihnen diese Erfahrungen ersparen zu wollen. Das ist besonders für Eltern ein hartes Brot. Es ist wichtiger, ihnen den Lehrcharakter dieser existentiellen Episoden des Lebens zu vermitteln. Darin liegt eine der wesentlichen Aufgaben von Vätern und Mentoren.

Seit der Schriftsteller Norman MacLean das biblische Alter von dreimal zwanzig Jahren und zehn Jahren weit überschritten hatte, fühlte er immer stärker, daß er seine Dankbarkeit, noch immer auf der Sauerstoffseite der Erdkruste zu weilen, nur dadurch zum Ausdruck bringen konnte, indem er sich entschloß, nicht bei dem stehenzubleiben, was er bisher erkannt und geliebt hatte: »Solange der Sauerstoff reicht, gibt es immer noch neue Dinge zu lieben, besonders wenn Mitleiden eine Form der Liebe ist.«[202]

Das Mitleiden mit Jungen und jungen Männern ist so notwendig. Es ist notwendig, um zu verhindern, daß sie zu erwachsenen Männern werden, die, getrieben von ihren ungeklärten Ängsten und Schmerzen, ein Leben in Agonie und Entfremdung leben müssen, während sie gleichzeitig zu demonstrieren versuchen, daß sie alles unter Kontrolle haben.

Um die mit diesem Verhalten verbundenen möglichen schrecklichen Konsequenzen zu vermeiden, um die Flüchtigkeit zu verringern, die inhärenter Aspekt eines jeden unsicheren und verwundbaren männlichen Egos ist, müssen wir die Bilder und Metaphern verstehen, welche die Existenz eines jungen Mannes dominieren. Wir müssen verstehen, was es bedeutet, ein »richtiger Mann« zu sein.

Aggressives Verhalten als Indikator für Distress

Die Eruption männlicher Gewalt signalisiert die Anwesenheit instinktiver, archetypischer Gefahr, begleitet von einem Gefühl der Verzweiflung. Oder, schlimmer noch, ein Gefühl, daß die Katastrophe bereits stattgefunden hat, daß ein Junge deshalb machtlos ist, ohne Phallus – psychologisch kastriert und ohne jeden Einfluß auf sein Leben.

Als unvollkommene Wesen, getrieben von ihrem phallischen Drang nach Anerkennung und Status, leben sie alltäglich mit einer fürchterlichen Angst vor dem Verlust ihrer Potenz. Sie blenden hier und betrügen dort, um ihr inneres Bild aufrechter, phallischer Stärke zu schützen. Sie lernen schnell und mit zunehmender Erfahrung, daß die Welt voll furchterregender Ereignisse ist. Die Diskrepanz zwischen den inneren Erwartungen, ein »richtiger Mann« zu sein und ihren noch ungelenken halbwüchsigen Handlungen in der Außenwelt ist meist zu groß. So erleben sie sich als impotente Wesen, in die Ecke gedrängt von riesigen und nicht zu erklärenden Mächten. Angst vor Impotenz und Kastration können in ihnen deshalb starke innere Gefühle von Terror, Zorn und Wut hervorrufen.

Gewaltbereitschaft als Reaktion auf erlebte und nicht verarbeitete Kastrationen ist dort besonders eklatant, wo es jungen Männern an Nahrung und Segnung durch ein positives und strukturbildendes väterliches Vorbild gefehlt hat. Der Vater (oder Mentor) steht hier stellvertretend für Autorität und Selbst-Respekt, zwei Qualitäten, die jeder junge Mann dringend benötigt, vor allem wenn er immer noch offene Wunden durch Kastrationserfahrungen in sich trägt.

»Ich glaube nicht, daß ich besonders aggressiv bin; zum Teil liegt das wohl daran, daß meine intellektuellen, kulturellen und ererbten Fähigkeiten weit über denen der anderen 98 Prozent Idioten liegen, mit denen ich dauernd zu tun habe. Außerdem sind diese kugelköpfigen Fitneßapostel und Ach-so-Heiligen, aus denen die angeblichen restlichen zwei Prozent bestehen, ja sowieso Schwächlinge, die ich so (er schnalzt mit den Fingern) fertigmachen könnte, wenn ich nicht so verdammt viel damit zu tun hätte, die anderen 98 Prozent davon abzuhalten, mir eins auszuwischen. Um aber Ihre Frage zu beantworten: Wenn ich meine angeborene Bescheidenheit und mein Mitgefühl für andere Menschen vielleicht etwas mildern könnte ...«[203]

Es ist bemerkenswert, einen erwachsenen Mann in verantwortlicher Position so reden zu hören. Unbewußt gespeicherte Stressoren bleiben den meisten Männern zeit ihres Lebens verborgen, weil sie keinen Zugang zu ihren unbewußten Prozessen finden und niemand ihnen gezeigt hat, wie die Ablösung von solchen Feindseligkeitsmustern funktioniert. Die übliche kultivierte Verteidigungsstrategie liegt in einer Rationalisierung auf der Ebene des Verstandes. Doch die unterschwelligen aggressiven Emotionen lauern wie Alligatoren unter Wasser.

Einem intelligenten, erwachsenen Mann mit Sinn und Verstand zuzuhören, der dieser Strategie verfallen ist, ohne es an sich zu bemerken, ist ein erstaunliches Phänomen. Dies ist nur ein Beispiel von vielen, was mit erwachsenen Männern geschieht, die erlebte Verletzungen, Niederlagen und Gefühle von Unterlegenheit auf emotionaler Ebene nicht haben integrieren können. Es ist völlig unmöglich, ihnen zu vertrauen. Unbewußt schaffen sie sich im Alltag durch ihre Verteidigungsmuster und ihre latente Feindseligkeit im Umgang mit anderen Menschen genau jene Situationen, die sie darin bestätigen, daß jemand ihnen ans Leder will. Schlimmer noch: sie dienen der nächsten Generation von Jungen und jungen Männern als Modell für die Unfähigkeit eines erwachsenen Mannes, sich mit sich selber zu konfrontieren.

Junge Männer, vor allem jene, die auf der Straße leben und überleben müssen, haben wenig Zeit für solche intellektuellen Rationalisierungen. Sie fackeln nicht lange und reagieren spontan auf subjektiv empfundene Bedrohungen in ihrem eigenen Stil. Es sind furchtlose junge Männer, die meisten von ihnen nicht wirklich bösartig, die sich auf jeden Kampf einlassen würden. Ihre Kultur des Kämpfens ist die einzige, in der sie sich wirklich auskennen und der sie vertrauen. Und man kann ihnen nichts vormachen. Sie reagieren äußerst explosiv, wenn ihre Männlichkeit in Frage gestellt wird. Die Bedrohung ihrer Männlichkeit ist subjektiv für sie sogar gravierender als die Sorge um das eigene Überleben. Denn in der symbolischen Welt, in der Männer leben, wird fast alles als Herausforderung an die männliche Würde interpretiert. Schlimme und furchterregende Akte der Gewalt erwachsen dann aus eher trivialen Beleidigungen.[204]

Besonders bei jungen Männern ist also der Zusammenhang zwischen ungesundem Verhalten und Identitätsängsten sehr stark ausgeprägt. Auf der Suche nach den tieferliegenden Ursachen für diese eingangs erwähnten spezifisch männlich-psychosozialen Symptome hilft der Blick auf vergleichende anthropologische Forschungen: Dort erkennt man die Notwendigkeit, einen Mann »zu machen« als ein universelles Phänomen, das sich in den unterschiedlichsten Kulturen wiederfindet – und das in allen Kulturen mit enormen Stressoren verknüpft ist.[205]

Danach wird Männlichkeit einem Jungen nicht einfach in die Wiege gelegt, sie entwickelt sich keinesfalls natürlich. Sie muß erworben und anscheinend immer wieder neu bewiesen werden. Es ist das Konzept einer Männlichkeit, die wertvoll und verwundbar ist und deshalb unbedingt verteidigt werden muß.

Storyboy

Der Junge, der im November des Jahres 2000 in Avonmore, Ontario, für zwei Monate ins Gefängnis gesperrt wurde, war zum Zeitpunkt seiner Verhaftung fünfzehn Jahre alt. Er hatte bis zu diesem Tag niemandem etwas getan. Weder hatte er seine Schulkameraden verprügelt, noch eine Waffe gezückt oder eine Bombe versteckt. Er hatte nur eine Geschichte geschrieben. Und er bestreitet bis heute, seine Klasse zum Zuhören gezwungen zu haben.[206]

Er war nach vorne gekommen, mit dem Rücken zur Tafel, hatte sich ein paarmal verhaspelt und seinen Aufsatz vorgelesen. Nach fünf Minuten war es vorbei. Seine Englisch-Lehrerin lobte ihn kurz und nickte: mit *Twisted* [207] hatte er auf einen Schlag die Aufmerksamkeit seiner Mitschüler gewonnen. In dieser Stunde hörte ihm wirklich jeder zu.

Wenige Tage später wurde dieser Junge verhaftet. Die Anklage lautete auf »Androhung von Mord«. Er saß fast zwei Monate im Gefängnis, über Weihnachten, Neujahr und an seinem sechzehnten Geburtstag. Kurz nach Weihnachten wurde sein vierzehnjähriger Bruder auf einer anderen High School verhaftet, weil er mit ruhiger Stimme seinen Mitschülern den Tod angedroht hatte.

Bei einer Hausdurchsuchung im Elternhaus fand die Polizei weder Sprengstoff noch Waffen – aber verzweifelte Eltern, die ihre Jungs »so schnell wie möglich aus diesem Schlamassel heraushaben wollen«.[208]

Im September soll den beiden Brüdern in Ottawa der Prozeß gemacht werden.

Weil jugendliche Straftäter in Kanada nicht namentlich genannt werden dürfen, taufte die örtliche Tageszeitung *Ottawa Citizen* den Jungen um: Sie nannten ihn *Storyboy* – der Junge mit der Geschichte. Und hier ist seine Geschichte.

»Da war dieser Junge, der sein ganzes Leben lang gequält und gepiesackt wurde, bis er am Rand des Wahnsinns stand. Sein ganzes Leben bestand aus einem einzigen Test, denn alles wurde ständig auf die Probe gestellt: seine Geduld, seine Nerven, seine Gefühle, seine Grundsätze.

Pausenlos hackten sie auf ihm rum, die Lehrer, die Schulleiter, aber am schlimmsten von allen die Schüler. Ich könnte stundenlang Beispiele dafür erzählen, wie sie ihn hassten. Sie hassten ihn ohne besonderen Grund, nur weil es ihnen Spaß machte. Auch seine Lehrer konnten ihn nicht leiden: Sie schmierten ihn an und tricksten ihn aus. Warum auch nicht – wo sie doch ihre Lieblingsschüler hatten.

Lehrer haben immer ihre Lieblinge und ihre Spielzeuge, auch wenn sie das noch so sehr abstreiten. Die Spielzeuge, mit denen spielen sie und lassen sie dann fallen. Die Lieblinge aber werden bevorzugt, ganz toll gefunden und zur Not wird eben ein Auge zugedrückt. Na ja, also die Lehrer konnten ihn eben einfach nicht leiden. Das war alles. Aber am Ende waren es die Schüler, die das Fass zum Überlaufen brachten. Ja, absolut: Es waren die Schüler. Denn die haben ihn zur Sau gemacht.

Egal, wie sehr er sich bemühte: In ihren Augen machte er immer etwas falsch. Und er bemühte sich wirklich sehr. Denn am Anfang wollte er so sein wie die anderen. Am Anfang, das heißt bis zur 7. Klasse. Doch langsam bekam er den Durchblick und merkte, daß er da nicht reinpasste. In der 9. Klasse machte es ihm allmählich Spaß, daß er anders war. Daß er ein Ausgestoßener war. Da fand er die blöden Sprüche schon wieder lustig, weil sie nicht mehr ihm galten, sondern irgendjemand anderem – irgendjemanden, der nur noch an der Oberfläche mit ihm zu tun hatte. Irgendwann in dieser Zeit hat er sich langsam, aber sicher von der Welt verabschiedet und einen dicken Schutzwall um sich herum gebaut. Einen Schutzwall mit vielen, vielen Schutzschilden drum herum. Es waren so viele Schilde, daß er irgendwann das Muster sehen konnte, aus dem das Leben zusammengesetzt ist. So viele Schilde, daß er all die kleinen Löcher und Risse darin sah, die Makken und Fehler.

Da entdeckte er, was das Leben ist: Schmerz. Wenn du lebst, empfindet ein anderer Schmerz. Wenn du ißt, empfindet ein anderer Schmerz, damit du essen kannst. Selbst das einfachste Gefühl ist nichts weiter als viele kleine Elektroschocks, die von den Nerven kommen. Jede Tat, jeder Gedanke und jede Schöpfung beruht auf Schmerz.«[209]

Beide Jungs wurden von ihren Schulen verwiesen und unter verschärften Hausarrest gestellt. Sie durften weder ohne Begleitung ihrer Eltern aus dem Haus gehen noch Klassenkameraden anrufen oder im Internet surfen. Es wurde ihnen nicht erlaubt, sich auf weniger als fünf Kilometer ihren alten Schulen zu nähern. Es ist der Winter ihrer Beerdigung. Sie wollen alles vergessen.

Im August 2002 meldet die Deutsche Presse-Agentur, daß ein sechzehnjähriger Junge, der im März 2001 an der Santana High School in Santee, einem Vorort von San Diego, zwei Mitschüler getötet und dreizehn Menschen verletzt hat, die nächsten fünfzig Jahre im Gefängnis verbringen wird. Frühestens im Alter von fünfundsechzig Jahren, so die Auflage der Richter, könnte er auf Bewährung entlassen werden.[210]

Zorn

In einem jungen Mann ist mehr als die Abwesenheit von Glück. Es ist ein Gefühl des umfassenden Betruges. Dieser endlos lange Strom der Agonie. Keine Stimme, die einen ruft. Ein Leben und doch kein Leben. Jemand wird dafür bezahlen müssen. Soviel ist sicher. Die Stimmung schlägt plötzlich und unerwartet um. Wen es trifft, ist für niemanden wirklich vorherzusehen. Keine mildernden Umstände vor Gericht, auch nur ansatzweise. Und doch bricht es hervor, wie ein Vulkan: eine Mischung aus verletztem Stolz, Schmerz und Demütigung. Kein wirklicher Ausweg. Wie sich das anfühlt? Kaum zu beschreiben. Richard Van Camp gelingt es mit wenigen Sätzen:

»Ich. Damals in Fort Rae. Es ist der Sommer meiner Kreuzigung. Ich will alles vergessen, aber ich kann die Erinnerung nicht loswerden. Ich versuche sie mir abzuwaschen. Ich nehme gleich zwei Bäder am Tag. Mein Herz kann ich zwar unter Wasser schlagen hören, aber sonst? Die Haut auf meinem Rücken trocknet aus, bis sie reißt und es ein Geräusch gibt wie splitterndes Holz, wenn ich mich bewege.

Ich bin zwar reingewaschen, aber stinke doch nach Verwesung. Mit einem Messer kratze ich das Wort NEIN auf die Rückseite aller Spiegel bei uns zu Hause, vielleicht hundertmillionenmal. Damit Mom sieht, daß ich NEIN zu ihr sage, zu meinem Vater: NEIN, zur Welt: NEIN. Und NEIN zu all ihren Taten, die nicht zu verzeihen sind.

Ich geh raus auf die Schnellstraße, die nach Edzo und Yellowknife führt. Ich geh dicht ran, gefährlich dicht. Ich winke den Truckern zu. Die drücken auf ihre Hupen. Ich bin noch ein Kind und darf Fremden zuwinken.

Ich muss zu einem Therapeuten. Ich soll ein Bild malen. Von mir, wie ich mich sehe. Ich male ihm einen Wald. Er sieht sich's an und sagt, daß niemand drauf ist. Klar bin ich drauf. Nur schon unter der Erde.«[211]

Wenn Sie etwas über den abgrundtiefen Zorn und Schmerz von Jungen wissen wollen, müssen Sie lernen, deren Gedanken und Gefühle zu lesen und zu verstehen. »Yes, I am lying in the ground«, schreibt Osip Mandelstam, »but my lips are moving«.

Es ist für einen jungen Mann schwierig zu begreifen, daß ihn niemals irgend jemand wirklich verstehen wird. Die wenigsten gestatten dem Schmerz darüber an die Oberfläche zu kommen. Die Folgen für das Umfeld können katastrophal sein, besonders wenn sich diese Schmerzen und Ängste über Jahre systematisch aufbauen, ohne daß selbst die engsten Freunde und Familienangehörigen etwas bemerken.

Es bedurfte offensichtlich der Katastrophe von Erfurt im April 2002, um dies einer Kultur deutlich vor Augen zu führen, die sich kontinuierlich weigert, anzuerkennen, in welcher teilweise dramatischen emotionalen Zerrissenheit gerade junge Männer heute leben und aufwachsen.

Der Amoklauf von Erfurt

Für viele Menschen war der Amoklauf von Robert Steinhäuser im Frühjahr 2002 in Erfurt ein schockierendes Ereignis, weil der in dieser Tat offenbarte Haß und Vernichtungswille den Rahmen alles bis dahin Vorstellbaren sprengte.

Das Beunruhigende an diesem Ereignis ist nicht, warum so etwas überhaupt passieren konnte: Viele Menschen fragten sich in den Tagen nach der Tat, was einen bis dahin völlig unauffälligen jungen Mann dazu bewegen kann, gezielt seine Lehrer zu erschießen.

Ich habe mich von Anfang an gefragt, warum es erst so *spät* passiert ist. Ungewöhnlich ist nämlich eher, daß es so wenige junge Männer tun. Denn das, was sich in deutschen Schulen an Herabsetzungen und Demütigungen durch inkompetente Lehrer und Lehrerinnen speziell gegenüber jungen Männern ereignet, ist furchterregend. [212]

Studiert man die Biographien von Amokläufern, stellt man schnell fest, daß es sich fast immer um jüngere Männer handelt, die über Jahre ein unglaubliches Reservoir an Erfahrungen von systematischer Mißachtung der eigenen Person über sich haben ergehen lassen müssen, ohne sich angemessen dagegen zur Wehr setzen zu können. Was als äußere Zurückweisung beginnt, setzt bei diesen jungen Männern einen eigentümlichen Prozeß der Repression gegen sich selber in Gang. Wenn wir keine Kritik üben können oder unsere Meinung nicht äußern dürfen, fühlen wir uns bevormundet und versuchen gar nicht erst, unsere Sache voranzubringen. Dies hat besonders bei Jungen und jungen Männern gravierende Folgen, da sie zum einen im Unterschied zu

Mädchen weniger emotionale Ausdrucksmöglichkeiten in ihrem Display haben, und zum anderen weil Autonomie in ihrem Streben nach Selbstwert und ihrem Identitätskonzept eine so eine bedeutende Rolle spielt.

Jungen und Männer sind Wesen, die sich ausdrücken wollen. Ihre Natur ist wesentlich eine Natur des kreativen Ausdrucks. Dafür sind sie hier. Sie wollen sich ausdrücken, um ihre Ideen, Werte und Ziele zu definieren. Und wenn wir uns und unsere Ideen nicht ausdrücken können, verwandeln wir uns in ein gelangweiltes Selbst, frustriert, apathisch und total entfremdet. Wenn Jungen und Männer auffällig werden durch sehr aggressives und destruktives Verhalten, dann ist das lediglich ein Symptom für eine tieferliegende Ursache, die wir Unterdrückung nennen. Sie wollen etwas, aber da ist kein Raum und keine **233** Energie, um es zu bekommen.

Als FBI und lokale Polizeikräfte im Bundesstaat Washington nach wochenlanger Jagd Ende Oktober 2002 den einundvierzigjährigen John Allen Muhammad und seinen siebzehnjährigen Begleiter John Lee Malvo verhafteten, hatten sie zwar die Heckenschützen geschnappt. Aber sie hatten etwas ganz anderes erwartet: nicht einen schwarzen Golfkriegsveteranen, durchaus sympathisch, dessen Versuche, sich beruflich selbständig zu machen, zweimal scheiterten, der, zweimal von seinen Frauen geschieden, keinen Zugang zu seinen Kindern erhielt und dessen verkorkstes Leben schließlich in Obdachlosigkeit und kleineren Diebstählen mündete.

Im März 2000 hatte John Allen Muhammad seine drei Kinder aus zweiter Ehe von der Schule abgeholt, und in Bellingham, hundertsechzig Kilometer nördlich von Tacoma, unter falschem Namen eingeschult. Am 31. August 2001 wurden ihm die Kinder per Gerichtsbeschluß entzogen. Die örtliche Polizei holte die Kinder aus der Schule. Das Gericht befand, daß Muhammad die Kinder nicht angemessen betreute, und daß er einen negativen Einfluß auf ihr Leben hätte. Ihm wurde das Besuchsrecht entzogen. Mildred Muhammad, seine geschiedene Frau, verschwand mit den Kindern im Untergrund. Seit Oktober 2001 lebte er in der Lighthouse Mission, einer Unterkunft für Obdachlose. Dort traf er den jungen John Lee Malvo. Sie wurden als Vater und Sohn registriert. Ende des Jahres wurde Muhammad noch einmal in Tacoma beim Seafarers Grill gesehen, wo er versuchte, gefrorene Steaks an Kunden zu verkaufen. Dann verloren sich seine Spuren.

»Er war wütend, wie sie ihn wegen seiner Kinder behandelten«, sagt John Mills, Anwalt aus Tacoma in Washington, der Muhammad vor

Gericht vertrat, als er erfolglos versuchte, seine Kinder zu finden und das Sorgerecht zurückzugewinnen. Es war ihm von Gerichten untersagt worden, seine Kinder zu sehen. »Er hat seine Frau und die Kinder nie gefunden. Das ging so zwei bis drei Monate. Dann verschwand er.«[213]

Statt Männer zu ermuntern, ihre Wahrheit auszudrücken, verschärfen wir die Krise, in dem wir ihr ursächlich auf tiefen Frustrationen beruhendes auffälliges Verhalten zum Anlaß nehmen, ihnen mit intellektueller Überheblichkeit Disziplinarstrafen, »Erziehungsmaßnahmen« und andere Programme aufzudrücken. Nun hat man ihnen auch noch die Symptome genommen. Als Konsequenz wird die Krise in einem jungen Mann sich ausweiten. Das Ergebnis ist eine eingekerkerte männliche Seele, die auf Rache und Vergeltung sinnt.

Die ganze Diskussion nach Erfurt offenbart einen erschreckenden Mangel an Tiefenschärfe. Das hat unter anderem mit der enormen negativen emotionalen Aufladung zu tun, die durch solche niemals vorher erwarteten Ereignisse wie Schockwellen durch eine Kultur laufen. Eine Kultur, die sich im großen und ganzen darauf beschränkt, Krisen zu ignorieren und zu verdrängen, statt sie als Hinweis und Inspiration für einen umfassenden Wandel zu verstehen. Der ganze Aktionismus nach Erfurt, einschließlich der Verschärfung von Waffengesetzen, zeigt das Dilemma einer Debatte, die tieferliegende Ursachen ausschließlich auf der Symptomebene klären will. Was natürlich nicht gelingen kann. Der Amoklauf von Erfurt ist lediglich ein Symptom, so erschreckend und furchtbar auch die Konsequenzen für die Opfer und Angehörigen sein mögen. Robert Steinhäusers Tat ist Ausdruck einer tiefliegenden Krise, die auf einer anderen Ebene gelöst werden muß als dort, wo sie ihr furchtbares Ende fand.

Robert Steinhäusers Wunsch war so einfach wie nachdrücklich: Er wollte berühmt werden. Wie fast jeder junge Mann in seinem Alter. Er wollte, daß die Leute über ihn sprechen und sagen: »Seht mal, da kommt einer!« Er wollte Anerkennung, das Gefühl, Erfolg gehabt zu haben, ein relativ stabiles Gefühl für den eigenen Wert, um anstehende Lebenskrisen meistern zu können. Und bis zu seinem Rauswurf aus der Schule war er verzweifelt bemüht, einen Weg durch sein persönliches chaotisches emotionales Labyrinth zu finden. Doch da gab es wohl keinen Mann oder keine Frau in seiner Nähe, denen er sich vertrauensvoll hätte zuwenden können. Berühmt zu werden – das hat er nun geschafft. Er ist auf dem Titel von Newsweek erschienen. Doch zu welchem Preis.

Bitterer Lohn

Das moderne Leben hat Jungen und Männern jede selbstbewußte Sicherheit genommen. Die Zahl der Männer, die sich ihrer Stärke absolut sicher sind, kann man inzwischen an einer Hand ablesen. Angst ist der große Gleichmacher geworden. Männer befürchten heute sicher nicht mehr, daß ihr überbordender Stolz die Götter beleidigen könnte.[214] Männer von heute betrachten sich im allgemeinen als wenig einflußreich, als entfremdet und ängstlich. Wir haben unsere Gottheiten geschliffen und zu Grabe getragen und eine Welt geschaffen, deren chaotische Mixtur durch Unübersichtlichkeit und Unsicherheit gekennzeichnet ist. In diesem Durcheinander hat ein junger Mann heutzutage unzählige Wahlmöglichkeiten, um sich richtig unglücklich zu machen.

Das Leben moderner Männer ist geprägt durch den heroischen Versuch, diese eigene Verletzbarkeit und innere Unsicherheit vor sich und anderen zu verbergen. Warum das so ist, ist schwer zu erklären. Es hat viel damit zu tun, daß wir keinen bewußten Zugang zu unserem inneren Mysterium besitzen und gleichzeitig soviel von uns und anderen erwarten. Von sich selbst soviel zu geben, daß ein Mann überzeugt ist, nichts mehr für sich selbst übrig zu haben. Das Gefühl, auf der ganzen Linie versagt zu haben, und der Versuch, dieses Desaster noch in einen Erfolg umzuwandeln.

Junge Männer angesichts dieses Zustandes zu mehr Bescheidenheit und Zurückhaltung aufzufordern, entbehrt nicht einer gewissen Ironie. Denn diese Mentalität führt viele junge Männer in innere Verzweiflung und unterstützt eine Kultur der Gleichgültigkeit gegenüber Ungleichheit und Ungerechtigkeit. In diesen modernen Szenarien entwickeln sich schreckliche Alpträume aus Beziehungslosigkeit, Arbeitslosigkeit, Langeweile und Drogenkonsum. Die daraus resultierende Entfremdung führt bei nicht wenigen jungen Männern zu gefährlichen Kurzschlußhandlungen.

Die Qualität dieser Krisen hat sich dabei unmerklich aber kontinuierlich verändert. Der Unterschied liegt in der Intensität der subjektiv empfundenen Ängste. Verirrte sich vor zwanzig Jahren ein zehnjähriger Junge in einen Hinterhof, wo er von einem urplötzlich auftauchenden aggressiven Wachhund erschreckt wurde, so konnte man davon ausgehen, daß er diese Gegend in naher Zukunft meiden würde. Ein zehnjähriger Junge heute besorgt sich eine Waffe, kehrt zu diesem Hund zurück und erschießt ihn. Der Terror und die Unsicherheit in der eigenen Person sind zu groß geworden, um sie noch ertragen zu können. Deshalb tötet man den Auslöser dieser Ängste.

»Sam Flach soll ganz langsam sterben. Erst zerschieße ich ihm das eine Knie, dann das andere, dann kriegt er einen Bauchschuß, damit er auch wirklich kapiert, wohin die Reise geht. Und dann wird er mich ansehen, mit einer Angst in den Augen, wie er sie noch nie zuvor gekannt hat, und dann drücke ich ihm den Lauf an die Stirn und sage: ›Oh, Entschuldigung, Sam‹, und puste ihm das Hirn aus dem Schädel. (E-Mail von Brendan an Gary).«[215]

Vieles von dem, was Jungen und Männer alltäglich tun, ist mit dem beständigen Wunsch verbunden, die aufkommende Bitterkeit zu kaschieren, zu wenig aus ihrem Leben gemacht zu haben. Ein beständig nagendes Gefühl der Unsicherheit und des schleichenden Selbstwertverlustes muß bekämpft werden. Die wirklichen Raubtiere, gegen die Jungen und Männer alltäglich kämpfen, sind keine Monster »da draußen«, sondern ihre inneren Barrieren und Grenzen, festsitzende Ängste, Schmerzen und Panikattacken und das Gefühl, nicht mehr Herr im eigenen Hause zu sein. Es ist leicht, in diesem Kampf verlorenzugehen, weil es so schwer ist, für diese notwendige Auseinandersetzung mit den eigenen inneren Kräften Verbündete zu gewinnen.

Das Drama der männlichen Existenz hat mit den schmerzhaften Erfahrungen der Adoleszenz aber erst begonnen. Bis ins späte Alter konfrontieren sich Männer mit der existentiellen Frage, ob sie ein »richtiger Mann« sind – und ob das, was sie tun, ausreicht, ihre Männlichkeit zu demonstrieren. Ständige rituelle Handlungen im Alltag von Männern dienen ausschließlich dazu, ihr fragiles Selbstwertgefühl zu stabilisieren. Diese Unsicherheit terrorisiert Männer. Alles dreht sich um Geld, um Status und Respekt. Dieser Irrsinn endet niemals. Männer erleben das jeden Tag aufs neue.[216]

Eine zwölfköpfige tschechische Bergsteigergruppe aus Karlova war am österreichischen Nationalfeiertag zu einer viertägigen Tälerquerung nach Osttirol gereist. Ziel war der 3 436 Meter hohe Hochgall. In der Gruppe befanden sich auch der fünfzigjährige Josef Tejkl und sein neunjähriger Sohn Jakub. Jakub war noch niemals zuvor auf einen Dreitausender gestiegen. Beim Anstieg zum Hochgall am Sonntag waren die klimatischen Bedingungen anders als erwartet. Durch die enorme Schneehöhe und aufgrund des steilen Geländes wurde der Aufstieg für den kleinen Jakub zu einer Kraftprobe. Der Junge mußte sich bis zum äußersten anstrengen, um den Gipfel zu erreichen. Beim Abstieg war Jakub dann so geschwächt, daß er den anderen nicht mehr folgen konnte. Er blieb mit seinem Vater zurück. Der Rest der Gruppe kümmerte sich nicht um die beiden und ging weiter.[217]

Heftiger Schneefall setzte ein. Josef Tejkl kam vom Steig ab. Ein Schneebrett löste sich und riß ihn und Jakub zehn Meter mit.

»Danach war der Bub nicht mehr in der Lage weiterzugehen«, schildert Alois Riepler, Postenkommandant von Matrei.[218]

Josef Tejkl entschloß sich, die Nacht auf Montag ohne Zelt im Freien zu verbringen. Sie befanden sich in zweitausendsiebenhundert Metern Höhe, und es war kalt. Am Montagmorgen hatte sich der Zustand von Jakub bereits so dramatisch verschlechtert, daß er keine Nahrung mehr zu sich nehmen konnte. Sein Vater trug ihn Richtung Daberhütte. Etwa fünfzehn Gehminuten oberhalb der Hütte starb Jakub. Josef Tejkl versuchte noch verzweifelt, seinen Sohn zu reanimieren – doch ohne Erfolg. Er mußte seinen Jakub dort oben zurücklassen und kam schließlich völlig erschöpft nach vier Stunden in der Ortschaft Ströden an.

Das heroische Modell von Männlichkeit führt zu fürchterlichen Konsequenzen, wenn ein Mann, aus Angst zu versagen, Schwäche und persönliche Fehleinschätzung aus seiner Wahrnehmung verdrängt.

Niemand weiß genau, was da oben wirklich passiert ist. Jakub war sicherlich ein mutiger Junge. Wahrscheinlich wollte er von den Männern und seinem Vater akzeptiert werden. Doch keiner der Männer in der Gruppe war bereit und fähig, Jakub zu akzeptieren als das, was er war – ein neunjähriger Junge, der noch nie auf einen Dreitausender gestiegen war. Das ursprüngliche Vorhaben aufzugeben und sich einzugestehen, daß sie den Jungen überforderten, erforderte Verständnis und die Fähigkeit, dem Prozeß zu vertrauen. Die Männer hatten sich Ziele gesetzt. Und die wollten sie erreichen, egal zu welchem Preis.

Die alltägliche Verausgabung und Erschöpfung von Männern resultiert zu großen Teilen aus diesem beständigen Ankämpfen gegen die Befürchtung, nicht erfolgreich genug zu sein. Die Verzweiflung vieler Männer resultiert aus einer inneren Gewißheit, es nie wirklich ganz geschafft zu haben. Diese Erfahrung ist keinesfalls mit Versagen gleichzusetzen, eher mit dem Gefühl, kurz vor dem Ziel gestoppt worden zu sein: »Nicht ganz das, was ich mir erwartet hatte«, »Etwas fehlt in meinem Leben«, »So hatte ich mir das nicht vorgestellt« sind oft vernommene Sätze. »Ich habe bisher noch keinen Mann getroffen«, so schreibt Willard Gaylin, »der sich in seinem tiefsten Herzen als erfolgreich betrachtet.«[219] Und damit meint er keinesfalls »Versager«, sondern im traditionellen Sinne beruflich erfolgreiche Männer.

Der amerikanische Schriftsteller Philip Roth träumte von seinem Vater, kurz bevor dieser nach langer, schwerer Krankheit im Alter von sechsundachtzig Jahren an einem Gehirntumor stirbt. In diesem

Traum steht er an einem Pier im Hafen von Port Newark, New York, und sieht, wie ein altes, graues, abgewracktes Kriegsschiff langsam an ihm vorbeigleitet Richtung offenes Meer. Er erwartet, daß sein Vater irgendwo an Bord sein müßte, vielleicht unter den Besatzungsmitgliedern. Aber da ist niemand an Bord. Das Bild dieses Schiffes hatte etwas Geisterhaftes und Furchterregendes, wie die Totenstille nach Katastrophen. Und die Stimmung wurde so herzzerreißend und unerträglich, daß Philip Roth völlig verstört erwachte.

Er begriff, daß es nicht um seinen Vater auf dem Schiff ging, sondern daß sein Vater *das Schiff* war. Und daß sich in diesem Bild des Schiffes fast alle Lebensthemen seines Vaters wiederfanden: die Atlantiküberquerung seiner aus Europa emigrierenden Eltern, ein jüdischer Junge ohne klassische Schulbildung, sein ständiges Streben, als Arbeiter in einem Versicherungs-Konzern voranzukommen, etwas für sich und seine Familie zu schaffen, die zahlreichen Kämpfe gegen so viele Widrigkeiten und Schicksalsschläge – bis hin zu seiner durch den Gehirntumor bedingten Transformation in ein abgewracktes, steuerloses Kriegsschiff, das ziellos aufs Meer hinaustreibt.[220]

Das Recht, zu schweigen

Nur ein geringer Teil unseres inneren Wissens erreicht die Oberfläche unseres Bewußtseins: Doch selbst dieser kann durch die Sprachhemisphäre des Gehirns nicht immer angemessen ausgedrückt werden. Das kann bisweilen in die Irre führen. Wie Heinrich Zimmer sagte: »Die besten Dinge kann man nicht sagen; die zweitbesten sind die, auf welche wir nur hinweisen können, wie Gott, die Transzendenz oder inneres Wissen. Und erst über die drittbesten spricht unsere Sprachhemisphäre tatsächlich.«[221]

Van Morrison, irischer Sturkopf, grandioser Poet und lebende musikalische Legende, ist bei Journalisten gefürchtet. Er gibt generell ungerne Interviews und beantwortet häufig nicht einmal simple Fragen. Einmal beendete er abrupt das Gespräch mit einem Journalisten und reiste ab – direkt in sein Studio, wo er einen neuen Song komponierte: »Why Must I Always Explain?«[222]

Es ist eine große Herausforderung, unter die Oberfläche zu gehen und Kontakt mit den Dimensionen aufzunehmen, welche wir nicht völlig verstehen – für die wir aber offen sein möchten. Auch wenn junge Männer nicht in der Lage sind, über ihre Gefühle zu sprechen, schweben ihre Emotionen dennoch im Raum – wie ein schwarzer Monolith, geheimnisumwittert, voller Tiefe und Energie. Lakonisches Schweigen und grandiose Vorstellungskraft, Sprachlosigkeit und Tiefe des Empfindens sind bei jungen Männern kein Widerspruch, sondern Ausdruck des Mysteriums Männlichkeit, das sich auf dramatische Art und Weise in ihrem Leben zu entwickeln beginnt. Jede männliche Seele ist ein eigenes Mysterium – und dieses über Sprache auszudrücken, ist fast unmöglich.

Viele Jungen und Männer haben ein klares Gespür für die Begrenztheit von Sprache und wie wenig diese fähig ist, das auszudrücken, was sie wirklich tief im Innern empfinden. Etwas wirklich zu *erfahren* hat wesentlich mehr Tiefe als darüber zu sprechen. Der Bildhauer Jean Tinguely hat seinen langjährigen Assistenten Sepp Imhof während der Arbeit an einer Plastik einmal gefragt: »Wenn du etwas gern hast, warum mußt du es dann verstehen?«[223]

In der modernen Pop-Kultur verkörpert diesen Archetypus niemand stärker als der junge James Dean, in der alten mitteleuropäischen Kultur keiner historisch lebendiger und prägnanter als der junge Parzival.

Die Gründung von Musiksendern wie MTV oder VIVA Ende der achtziger Jahre war die logische Konsequenz für eine junge Generation, die sich in den steifen und konventionellen Formaten des öffentlich-rechtlichen Fernsehens in keiner Weise repräsentiert fühlte. MTV mit seinen schrägen Formaten und neuen unverbrauchten Talenten, die redeten wie ihnen der Schnabel gewachsen war, fühlte sich für viele wie eine Befreiung an: voller Energie und unzensiertem Ausdruck.[224]

Innerhalb der modernen Rockmusik ist es vor allem Bruce Springsteen, der mit einfachen Geschichten und Melodien archetypische Erfahrungen von jungen Männern erzählt, die auf der Suche nach einer Vision oder in unglücklichen Beziehungen gefangen sind. Allen Protagonisten dieser Geschichten ist eine spezifische Form von Melancholie, starrsinnigem Trotz und Getriebenheit gemeinsam, als ob sie auf der Suche nach etwas Verlorenem wären, etwas, das in ihnen eine tiefe Verwundung hinterlassen hat – etwas, das über Worte nicht ausgedrückt werden kann.[225]

Frank Pierce, Rettungssanitäter in New Yorks Hell's Kitchen, schläft tagsüber und versucht nachts Leben zu retten. Die Seelen, die er nicht retten konnte, verfolgen ihn bis in seine Träume. Das macht ihn fertig. Einem anderen Menschen das Leben zu retten, läßt ihn monatelang wie auf Wolken gehen – richtiggehend high. Doch es ist für ihn unerträglich, die vielen Toten hinauszubringen. Es nimmt mehr von ihm, als er zugeben mag und kann. Wie sagt man das der Frau, die man liebt?

»Ungefähr nach einem Jahr hörte ich auf, ihr die traurigen Geschichten zu erzählen; ich begann, mich vor diesen kurzen Umarmungen zu fürchten. Ich fand nur auf Umwegen in ihr Bett, brauchte eine Pause zwischen dem Zudecken einer Leiche und dem Gefühl von Monas warmem Körper an meinem. Ich duschte eine halbe Stunde, versuchte, die Nacht von mir abzuwaschen. Dann setzte ich mich an den Tisch, trank ein Bier und wartete, daß sie aufstand.

›Erzähl mir, was du erlebt hast‹, sagte sie immer noch. Ich weiß noch, daß ich ihr von der Frau mit dem langen, roten Haar erzählen wollte, die mit einem Fleischermesser in der Seite dort lag, und von meinen Schwierigkeiten, sie vom Boden aufzuheben ohne daß ihre Gedärme rausfielen.

›Es tut weh‹, war alles was sie sagte. ›Es tut weh‹, wieder und wieder. Wie erzählt man das jemandem, der sich gerade die Zähne mit Zahnseide putzt?

Ich fing an, ihr morgens aus dem Weg zu gehen, erfand später Notrufe bei der Arbeit oder Besorgungen, die ich machen müsse. Ich trank jeden Tag und ging nicht mehr nach Hause. Als ich sie am letzten Morgen sah, wußte ich nicht, wie ich sie vom Gehen abhalten sollte und sie kam nie mehr zurück.«[226]

Innerhalb einer Hierarchie übergibt ein Junge oder Mann keine Last an eine Person, die dafür *keine* Verantwortung trägt. Jungen und Männer interpretieren in ihrem Wertesystem Schmerz und Trauer als etwas, das eine Belastung und ein Problem darstellt. Deshalb wollen Jungen und Männer ihre Probleme selber lösen. Gegenüber einer anderen Person zuzugeben, daß man Probleme hat, wäre dann, erstens, das Eingeständnis, daß man als Junge (oder Mann) unfähig ist, seine eigenen Probleme zu lösen. Es wäre ein eingestandenes Zeichen des Mangels an Unabhängigkeit.

Es wäre, zweitens, das Abladen eines Haufens negativen Zeugs auf jemand anderen, der damit nichts zu tun hat. Dieses Gefühl untergräbt das Selbstwertgefühl von Jungen und Männern. So versuchen sie, Schmerz und Trauer mit der gleichen Energie anzugehen, mit der sie auf anderen Territorien erfolgreich waren: Handlungsfähigkeit und Durchsetzungsfähigkeit.

Männer und Jungen besitzen einen gewissen Stolz auf ihre physische Stärke. Sie übertragen diese Stärke auf die emotionale Ebene und bemerken, daß es dort nichts bewirkt. Sie versuchen es am nächsten Tag wieder, doch der Schmerz geht nicht weg. Dann kommt das Gefühl der Hilflosigkeit und der Machtlosigkeit. Niemand hat sie darauf vorbereitet, daß das hier lange dauern kann.

Dieses Gefühl von Machtlosigkeit ist für Jungen und Männer einer der schwierigsten Aspekte bei der Bewältigung von emotionalen Krisen, Schmerzen und Angstzuständen. Es kollidiert mit ihrem Wertesystem, in dem Metaphern von Meisterschaft und Kraft eine so elementare Rolle spielen. Emotionale Probleme und Schmerzen wirken auf Jungen und Männer wie Probleme ohne Lösung. Das ist für sie extrem frustrierend, weil Problem-Lösen in ihrem Wertesystem ebenfalls eine so elementare Bedeutung einnimmt.[227]

Seelische Wunden, die am tiefsten und nachhaltigsten eindringen, sind für einen Jungen, und später auch für Männer, oft am einfachsten zu verbergen. Es ist ein Schweigen, das sich in einen Lebensstil verwandeln kann, der von Aggressivität, ständiger Gereiztheit und einem Übermaß an Explosionsbereitschaft gekennzeichnet ist – oder von einer nervenzerreißenden Stille und Sprachlosigkeit. Leben in tiefster Depression.

Das Schweigen von Jungen kann für Eltern nervtötend sein. Aber es hat, wie alles im Leben, einen tieferliegenden Grund. Junge Männer sprechen nicht über ihren Schmerz oder Kummer, wenn sie in Anwesenheit eines Erwachsenen oder eines Elternteils das Gefühl haben, nicht respektiert zu werden oder das Gefühl haben, jemand anderen damit über Gebühr zu belasten.

Ein Mann wird seine Trauer nur mitteilen, wenn er weiß, daß eine Struktur vorhanden ist, in der er respektiert wird. Damit eine Frau ihren Schmerz teilen kann, muß sie wissen, ob sie zu der anderen Person in Beziehung steht. Frauen benötigen eine Beziehung, Männer eine Struktur. Doch selbst eine Struktur hilft Männern oft nicht, das Unaussprechliche auszusprechen.[228]

In der männlichen Welt ist Hierarchie zentral und Respekt ein bedeutsamer Wert, der unmittelbar mit der eigenen Position innerhalb dieser Hierarchie verknüpft ist. Dies kann man sehr leicht an Gruppen von Männern beobachten, die ihre Trauer lindern und heilen wollen. Die wirkliche Trauerarbeit kann erst dann beginnen, wenn jeder einzelne Mann in der Gruppe weiß, daß er von den anderen anwesenden Männern respektiert wird. In der Struktur, in der sie leben, zählen für Männer und Jungen vor allem Produkte und Ergebnisse – *Aktion*. Trauer und Schmerz interpretieren sie als Hindernisse für Produkte und Ergebnisse. Deshalb haben sie nicht das Bedürfnis, dieses *Hindernis* mit anderen zu teilen.

Dies ist ein deutlicher Unterschied zu dem natürlichen Verhalten von Frauen und Mädchen in emotionalen Krisen: Sie fühlen sich über

Trauer und Schmerz intensiver mit anderen Menschen verbunden, was in der Regel eine stärkere Intimität und emotionale Verbindung zur Folge hat – *Interaktion*.

Was also tun Jungen und Männer mit Trauer und emotionalen Schmerzen, die nicht weggehen wollen?

Wenn wir verhindern wollen, daß Jungen diese langfristig unterdrücken und damit gravierende psychologische Probleme über einen langen Zeitraum in ihrem System programmieren, ist es notwendig, ihnen starke männliche Modelle zur Verfügung zu stellen. Jungen erleben kaum Männer, die ihnen helfen, mit Schmerzen und Trauer fertig zu werden. Weder erleben sie es bei ihrem eigenen Vater, noch bei Männern in ihrem Umfeld, schon gar nicht bei ihren Lehrern.

Das ist ein guter Grund, zu trinken, zu schweigen oder zu verdrängen.

Deshalb sind Mentoren für Jungen so wichtig. Erst in der Anwesenheit eines starken, attraktiven Modells von Männlichkeit können Jungen lernen, wie sie mit diesen schwierigen emotionalen Situationen angemessen und erfolgreich umgehen können, ohne sich von ihrer emotionalen Seite zu distanzieren oder in ihr verlorenzugehen.

Wenn Jungen und junge Männer fähig und in der Lage sind, ihre Gefühle auf einer tiefen Ebene zu verstehen und angemessen auszudrücken, müssen sie diese nicht mehr länger unterdrücken. Sie müssen dann auch keine Angst mehr haben, daß sie als inkompetent und schwach dastehen könnten. Sie können auf bewundernswerte Weise stark sein in ihrer Verwundbarkeit.

Verwundung, Schmerz und Wandlung

Als die New Yorker Feuerwehrmänner im Foyer des brennenden Nordturmes des World Trade Centers gefilmt wurden, wie sie versuchten sich zu orientieren und eine Strategie gegen das Desaster zu entwickeln, sah man immer wieder, wie sie jedesmal zusammenzuckten, wenn einer der herabspringenden Menschen draußen aufschlug. Die Männer wußten, daß jeder Aufschlag ein Menschenleben auslöschte. Ein Leben, das sie nicht mehr retten konnten. Und Menschen zu retten, das war ihr Job.

Sie wußten, daß dort oben die Hölle sein mußte, wenn Menschen so verzweifelt waren, daß sie lieber in die Tiefe und ihren sicheren Tod sprangen, als noch länger auf Rettung zu warten.

Die Männer im Foyer schauten sich gegenseitig an. Von den New Yorker Feuerwehrmännern heißt es, daß sie keine Angst haben. Die meisten von ihnen waren in den Jahren ihrer Berufstätigkeit durch unvorstellbare Erfahrungen gegangen. Sie waren in Feuerinfernos hineinmarschiert und hatten sie von innen gelöscht. In ihrer Vorstellung existierte kein Feuer, das sie nicht würden löschen können. Mit dieser Haltung waren sie im Laufschritt am World Trade Center angekommen.

Aber der Ausdruck auf den Gesichtern der Männer in diesem Moment war eine Mischung aus Furcht, Entsetzen und dem Bewußtsein, daß niemand von ihnen eigentlich noch hier sein sollte. Dort oben wartete die Hölle auf sie. Sie ahnten, daß hier etwas Schreckliches auf sie zukam, das sie nicht mehr unter Kontrolle bekommen würden. Und trotzdem gingen sie hinauf.

Der Titelsong auf Bruce Springsteens Album *The Rising* gibt offensichtlich die Eindrücke eines Feuerwehrmannes beim Betreten der brennenden Türme des World Trade Centers wider: »Can't see nothin' in front of me/Can't see nothin' coming up behind.«[229]

Das Bild eines Mannes, der sich durch ein verqualmtes Treppenhaus nach oben kämpft, verschmilzt unwillkürlich zu einer religiösen Vision einer Himmelfahrt und einer starken Metapher von Verwundung.[230]

Verwundung ist eine notwendige und unvermeidliche Erfahrung im Leben eines jungen Mannes. Verwundung ist im eigentlichen Sinne eine Vertiefung, eine Form des Erkennens, das wehtut. Sie ist ein Prozeß der Bewußtwerdung durch die Erfahrung tiefen Schmerzes. Dieser Schmerz ist unmittelbar verbunden mit einer erweiterten Wahrnehmung: Wir werden empfindsamer. Jede Verwundung wird begleitet von einem bestimmten Ritus und einer bestimmten Zeremonie. Dabei spielen Dunkelheit, Angst und Gefühle des Versagens und des Verlassenseins eine wichtige Rolle. Verwundung ist in diesem Sinne die Brücke zu unserer Seele – und zur eigenen Depression.

Es existiert immer eine persönliche Wunde, und es gibt darüber hinaus die kollektive Wunde der Welt. Und es ist die fundamentale Pflicht der Seele, daß die erste die zweite informiert, ohne Sentimentalität. In der griechischen und römischen Mythologie existieren verschiedene Bilder für diese verschiedenen Formen von Depression: Dionysos am Boden des Meeres, Theseus, der für immer auf einem Felsen sitzt – so viel zu tun, aber er kann sich nicht bewegen. Mars leidet ebenfalls unter fürchterlichen Depressionen: bittere, einsame Frustration, so fest sitzend wie Rost. Oder Hera, »die Verlassene«, wie sie genannt wurde, verbannt, einsam. Wer interessiert sich noch für sie?

Diesen Ritus zu meistern und zu integrieren, gelingt vielen erwachsenen Männern erst spät. Den Archetyp des Kriegers auf dieser Ebene zu integrieren heißt nicht zu gewinnen oder gar Erfolg zu haben. Es heißt: riskieren und scheitern und wieder riskieren, solange ein Mann lebt. Der heroische Glaube, vollkommen und unverletzlich zu sein, ist die entscheidende Unvollkommenheit. Zu glauben, man sei als Mann unverletzlich, ist die größte Verletzlichkeit.

Gelingt dieser Prozeß der Integration nicht, benutzen Männer ihre Verwundung, um sich und ihren Schmerz zu vergrößern oder gar nichts mehr zu spüren. Im schlimmsten Fall beginnt sich das Herz eines Mannes zu verhärten, und er wird sich langsam aber sicher immer unwohler fühlen. Männer, die aus der Erfahrung der Verwundung nicht lernen wollen oder können, schlagen den Weg der Verbitterung ein. Sie werden negativ und zynisch, suchen Schuldige für ihr persönliches Unglück oder beschweren sich, daß andere sie unglücklich machen. Die Ursache für dieses krankheitsauslösende Verhalten liegt in unbewußt gespeicherten und unterdrückten Ängsten, die nicht abgelöst wurden und deshalb als Dauerstressoren wirken.

Jungen irren auf diesem Minenfeld absolut orientierungslos herum und treffen hauptsächlich auf Männer, die ihnen zeigen, wie man erfolgreich verdrängt, nicht wie man mit erlittenen seelischen Schmerzen und Verwundungen angemessen umgehen kann. Jungen besitzen zu wenig Mittel, ihren Schmerz, ihre Gefühle von Verrat und Minderwertigkeit auch nur ansatzweise zu integrieren. So finden sie sich früh in ihrem Leben in permanenten inneren und äußeren Abwehrkämpfen wieder. Nicht erst der Übergang vom Jungen zum Mann stellt eine besonders verwundbare Phase während der männlichen Identitätsentwicklung dar: Schon im Elternhaus und in der Schule können schlimme Dinge passieren. Es ist eine Welt der Ängste, die sie lernen müssen zu meistern.

Floyd Patterson war der erste Weltmeister im Schwergewicht, der über seine Ängste öffentlich und auf eine empfindsame Art und Weise sprach. Das hatte er in der Boxhalle von seinem Trainer und Mentor Cus D'Amato gelernt: nicht nur den Jab und die Doppeldeckung, sondern auch den Wert von Introspektion. David Remnick bezeichnet D'Amato als den einzigen modernen Psychoanalytiker, der einen Spucknapf in seinen Händen und ein Q-Tip zwischen seinen Zähnen hielt.[231]

Er zeigte seinen Boxern, daß bei einer Kampfparität der Mann gewinnen würde, der seine eigenen Ängste am besten versteht, sie manipuliert und zu seinem Vorteil nutzt. D'Amato lehrte junge Männer wie Patterson und José Torres, den brillianten Halbschwergewichtler aus Puerto Rico, ihre Kämpfe wie Psychodramen zu verstehen – mehr als Herausforderungen des Willens denn der Schlagkraft.

Floyd Patterson wuchs auf in Brooklyns Bedford-Stuyvesant, einem erbärmlich armen Landstrich. Sein Vater arbeitete als Monteur auf Baustellen oder als Lohnarbeiter auf dem Fulton Fish Market. Er kam oft so spät nachts nach Hause, daß er zu müde war, um noch zu essen oder sich auszuziehen. Er schlief an Ort und Stelle ein. Floyd zog seinem Vater leise die Schuhe aus, polierte sie. Dann wusch er die geschwollenen Füße seines Vaters. Floyds Mutter arbeitete ebenfalls tageweise. Elf Kinder waren zu versorgen. Floyd teilte sich ein Bett mit seinen Brüdern Frank und Billy. Er haßte es, so wenig für seine Eltern tun zu können. Er fühlte sich dumm und machtlos und begann früh, seine Person abzulehnen.

»Alles was ich tun wollte, war meinen Eltern zu helfen, doch alles was ich tat, endete im Desaster oder verschlimmerte die Dinge.«[232]

Als Junge zeigte er oft auf ein Foto von sich im Alter von zwei Jahren und sagte zu seiner Mutter: »Ich mag diesen Jungen nicht!«[233]

Mit neun Jahren nahm er das Bild herunter und kratzte eine Serie von Kreuzen über sein Gesicht. Er bekam Alpträume, und oft fanden ihn die Nachbarn mitten in der Nacht auf der Straße schlafwandelnd wieder. Er war ein Junge, der sich ständig verstecken wollte und die Dunkelheit suchte. So ging er morgens in die Kinos und blieb bis zur letzten Vorstellung. Er fuhr mit der Linie A hin und zurück, östlich zum Lefferts Boulevard in den östlichen Ausläufern von Queens, zurück nach Brooklyn, über den East River nach Manhattan hoch bis Washington Heights. Dann wieder zurück. Oft verließ er die Züge an der High Street Station in Brooklyn und ging durch den Tunnel zu einer halb verborgenen Werkzeugplattform, welche die U-Bahnarbeiter benutzen. Er stieg die Metalleiter hinauf und schloß sich in der Dunkelheit ein. Dies war sein Versteck vor der Welt.

Tagsüber beging er kleinere Diebstähle, um seiner Mutter etwas mitzubringen. Als Teenager fand er sich ständig vor Gericht wieder – wegen Schulschwänzens, Diebstählen und weil er immer abhaute. Das vertiefte seine permanenten Schamgefühle.[234]

Viele der streßgeplagten und von furchtbaren Ängsten und Selbstzweifeln erfüllten Jungen und jungen Männer werden auf seelischer und psychologischer Ebene von ihrem Umfeld auf eklatante Art und Weise mißachtet. Dies ist so alltäglich, daß es kaum noch auffällt. Es ist eine schlimme Gewohnheit, Jungen herabzusetzen, zu mißachten und sie mit ihren quälenden Selbstzweifeln und Ängsten alleinzulassen. Dies ist eine besonders schwerwiegende Form der Verwundung und ein besonders schlimmes Vergehen. Beschämung und das ohnehin geringe Selbstwertgefühl initiieren und verstärken bei jungen Männern das Abwehrverhalten, das notwendig ist, um überhaupt zu überleben. Jungen und junge Männer, die von ihrem Umfeld nicht so akzeptiert werden, wie sie als Personen sind, neigen dazu, aus permanenter Furcht vor Angriffen in einem regelrechten emotionalen Belagerungszustand zu leben: Sie fühlen sich ständig angegriffen, sind schnell gereizt und besitzen die ausgeprägte Fähigkeit, sich mit explosiven Abwehrmanövern aus der Gefahrenzone zu befreien. Es gibt wenig in ihrem Leben, das ihnen subjektiv nicht beschwerlich, fremd oder sogar gefährlich erscheint. Viele dieser Jungen fühlen sich subjektiv bedroht, sind aufgeladen und auf einer tiefen Ebene sehr emotional. Sie besitzen keine Mittel und Wege, diese quälenden Prozesse in ihrer Psyche auf eine kultivierte Art und Weise zu bewältigen. Sie sind nicht sehr sorgfältig in der Wahl ihrer Worte.

Es ist erstaunlich, festzustellen, wie viele junge Männer trotzdem ihre Integrität und Würde zu wahren verstehen. Die meisten haben sich etwas Wunderbares erhalten, was sie die schrecklichen Dinge *nicht* tun läßt. Aber sie bezahlen einen hohen Preis. Ihr Leben ist ein Alptraum aus raffiniert entwickelten Überlebenstechniken und Verteidigungsstrategien. Das bedeutet, daß sich fast ihr gesamtes Dasein mit Überleben beschäftigt, nicht mit dem Leben an sich. Niemand bemerkt das wirklich, weil es so alltäglich geworden ist. Viele Leute denken, daß Jungen wirklich so sind.

Wer jungen Männern keine Quellen von Inspiration, Schönheit und Kraft vermitteln kann, wer sie als Mann nicht zu segnen und zu ehren vermag, hat kein Recht, sie mit ihren dunklen, verletzten und beschämten Seiten zu konfrontieren. Dies ist allein die Aufgabe eines Lehrers, der zugleich in seiner Person den Archetypus des Vaters/Mentors und des Heilers integriert und lebt. Dazu gehört Annahme, Selbst-Respekt und Barmherzigkeit.

Was das Leben eines Jungen speziell macht

Ich kann mich noch genau daran erinnern, wie ich als heranwachsender junger Mann meinem älteren Bruder Alexander beim Fußball zuschaute. Vor dem Spiel war er der freundliche junge Mann, den sich jeder in seiner Familie wünschte. Obwohl sein Jähzorn manchmal mit ihm durchging, war er doch eher zurückhaltend und absolut korrekt.

Auf dem Spielfeld war er ein anderer. Sein Körper, seine ganze Erscheinung, veränderte sich von einem Augenblick zum nächsten. Es

waren nicht nur die Geräusche, die er machte. Es war sein unnach-
ahmlicher Laufstil. Wenn er mit dem Ball anzog und in die gegnerische Hälfte eindrang, war er kaum zu stoppen. Alexander wurde oft
und hart attackiert, und was er von gegnerischen Spielern einstecken
mußte, war teilweise kaum mit anzusehen.

Er liebte die körperliche Herausforderung, vor allem wenn es zu
regnen begann, der Boden glitschig wurde, und sein Trikot dreck-
verschmiert an seinem athletischen Körper klebte. Er war berühmt für
seine Tempogegenstöße aus dem defensiven Mittelfeld, die ihn oft direkt bis vors gegnerische Tor führten, wo er meist auch noch den Tor-
wart überwand. Sein Laufstil erinnerte mich immer an ein galoppie-
rendes Pferd. Was immer er auch auf dem Platz tat – es hatte etwas
Erhabenes. Die Zuschauer mußten unwillkürlich hinschauen, und die
Blicke in der Halbzeitpause verrieten alles, besonders die der gegnerischen Fans.

In der Pause lächelte er mir zu, oder wir wechselten ein paar Worte. Dann war er einfach der nette junge Mann von nebenan. Es war mir
nie vergönnt, mit ihm gemeinsam in einer Mannschaft zu spielen. Aber
es war ein unglaubliches Gefühl, zu wissen, daß dies mein Bruder war.
Mit ihm erhob sich für einen Moment unsere gesamte Familie aus dem
obskuren Mittelmaß.

Wer will nicht ein Champion sein, und wenn auch nur für dieses
eine Spiel? Und wenn das nicht gelingt, dann ist es zumindest wichtig,
in der Nähe eines Champions zu sein.

Eines Tages, nach einem wichtigen Spiel, sah ich, wie jemand mit
seinem Motorrad die Straße zu dem Berg herauffuhr, auf dem wir
wohnten. Ich wußte sofort, daß nicht mein Bruder auf der Maschine saß. Der Mann, der die Maschine fuhr, hatte eine kleine, gedrun-
gene Figur. Und ich ahnte, daß etwas Schlimmes passiert sein mußte.
Ich stand auf dem Balkon und sah hinunter auf die Einfahrt, wo sein
Mannschaftskapitän Gerhard Sippel von *seinem* Motorrad abstieg und
sich den Helm abnahm. Sein Gesicht war weiß wie die Wand, während
er mich ernst anschaute. Neben ihm kam ein Wagen mit zwei weiteren
Teamkameraden zum Stehen. Mein Herz schnürte sich zusammen.

Mein Bruder war wie so oft mit einem seiner Tempovorstöße auf der
linken gegnerischen Seite durchgekommen, und der Tormann und er
rasten aufeinander zu. Er versuchte, den Tormann links zu passieren,
der aber traf ihn in vollem Lauf seitlich mit seinem rechten Ellbogen
und zerschmetterte ihm sein rechtes Jochbein und das darüber liegen-
de Schläfenbein. Das Spiel wurde sofort unterbrochen. Während mein

Bruder sich voller Schmerzen am Boden wälzte, sahen seine Mitspieler und die gegnerischen Verteidiger voller Entsetzen das riesige Loch nahe an seinem Ohr. Sein ganzes Gesicht war merkwürdig eingefallen und vom Schock des Zusammenpralls weiß wie Kalk. Blut floß in Strömen aus seinem Mund über sein Trikot und auf den Rasen.

Er versuchte sich aufzurichten. Er merkte, daß er zu ersticken drohte. Seine Worte kamen nur bruchstückhaft und waren kaum zu verstehen. Ein anwesender Arzt und ein Sanitäter retteten ihm das Leben. Er wurde sofort in die Universitätsklinik nach Göttingen gebracht, wo er mehrere Wochen ärztlich versorgt werden mußte. Als wir ihn besuchten, versuchte er, sich nichts anmerken zu lassen. Aber er hatte keinen blassen Schimmer, wie er *wirklich* aussah. Die Ärzte bescheinigten ihm, großes Glück gehabt zu haben. Wenige Zentimeter höher, und der Schlag hätte ihm den Schädel zertrümmert.

Er ging durch diese Episode seines Lebens wie ein Mann, der sich durch nichts erschüttern läßt. Ich wußte, daß es ihn emotional angegriffen hatte und daß er begann, sich Fragen zu stellen. Aber sein Einsatz danach blieb der gleiche. Ich weiß nicht, ob ich den Mut gehabt hätte, noch einmal aufs Spielfeld zurückzukehren und mich den gleichen Kräften auszusetzen. Er gab mir das Gefühl, an etwas Besonderem teilnehmen zu dürfen – ich sah seine emotionale und mentale Stärke.

10 Ritter ohne Rüstung

Wo man heute auch hinschaut, machen Eltern sich Sorgen um ihre Jungen oder suchen nach »Hilfe«. Von der Baby-Massage zur Spieltherapie bis hin zu Verhaltenskorrekturen: Irgend etwas ist immer *nicht in Ordnung* mit den Jungs.

Die Diagnosen der abnormalen Psychologie spannen sich von Autismus über Aufmerksamkeitsstörungen bis zum anti-sozialen Verhalten. Irgend etwas muß permanent behandelt, diagnostiziert oder betreut und beobachtet werden.

»Marco ist ein Wirbelwind. Er gerät ständig in Schwierigkeiten. Ich kann ihn nicht ein einziges Mal aus den Augen lassen.« Wird Marco jemals einen vernünftigen Job annehmen? Endet er vielleicht im Gefängnis?

»Kevin zappelt ständig herum und kann sich nicht konzentrieren. Er stört im Unterricht und hört nicht richtig zu.« Wird Kevin das Abitur schaffen? Bricht er seine Lehre ab? Sollten wir mit ihm vielleicht zum Arzt gehen und ihm Ritalin verschreiben lassen?

»Lukas ist den ganzen Tag nur mit seinen Maschinen beschäftigt. Er spielt überhaupt nicht mit den anderen Kindern. Seine Kindergärtnerin sagt, daß er Anzeichen von Kontaktstörungen zeigt.« Wird Lukas jemals von anderen Kindern gemocht werden? Wird er eine Familie gründen können?

Eltern planen, getrieben von ihren eigenen Schuldgefühlen und überwacht durch ein Heer von Experten, den Tagesablauf ihrer Söhne inzwischen ähnlich wie geschlossene Abteilungen in Kinderheimen: Jede Stunde und jeder Moment wird minutiös durchgeplant und auf Optimierung durchleuchtet, damit die Jungs auf keinen Fall auf die schiefe Bahn geraten. Es ist ein liebevolles Überwachungssystem, das aggressive Attacken provozieren muß. Der Streß auf beiden Seiten ist vorprogrammiert.

Viele Eltern, Lehrer und Lehrerinnen wollen eine sofortige Lösung für diese drängenden Probleme. Sie sind gestreßt, selbst wenn sie es nicht direkt ausdrücken. Dabei entgeht ihnen meistens, daß nicht die Jungen das Problem (die Herausforderung) sind, sondern ihre eigene emotionale Situation. Eltern, Betreuer und Lehrer von Jungen »steuern« das Verhalten von Jungen mit ihrem Unterbewußtsein. Ist dieses in Aufruhr, ungeklärt und ohne stetigen und stabilen Bezug zu bestimmten Werten, überträgt sich dieses emotionale Chaos auf Jungen.

Viele Eltern oder Betreuungspersonen realisieren nicht, daß sie eigentlich nach einer Lösung für den Streß suchen, den sie selbst empfinden. Statt dessen fokussieren sie sich auf die Probleme ihres Sohnes (oder ihrer Tochter).

Fahren Eltern oder Betreuungspersonen mit dieser Fehlwahrnehmung fort, können sie keine wirkliche Hilfe für ihre eigenen Jungen sein – oder für die Jungen, die sie betreuen.

Klären Eltern, Betreuungspersonen und Lehrer diese Fragen nicht in ihrer eigenen Sphäre, geben sie ihren Streß unbewußt an Jungen weiter. Das auffällige und störende Verhalten von Jungen ist meist nur ein Indikator, daß irgend etwas im weiteren Familiensystem aus der Balance ist. Bevor man sich also zu sehr auf die Jungen stürzt, ist es wesentlich, für einen kurzen Moment das Tempo rauszunehmen und den eigenen Klärungsprozeß zur Priorität zu machen. Das emotionale Leben von Jungen zu schützen bedeutet vor allem eines: den ganzen ungeklärten persönlichen Müll, den Streß und die nicht verarbeiteten Traumatisierungen der eigenen Person nicht bei ihnen abzuladen. Das ist das mindeste, was man von einer erwachsenen Person verlangen kann.

Henrik Stegner, Chefarzt der Kurklinik Glotterbad im Schwarzwald, definiert es so: »Es gibt keine Kinder (Jungen) mit Aufmerksamkeitsstörungen – es gibt lediglich Kinder (Jungen), deren Aufmerksamkeit nicht da ist, wo Eltern oder Lehrer sie gerne hätten.«[235]

Jungen benötigen ihre Energie und ihre Zeit, um ihre eigenen Themen und Stressoren zu klären. Damit haben sie genug zu tun. Und wir sollten ihnen helfen, diese Klärungen schnell, elegant und effektiv zu erreichen, damit sie im Leben voranschreiten, kreativ, produktiv und entschlossen, geklärt und fröhlich ihr Leben gestalten können, um ihre Bestimmung und Erfüllung zu finden.

Ihr Sohn ist nicht das »Problem«

Sie haben genug von den Problemen gehört, die Ihr Sohn im Kindergarten, in der Schule oder bei anderen Gelegenheiten verursacht: Ihr Sohn sei leicht abzulenken, lebe in einem permanenten Zustand der Unordnung, ignoriere wichtige Details, sei zu aggressiv, beende die Dinge nicht, die er begonnen habe und folge nicht den Anweisungen der Erziehungspersonen. Sie können diese Liste beliebig verlängern. Mit anderen Worten: er sei ein Problem und sollte sich ändern. Die eindeutige Botschaft an Sie als Eltern mit eingeschlossen: »Sie haben Ihr Leben offensichtlich nicht im Griff!«

Nun, wer hat das schon.

Vielleicht haben Sie sogar begonnen zu denken, Ihr Sohn *sei* das Problem. Schon wenn Sie glauben, Ihr Sohn sei das »Problem«, sollten Sie innehalten. Der Gedanke an sich ist das Problem. Sie haben diese Probleme vielleicht in sich aufgesogen, weil Sie um gute Nachbarschaft bemüht sind, Ihr Leben ständig verbessern wollen oder eigentlich ein liebenswerter Mensch sind.

Sie *wollen*, daß sich alles zum Positiven wendet. Doch das geschieht nicht über die Identifikation mit dem Negativen. Und schon gar nicht, indem Sie beginnen, Ihren Sohn zu manipulieren und in eine Richtung zu drängen, in die er gar nicht will. Und während Lehrer und Psychologen beginnen, die Probleme Ihres Sohnes zu benennen, fangen auch Sie an, ihn mit den Dingen zu identifizieren, die er nicht so gut kann. Sein Image des problematischen Kindes ist erzeugt. Andere Menschen docken sich daran an. Seine Stärken werden nicht erkannt oder von anderen gefördert, besonders in der Schule, wo das gradlinige Denken dominiert. Seine Probleme multiplizieren sich. Sein Selbstwert sinkt.

Sie stehen am Ufer dieses Flusses und bemerken plötzlich, daß Ihnen dieses Territorium fremd ist, und daß Sie sich sehr unwohl fühlen. Sie bemerken, daß Ihr Sohn gar nicht mehr bei Ihnen ist. Er steht schon auf der anderen Seite, in einem eingezäunten Kreis, auf dem in großen Buchstaben PROBLEM leuchtet. Es wird Zeit, daß Sie ihn dort herausholen. Es wird Zeit, daß Sie den Fluß überqueren, der Sie von Ihrem Sohn trennt. Denn das ist nicht Ihr Sohn. Ihr Sohn ist jemand anders.

Marina Zwetajewa hat einmal gesagt, einen Mann zu lieben, heißt ihn so zu sehen wie Gott ihn geplant hatte und seine Eltern nicht zustande gebracht haben. Nicht lieben heißt einen Mann so sehen, wie ihn seine Eltern in die Welt gesetzt haben. Aufhören zu lieben heißt anstelle des Mannes einen Tisch oder Stuhl zu sehen.

Diese Betrachtungsweise können Sie auch auf Jungen ausdehnen. Bei der Geburt sind Jungen bereits vollkommen für das ausgerüstet, was sie in ihrem Leben erreichen wollen. Man muß also nur herausfinden, was sie davon abhält, diese Vollkommenheit auszudrücken. Die Frage: »Was muß er lernen?« wird ersetzt durch: »Was weiß ich über das, was zu dieser Situation geführt hat?«

Das beste, was man also für einen Jungen tun kann, ist, eine Umgebung zu schaffen, in der seine genetische Intelligenz, die Integrität seines Nervensystems und seine innere Heilungsintelligenz unbehindert ihre Arbeit tun können. Das bedeutet auch, ihn so anzunehmen, wie er ist und ihn nicht Konditionierungsversuchen zu unterwerfen, die darauf abzielen etwas zu verändern, was sich nicht verändern läßt: seine männliche Gehirnstruktur, sein anderes Wertesystem, sein Temperament und seine spezielle Art und Weise, die Welt zu betrachten und daraus Schlüsse zu ziehen.

Das menschliche Gehirn-/Geist-System ist für Funktionen entworfen, die völlig anders und vielseitiger sind, als sie momentan gebraucht werden. Eine erstaunliche Kapazität für kreative Macht wohnt unseren Genen inne, bereit sich zu entfalten. Unsere angeborenen Geistesfähigkeiten sind nicht weniger als wunderbar, und Ihr Sohn kam auf die Welt mit der energetischen Absicht, dieses Vermögen zum Ausdruck zu bringen.[236]

Eine Familie ist, in einer Metapher von Virginia Satir, wie ein Mo-
252 bile. Wenn Sie an einer Stelle etwas zurechtrücken, passen sich auch die anderen Teile an, solange, bis schließlich ein neues Gleichgewicht entstanden ist. Wenn ein Familienmitglied krank wird oder sich verändert, passiert das Gleiche.[237]

Unser jüngster Sohn Jonah ist ständig in Bewegung. Er kann kaum zehn Sekunden ruhig auf einer Stelle sitzen. Schon ist er wieder unterwegs. Er hört fast nie auf das, was man ihm sagt. Er hat in seinen erstaunlichsten Momenten die unglaubliche Fähigkeit, jeden Erwachsenen in kürzester Zeit an seine psychischen Grenzen zu bringen.

Neulich hatte ihn ein schwerer grippaler Infekt erwischt. Das Fieber stieg bis auf vierzig Grad. Da lag unser Dynamo auf dem Sofa, still, ließ sich streicheln, blieb stundenlang bei mir oder meiner Frau liegen – und verhielt sich friedlich und respektvoll gegenüber allem und jedem. Noch erstaunlicher: er machte genau das, was man ihm sagte. Als er wieder anfing rumzuspinnen, nur Unsinn anstellte und begann, wie ein Wilder in der Wohnung herumzurennen, war allen klar, daß er auf dem besten Weg war, gesund zu werden.

In vielen Familien wird über das Chaos und die Verwirrungen nicht gesprochen, die sich durch Veränderungen im Leben eines oder mehrer Familienmitglieder ergeben. Das können streßbelastete berufliche Veränderungen sein, unbearbeitete Konflikte zwischen den Partnern oder plötzlich ausbrechende Erkrankungen. Die Gefühle werden innerhalb der Familie nicht ausgedrückt und nicht verstanden. Diese Situation schafft das Leiden, das man Co-Abhängigkeit nennt. Dieser Zustand ist Alltag in vielen Familien, ohne daß es ihnen bewußt ist. In diesem Zustand arbeitet man aus dem gleichen Grund, aus dem ein Alkoholiker trinken würde: um Ängste zu lindern, ein zu geringes Selbstwertgefühl aufzuwerten, um Gefühle zu betäuben, um Distanz zu schaffen, um Liebe und Akzeptanz zu gewinnen. Diese automatisierten Verhaltensweisen werden vom gleichen Leugnen begleitet, das ein Alkoholiker hinsichtlich seines Trinkens betreibt.

Jeder Mensch hat ein gewisses Maß an co-abhängigem Verhalten in seinem Leben zu überwinden, bevor er wirklich leben kann. Co-Abhängigkeit bedeutet: *negative Metaphern, unter denen wir leben*. Diese Metaphern sind ein Hauptgrund dafür, das Leben so zu erhalten »wie es ist«. Co-Abhängigkeit entsteht dort, wo man sich selbst an eine alles durchdringende Krankheit oder Krise verliert. Das geschieht nach und nach, während immer mehr Energie dafür aufgewendet wird, zurechtzukommen, statt Wachstum und Leben zur Verfügung zu stellen. Es geschieht, wenn es zu schwer wird, sich gegen schmerzhafte emotionale Situationen zu wehren und die Befriedigung gesunder emotionaler Bedürfnisse nicht mehr gelingt.[238]

Für einen Jungen, der in einer co-abhängigen Familie aufwächst, ist die Fähigkeit seines Heilungssystems zum Reparieren und Wiederaufbauen ernsthaft behindert. Anstatt durch stabile Reaktionen von seiner Mutter oder seinem Vater zu lernen, wie er mit seiner inneren Destruktivität umgehen kann, erfährt der Junge die Reaktionen der Eltern als instabil. Das kann in ihm massive Ängste hervorrufen. Er weiß nicht, was er mit seiner Destruktivität anfangen soll. Wahrscheinlich beginnt er, die gleichen Verhaltensweisen wie seine Eltern zu entwickeln. Das Tragische daran ist, daß beide Eltern vorrangig mit ihren eigenen Problemen beschäftigt sind und wenig Energie übrig haben, um ihren Sohn beim herausfordernden Prozeß des Aufwachsens zu unterstützen.

Um die Sache weiter zu verkomplizieren, werden sowohl Vater als auch Mutter im eigenen Leugnen ihrer persönlichen Krise befangen sein. Sie werden dazu neigen, alles, was mit ihrem Jungen geschieht, herunterzuspielen, sobald es sie bedrohen könnte. Einige der wenigen Möglichkeiten eines Jungen, sich in solch einer Situation Gehör zu verschaffen, ist es, ernsthaft über die Stränge zu schlagen. Dann erst wird die Familie ihre Aufmerksamkeit auf den Jungen richten und ihn unbewußt zum Sündenbock machen. Das kann das ganze System entlasten. Und die Eltern können wiederum erfolgreich vermeiden, sich mit dem Mangel an Balance in ihrer Familie zu beschäftigen.[239]

Meiner Frau kam nach der heftigen Erkrankung von Jonah kurzfristig der Gedanke, ob es möglich wäre, ihn dauerhaft im Fieberstadium zu behalten, damit die Dinge einfacher laufen. Das war natürlich nur ein Scherz. Aber es gibt Eltern und Ärzte, die diese absurde Idee in die

Tat umsetzen. Sie erhitzen ihre Söhne nicht auf vierzig Grad Celsius. Aber sie tun etwas Vergleichbares. Sie verabreichen ihnen Ritalin, um die wirkliche Krise im Familiensystem nicht wahrnehmen zu müssen. Und das ist kein Scherz.

Ritalin und die Folgen

Die klassische Schulmedizin bekämpft den Überbringer der schlechten Botschaft. Sie konzentriert sich auf das Ausmerzen von Symptomen.

Stellen Sie sich vor, Sie sind bei Freunden zu Besuch, als plötzlich ein Nachbar herbeigeeilt kommt, um Ihnen außer Atem und aufgeregt mitzuteilen, daß Ihr Haus in Flammen steht. Sie erschießen Ihren Nachbarn und hoffen, damit Ihr Haus retten zu können. Ihr Haus wird aber trotzdem abbrennen.

Genau auf der gleichen Ebene funktioniert Ritalin: Es bringt die Symptome zum Verschwinden, um Ihnen zu suggerieren, daß alles wieder in Ordnung ist. Doch mit Ritalin ist nichts in Ordnung. Ritalin ist ein schwerwiegender Teil des Problems.

Ritalin ist ein Psychopharmakon, ein sogenanntes zentrales Stimulans, und seit 1956 auf dem Markt. Der zentrale Wirkstoff heißt Methylphenidathydrochlorid und gilt als Amphetamin. Seine Wirkungsweise auf das zentrale Nervensystem und das Gehirn gilt bis heute als ungeklärt. Amphetamine sind stimulierende Aufputsch- und Dopingmittel, um zusätzliche Energie und Wachsamkeit zu gewinnen.[240]

Bei Kindern putscht das Amphetamin Ritalin nicht auf, sondern hat eher eine dämpfende Wirkung. Charles Bradley fand bereits 1937 heraus, daß eine kleine Dosis Amphetamine ausreicht, um Kinder mit störender Lebendigkeit zum Stillsitzen zu bringen. Diese Ruhigstellung mit Aufputschmitteln gilt als therapeutisch. Chemisch ist Ritalin sehr eng verwandt mit Kokain. Die Wirkung von Methylphenidat läßt im Gehirn jedoch langsamer nach als die von Kokain.[241]

Ritalin wird vor allem bei sogenannten Aufmerksamkeits-Defiziten (ADS) und Hyperaktivität verschrieben – vorwiegend an Jungen. Die meisten dieser Kinder mit »störender Lebendigkeit« sind Jungen. Weltweit schlucken über zehn Millionen Jungen ihre tägliche Ration Ritalin – Tendenz steigend. Pharmakonzerne freuen sich über sagenhafte Umsätze.[242]

Nehmen wir zum Beispiel an, Ihr Sohn zeigt verhaltensauffällige Symptome, die in der Diagnose in Richtung Hyperaktivität oder ADS deuten. Seine schulischen Leistungen verschlechtern sich rapide. Er ist aggressiv, verweigert sich, wird ausfallend und kann seine emotionalen Impulse schwer kontrollieren. Mit anderen Worten: ihr Sohn »funktioniert« nicht richtig. Sie bekommen ihr Familienleben nicht mehr in den Griff. Sie sind verzweifelt. Er bekommt Ritalin.

Nun verschwinden die Symptome, Ihr Familienleben normalisiert sich. Die schulischen Leistungen Ihres Sohnes werden zwar nicht besser, aber er fällt nicht mehr so extrem aus dem Rahmen. Nur – was ist mit Ihrem Sohn?

Krankheit oder eine Imbalance durch Symptome auszudrücken ist das angestammte Recht des Nervensystems. Es zeigt darin die wahre Natur der Abwehrmechanismen, die der Körper benutzt. Diese Krise wird vom Nervensystem geschürt, um einen Heilungsimpuls auszulösen. Beseitigt man dieses Ausdrucksmittel, so ist das Unterdrückung, und zwar direkte *Unterdrückung* der menschlichen Heilkraft. Diese Art Unterdrückung wird von einem pädagogischen und (schul)medizinischen Umfeld unbewußt gefördert, das nur die Symptome beseitigen will – ohne die wahre Ursache dieser Symptome nach der Prioritätsmethode zu suchen, um sie dann so zu korrigieren, wie es Ihr Sohn braucht.

Nehmen wir ein Beispiel: Ihr Sohn bekommt Ritalin oder ein anderes pharmazeutisches Supplement gegen ein bestehendes Problem verordnet, damit er wieder »funktioniert«. Er (oder sein ihn beobachtendes Umfeld) entdeckt, daß die Symptome, wenn auch nur für kurze Zeit, verschwinden, wenn er das Mittel einnimmt. Nun ist es nicht Sinn der Sache, daß Ihr Sohn ständig Ritalin nimmt. Tauchen die alten Symptome sofort wieder auf, nachdem Ritalin abgesetzt wurde, ist die Sache klar: Es ist ein deutlicher Hinweis, daß Ritalin (Supplement) die Symptome bloß vorübergehend unterdrückt – und damit die Ursache der Symptome überhaupt nicht thematisiert.

Nehmen wir nun an, Ihr Sohn bekommt Ritalin verordnet – und diesmal verschwinden die Symptome nach der Einnahme endgültig.

Hier handelt es sich um eine viel stärkere Unterdrückung, die für Ihren Sohn weit gefährlicher ist! Weil die Symptome »weg« sind, ist es viel schwieriger für Ihren Sohn, auf dem Weg der Genesung zu bleiben und sich so zu erholen, wie es nötig ist. Die natürliche Reaktion der Geist-Körper-Einheit Ihres Sohnes wird folgendermaßen ablaufen: Der Körper wird versuchen, das Problem in einem neuen Symptombündel auszudrücken. Tatsächlich handelt es sich aber immer noch um das alte Problem in einem neuen Gewand. Die bevorzugte Art des

Problems, sich zu präsentieren, ist ihm durch die Unterdrückung (Ritalin) genommen worden. Vielleicht entwickelt er jetzt Symptome, die auf Asthma hindeuten. Wenn Ihr Sohn also mit neuen Symptomen kommt, kann man relativ leicht darauf hereinfallen, und diese dann auch wieder unterdrücken. Er bekommt Cortison. Dies ist ein Teufelskreis, der Sie und Ihren Sohn immer weiter wegtreibt von den wirklichen Ursachen.

Bis heute gelten Diagnosen über Aufmerksamkeitsdefizite und Hyperaktivität nicht als wirklich beweiskräftig. Die Behauptung von Neurologen, daß Aufmerksamkeitsstörungen das Resultat einer biochemischem Funktionsstörung im Bereich der Informationsverarbeitung zwischen einzelnen Teilen des Gehirns eines Jungen seien, sind bis heute nicht belegt.[243]

Regelmäßig wechseln die Lehrmeinungen, aufgrund derer diagnostiziert wird. Viele Experten bemängeln vor allem die völlig unspezifische medikamentöse Behandlung von Millionen von Jungen mit Ritalin aufgrund einer einheitlichen Diagnosetechnik, die um so allgemeiner ausfällt, je flächiger sie angewendet wird.[244]

Tatsächlich aber haben wir es bei sogenannten »hyperaktiven« Kindern mit individuellen Schicksalen von Jungen und jungen Männern zu tun, die alle aus einem spezifischen und einzigartigen Kontext kommen, der eine individuelle und einzigartige Herangehensweise benötigt. Eine flächendeckende Verschreibung von Ritalin grenzt diese individuellen Kontexte aus, da sie auf viel zu allgemeinen Formeln aufbaut – und dazu ein Präparat einsetzt, das bis heute in seinen Wirkungen nicht wirklich erforscht ist.

Ritalin funktioniert für Jungen nicht – so oder so. Aber viele Kinderarzt-Praxen laufen damit wie geschmiert. Denn es funktioniert für die Ärzte, vielleicht sogar für Sie als Eltern, aber bestimmt nicht für den, der es nimmt – und das sind die Jungs, darunter vielleicht Ihr Sohn. Warum sollte Ihr Sohn es dann bekommen?

Die Verabreichung von Ritalin mißachtet alle Heilgesetze der Natur und unterstützt und verstärkt die Unterdrückungen, die ursächlich für die »Probleme« vieler Jungen verantwortlich sind. Grundsätzlich gilt: Es ist wesentlich, die *Unterdrückung* zu korrigieren, die im System Ihres Sohnes zu einer Imbalance geführt hat, nicht die psychologischen Probleme, die als Symptome auftauchen. Jede ärztliche Behandlung von Jungen, die darauf fokussiert ist, Symptome zum Verschwinden zu bringen statt die Ursachen aufzudecken, hilft unwissentlich, die wirklichen Ursachen weiter zu verbergen.

In der Diskussion um Ritalin geht es nicht wirklich um die exorbitanten Gewinne des Schweizer Pharma-Konzerns Novartis, um die Fehldiagnosen von Ärzten und Psychiatern, die es offensichtlich nicht besser wissen: daß Sie als Eltern den Kampf um seinen Geist verloren haben an eine Pharmaindustrie, die vor allem ihre Präparate verkaufen will. Es geht auch nicht um Ihr verständliches Bedürfnis, an der Familienfront endlich ein wenig Ruhe zu haben.

Es geht um Ihren heranwachsenden Sohn. Um seine Gefährdung durch ein Präparat, dessen riskante Langzeitfolgen noch nicht abzuschätzen sind, und von dem keine Studie bewiesen hat, daß es wirklich funktioniert. Das Problem Ritalin liegt nicht so sehr in der Medizin selbst begründet als in ihrem öffentlichen Verständnis: daß wir viel zu schnell und viel zu leicht mit wissenschaftlichen Methoden produziertes Wissen als endgültig und abschließend akzeptieren.[245]

Das haben auch Sie getan, als Sie mit Ihrem Sohn zum Arzt gingen und zugelassen haben, daß Ritalin verschrieben wurde. Ärgern oder bestrafen Sie sich nicht dafür, geraten Sie nicht in eine anschuldigende Haltung sich selbst gegenüber. Korrigieren Sie Ihren Fehler und gehen Sie weiter. Schützen Sie die Subjektivität Ihres Sohnes, sein heranwachsendes Nervensystem, sein sich entwickelndes Gehirn vor dem objektiven Zugriff eines Präparates, dessen Wirkung bis heute niemand wirklich kennt.

Es ist gängige Praxis geworden, Ritalin zu verabreichen – fast schon Mode. Man kann die Naturgesetze des Heilens jedoch nicht außer Kraft setzen. Um Unterdrückung wirklich zu verstehen ist es notwendig, über solche unseligen Präparate wie Ritalin hinauszugehen und sich den Heilungsprozeß genauer anzuschauen, und dabei vor allem die geistigen Dimensionen menschlicher Heilung und die ihnen zugrunde liegenden Naturgesetze.

Für Naturgesetze spielt Zeit keine Rolle. Sie kennen kein Damals und kein Heute. Der Evolution ist die Bedeutung von *Mode* fremd.[246]

Alte Quellen verteidigen

Es ist immer noch eine weitverbreitete Vorstellung, daß ein Heilmittel (Medikament) oder der Arzt (Anwender) die *Heilung* einer Krankheit oder eines krankheitsähnlichen Zustandes bewirken – und nicht der Junge oder junge Mann selber.

Diese überholte Annahme hält sich deshalb so hartnäckig, weil oft nicht verstanden wird, wie Heilung in einer Person wirklich stattfindet. Natürlich zeigen Heilmittel ihre Wirkung. Sonst gäbe es nicht so ein ausuferndes Gesundheitssystem. Doch der Beitrag eines Heilmittels ist nur *ein* Element in diesem komplexen und einzigartigen Vorgang, den wir Heilung nennen. Jede Heilung fängt im *Innern* an. Man kann einen Jungen nicht von *außen* zwingen, gesund zu sein. Das funktioniert nicht. Das Beste, was wir tun können, ist, eine Umgebung zu schaffen, in der die innere Heilungsintelligenz eines Jungen unbehindert ihre Arbeit tun kann.[247]

Die von uns geschaffene technische Zivilisation entmenschlicht uns dort, wo sie sich schneller wandelt und umbaut, als unsere Psyche damit fertig werden kann. Wir haben eine Welt der schnellen technischen Lösungen geschaffen, die sich immer weiter beschleunigt. Bis zur industriellen Revolution war das Zeitmaß unseres Lebens annehmbar. Die Lebensbedingungen blieben von Generation zu Generation ziemlich gleich. So konnten wir ein Gefühl für Bindung und Zugehörigkeit entwickeln. Dies war trotz der harten und beschwerlichen Arbeit oft Grundlage für ein reiches und spirituelles Leben. Wandel vollzog sich so allmählich und nachvollziehbar, daß jeder Mann ein mentales Bild davon hatte, was er im Leben erwarten konnte.[248]

Heute leben wir im Zeitalter permanenter Beschleunigung und innerer Anspannung. Durch Streß bedingte Krankheiten nehmen dramatisch zu. Ständiges Überdrehen und Nervosität, verbreitet wie eine Epidemie. Geschwindigkeit ignoriert Zeit. Geografische Proportionen schrumpfen im Zeitraffer in unseren Teleskopen. Wir können in wenigen Stunden überall sein – und haben doch das Gespür für die Bedeutung und Frische von Ferne und Fremdheit verloren. Wir jagen durch Raum und Zeit, in Landschaften, gebaut für Speed und Volumen. Das Ergebnis: Streß und Erschöpfung.

Sie können die Konsequenzen dieses Lebensstils ohne die Hilfe eines Mikroskops oder von Universitätsprofessoren beobachten. Die Tatsache, daß dieser Streß Sie umgibt und so sehr Teil Ihres eigenen Lebens geworden ist, weist auf seine schleichende und destruktive Qualität hin.

Davon ist die Medizin nicht unbeeindruckt geblieben. Geschwindigkeit, Streß und Erschöpfung springen den Ärzten von heute aus ihren müden Gesichtern. Sie repräsentieren das, was sie zu bekämpfen vorgeben.

In der modernen technischen Medizin hat ein junger Mann mit seinen Gefühlen, Meinungen, Glaubensmustern und seinem persönlichen Hintergrund keinen Wert mehr. Für die schnelle, technische ärztliche Diagnose ist das irrelevant. Wir haben Heerscharen biomedizinischer Praktiker ausgebildet, die den Körper eines Jungen sachkundig behandeln können, als ob er eine kaputte Maschine wäre.

Die Medizin ist im Rahmen ihrer ständigen Beschäftigung mit Leiden von Menschen durch ein anhaltendes Sperrfeuer moderner Entdeckungen gegangen. Teure Apparate und schnelle, »effektive« Rezepturen gelten als »modern« und »wissenschaftlich«. Ein paar Pillen einwerfen, dann wird es schon wieder laufen. Wir lassen uns auf das Level einer Maschine degradieren, wenn wir dieses Spiel mitmachen.

Ärzte sind sehr schlecht darauf vorbereitet, sich in Grauzonen zu bewegen. Und bis heute haben die herrschenden medizinischen Schulen trotz wachsender Kenntnisse von der Funktionsweise des Körpers keine Leitlinien entwickelt, die auf therapeutischem Gebiet als zuverlässige und sichere Indikationen gelten können. Das bedeutet im Klartext: Es gibt für ihre therapeutischen Maßnahmen keinen Beweis, außer ihrer Erfahrung. Und das bedeutet, daß die moderne Medizin sich noch immer eher auf dem Stand der Empirie befindet als auf dem einer wirklichen Wissenschaft. [249]

Louis Pasteur, der berühmte Arzt und Naturwissenschaftler in Paris, sagte auf seinem Sterbebett zu seinem besten Freund und Kollegen: »Weißt du, wir haben einen Fehler gemacht. Es geht nicht darum, welche *Krankheit* ein Patient hat, sondern welcher *Patient* eine Krankheit hat.« Pasteur hatte durch seine langen Studien und Behandlungen von Patienten festgestellt, daß es nicht so sehr der Erreger war, der über den Ausgang der Krankheit für den Patienten entschied, sondern in erster Linie der Patient selber. Nur so war zu erklären, warum manche Patienten an einem Erreger starben, andere mit dem exakt gleichen Erreger überlebten oder erst gar nicht krank wurden. Offensichtlich entschied das Milieu des Patienten, wie gefährlich sich ein Erreger entwickeln konnte.

Der Geist eines Jungen hat eine außergewöhnliche Macht über seine Körperfunktionen. Er schafft das Bild von der Nutzung der für sein Leben und seine Entwicklung grundlegenden Dinge. Je erfolgreicher seine Einheit von Körper und Geist mit Hindernissen im Leben umgehen kann, desto natürlicher wird er aufwachsen. Doch oft genug wird sein Körper mißbraucht durch den Konflikt zwischen seiner konstruierten Intelligenz, seinen Glaubensmustern, und seiner natürlichen Intelligenz, der genetischen Energie. Das raubt ihm Energie und macht ihn anfällig für Erkrankungen. Ob sich ein Junge von den inneren Sabotage-Programmen erholen kann, hängt also von seiner Fähigkeit ab, seine Geisteshaltung und damit die Programme, die im Geist ablaufen, zu verändern. Mit anderen Worten: Seine Erholungsfähigkeit ist unmittelbar gebunden an die Fähigkeit seiner neurologischen Integrität, toxische und emotionale Belastungen sowie negative erlernte psychologische Muster und Gedanken abzulösen.

Es ist sinnvoll, Vorsicht walten zu lassen bei Abstraktionen oder Diagnosen von Ärzten oder sogenannten Experten. Der Fehler liegt eher bei dem objektiven Experten, der »weiß, was getan werden muß und wie es getan werden muß«. Ihr Blick ist sehr oft getrennt von der authentischen menschlichen Erfahrung und läßt nicht einmal Fragen nach Werten und Subjektivität zu. »Objektive« Hypothesengebäude kommen als »wertfrei« daher, üben aber gleichzeitig über ihren Expertenanspruch eine große Autorität aus, was ein Werturteil in sich ist. Konzepte über das Leben und das menschliche Verhalten sind jedoch weit entfernt davon, vollständige Bilder zu sein. Die Welt ist vielseitig. Kein Konzept kann alles enthalten, weder Kunst noch Wissenschaft, weder Analyse noch Intuition. Viel wichtiger ist es, eine Harmonie zwischen diesen Dimensionen anzustreben.

Nach langjähriger Arbeit mit homöopathischen Mitteln und langfristiger Patientenbeobachtung fand der deutsche Arzt Hering eine Reihe von Genesungsgesetzen, die für seine Anwendung in der Homöopathie extrem wichtig wurden. Mit Hilfe dieser Gesetze des Heilens konnte er erkennen, ob ein Patient sich auf dem eigenen Weg der Genesung befand oder nicht. Er nannte das die Heilungslinie. Die drei wichtigsten Heilungsgesetze für Jungen lauten: Die Heilung eines Jungen beginnt immer im Kopf und verläuft von oben (Kopf) nach unten (Extremitäten). Hering beobachtete, daß Patienten sich selbst zu heilen begannen, wenn sie die für sie richtige mentale Einstellung entwickelten, auch wenn sie noch körperliche Symptome zeigten. Heilung geschieht, zweitens, immer von innen nach außen; damit meinte Hering das Bedürfnis einer Person, die Wahrheit ihres innersten Geistes auszudrücken. Das dritte Heilungsgesetz besagt, daß das zuerst auftauchende Symptom in der medizinischen Behandlung das Nachrangigste sein sollte.

Erst jetzt konnte Hering wirklich verstehen, was Heilen bedeutet: Zu sich selber finden. Wenn ein Junge medizinisch angemessen behandelt wird, zeigt er die Tendenz, diesen Gesetzen zu folgen. Wird er unsachgemäß behandelt, wird seine natürliche Heilung unterdrückt werden, was langfristig zu einer Verschlechterung seines Zustandes führt. Es können weitere und andere Symptome entstehen. Ein Junge heilt sich gemäß den Gesetzen der Natur und dem Genesungsgesetz. Diese Genesungsweise zu ermöglichen steht als Priorität höher, weil sie den menschlichen Geist animiert, mehr zu tun als »bloß zu überleben«.[250]

Korrigieren Sie die Unterdrückung, nicht die psychischen Probleme

Unterdrückung findet in unserem Leben immer wieder statt und schafft unser Bedürfnis, uns auf eine Weise auszudrücken, die nicht zu unserer persönlichen Geschichte und unserer Herkunft paßt. Die Geschichte, die wir zu erzählen gelernt haben, ist eine einzige Kompensationsgeschichte. Es ist nicht die Geschichte, die uns am besten in der Welt präsentieren würde.[251]

Wenn wir Unterdrückungen, die stattgefunden haben, nicht klären, verlieren wir den Kontakt zur der Person, die wir ursprünglich waren: unser positives Selbst. Die meisten psychischen Probleme sind ursächlich durch emotionale Unterdrückung ausgelöst, ohne daß wir uns dessen wirklich bewußt sind. Die mit der Unterdrückung verbundenen Programme, Glaubensmuster und emotionalen Verhaltenweisen sind auf der rationalen Ebene nicht zugänglich. Emotionale Unterdrückung verankert sich auf der unbewußten Ebene einer Person.

Entweder unterdrücken Jungen und Männer ihren emotionalen Ausdruck, oder sie nutzen Emotionen (z.B. Wut, Zorn, Resignation), um tiefere Gefühle zu unterdrücken. Oft weniger deutlich erkennbar sind die erlernten Reaktionsmuster, die Jungen und Männer auf der Ebene unbewußter Konkurrenz verwenden. Angst ist bei Jungen und Männern wahrscheinlich das wichtigste Unterdrückungsmittel im emotionalen Bereich und bildet im allgemeinen den Kern emotionaler Schwierigkeiten.[252]

Ängste und emotionale Probleme werden von Jungen und Männern oft Jahre unterdrückt, ohne daß ihnen bewußt ist, daß diese in ihrem System existent sind. Oft liegt der Schmerz darin, daß sie ihn nicht an die Oberfläche holen können. Je mehr sie sich anstrengen zu fühlen, um so weniger können sie fühlen. Das hat mit den Dingen zu tun, die Menschen getan haben, um sie zu verletzen, mit jener Zeit, als sie ihre Unschuld verloren, ihr Kindheits-Ich erwachte und die Realität dessen wahrnahm, was wirklich der Schmerz ist. Den Verrat, den sie fühlten: den Schmerz der Familie, den Schmerz, mißverstanden zu werden, all die entsetzlichen Dinge, die kleinen Jungen wegen der Unwissenheit ihrer Eltern angetan werden. Die Angst vor Zurückweisung und gleichzeitig das Bedürfnis, geliebt zu werden. Alles, was sie je erhalten haben, war Kritik und Ablehnung. Niemand hat sie wirklich verstanden oder wird es jemals wirklich tun. Sie können dem Schmerz nicht gestatten, an die Oberfläche zu kommen. In dieser Zeit beschließen viele Jungen und Männer, lieber nichts mehr zu fühlen, als wieder verletzt zu werden.

Rationalisierungen bei Jungen und Männern sind oft ein Hinweis auf massive emotionale Unterdrückung. Es sind Jungen, die in ihrer Kindheit »gut ausgesehen« und »gut funktioniert« haben. Später, als erwachsene Männer, wollen sie ständig anderen helfen – und übersehen sich selbst dabei.

Weil ihre Bedürfnisse nicht erfüllt wurden, als sie aufwuchsen, neigen sie dazu, sich auch weiterhin so zu behandeln, wie sie als Kinder selbst behandelt wurden: Sie ignorieren ihre eigenen Bedürfnisse und werten sie ab. Dieses Leiden hat tiefe, kraftvolle Wurzeln, die alle Symptome zwischen geringfügiger Persönlichkeitsstörung und unangemessenem Verhalten bis hin zu Gewalt, Inzest und völlig zerstörerischem Verhalten hervorrufen kann. Weil diese Jungen spüren, daß sie anders sind, isolieren sie sich und verstecken ihre Qual unter einer Maske von Erfolg und Normalität. Niemand weiß, welche inneren Schmerzen sie leiden oder wie lange und tief sie Regungen wie Schmerz, Scham und Zorn in sich tragen.[253]

Nehmen Sie das Beispiel eines jungen Mannes, eines hochintelligenten, begabten Erfinders und Visionärs, der im kreativen und pionierhaften Bereich arbeiten wollte. Aber sein Vater bestand darauf, daß er ein erfolgreicher Anwalt wurde. So studierte er hart und tat alles, um ein guter Anwalt zu werden. Doch er unterdrückte seine ganze Kreativität und damit das, was seiner Persönlichkeit am meisten entsprach. Es war nur natürlich, daß er psychische Probleme bekam, die aber lange Zeit unentdeckt blieben, da er sie durch seinen hohen Level an Energie kompensieren konnte. So kann es Jahre dauern, bis man einer Unterdrückung wirklich auf die Spur kommen kann.

Auf der anderen Seite gibt es aber auch Gesundheitsfanatiker, die das »richtige Leben« leben wollen. Sie nehmen Vitamine, wenden Homöopathie an, trinken sechs Liter Wasser am Tag und ernähren sich nur im Reformhaus oder Vollkorngeschäft – und werden trotzdem krank, weil sie einen wesentlichen Teil ihrer Person unterdrücken, die ein ganz anderes Leben will – zum Beispiel schnell mit einem Porsche zu fahren. Und dann gibt es Jungen und Männer, die rauchen, trinken, die Nächte durchmachen und eigentlich tot sein müßten – aber kerngesund sind, weil sie wesentliche Teile ihrer Persönlichkeit nicht unterdrücken, sondern ausdrücken.

Wenn Jungen und junge Männer keine Kritik üben können oder ihre Meinung nicht äußern dürfen, fühlen sie sich bevormundet und versuchen gar nicht erst, ihre Sache voranzubringen. Oft beginnt dies schon in frühester Kindheit. Als Resultat dieser Erfahrungen programmieren sie sich darauf, daß sie kein Gehör finden werden. Unterdrückte Meinung als Erfahrung von ständiger Zurückweisung führt zu einer Haltung von »Warum soll ich mich kümmern? Man hört ja doch nicht auf mich, also resigniere ich.« Die betroffenen jungen Männer halten es für sinnlos, sich zu äußern.

Dieser emotionale Streß hat gravierende Folgen, da Jungen im Unterschied zu Mädchen in der Regel weniger emotionale Ausdrucksmöglichkeiten in ihrem Display haben, und zum anderen, weil Autonomie in ihrem Streben nach Selbstwert und ihrem Identitätskonzept eine so eine bedeutende Rolle spielt. Das Resultat ist oft genug, daß sie sich zurückziehen und versuchen, das Problem allein zu lösen. Solange ein Junge jedoch auf irgendeiner Ebene im »gelangweilten Selbst« feststeckt, hat er große Schwierigkeiten, die Energie zur »Motivation« aufzubringen, um sein Verhalten zu ändern. Sein Zustand verschlechtert sich. Die Krise weitet sich aus.

Eine der besten Korrekturen, die Jungen für sich tun können, und die *Sie für Jungen tun können*, ist, den Streß, der mit der Formulierung ihrer Meinung verbunden ist, abzubauen. Dies wiederum gibt ihnen die Freiheit, offen zu denken und ihre Gedanken ohne Zugriff durch eine Zensur mitzuteilen.

Anpassung ist niemals Heilung

Jungen reagieren allergisch auf ein Umfeld, das ihnen vorschreiben will, was sie zu tun haben. Es existiert eine Instanz in ihnen, die genau spürt, was richtig und was falsch ist. Natürlich sind ihre Abwehrmuster oft nicht besonders kultiviert. Aber das macht eigentlich nichts. Entscheidender ist, daß sie sich nicht einfach ein fremdes Script von anderen Personen aufdrücken lassen, die sich selbst als erwachsen und verantwortungsbewußt bezeichnen.

Als Paul McCartney den Song »Fixing A Hole« schrieb, war das auch eine Reaktion auf die Leute in seinem Umfeld, die glaubten, ihm ständig sagen zu müssen, was er zu tun hätte:»Fixing A Hole«, so McCartney, »handelt von all diesen selbstgerechten Spießern, die dir sagen: ›Träum nicht in den Tag hinein! Tu dies nicht! Tu das nicht!‹ Diese Haltung fand ich grundverkehrt, und ich dachte, es sei an der Zeit, was dagegen zu tun. Ich wollte die Freiheit haben, meinen Gedanken und Träumen nachzuhängen.«[254]

Peking, die chinesische Metropole, die jahrzehntelang im grauen Sozialismus vor sich hinschlief, ist erwacht. Und Xiao Rong, zweiundzwanzig Jahre alt, sorgt dafür, daß sie nicht wieder einschläft. Zusammen mit Freunden gründete er vor ein paar Jahren die erste Punkband Chinas. Sie gaben sich den Namen *Chao Nao*, was übersetzt etwa soviel heißt wie »Schlammiges Gehirn«. Xiao Rong und seine Band: Das ist für chinesische Verhältnisse ziemlich grell. Sie spielen in kleinen Clubs an den Universitäten und verdienen kaum mehr als das Geld für die Spesen.

Ihre Musik »klingt wie die der britischen Punk-Väter The Clash: harte Gitarrenriffs, die ins Chaos abgleiten. Xiao Rong singt von seinem Leben, dem Erwachsenwerden und seiner Wut auf das System.

›Ihr müßt mich nicht erziehen. Wenn ihr versucht mich zu erziehen, verwandle ich mich in einen Teufel‹, heißt es in einem der Texte.« [255]

Anpassung an die Erwartungen anderer ist der direkte Weg in Krankheit, Leiden und Unterdrückung: Den Erwartungen von anderen zu entsprechen ist der beste Weg, sich unglücklich zu machen. Niemand dankt einem das wirklich. Und keiner mag es, wenn man sich unterwirft. Warum wird es dann so oft von Jungen erwartet?

Xiao Rong war fünfzehn, als er das erste Mal von den Sex Pistols hörte. Er studierte an einer Schule für Kader-Kinder, weil seine Eltern zu diesen einflußreichen Kadern gehören. An dieser Elite-Schule für Söhne und Töchter der kommunistischen Führer war sein Weg vorgegeben: Studium an einer guten Universität in China oder im Ausland. Danach ein Job bei einem ausländischen Unternehmen oder im Partei-Apparat. Es war ein perfektes System, in das er sich nicht einfügen wollte. Mit sechzehn schmiß er die Schule:

»Ich habe alles gehaßt«, erzählt er, »das sture Auswendiglernen, der eingeimpfte Patriotismus und der Zwang zur Anpassung im Unterricht. Es war, als ob ich keine Luft mehr bekam.« [256]

Punk ist für ihn ein Weg, sich auszudrücken. Seine Sätze sind eine Mischung aus Chinesisch, Englisch und enden meist mit dem berühmten Four-Letter-Word. [257] Für die Älteren, die Generation seiner Eltern, sind Rockmusiker sowieso nur *huai ren*: schlechte Menschen. Für Xiao Rong ist Punk ein Lebensstil, mehr als nur Musik: »Es ist wie ein Irokesenschnitt, ein großer Hahnenkamm. Es gehe darum, auf sich selbst zu hören.« [258]

Mentoren

Wer sind wir? Wohin gehen wir? Warum sind wir hier? Junge Männer durchforschen das Mysterium ihres Lebens: suchend, sehr jung, angefüllt mit Ängsten und Neugierde. Sie suchen nach speziellen Antworten. Sie suchen nach ihrer Magie. Sie suchen nach Richtung in ihrem Leben. Und sie suchen nach einem Lehrer, der ihnen sagt, was sie tun sollen. Unsicher und unvollkommen wie sie sind, erlauben sie vielleicht anderen, ihnen vorzuschreiben, wer sie sind. Wie viele junge Männer können solchen Herausforderungen an ihre Identität widerstehen, wenn sie die Bedeutung einer Vision nicht erfahren haben? Vielleicht denken sie sogar, daß ein Mann zu sein etwas sei, das von ihren Eltern, von Schule, Politik oder den Medien festgelegt wird. Es sind Mentoren, die jungen Männern helfen, diese Stromschnellen des Lebens zu meistern. Mentoren besitzen diese spezielle Gabe der Wahrnehmung von Potentialen, von Charakter.

Cassius Clay hatte im Alter von fünfzehn Jahren ein klares Gefühl für seine Bestimmung. Das war 1957. In diesem Jahr kam der hoch eingeschätzte Halb-Schwergewichtler Willie Pastrano aus Miami mit seinem Trainer Angelo Dundee nach Louisville, um gegen John Holman zu kämpfen. Eines Abends, als Dundee mit Pastrano im Hotelzimmer saß, rief ihn Clay von der Empfangs-Lobby des Hotels an.

»Cassius«, so berichtet Dundee später, »sagte Wort für Wort: ›Ich bin Cassius Marcellus Clay und ich bin der Golden Gloves Champion. Ich habe das und das gewonnen.‹«[259]

Dann erzählte er Dundee, daß er bei den Olympischen Spielen gewinnen würde. Dundee hielt die Hand über das Telefon und fragte Pastrano, ob er Lust hätte, den Jungen zu treffen. Pastrano willigte ein, und Cassius und sein Bruder Rudy kamen die Stufen hochgerannt. Der junge Cassius stellte Frage auf Frage über Training, andere Boxer, über Techniken. Dundee war amüsiert und beeindruckt: »Der Junge war einfach so *lebendig* und so engagiert.«[260]

Zwei Jahre später kehrten Dundee und Pastrano zu einem weiteren Kampf zurück nach Louisville, diesmal gegen Alonzo Johnson. Cassius war siebzehn Jahre alt und immer noch ein Amateur-Boxer. Aber jetzt wollte er nicht mehr reden. Er wollte mit Pastrano sparren. Dundee hielt nichts davon, einen Amateur gegen einen erfahren Profi-Boxer sparren zu lassen, schon gar nicht in der Woche des Kampfes. Doch Clay tauchte jeden Tag in der Boxhalle auf und löcherte ihn: »Warum läßt du mich nicht mit deinem Mann arbeiten?«[261]

So gab Dundee schließlich nach und willigte ein für zwei Runden Sparring. »Ich dachte, was soll schon passieren? Nun, Willie kriegte diesen Jungen nicht zu fassen. Muhammad – damals noch Cassius – war so schnell. Federnd. Du denkst er sieht schnell aus, wenn du ihn in seinen späteren Kämpfen betrachtest; aber das ist langsam im Vergleich zu dem wie er als junger Mann war. Jab, Jab, Jab, und weg. Und ob er zuschlagen konnte? Jeder kann schlagen. Jeder mit fünfundneunzig Kilogramm kann schlagen. Das Geheimnis ist es, einen Mann zu schlagen, wenn der andere es nicht erwartet.

Willie verließ den Ring und ich sagte, ›Whow, Willie, du bist verspannt, kein weiteres Sparring mehr für dich.‹ Willie sagte ›Unsinn, der Junge hat mich windelweich geprügelt.‹«[262]

Im Sommer 1960, kurz vor den Olympischen Spielen in Rom, verläßt der junge Journalist Dick Schaap sein Büro an der Madison Avenue in Manhattan, um in einem nahegelegenen Hotel zwei der hoffnungsvollsten Boxer des amerikanischen Teams zu treffen: Cassius Clay und Wilbert »Skeeter« McClure. Schaap war Sportjournalist bei Newsweek, kannte jeden und war überall gern gesehen: Die Athleten liebten ihn. Er bot den beiden an, nach Harlem zu fahren und sich dort mit Sugar Ray Robinson zu treffen. Clay willigte sofort ein: Sugar Ray war seit langer Zeit sein Idol, und die Aussicht, ihn zu treffen, versetzte ihn in eine nervöse Euphorie, die er sich jedoch nicht anmerken ließ.

Auf der Fahrt im Taxi nach Harlem beschrieb Clay, Block für Block, wie er zuerst jeden Gegner im Halbschwergewicht erledigen würde, bevor er kurz zusammenfaßte, wie es Floyd Patterson an den Kragen ginge. Er würde Weltmeister im Schwergewicht sein, bevor er das Wahlalter erreicht hätte:

»Ich werde der Größte aller Zeiten sein.«[263]

Wilbert »Skeeter« McClure grinste zu Dick Schaap rüber, während das Taxi die Seventh Avenue hochrauschte:

»Machen Sie sich nichts draus, so ist er halt.«

Schaap erinnerte sich später genau an diese Szene:

»Selbst mit achtzehn war Clay die schillerndste, die lebendigste Person, die ich jemals getroffen habe. Es war wie das Treffen mit einem großen Schauspieler oder einem elektrisierenden Staatsmann, einer Person mit einer bestimmten inneren Ausstrahlung und Energie – und man wußte sofort, daß man von ihm in den nächsten Jahren hören würde.«[264]

Der amerikanische Maler Edward Hopper sagt, daß in der Entwicklung jedes Künstlers die Saat seiner späteren Arbeiten in den frühen Werken angelegt sei. Der Kern, um den der Intellekt eines Künstlers seine Arbeit aufbaue, sei er selber – und dies würde sich von der Geburt bis zum Tod wenig ändern.

»Der einzig signifikante Einfluß«, so Hopper, »der jemals auf mich gewirkt hat, war ich selber.« Als Pablo Picasso anläßlich einer großen

Ausstellung in Paris von einer Journalistin gefragt wurde, wie sich seine künstlerische Arbeit und er als Künstler entwickelt habe, antwortete er knapp: »Ich entwickle mich nicht, ich bin.«

Ein Jahr nach dem folgenschweren Sparring in Louisville war Clay im Fifth-Street-Gym an der Ecke Washington Avenue/Fifth Street in Miami Beach, und Angelo Dundee der Trainer des Jungen »mit dem großen Maul und den schnellen Händen«, dem Jungen mit der Goldmedaille und der silbernen Zunge.[265]

Angelo Dundee wurde zu einem der wichtigsten Mentoren von Cassius. Dundee selber war das fünfte von sieben Kindern einer aus Kalabrien emigrierten Familie, in der niemand lesen oder schreiben konnte. Der ursprüngliche Name seiner Familie war *Mirena*. Doch als einer seiner Brüder unter dem Namen *Joe Dundee* zu boxen begann, übernahmen er und sein Bruder Chris diesen Namen.[266]

Während des Krieges arbeitete er als Flugzeug-Inspekteur, danach ging er zur Navy, bis er schließlich 1948 seinem Bruder nach New York folgte, mit dem er zusammen Anfang der fünfziger Jahre in Miami Beach ein Box-Camp aufzubauen begann. Sehr schnell hatte Angelo Dundee Kämpfer unter seinen Fittichen, besonders Flüchtlinge aus Kuba. Der Rest seiner Boxer kam aus Lateinamerika.

Von Anfang an sah Dundee in Clay nicht sein persönliches Frankenstein-Experiment. Ihm war bewußt, daß jedes noch so große Talent Arbeit und Vervollkommnung benötigte. Doch Clay widersetzte sich direkten Anweisungen: Es wurde sehr schnell deutlich, daß Dundee Clay in keiner Weise dirigieren oder lenken konnte. Clay wollte immer das Gefühl haben, der Innovator einer Idee zu sein. Dundee unterstützte das. Er nannte das »den Boden bereiten«. Dundees Idee war, das Potential in Clay zu verfeinern, das von Anfang an da war: seine Intelligenz, seine atemberaubende Schnelligkeit und Cleverneß im Ring, seine Show-Qualitäten – ohne ihn dabei zu manipulieren, zu disziplinieren oder ihm einen anderen Stil aufdrängen zu wollen. Wie jeder erfahrene Trainer wollte Dundee Clay langsam und zielbewußt aufbauen, um ihn mit jedem weiteren Kampf auf physischer und mentaler Ebene einer neuen Herausforderung zu stellen.

Dundees Stil in der Anleitung war nicht-direktiv und personenzentriert. Er hatte sich in der Zusammenarbeit mit Clay von allen Stereotypen gelöst, weil er Clay »sah«, wie er wirklich war. Diagnostische Labels waren für ihn irrelevant geworden. Auch die klassische Organisation der Trainer-Boxer-Hierarchie spielte für ihn keine Rolle mehr. Kurz gesagt, Angelo Dundee tat das, was Carl Rogers zwanzig Jahre später als revolutionären Ansatz in der Psychotherapie präsentieren würde: Die natürliche Fähigkeit von Menschen zur Entwicklung innerer Macht und Stärke und ihres kreativen Potentials zu stärken, bedeutete, ihnen zu vertrauen, die richtigen Entscheidungen für sich selbst treffen zu können. Daraus erwuchsen ein tieferes Selbstverständnis und die Fähigkeit, ein aufregendes und konstruktives Leben zu führen.[267]

Clay selbst, in seiner unnachahmlichen Art, wußte genau, was er von Angelo Dundee zu halten hatte: »He's got the connection and the complexion to get me the right protection which leads to good affection.«[268]

Mentoren benötigen eine psychologische Flexibilität, die sie befähigt, sich von den eigenen inneren Barrieren und Glaubenssystemen zu lösen. Die verborgenen oder offensichtlichen Motive des eigenen Egos, mitsamt ihren Ängsten und Wünschen nach Anerkennung, sollten im Leben eines Mentors keine oder eine untergeordnete Rolle spielen. Persönliche Egozentrik hat hier keinen Platz. Sie kollidiert mit der rauhen, ungeschliffenen Egozentrik des aufstrebenden, aufsteigenden jungen Mannes. Die wirkliche Show ist der junge Mann. Selbst wenn manche seiner Launen schwer zu ertragen sein werden: man kontrolliert ihn nicht. Ein Mentor zu sein, bedeutet zu dienen. Mentoren haben diese spezielle Fähigkeit des Erkennens eines solchen Talents, das sich zu entfalten beginnt. Das ist einer der wesentlichen Unterschiede zwischen einem Mentor und einem Vater.

Ein Vater bringt zu viele emotional gefärbte Motive in diese Beziehung. Er kann nicht genug Distanz zwischen sich und seinen Sohn legen. Ein Vater hat zu viele eigene Wünsche an das Leben seines Sohnes. Seine Wünsche und dessen Wünsche vermischen sich auf eine undurchschaubare Weise. Ein Vater liebt seinen Sohn viel zu sehr. Und er hat viel zu viel für ihn getan, um zu verstehen, mit welcher Person er wirklich konfrontiert ist. Deshalb neigt er dazu, ihn zu kontrollieren.

Väter verstehen ihre Söhne nicht wirklich – weil sie sich in ihnen zu stark widergespiegelt sehen. Ein altes Gesetz besagt, daß Vater und Sohn verschiedenen Göttern dienen. Sie leben fast immer in zwei völlig unterschiedlichen mythologischen Welten. Deshalb fällt es einem Vater so schwer, den Gott zu segnen, dem sein Sohn dienen will. Er ist kein Priester dieses Kultes.

Wenn ich als Erwachsener bemerke, daß ich zu viel meiner eigenen Lebenswünsche und Stilvorstellungen auf einen jungen Mann übertragen will, ist das ein sicherer Hinweis, daß ich das Territorium des Mentors verlassen und das des Vaters betreten habe. Diese Form der Zusammenarbeit hat keine Zukunft, weil ein junger Mann gegen das Territorium des Vaters sofort rebellieren wird. Dort kennt er sich bestens aus. »Das hatten wir schon«, wird er sagen. Ein junger Mann ist auf der Suche nach Exzellenz, seinem Titel und nach Anleitung. Er will keinesfalls die alte Geschichte wiederholen.

Angelo Dundee, der Junge aus einer analphabetischen Emigrantenfamilie, verschob die Parameter von Macht und Stärke, wie sie in der Kultur der Box-Camps und in der sie umgebenden Gesellschaft im konventionellen Sinne verstanden wurden: Macht *über* und Stärke *durch* Kontrolle. Er teilte seine Macht mit Cassius – und gewann gerade dadurch mehr Einfluß. Er vertraute auf dessen Fähigkeit zur Selbstkontrolle – und hatte nicht mehr das Bedürfnis, ihn zu kontrollieren. Er wußte, daß er einen großartigen Boxer vor sich hatte. Hier war ein junger Mann, angetrieben durch Phantasien seiner persönlichen Macht und Großartigkeit, gepaart mit einem unglaublichen Humor, der alles besaß, um diese Phantasien Wirklichkeit werden zu lassen. Dundee spürte, daß Clay mit seiner inneren Kraft in Kontakt stand und diese akzeptierte. Daß er auf einer tiefen Ebene sich selbst vertraute und bereit war, die ganze Welt zu erschüttern. Wer war er, daß er ihn daran hindern sollte?

Viele Menschen halten ihre inneren Erfahrungen für ziemlich festgelegt: Wir fühlen, wie wir fühlen, wir nehmen so wahr, wie wir eben wahrnehmen, so ist das einfach. Milton Erickson erkannte sehr früh, daß Menschen sich sehr schnell selbst verändern können. Und statt der festgelegten stereotypen Persönlichkeitstheorien, die die meisten von uns in der Psychotherapie gelernt haben, entwickelte Erickson eine Veränderungstheorie. Deshalb lernte er auch eine Veränderungstechnik. So begann er in der Arbeit mit Menschen zu erforschen, wie weit diese ihre Erfahrung von Zeit und Raum, ihrer Wahrnehmung, dem Gefühl, wo sie in der Zeit waren, verändern konnten.[269]

Mentoren erkennen die Notwendigkeit von Charakterschulung. Dazu gehört die emotionale Schulung eines jungen Mannes. Es ist nicht nur notwendig, Jungen zu ermuntern, sich emotional auszudrücken. Noch wichtiger ist es, daß sie lernen, ihre Emotionen erfolgreich und im Einklang mit ihren Werten und persönlichen Lebenszielen zu steuern und zu dirigieren.

Die Einteilung eines jungen Mannes in eine bestimmte Typologie, Kategorie oder Klasse zerstört seine Einzigartigkeit. Mentoren sind deshalb in der Regel keine Psychologen oder Psychiater, sondern Männer und Frauen, die in einem bestimmten blitzartigen Moment der Wahrheit in der Lage sind, das zentrale, unverwechselbare und einzigartige Image der Seele eines Jungen zu erkennen. Mentoren besitzen diese spezielle Wahrnehmung von Potentialen und Möglichkeiten. Sie entdecken das Gold im Vulkan – und werfen einen Blick in die Zukunft. Sie ahnen, was sein könnte. Vor ihren Augen entfaltet sich dieses junge Leben. Sie sehen diese Leidenschaft und diesen starken Willen. Dies ist die Essenz eines Mentors oder einer Mentorin.

Mentoren sind in diesem Sinne Archäologen der Zukunft. Und man kann nicht die Zukunft in den Kategorien der Gegenwart und der Vergangenheit messen.

Als an der Central High School an der West Chestnut Street die Graduierung von Cassius Clay bevorstand, wandten sich einige Lehrer dagegen, Cassius das Examen passieren zu lassen. Seine Leistungen waren zu schlecht. Er sollte kein Präzedenzfall für andere Athleten mit schlechten Leistungen werden.

Atwood Wilson, der freundliche Direktor der Schule, erhob sich schließlich während eines Fakultätstreffens im Musikraum der Schule und begann jene legendäre »Claim to Fame-Ansprache«.

»Eines Tages werden wir gerühmt werden, daß wir Cassius Clay kannten oder ihn unterrichteten. Denken Sie etwa, daß ich der Direktor einer Schule sein möchte, an der Cassius Clay nicht seinen Abschluß schaffte? Warum? Der wird in einer Nacht mehr Geld verdienen als der Direktor und all ihr Lehrer in einem Jahr zusammengenommen. Wenn jeder einzelne Lehrer hier ihn durchfallen ließe, wird er es trotzdem schaffen. Er wird an meiner Schule nicht durchfallen. Ich werde sagen: ›Ich habe ihn unterrichtet!‹«[270]

11 Zentrale Botschaften

Die unvermeidlichen Tips. Ich bin lediglich Experte im Hinblick auf mein eigenes Leben und gerate bei meinen Söhnen an Grenzen, genauso wie Sie. Und es ist für mich Herausforderung genug, für mein eigenes Leben Verantwortung zu übernehmen. Ich bin nicht da, um Verantwortung für Ihres zu übernehmen. Die folgenden Empfehlungen sind also nichts anderes als – Empfehlungen. Erlauben Sie sich, nur das anzunehmen, was für Sie wirklich funktioniert. Vergessen Sie den Rest. Diese Tips ersetzen auch keine professionelle Beratung oder Therapie. Aber sie sind erheblich preiswerter.

Wenn über Jungen gesprochen wird, geht es viel um Grenzen. Daß sie dies nicht tun sollen und das nicht. Daß man sich nicht soviel gefallen lassen soll. Daß es wichtig ist, im Rahmen der Erziehung als Eltern Klarheit im Hinblick auf die wichtigsten Erziehungsziele zu schaffen. Konsequent zu handeln gehört ebenfalls dazu. Die allzeit präsente Diskussion um Werte darf ebenfalls nicht fehlen. Dies alles ist richtig. Und dieses Buch will Ihnen keinesfalls suggerieren, daß Sie Ihrem Sohn alles durchgehen lassen sollen. Sie sind viel zu sehr Ihre eigene Person, um es nicht ab und zu auf einen handfesten und durchaus lauten Streit ankommen zu lassen. Reinigende Gewitter sind notwendig und meist auch unvermeidlich.

Was in dieser Diskussion jedoch oft übersehen wird, ist die Tatsache, daß Sie sich schon wieder ein neues Anforderungsprofil schaffen, »was man tun sollte«. Sie sind aber nicht »man«, sondern eine spezielle Person, mit einer anderen speziellen Person (Ihrem Sohn) in einem individuellen Kontext. Sie kennen Ihr eigenes Umfeld besser als jeder Experte, und Sie wissen viel mehr über Ihren Sohn als Nachbarn, Verwandte und Lehrer zusammen.

Sie sind am ehesten in der Lage, zu entscheiden, was für Sie wertvoll und notwendig ist, und was Sie lieber bleibenlassen möchten. Sie sind der Experte vor Ort und treffen die Entscheidungen – und Sie haben die Wahl.

Wesentlicher als Disziplin oder das »Richtige« zu tun, ist, daß Ihr persönliches System in Balance ist. Dazu gehört ein guter und angemessener Umgang mit Streß. Das bedeutet, daß Sie nicht sofort abschalten und in automatisierte, erlernte Verhaltensmuster wechseln, die sich überwiegend um das Überleben kümmern. Denn um Überleben geht es in den meisten Situationen mit Ihrem Sohn nicht.

Wenn es Ihnen gelingt, den Fokus Ihrer Haltungen und Vorstellungen im Zusammenleben mit Ihrem Sohn zu verändern, werden Sie durch diese neu gewonnene Flexibilität mehr Wahlmöglichkeiten besitzen und sich leichter an veränderte Umstände anpassen. Wenn es Ihnen gelingt, Ihre Kraft so einzusetzen, daß Sie Ihre naturgegebene Überlegenheit gegenüber Ihrem Sohn nicht ausnutzen müssen, bekommen Sie die Gelegenheit, Macht durch Einfühlungsvermögen und großzügiges Verhalten anzuziehen. Sie werden im Zusammenleben mehr Wertschätzung und Harmonie schaffen und eine Zukunft, die mehr auf Ihre Bedürfnisse und die Ihres Sohnes oder Ihrer Söhne abgestimmt ist. Daraus entsteht ein tiefes Verständnis dafür, wann und mit wem Vereinbarungen zu treffen sind.

Wenn Sie die Programme verlassen, die für Sie nicht funktionieren, werden Sie den Unterschied bemerken – sofort. Sie werden an die Einschränkungen denken, die Sie vorher gespürt haben, und die Sie jetzt nicht mehr spüren. Ihnen wird auffallen, daß Sie jetzt mehr Ressourcen haben, die Ihnen helfen, Ihre Beziehung zu sich selbst und zu Ihrem Sohn voranzubringen. Sie werden auf interessante Herausforderungen stoßen. Sie besitzen genug Ressourcen und Kraft, um diese sanft und leicht zu bewältigen.

Ihre Wahrnehmung wird Ihnen helfen, alles, was passiert, in einen größeren Zusammenhang zu stellen. Sie werden sich verändern und mehr von sich selbst entdecken. Sie werden Ihre persönliche Kraft erweitern.

Und das ist ein großartiges Gefühl.

Stärke zu borgen baut Schwäche auf

Das Leben eines Jungen ist ein rhythmischer Prozeß von Wachstum und Entwicklung. Alles geschieht nach einem geheimnisvollen Plan, der bestimmte Schritte und Zeiträume beinhaltet. Jeder Schritt ist wichtig. Vom Krabbeln zum Laufen zum Sprechen: Es braucht seine Zeit.

Und immer wieder werden Sie feststellen, daß offensichtlich jeder Junge im Entwicklungsprozeß seines Lebens seiner eigenen Zeitlinie und seinem eigenen Rhythmus folgt. Der eine lernt früher laufen, der andere später sprechen. Wir kennen dieses Prinzip des Prozesses. Wir können es bei vielen alltäglichen Ereignissen immer wieder beobachten. Egal ob es um die Entwicklung eines Fahrzeuges, eines Produktes oder eines Teams geht: Immer spielen die Faktoren Zeit und Reife eine entscheidende Rolle.

Die Herausforderung für viele Eltern und Betreuer von Jungen und jungen Männern ist es, dieses Phänomen auch auf *emotionaler* Ebene wahrzunehmen und zu verstehen. Mehr noch, es zu akzeptieren und im Einklang mit ihm zu leben. Wir neigen dazu, die Gefühle von Jungen zu überfordern oder ganz zu übergehen. Wir suchen nach Abkürzungen oder erwarten unbewußt von Jungen, daß sie einige entscheidende emotionale Schritte überspringen. Vielleicht denken wir manchmal, daß sie gar keine Gefühle besitzen, weil sie nach außen so selten emotional wirken. Kurz gesagt, wir wollen Zeit und Mühe sparen und dennoch das gewünschte Ergebnis erzielen. Das tatsächliche Resultat ist fast immer ein Desaster. Warum? Weil solche Manipulationen zu einem Klima mangelnden Vertrauens führen. Jungen spüren die Ungeduld und Strenge ihrer Eltern, weil sie nicht das tun, was ihre Eltern von ihnen erwarten. Aus Angst vor den Konsequenzen können sie dann nicht offen mit ihren Eltern sein.

Stellen Sie sich die Szenerie eines typischen Kindergeburtstages vor. Sie haben viele Kinder zum Feiern und Spielen eingeladen. Der Lärm und das Chaos sind genau so, wie Sie es befürchtet haben. Sie spüren Ihre eigene innere Anspannung. Ihr Sohn sitzt in der Ecke und will seine Geschenke nicht hergeben. Kein anderes Kind soll damit spielen dürfen. Die anderen anwesenden Eltern sitzen da und schauen.

Sie überlegen, was Sie machen können. Ihnen ist die Situation peinlich, weil für Sie der Wert des Miteinander-Teilens eine Grundüberzeugung darstellt. Die anderen Kinder drängen sich um Ihren Sohn, greifen mit den Händen nach dem Spielzeug und wollen mit den Geschenken spielen, die sie Ihrem Sohn gerade gebracht hatten. Der sitzt trotzig in der Ecke. Die Atmosphäre im Raum beginnt sich aufzuladen. Sie versuchen es mit einer einfachen Bitte an Ihren Sohn, sein Spielzeug doch bitte mit seinen Freunden zu teilen. Die Antwort ist ein kategorisches »Nein!«

Dann appellieren Sie an seine Vernunft: »Schau, Schatz, wenn du dein Spielzeug mit deinen Freunden teilst, werden sie dich auch mit ihrem Spielzeug bei sich zu Hause spielen lassen.« Doch auch darauf reagiert Ihr Sohn ablehnend.

Nun versuchen Sie es mit Manipulation. Sie flüstern Ihrem Sohn zu, daß Sie für ihn eine Überraschung parat haben, falls er sein Spielzeug teilt. Nachdem er auch darauf nicht reagiert, werden Sie ärgerlich und fordern ihn ultimativ auf, sein Spielzeug mit den anderen zu teilen: »Sonst wirst du Ärger bekommen!«

Nun wird Ihr Sohn wütend und fängt an herumzuschreien. Sie ignorieren das und geben den anderen Kindern die Spielsachen. Tränen des Zorns laufen über das Gesicht Ihres Sohnes. Zornig pfeffert er eines der übriggebliebenen Spielzeuge quer durch den Raum. Sie sind außer sich.

Es gibt Momente, wo Ihr Sohn von Ihnen lernen wird. Und es gibt Zeiten, wo er es nicht kann. Immer dann, wenn die Atmosphäre emotional geladen ist und Beziehungen angespannt, wird Ihr Sohn eine Belehrung als eine Form der Beurteilung und Ablehnung verstehen. Offensichtlich war Ihnen persönlich in diesem Moment die Erwartung und Meinung der anderen Eltern im Raum wichtiger als das Wachstum und die Entwicklung Ihres Sohnes und seine Beziehung zu Ihnen. Ihr Sohn wird, wenn er erst einmal das Gefühl des Besitzens integriert hat, sehr wahrscheinlich ganz natürlich, frei und spontan teilen. Wenn die Zeit gekommen ist.

274 Wenn Sie Jungen und Männer bei ihren alltäglichen Handlungen beobachten, werden Sie feststellen, daß viele von ihnen auf unbewußter Ebene gelernt haben, ihren Weg abzukürzen und der Autorität da vorne zu helfen, ihr Ziel zu erreichen. Wir ermuntern damit Jungen, unseren Vorgaben und Skripten zu folgen, statt zu überlegen, was sie selber wollen. Viele Jungen verlieren früh die Fähigkeit, sich selbst zu vertrauen. Sie vergessen einfach, daß sie in den Skripten von anderen agieren, und nicht ihren eigenen Vorstellungen folgen.

Ihre Entscheidung, in dieser angespannten Situation des Kindergeburtstages eine Entscheidung für Ihren Sohn zu treffen, ist gleichbedeutend mit dem Borgen von Stärke. Sie glauben nicht wirklich, daß Ihr Sohn in der Lage ist, diese Situation zu meistern. Die Tendenz von Erwachsenen, Jungen kurzfristig Stärke zu borgen, baut langfristig Schwäche auf. Entscheidungen für Ihren Sohn zu treffen unterminiert seine Fähigkeit und Entschlossenheit, Entscheidungen für sich selber zu treffen.

In Äthiopien existiert ein amharisches Sprichwort: »Gib mir keinen Fisch, sondern zeige mir, wie ich fischen kann.«

Unfähigkeit, zu vertrauen, bedeutet Entkräftigung. Wenn Jungen sich selbst nicht vertrauen können, entkräften sie sich selbst und tendieren dazu, dies auf andere zu projizieren. Auf einer genetischen Ebene ist dies gleichbedeutend mit der Fähigkeit, nicht nur sich selbst zu sabotieren, sondern auch die grundlegenden Überlebensfähigkeiten, die sie täglich verwenden.

Wenn Jungen und junge Männer fähig sind, sich zu vertrauen, können sie sich in sich selber geborgen fühlen und es der Genetik erlauben, ohne Einmischung zu funktionieren. Dann sind sie auch in der Lage, dem Prozeß zu vertrauen. Wenn sie dem Prozeß vertrauen, können sie dem Leben vertrauen, sie zum richtigen Zeitpunkt mit dem zu beschenken, was für ihr Wachstum und Fortkommen notwendig ist.

Annahme

Vielleicht haben Sie es schon an Ihrem Sohn bemerkt, an sich selber oder an Ihrem Partner: Jungen und Männer hassen es, wenn jemand sie verändern möchte. Sie hassen es wie die Pest. Nichts ist ihnen mehr zuwider. Und auch wenn Ihnen Ihr Sohn in der Situation es gerade nicht sehr deutlich – und meistens nonverbal – mitteilt, in der Sie es gerade versuchen (ihn zu verändern): Sie spüren seinen Widerwillen und seine Aggressivität. Es bricht aus ihm heraus wie eine Springflut.

Bevor Sie jetzt selber wütend werden: Lassen Sie los. Üben Sie sich im Loslassen. Und hören Sie auf, ihn verändern zu wollen. Die versteckte Botschaft dabei lautet: Du bist grundsätzlich nicht o.k., so wie du bist. Deshalb mußt du dich verändern. Und diese Initiative geht von mir aus. Du selbst bist nicht in der Lage, Agent deines eigenen Wandels zu sein. Du brauchst Hilfe.

Bedenken Sie, daß Jungen und Männer auf der Suche nach Autonomie sind, nicht unbedingt nach Beziehungen. Wenn Autonomie in ihrem Wertesystem so eine enorme Bedeutung hat, ist es vollkommen nachvollziehbar, daß jeder Versuch, sie zu verändern, als Eingriff in diese Autonomie verstanden werden muß. Das löst sofort Überlebensmechanismen aus – und sehr viel Streßhormone. Das heißt, sie sind in diesem Moment mit *Überleben* beschäftigt, nicht unbedingt mit dem, was angemessen wäre. Sie sind abgeschaltet und können folglich nicht mehr das ganze Bild wahrnehmen. Jungen besitzen in solchen Momenten keine Wahlmöglichkeiten mehr. Sie tun das einzig Wichtige in dem Moment: Sie verteidigen ihre Integrität.

Sich in Annahme zu üben ist eines der wichtigsten Dinge, die Sie als Eltern überhaupt tun können. Annahme bedeutet, daß Sie den natürlichen genetischen Ressourcen Ihres Sohnes vertrauen, weniger den eigenen intellektuellen Glaubenssystemen. Ihr Sohn ist großartig. Er wird die meisten anstehenden Herausforderungen meistern – wenn Sie ihn lassen. Ihr Sohn ist grundsätzlich o.k.

Es gibt eine tiefe Instanz in Ihnen, die das weiß. Aber andere Instanzen in Ihnen und vor allem andere Leute kämpfen beständig dagegen. Statt mit Ihrem Sohn zu kämpfen wäre es energetisch sinnvoller, einen Blick auf Ihre Zweifel zu werfen. Es sind Ihre Zweifel und Ängste, die Ihnen Ihre Energie rauben.

Es gibt einen subtilen Unterschied zwischen dem, was Sie als wahr anerkennen und den Patentlösungs-Philosophien, die Ihnen alltäglich begegnen: die ganze Riege an sozialen Images, Techniken und Patentlösungen, die Ihnen in Notsituationen angeboten wird, um Ihr eigenes Verhalten oder das Ihres Sohnes zu verändern: soziale Pflaster und Aspirin für akute Probleme. An jedem Zeitschriftenstand schwappen Ihnen die Schlüssel zu einem erfolgreichen Leben entgegen: Bücher und Artikel zu Themengebieten wie Selbst-Optimierung, Populär-Psychologie und Selbsthilfe. Sie müssen nur noch zugreifen. Das ganze ist ein glänzendes Geschäft.

Wenn Sie hoffen, Erfolg in Ihrer Rolle als Mutter oder Vater zu finden, dann werden Sie alles daransetzen, sich ermutigend, hilfreich und positiv zu verhalten. Sie arbeiten an Ihren Einstellungen und Ihrem Verhalten Ihrem Sohn gegenüber. Sie wenden Techniken an, um Ihn zu beeinflussen oder aufzubauen. Besonders als Mutter sind Sie wahrscheinlich auf diesem Feld sehr engagiert. Sie verdienen für diese Anstrengungen jede Menge Respekt. Aber all das hat wenig mit Annahme zu tun.

Wenn Sie sich die tieferliegenden Werte anschauen, die Ihrem eigenen Verhalten zugrunde liegen, werden Sie auf ein paar unangenehme Dinge stoßen. Sie werden wahrscheinlich feststellen, daß die Art, wie Sie sich gegenüber Ihrem Sohn verhalten, nicht im Einklang steht mit dem, wie Sie ihn wirklich sehen.

Wenn Sie sich Ihre Zweifel genauer anschauen, werden Sie feststellen, daß ein Teil von Ihnen auf einer verborgenen und wahrscheinlich unbewußten Ebene Ihren Sohn grundsätzlich für unzulänglich hält, irgendwie »zurückgeblieben«. So sehr Sie sich auch bemühen, Ihrem Sohn zu helfen – in Wahrheit vermitteln Sie ihm eine andere Botschaft: »Du bist unfähig. Du mußt beschützt werden.« Ihr beständiges Bestreben, ihn zu verändern, ist kein Ausdruck bedingungsloser Liebe, sondern der Treibstoff, der sein ohnehin geringes Selbstwertgefühl weiter unterminieren wird.

Was Sie tun können? Geben Sie Ihr Bestreben auf, ihn zu verändern. Schaffen Sie sich Abstand. Betrachten Sie seine eigene Identität und Individualität. Spüren Sie seine Besonderheit und seinen Wert. Beginnen Sie, Ihren Sohn in seiner Einzigartigkeit zu sehen. Erkennen Sie, daß er sein vielschichtiges Potential auf seine eigene Weise und in einem ihm angemessenen Tempo verwirklichen wird. Nehmen Sie ihn einfach an, so wie er ist.

Vertrauen Sie Ihrem Sohn

Veränderungen zum Positiven vollziehen sich erst, wenn Sie Ihr Denksystem ändern und beginnen zu *fühlen*, wie es Ihrem Sohn wirklich geht und was er wirklich braucht, um zu sich selbst zu finden: Ihr Vertrauen in seine Fähigkeiten und seine grundsätzliche Qualität.

Viele Eltern haben mit diesen wirklich wesentlichen Dingen zu kämpfen. Einer der Söhne von Stephen Covey und seiner Frau Sandra machte eine sehr schwere Zeit in der Schule durch.[271]

Seine Leistungen waren schwach, und er verstand bei den zahlreichen Tests nicht einmal die Anweisungen, geschweige denn, daß er die Aufgaben bewältigen konnte. Er war klein, dünn und unsportlich und wirkte in seinem Verhalten noch recht unreif, was seine Verwandten und Freunde oft in Verlegenheit brachte. Seine Bewegungen waren unkoordiniert, und beim Baseball holte er schon zum Schlag aus, bevor der Ball überhaupt losgeflogen war. Die anderen Kindern lachten ihn aus.

Die Coveys brannten darauf, ihrem Sohn zu helfen. Schließlich wollten sie gute Eltern sein. Sie wandten Techniken an, die auf »Positivem Denken« beruhten, um ihren Sohn aufzubauen. Sie feuerten ihn an. Sie beschützten ihn. Wenn andere lachten, ermahnten sie ihn. »Laß ihn doch in Ruhe. Er lernt es gerade erst.«

Ihr Sohn weinte und bestand darauf, daß es nie gut werden würde und er Baseball ohnehin nicht leiden könne. Nichts von dem, was sie für ihn taten, half wirklich. Sie machten sich ernsthafte Sorgen. Sie sahen, wie das Selbstwertgefühl ihres Sohnes langsam gegen null tendierte. Ihre Versuche, sich ermutigend, hilfreich und positiv zu verhalten, führten nur zu weiteren Fehlschlägen. Sie zogen sich zurück und begannen, sich die Situation aus einer anderen Perspektive anzuschauen.

Stephen Covey und seine Frau Sandra bemerkten, daß die Art, wie sie sich gegenüber ihrem Sohn verhielten (nämlich ermutigend und bestärkend), nicht im Einklang damit stand, wie sie ihn wirklich *sahen*: hilfebedürftig und schwach. Außerdem stellten sie weiter fest, daß sie sozial von dem guten Verhalten ihrer anderen Kinder profitiert hatten. Dieser eine Sohn fiel dagegen in ihren eigenen Augen einfach ab. Sie bemerkten, daß sie tatsächlich mehr Sorge darauf verwandten, ihr positives Image als gute, fürsorgliche Eltern nicht zu verlieren, als sich auf einer tiefen Ebene wirklich um das Wohlergehen ihres Sohnes zu kümmern.

Das war für Sandra und Stephen Covey eine schmerzhafte und schockierende Einsicht. Sie bemerkten, daß derartige soziale Vergleiche, die sie unbewußt angestellt hatten, kein Ausdruck bedingungsloser Liebe waren.

So beschlossen sie, ihr Bestreben, ihn zu ändern, aufzugeben. Statt dessen schafften sie Abstand zwischen sich und ihrem Sohn. Sie entschlossen sich, seine eigene Identität und Individualität, seine Besonderheit und seinen Wert zu spüren. Sie begannen ihren Sohn in seiner Einzigartigkeit zu sehen, sein vielschichtiges Potential, das sich auf seine eigene Weise und im für ihn richtigen Tempo verwirklichen würde. Sie »entkrampften« sich und beschlossen, ihrem Sohn nicht mehr im Wege zu stehen und seine eigene Persönlichkeit entwickeln zu lassen. Sie erkannten, daß es ihre natürliche Rolle war, ihren Sohn zu bestätigen, zu genießen und wertzuschätzen. Außerdem betrachteten sie kritisch ihre eigenen Motive und kümmerten sich um die Quellen ihrer eigenen, inneren Sicherheit: Ihr eigenes Selbstwertgefühl sollte nicht von dem »annehmbaren« Verhalten ihrer Kinder abhängen. Sie hielten sich an einen Psalm der Bibel: »Ergründe sorgfältig dein eigenes Herz, denn ihm entspringen alle Fragen des Lebens.«

Sie beschlossen, ihn nicht mehr zu beschützen. Ihre unausgesprochene Botschaft lautete: »Wir brauchen dich nicht zu beschützen. Du bist grundlegend in Ordnung.« Im Verlauf der folgenden Wochen und Monate geschah etwas Erstaunliches. Ihr Sohn wurde schulisch, sozial und sportlich sehr schnell überdurchschnittlich gut. Er begann Vertrauen in sich selbst zu spüren und entfaltete sich auf seine Weise und in seinem eigenen Tempo. In den darauffolgenden Jahren wurde er in die Schülermitverwaltung gewählt, gelangte im Sport bis auf die Landesebene und brachte ein Zeugnis mit glatten Einsern nach Hause. Er wurde eine einnehmende und vertrauensvolle Persönlichkeit, die angstfreie Beziehungen mit sehr unterschiedlichen Menschen einging. Es wurde deutlich, daß diese beeindruckenden »Leistungen« ihres Sohnes eher ein Ausdruck der Gefühle waren, die er sich selbst gegenüber entwickelte – weniger eine Reaktion auf soziale Belohnungen.

Seien Sie nicht intelligent in etwas, bei dem es dumm ist, intelligent zu sein

Wir alle machen zeit unseres Lebens Erfahrungen, die wir nicht noch einmal machen wollen. Wir lernen unsere Lektionen. Unsere Erinnerungen sind unmittelbare Verstärker aus der Vergangenheit, die regelmäßig Einfluß nehmen auf das, was wir gerade im Moment tun.

Emotionen sind eine lebendige Substanz aus der Vergangenheit: an was Sie geglaubt haben und was Sie in der Vergangenheit waren.

Diese Substanz lebt in Ihrem Unterbewußtsein. Aber diese Emotionen sind nicht Sie, Ihre Intelligenz, die diese Zeilen hier gerade liest. Emotionen fließen wie eine beständige Unterströmung unter der Oberfläche Ihres Bewußtseins. Und Ihre negativ geladenen Emotionen werden aufsteigen und Ihre entspannte Intelligenz übernehmen: Immer in den Momenten, wo Sie sich an eine Person oder eine Situation aus der Vergangenheit erinnern, die Ihnen nicht gutgetan hat oder die Ihnen Schmerzen verursachte.

In diesem Prozeß übernehmen Erfahrungen aus der Vergangenheit die Interpretation dessen, was Sie gerade erleben – und rauben Ihnen Ihre Präsenz im Jetzt. Sie sind nicht frei, die gegenwärtige Situation anders als aus der Vergangenheit zu betrachten. Damit verbauen Sie sich alternative Sichtweisen für die Zukunft, die frei sind von den emotionalen Altlasten der Vergangenheit.

Sonntagvormittag in einer New Yorker U-Bahn. Die meisten Passagiere saßen still auf ihren Plätzen, lasen Zeitung, hingen ihren Gedanken nach. Andere hielten die Augen geschlossen und ruhten sich aus. Eine ruhige, friedliche Szene. Dann stieg ein Mann mit seinen Kindern ein. Der Mann setzte sich neben Stephen Covey und hielt die Augen geschlossen. Die Kinder waren völlig aus der Balance: Sie schrien herum, warfen Sachen hin und her und zerrten sogar an den Zeitungen der Fahrgäste. Die ganze Stimmung änderte sich schlagartig. Weder unternahm der Mann etwas gegen das störende Verhalten seiner Kinder, noch schien er die Situation überhaupt wahrzunehmen.

Covey konnte nicht fassen, daß der Mann so gleichgültig und teilnahmslos war und ärgerte sich über ihn, weil er offensichtlich keine Verantwortung für das Verhalten seiner Kinder übernahm. Es war deutlich, daß sich auch die anderen Fahrgäste ärgerten. Alle möglichen Gefühle tauchten in ihm empor, die meisten davon nicht gerade sehr erfreulich. Mit einer aus seiner Sicht ungewöhnlichen Geduld und Zurückhaltung sprach Covey schließlich diesen Mann an:

»Ihre Kinder stören wirklich sehr viele Leute hier. Könnten Sie sie nicht vielleicht etwas mehr unter Kontrolle bringen?«

Der Mann hob die Augen, als ob er sich zum erstenmal der Situation bewußt würde und sagte leise:

»Oh, Sie haben recht. Ich sollte etwas dagegen tun. Wir kommen gerade aus dem Krankenhaus, wo ihre Mutter vor einer Stunde gestorben ist. Ich weiß nicht, was ich denken soll, und die Kinder haben vermutlich auch keine Ahnung, wie sie damit umgehen sollen.«[272]

Sie können sich vorstellen, was in diesem Moment mit Stephen Covey passierte. Auf einen Schlag löste sich sein Ärger auf und verwandelte sich in Mitgefühl und Sympathie. Sein Herz war vom Schmerz dieses Mannes erfüllt, und die negativen Gedanken über ihn verschwanden augenblicklich. Die Situation war dieselbe, aber er befand sich trotzdem an einem ganz anderen Ort. Der fundamentale Wechsel im Empfinden und Denken erfolgte durch einen perspektivischen Wechsel.

Diese Aha-Erlebnisse ereignen sich immer dann, wenn wir unser fertiges Bild der Realität anders »sehen« können. Damit verändern sich auch die Gefühle, die mit unserer Sichtweise untrennbar verbunden sind. Wir können unseren alten, überlieferten, vertrauten Gefühlen in dieser spezifischen Situation neue Gefühle hinzufügen – und gewinnen damit Wahlmöglichkeiten.

Vielleicht erinnern Sie sich gerade in diesem Moment an eine ähnliche Erfahrung. Zum Beispiel daß Sie unglücklich sind in Ihrer Beziehung zu Ihrem Partner oder Ihrer Partnerin. Dieses Gefühl stammt aus der Vergangenheit. Daß er oder sie Sie nicht genug geliebt hat in der Vergangenheit. Oder wie sie mit Ihnen redeten oder wie Sie sich vor einer Minute komplett mißverstanden fühlten. Ob vor einer Minute oder einer Sekunde. Es ist die Vergangenheit. So wird Ihre Intelligenz abgelenkt vom angenehmen *gegenwärtigen* Vorgang des Lesens. Und Sie fühlen sich unglücklich. Es ist Ihre Vergangenheit, die unglücklich ist, nicht Ihre Intelligenz in der Gegenwart.[273]

Nehmen wir ein anderes Beispiel. Ihr Sohn beschimpft sie, wird aggressiv. Das kennen Sie von früher. Vielleicht hat Ihr eigener Vater vor langer Zeit Sie öfters so behandelt, als Sie noch ein kleines Kind waren und sich schutzlos fühlten. Ihre damalige Überlebensstrategie war, daß Sie lernten, Ihren Körper vom Rest Ihrer Erfahrungen zu trennen: Das nennt man Dissoziieren.

Wenn Sie das Ihr ganzes Leben lang spontan tun, weil Sie mißbraucht oder mißhandelt worden sind, werden Sie richtig gut, richtig intelligent im automatischen Dissoziieren.[274]

Dies ist eine wirklich gute Möglichkeit, um Mißbrauch und körperliche oder verbale Mißhandlung zu überleben. Es scheint, daß Menschen es zum großen Teil spontan tun. Und es zeugt von großer Überlebensfähigkeit. Irgendwann im Laufe Ihres Lebens wachsen Sie jedoch aus diesem Kontext heraus und treten in neue Erfahrungsräume ein.

Und dann beginnt Ihr Sohn, Sie anzuschreien oder auf Sie einzuschlagen. Und nun dissoziieren Sie! Sie sind nicht mehr da. Es ist keine bedrohliche Situation, denn Ihr Sohn hat Sie nie mißbraucht oder mißhandelt oder in eine ausweglose Situation manövriert. Aber Ihr Unbewußtes ist so intelligent im Dissoziieren, daß Sie es automatisch tun. Ihr Unbewußtes ist also intelligent in etwas, bei dem es in dieser Situation dumm ist, intelligent zu sein.

Das verhindert, daß Sie eine angemessene Reaktion in der *Gegenwart* finden, die Ihnen und Ihrem Sohn und der Situation, in der Sie sich gemeinsam befinden, gerecht wird.

Wann immer Sie traurig, wütend oder eifersüchtig sind, spüren Sie die emotionale Substanz eines Teils Ihrer Vergangenheit. Und weil Ihre Intelligenz sich damit identifiziert, *werden* Sie dieses Gefühl und wiederholen das Verhalten dieser alten Gefühle, oft zu Ihrem eigenen Verdruß. Sie fragen sich sogar überrascht, woher diese Emotionen plötzlich kommen. So verlieren Sie die Gegenwart – und Ihre Präsenz. Sie sind einfach nicht mehr da.

Ihr Unterbewußtsein versucht immer, sich aus der Vergangenheit in die Gegenwart zu drängen und die Zukunft zu interpretieren. Das ist seine Aufgabe. Das ist aber auch ein Spiel. Wenn Sie Ihren negativen Emotionen der Vergangenheit das Terrain der Gegenwart vollständig überlassen, werden Sie nur noch zu einem Mitreisenden. Sie haben das Ruder nicht mehr in der Hand und reisen als Passagier auf den Wellen Ihrer negativen Emotionen. Wenn Ihre Worte oder Gefühle aus der Vergangenheit kommen, aus der Erinnerung an eine schmerzhafte Erfahrung, werden Sie emotional. Sie sind nicht mehr Sie selber.

Sie können Ihr ganzes Potential an Liebe, Verständnis und Klarheit in der Gegenwart jedoch nur einbringen, wenn Sie nicht Ihre Präsenz verlieren.

Gewahrsein und gewähren lassen

Die meisten Jungen sind innerlich sehr zart, sehr empfindsam. Alter und Erfahrung ändern daran nicht viel. Und auch wenn viele von ihnen sich eine rauhe Schale zugelegt haben mögen: darunter stecken zarte Gefühle und Emotionen des Herzens. Stephen Covey beschreibt einen Abend mit seinen beiden Söhnen Sean und Stephan:

Es war eine perfekte Vater-Sohn-Tour: Sportplatz, Boxkampf, Hamburger mit der obligatorischen Limo und anschließend noch ins Kino. Mitten im Film schlief der vierjährige Sean auf seinem Sitz ein. Stephen Covey schaute sich mit seinem sechsjährigen Sohn Stephan den Rest des Films an. Als der Film zuende war, trug er den schlafenden Sean ins Auto und legte ihn auf den Rücksitz.

Da es an diesem Abend sehr kalt war, zog Stephen Covey seinen Mantel aus und deckte den Jungen vorsichtig zu. Zuhause angekommen beförderte er Sean schnell ins Haus und packte ihn in sein Bett. Schließlich legte Stephen Covey sich noch zu seinem ältesten Sohn, nachdem dieser seinen Schlafanzug angezogen und Zähne geputzt hatte. Er wollte mit ihm über ihren gemeinsamen Abend sprechen.

»Wie hat es dir gefallen, Stephan?«

»Gut«, meinte er.

»Hat es dir Spaß gemacht?«

»Ja.«

»Was hat dir denn am besten gefallen?«

»Weiß ich nicht. Ich glaube das Trampolin.«

»Ja, das war wirklich gut – diese Purzelbäume und Tricks in der Luft, was?«

Stephan blieb ziemlich schweigsam. Sein Vater wollte aber gerne mit ihm reden. Er fragte sich, warum Stephan nicht mehr aus sich herausging, was er üblicherweise tat, wenn etwas Aufregendes vor sich ging. Stephen Covey fühlte eine gewisse Enttäuschung und spürte, daß irgend etwas nicht stimmte. Stephan war schon auf der Heimfahrt und beim Umziehen so still gewesen. Plötzlich drehte er sich so, daß er mit dem Gesicht zur Wand lag. Sein Vater lehnte sich gerade so weit hinüber, um zu sehen, wie seinem Sohn die Tränen kamen.

»Was ist los, Schatz? Was ist denn?«

Stephan sah ihn an, und Stephen Covey konnte spüren, daß ihm seine Tränen und das Zittern um den Mund peinlich waren.

»Papi, wenn mir kalt wäre, würdest du mich dann auch in deinen Mantel wickeln?«[275]

Ich bin mir sicher, daß jeder von Ihnen diese oder eine ähnliche Situation erlebt hat. Ich erlebe das sehr oft mit meinem ältesten Sohn. Und es bricht mir jedes Mal fast das Herz. Solche Situationen lassen sich schwer vermeiden. Ich bin oft überrascht von dem Ausmaß an Verletzlichkeit und Empfindsamkeit dieser Jungen.

Inzwischen sehe ich es aber sehr deutlich in jedem von ihnen – jedesmal, wenn ich meine Söhne zum Kindergarten oder in die Schule bringe. Das Herz und die Empfindsamkeit eines sechsjährigen Jungen entsprechen oft so gar nicht ihrem wilden, ungestümen und losgelösten Verhalten. Doch beides gehört untrennbar zusammen.

Ich habe mir angewöhnt, auf diese kleinen Signale sehr genau zu achten. Besonders wenn meine Söhne sehr schweigsam sind, höre ich genau hin. Es ist wesentlich, daß sie Frustrationen, enttäuschende Erfahrungen und schwerwiegende Verletzungen nicht zu unterdrücken beginnen. Wenn sie zu unterdrücken beginnen, werden sie später an irgend einem ungeeigneten Ort explodieren – mit Sicherheit.

Emotionen müssen nicht erklärt oder analysiert werden. Sie müssen einfach nur ausgedrückt werden. Wenn Sie Ihrem Sohn diesen Raum und diese Möglichkeit gewähren, tun Sie etwas Wundervolles für ihn. Ihre gewährende Art wird ihm erlauben, Emotionen offen auszudrükken. Dazu können Gefühle irgendwelcher Art gehören, auch Wut oder Zorn, die aus einer erwachsenen Perspektive gar nicht gerechtfertigt erscheinen mögen oder einen sogar zum Lachen bringen können. Das ist egal. Es geht nicht darum, wer recht hat, sondern daß Ihr Sohn von Anfang an die Erlaubnis hat, Gefühle irgendwelcher Art auszudrükken. Dadurch geben Sie ihm die Möglichkeit, den zweiten Schritt zu realisieren: zu lernen, wie man als Junge seine Gefühle dirigieren und steuern kann.

Wenn es für Jungen o.k. ist, Gefühle von Ohnmacht, Wut, Zorn und Feindseligkeit auszudrücken, ohne daß sie sich deshalb gleich dafür angegriffen oder gemaßregelt fühlen, dann werden sie die Zeit und den Raum finden, langsam für ihre Emotionen die Verantwortung zu übernehmen. Außerdem werden sie sich innerlich nicht länger emotional vergiften.

Zuhören

Es ist so einfach und so banal, daß man es oft übersieht. Aber viele Eltern hören ihren Söhnen einfach nicht zu. Bevor ihr Sohn überhaupt ausgesprochen hat, sind sie in Gedanken schon bei ihren eigenen Interpretationen und Wertungen. Er hat gar keine Chance, seinen Wert deutlich zu machen. Aber Jungen wollen der Welt ihre eigenen Werte hinzufügen. Und es ist wesentlich, daß sie das tun können ohne gleich von uns Erwachsenen unterbrochen, bewertet oder gebrandmarkt zu werden.

Und doch ist unsere Reaktion allzu verständlich. Die meisten von uns haben beim Zuhören nicht die Absicht, zu verstehen. Wir wollen antworten. Wir bereiten uns darauf vor, zu sprechen. Und filtern alles durch unsere subjektive Sicht der Dinge.[276] Unseren Söhnen nehmen wir damit aber die Luft zum Atmen.

»Was ist denn los, mein Schatz?«

»Ach, ich weiß nicht, Papa. Du denkst wahrscheinlich, ich spinne.«

»Nein, bestimmt nicht. Du kannst es mir sagen. Ich will doch, daß es dir gut geht. Was bedrückt dich?«

»Ach, ich weiß nicht.«

»Nun komm, Süßer. Was ist es?«

»Um ehrlich zu sein, ich mag die Schule einfach nicht mehr.«

»Was! Was heißt das, du magst die Schule nicht mehr? Wenn du dich wie deine jüngeren Schwestern mehr bemühen würdest, wärest du besser in der Schule. Wir haben dir immer gesagt, daß du begabt bist. Aber du läßt dich einfach zu sehr hängen. Und daß das viele Fernsehen dir auch nicht weiterhilft, weißt du ja selber.«

Viele Eltern haben keine Ahnung, was wirklich im Kopf ihres Jungen vor sich geht. Sie sind in der Regel viel zu sehr mit sich selber beschäftigt. Wir Erwachsene haben eine starke Tendenz, dazwischenzufunken und die Dinge mit guten Ratschlägen zurechtzurücken. Dabei versäumen wir es oft, uns Zeit für wirkliches Verständnis des Problems zu lassen. Das Resultat ist so klar wie eindeutig: Unser Sohn wird sich nicht für uns öffnen. Er hat keinen Raum, um seine Gedanken, Ideen und Gefühle zu zeigen, weil sie sofort bewertet werden, bevor er sie uns überhaupt richtig erklärt hat. Neben dem physischen Überleben ist das größte Bedürfnis unseres Sohnes jedoch, verstanden, bestätigt, geliebt und anerkannt zu werden.

Wie steht es mit Ihren Kommunikationsfähigkeiten? Sie haben Jahre damit verbracht, lesen, schreiben und sprechen zu lernen. Aber wahrscheinlich haben Sie überhaupt keine Ausbildung in Zuhören genossen: eine Ausbildung, die es Ihnen ermöglichte, so zuzuhören, daß Sie einen anderen Menschen wirklich aus dessen eigenem Bezugsrahmen heraus verstehen können. Ohne diese Fähigkeit werden Sie jedoch niemals wirklich wirkungsvoll einen Menschen auf einer tiefen Ebene wahrnehmen. Das hat Konsequenzen für Ihre Beziehungen.

Ein Vater beklagte sich einmal darüber, daß er seinen Sohn überhaupt nicht verstehe. Sein Sohn würde ihm überhaupt nicht zuhören. Dieser Mann verstand nicht, daß es notwendig war, seinem Sohn erst einmal zuzuhören, bevor er ihn überhaupt verstehen konnte. Statt dessen erwartete er, daß sein Sohn ihm zuhören sollte. Dies war wahrscheinlich ein Mann, dem zeit seines Lebens niemand wirklich Gehör geschenkt hatte. Und so war er nicht in der Lage, dieses Geschenk weiterzugeben.

Mitfühlendes Zuhören bedeutet mehr als das Wahrnehmen und Registrieren von Worten. Und es bedeutet nicht Zustimmung. Zuhören bedeutet, daß Sie Ihren Sohn vollkommen verstehen, emotional, sprachlich und nonverbal. Sie hören auch mit Ihren Augen und Ihrem Herzen und registrieren neben Worten vor allem Gefühle und die Bedeutung dessen, was er sagt und Ihnen zwischen den Zeilen mitteilen will. Sie achten auf sein Verhalten. Und Sie unterstellen nicht. Sie sind darauf ausgerichtet, die tiefe Kommunikation einer anderen menschlichen Seele zu empfangen.[277]

Jungen würden sich verzweifelt gerne emotional öffnen, gegenüber ihren Eltern noch mehr als gegenüber Gleichaltrigen – wenn sie sich emotional ernstlich verstanden fühlen.

Und sie werden sich öffnen, sobald sie spüren, daß ihre Eltern wirklich zuhören und sie verstehen wollen – und sie auch danach bedingungslos lieben, ihnen treu sind und sie nicht verspotten oder über sie urteilen werden. Der Schlüssel liegt darin, daß es Ihrem Sohn gutgeht, daß Sie ihm mitfühlend zuhören und ihn in seinem eigenen Tempo zum Problem und dessen Lösung finden lassen.

Das erfordert Zeit – aber nicht annähernd so viel Zeit wie Sie benötigen, um Mißverständnisse zu klären und auszubügeln, wenn die Dinge schon ihren Lauf genommen haben.

Es ist effektiver, und auch edler, Ihren Sohn sich selbst beurteilen zu lassen, als über ihn zu urteilen. Wenn Sie gemeinsam mit Ihrem Sohn eine Kultur mit hohem Vertrauensgrad schaffen, werden Sie die Veränderungen deutlich bemerken: Er spürt in den meisten Fällen, wie die Dinge laufen. Seine Urteilskraft und sein Unterscheidungsvermögen sind oft viel genauer als das Ihrige.

Gewährende und ermutigende Sprache

Achten Sie auf Kleinigkeiten. Und achten Sie auf das, was Sie sagen. Nehmen wir einmal an, Ihr Sohn ist mitten in der Pubertät. Es läuft für ihn gerade nicht so richtig. Ihre übliche Konversation lautet ungefähr so: »Räum dein Zimmer auf. Mach dein Hemd zu. Dreh das Radio leiser. Laß dir die Haare schneiden. Und vergiß nicht, den Müll runterzutragen!«

Was Sie gerade tun, ist der erfolgreiche Versuch, große Abhebungen von Ihrem Beziehungskonto vorzunehmen. Die Frage ist, wann Sie das letzte Mal eine größere Einzahlung vorgenommen haben. Gerade in Familien führen kleine Unhöflichkeiten, Ablehnungen und Rücksichtslosigkeiten zu riesigen Abbuchungen. Aber gerade Kleinigkeiten sind oft die wirklich wichtigen Dinge.

Gehen Sie sprachlich mit Ihrem Jungen so um, daß Sie sich nicht aufdringlich und wenig hilfreich in seine Erfahrungen einmischen – oder ihn durch unpassende Bemerkungen aus seinem momentanen inneren Zustand bringen. Wenn Ihr Sohn vor Ihnen sitzt, mag er Ihnen beispielsweise sehr entspannt erscheinen. Innerlich könnte er sich aber sehr ängstlich fühlen oder Herzklopfen haben. Vielleicht befindet sich Ihr Sohn gerade in einem Prozeß, einige wichtige Entscheidungen zu treffen, die sich auf den Rest seines Lebens auswirken werden. Und er benötigt Ihre Unterstützung. Er ist sich aber noch nicht sicher, ob er Ihnen wirklich vertrauen kann und wartet auf ein Zeichen von Ihnen, bevor er Ihnen eine Frage stellt.

Wenn Sie einen interessierten, nicht intervenierenden Ton anschlagen, wird Ihr Sohn viel eher bereit sein, sich Ihnen mitzuteilen. Die Seele Ihres Sohnes hat ihre eigenen Motive und Gründe. Und es ist nicht immer wesentlich, daß Sie diese vollständig verstehen. Solange diese Motive und Gründe für Ihren Sohn Bedeutung haben, sind sie äußerst wertvoll. Bewertungen oder rüde Kommentare von Ihrer Seite demonstrieren Ihrem Sohn nur, daß Sie nicht bereit sind, ihn zu verstehen.

12 Eine Struktur des Erfolges

Wahrscheinlich ist es Ihnen schon an sich selber aufgefallen. Wirklich positive Veränderungen in Ihrem Leben finden weniger dadurch statt, daß Sie eine neue Technik oder Methodik anwenden – eher dadurch, daß Sie die Perspektive wechseln, ein neues Bewußtsein schaffen – und dieses Bewußtsein beibehalten. Erst wenn Sie Ihr Glaubenssystem ändern, wird sich Ihr Leben verändern. Dies ist wirklich eine wesentliche Frage. Treten Sie einen Schritt von sich zurück und betrachten Sie sich: Schaffen Sie sich mit dem, was Sie denken und glauben, jene Wirklichkeit, die Sie wirklich haben wollen, oder schaffen Sie sich diese nicht?

In Familien, im Beruf wie auch in unserer persönlichen Entwicklung sind wir täglich mit vielen Schwierigkeiten und Herausforderungen konfrontiert. Als Vater wurde mir bewußt, welch ungeheure Menge an Streß in diesen Prozessen sitzen, denen sich Menschen in Familien aussetzen. Ihr Durchhaltevermögen unter extremen Umständen ist bewundernswert – und doch unnötig. Unbewußte Konflikte stören die kontinuierliche Integrität, die eine Familie benötigt. Glaubenssysteme und Werte sind wichtig, um überhaupt in einer Familie Erfüllung finden zu können. Stehen diese im Widerspruch zueinander, sind Trennungen und gescheiterte Träume das Ergebnis.

Immer wenn Sie an sich selber bemerken, daß Sie moralisch, bewertend, negativ oder ironisch auf Ihren Sohn reagieren, ist Ihnen wahrscheinlich schon bewußt, daß Sie dabei sind, eine neue Frontlinie aufzuziehen: Zweifel und Ängste sind zu Ihrem Referenzpunkt geworden.

Zweifel ist ein Phänomen, das von Menschen benutzt wird, um eine Entschuldigung zu haben, alles und jedes zu unterminieren. Scheinbar unabhängig von unseren Intentionen und Zielen, unterminiert Zweifel die größten Stärken und lenkt den kraftvollsten Willen um. Unsere Ängste erschaffen eine umfassende Nichtigkeit, die sich auf Fragen statt auf Antworten konzentriert. Ängste funktionieren wie zugeschlagene Türen in unserem Unterbewußtsein: Sie blockieren den Zugang zu wesentlichen Ressourcen unseres wahren Selbst.

Auf bewußter Ebene geht unser Geist in eine Schutzhaltung, wenn er mit einer Disharmonie oder einem Angriff konfrontiert ist. Unser Körper spürt parallel dazu Schuld – dies ist unsere emotionale Antwort auf das tiefverankerte Bedürfnis, beschützt zu werden. Als Menschen neigen wir aus Gewohnheit dazu, anderen die Schuld für unsere Gefühle zu geben. Tatsächlich versuchen wir, uns vor dem zu schützen, *was wir wirklich fühlen.*[278]

Wenn Sie nicht akzeptieren können oder wollen, daß Sie für Ihre Gefühle und Reaktionen selbst verantwortlich sind, werden Sie beginnen, Ihre Schuld zu leugnen und zu unterdrücken. Damit aktivieren Sie Ihren größten Motivator – Angst.

Angst, die in jedem Teil unseres Körpers in den Zellen unterdrückt wird, beginnt unabhängig von unseren bewußten Wünschen zu funktionieren. Wenn Ihr Gehirn Zweifel und Ängste als Referenzsystem benutzt, wird Ihr Alltagsleben mit Ihrem Sohn entsprechend aussehen: Sie sind getrieben von Überlebensstrategien, Ängsten und Zweifeln im Bezug auf Ihr eigenes Leben und das Ihres Sohnes. Dies ist ein ermüdendes Programm.

Also erlauben Sie sich die Wahl, etwas anderes zu tun. Sie haben die Freiheit, das zu tun. »Freiheit«, so hat es Jean-Paul Sartre ausgedrückt, »ist das, was Sie mit dem machen, das Ihnen angetan worden ist.«[279]

Was Sie benötigen ist, einen Weg zu finden, ihrem Sohn zu vermitteln, daß manches grundsätzlich falsch läuft – aber nicht mit ihm. Es ist wesentlich, daß Sie die Art und Weise, wie Sie ein Problem (eine Herausforderung) wahrnehmen, verändern. So erweitern Sie Ihre Möglichkeiten, die Ergebnisse zu erzielen, die Sie in Ihrem Leben wollen, ohne dabei von Konflikten und Versagen begrenzt zu werden.

Also erlauben Sie sich im Hinblick auf Ihren Sohn, an einem Wertesystem zu arbeiten, das Annahme, Gewähren und Akzeptanz mit einschließt. Sie werden erstaunt sein, was passiert – nicht nur mit Ihrem Sohn, sondern vor allem auch mit Ihnen.

Wenn Sie sich die Freiheit nehmen, das zu tun, was Sie sich wirklich schaffen wollen, werden Sie auf natürliche Weise auch die Freiheit schaffen für Richtung und Energie in Ihrem Leben. Beides, Richtung und Energie, weisen uns auf unsere reichste Quelle: uns selbst.

Kleine Trittsteine über einen scheinbar unüberquerbaren Fluß

Mein erstgeborener Sohn lebt mit seinem Kopf in den Wolken. Vincent ist imaginativ und künstlerisch. Ideen und Geschichten haben eine persönliche Bedeutung für ihn. Er kann sehr lange in seinem »inneren Raum« verweilen. Er ist ein Träumer und verbindet spielerisch die Dinge zwischen Himmel und Erde.

Sein kleiner Bruder Jonah ist ein Dynamo. Er besitzt diesen unglaublich hohen Energie-Level, ist ständig in Bewegung und zeigt ohne jeden Skrupel seine aggressive Seite. Jonah ist clever, kraftvoll und fühlt sich instinktiv von Aktion angezogen. Er liebt Kraft, Geschwindigkeit und persönliche Herausforderungen.

Beide geraten durch ihre besonderen Fähigkeiten in Schwierigkeiten. Vincent ist leicht abzulenken und driftet mit seinen Gedanken schnell an andere Orte. Überall wo Jonah ist, da ist auch Aufruhr. Man kann ihn keine Sekunde aus den Augen lassen.

Die wirklich wichtige Frage ist nicht, ob die beiden sich verändern sollen, sondern ob meine Frau und ich als Eltern in der Lage sind, ihren besonderen Geist zu beschützen. Wirkliche Selbst-Achtung kommt aus der Fähigkeit, die Person zu sein, die man wirklich ist. Eine solche Person ist unabhängig von den Bewertungen anderer Menschen. Die Erwartungen anderer Menschen zählen für unabhängige Personen überhaupt nicht. Sie entscheiden, was sie tun, auf der Grundlage dessen, was sie wirklich selber denken und fühlen. Der wichtigste Bestandteil einer jeden Beziehung ist nicht, was wir sagen oder tun, sondern wer wir *sind*.

Lassen Sie Ängste, Emotionen und Gedanken, lassen Sie die Verhaltensweisen und Glaubenssysteme gehen, die unbewußt gegen Sie arbeiten. Die Zeit ist gekommen, daß Sie die Kontrolle übernehmen. Sich das zurückzunehmen, was Ihnen gehört, das, was Ihnen weggenommen wurde.

Geben Sie sich selbst gegenüber zu, daß Sie einen Fehler gemacht haben. Bestrafen Sie sich nicht. Die Ressourcen, die Sie haben, bewußt oder unbewußt, können nur für Sie arbeiten, nicht gegen Sie. Indem Sie jegliche gegenteilige Glaubenssysteme über sich und die Welt verbannen, können Sie und Ihr Sohn nicht mehr durch frühere Programme manipuliert werden. Dadurch, daß Sie die Wahl treffen, können Sie sich buchstäblich genau das schaffen, was Sie möchten.

Brücken bauen

Bei der Geburt war Ihr Sohn bereits vollkommen für das ausgerüstet, was er in seinem Leben erreichen will. Sie müssen also nur herausfinden, was ihn davon abhält, diese Vollkommenheit auszudrücken. Die Frage: »Was muß er lernen?« wird ersetzt durch: »Was weiß ich über das, was zu dieser Situation geführt hat?«

Das Beste, was Sie also für einen Jungen tun können, ist, eine Umgebung zu schaffen, in der seine genetische Intelligenz, die Integrität seines Nervensystems und seine innere Heilungsintelligenz unbehindert ihre Arbeit tun können. Das bedeutet auch, ihn so anzunehmen, wie er ist, und ihn nicht Konditionierungsversuchen zu unterwerfen, die darauf abzielen etwas zu verändern, was sich nicht verändern läßt: seine männliche Gehirnstruktur, sein anderes Wertesystem, sein Temperament und seine spezielle Art und Weise, die Welt zu betrachten und daraus Schlüsse zu ziehen.

Es gibt einige Dinge, die sich im Alltag bewährt haben, und die sie ohne viel Aufwand relativ einfach tun können. Unterstützen Sie Ihren Sohn, seine Leistung in verschiedenen Bereichen zu akzeptieren. Ermuntern Sie ihn, sich stets um Verbesserung zu bemühen, aber betonen Sie seine Stärken. Wenn Sie das Gefühl haben, daß seine räumlichen Fertigkeiten besser ausgebildet sind als seine sprachlichen Fähigkeiten, so machen Sie nicht das Schicksal, seine Lehrer oder seine Freunde dafür verantwortlich, daß sie seine sprachlichen Fähigkeiten nicht stärker gefördert haben. Es ist gut möglich, daß diese unterschiedliche Ausprägung seiner Fertigkeiten bereits fest verankert ist.

Ermuntern Sie ihn, seine Fähigkeit um eine Stufe zu verbessern, aber grübeln Sie nicht darüber nach, wie weit er von der Perfektion entfernt ist. Gehen Sie humorvoll mit seinen Begabungen um. Es gibt soviel zu lernen und so wenig Zeit dafür, also beklagen Sie sich nicht über das, was unmöglich erscheint. Fühlen Sie sich lieber zu dem hingezogen, was ihm und Ihnen natürlich erscheint. Wie das Orakel von Delphi sagt: »Erkenne dich selbst«.[280]

Es tun

Sie wissen es aus eigener Erfahrung. Über viele Dinge kann man reden. Doch es ist wichtiger, sie zu tun. Es zu tun ist die eigentliche Herausforderung.

Ihr Sohn ist ein viel zu lebendiges und vielfältiges Wesen, um ihn zu einem Objekt philosophischer oder psychologischer Überlegungen zu machen. Er ist zu real. Er lebt jetzt mit ihnen. Mit ihm zu leben und ihn zu lieben, bedeutet, es jetzt zu tun, nicht darüber zu spekulieren, nicht darüber nachzudenken, was Sie später tun könnten. Sie wissen nie, wann ihr gemeinsamer Weg zu Ende sein wird. Der Moment ist jetzt. Lieben Sie ihn einfach so, wie er ist – und nehmen Sie ihn an, so wie er ist.

Vertrauen Sie Ihrer Fähigkeit, es einfach zu tun, ohne von Ihrem Sohn emotionale Belohnungen zu erwarten, Lob oder andere Dinge, die mit ihrem Ego zu tun haben. Erlauben Sie sich eine bewußte Haltung der Annahme – als Abwesenheit von Aufregung, Abwesenheit von Verlangen und Versuchen zu verändern. Es ist ein Raum, in dem keine Projektionen mehr stattfinden. Es ist ein Raum der Stille.

Um Ihren Sohn anders zu *sehen*, müssen Sie anders *sein*. Was wir sehen und wahrnehmen steht in enger Verbindung zu dem, wer wir sind. Sie erzielen viel leichter und müheloser Verbesserungen in Ihrem Leben, wenn Sie aufhören, an den Einstellungen und Verhaltensweisen anderer Menschen zu arbeiten. Zu diesen Menschen gehört auch Ihr Sohn.

Die Art, wie Sie in der Vergangenheit mit Ihrem Jungen umgegangen sind, beruht wahrscheinlich auf dem Ergebnis jahrelanger Konditionierungen und Erfahrungen mit Ihrem eigenen Erfolg als Eltern, oder dem Maß des »Erfolges«, das Sie von Ihrem Sohn erwarteten.

Bewußtsein ist die Fähigkeit, zu registrieren was gegenwärtig über Ihre Sinne passiert, ohne daß Sie vergangene Erfahrungen nutzen, um diese zu interpretieren. Schauen Sie Ihren Sohn jetzt an. Und lassen Sie die alten Programme ruhen. Er ist ziemlich wahrscheinlich nicht der Bastard, für den Sie ihn möglicherweise gerade halten. Und er war nie ausschließlich der süße, wunderbare Junge, der alte Damen auf der Straße vor Entzücken stehen bleiben ließ.

Er war und ist immer der, als der er von Anfang an gedacht war. Wahrscheinlich vergißt er das immer wieder zwischendurch. Doch das ist kein Grund, ihn nicht zu lieben.

Sie können sich nicht schützen, während Sie Ihren Sohn lieben. Sie können nicht irgend etwas ihm gegenüber zurückhalten. Das funktioniert nicht.

Die Liebe zu Ihrem Sohn hat eine profunde Wirkung. Sie beruhigt Ihr Unterbewußtsein und Ihre emotionale Seite. Sie erreichen eine Stufe des Wissens, auf der Sie nicht mehr so reizbar und angreifbar sind. Sie werden bemerken, daß sich Ihr sogenanntes normales emotionales Verhalten deutlich verringert. Dies wird meistens begleitet von einem wachsenden Gefühl der Stille und des Friedens und einem zunehmenden subtilen Lösen von Sorgen und Ängsten im alltäglichen Umgang mit Ihrem Sohn.

Mit Veränderungen umgehen zu können (sich anzupassen) und *sich* zu verändern – das sind zwei verschiedene Welten.

Menschen, die Veränderungen erster Ordnung bewirken, sind Menschen, die unbewußte Barrieren in sich auflösen, einfach indem sie es tun. Dazu gehört das unbedingte Verlangen, es zu wollen und die Gelassenheit, seinen Fähigkeiten vollständig zu vertrauen. Doch bevor Sie wirkliche Veränderungen meistern, sind Sie herausgefordert, einigen wichtigen Anforderungen zu begegnen: das tiefe Verstehen von Störungen, ein grundsätzliches Offensein für Zukunft und Vergangenheit, sowie die Fähigkeit der Verwandlung.

Personen, die Veränderungen erster Ordnung bewirken können, zeichnen sich durch bestimmte Qualitäten aus, die sie unspektakulär auf einer täglichen Basis anwenden.

Diese Menschen sind fähig und in der Lage, beständig die Zukunft zu überprüfen und dauernd aus der Vergangenheit zu lernen. Sie suchen beständig nach angemessenen Reaktionen und vermeiden automatisierte Reaktionen. Sie übernehmen Verantwortung und erzeugen Wahlmöglichkeiten, korrigieren sich selbst, lernen schnell und leicht und ziehen elegante Lösungen vor. Sie wissen, daß nicht jeder so ist, wie sie selber und schätzen grundsätzlich die guten Eigenschaften von Menschen. Sie können Fehlschläge zugeben, sind offen für Überraschungen, vermeiden Dummheiten und arbeiten für den Durchbruch. Sie haben ein Gespür, wohin sie zielen, wissen, wo sie sich befinden und können ihr Ego von Erfolg und Versagen lösen. Sie vermeiden das Bedürfnis, sich selbst zu rechtfertigen, halten die »Hitze« aus, wenn es notwendig ist, verstehen die Dynamik des Risikos und vermeiden das Drama.[281]

Eine lange Reise beginnt mit einem ersten Schritt. Tun Sie einen Schritt nach dem anderen. Erlauben Sie sich, geduldig mit sich selbst zu sein. Haben Sie Vertrauen, vertrauen Sie dem Prozeß und vertrauen Sie sich. Tun Sie es einfach. Sie werden erstaunt sein, was passiert.

Entspannen Sie sich

Ihr Sohn ist zu Ihnen gekommen, um etwas Wesentliches über das Leben zu lernen: ein magisches Wesen, das bereit ist, sich dem Leben hinzugeben, um etwas Großartiges zu erreichen. Wirbelwind und magischer Reiter. Eine spezielle Seele auf der Suche nach ihrer Bestimmung. Gibt es einen vollkommeneren Moment als diesen ersten, als Sie ihn zum ersten Mal in ihren Armen hielten und sich ihre Augen trafen? Alles war da für ihn. Und alles war da *in* ihm. Dort, in seinem Inneren, befinden sich Canyons und Pinienberge. Alle sieben Ozeane strömen durch ihn hindurch und Hunderte Millionen von Sternen. Ihr Sohn besitzt Säure, um Gold zu testen und Expertise, um Juwelen zu schätzen. Musik strömt durch seinem Körper – und entläßt einen unverwechselbaren Sound, den er einwebt in die Symphonie der Welt.

»Cos in this great, big universe, We're the stars on Earth.«[282]
Vielleicht erinnern Sie sich an das, was ich zu Anfang sagte. Wir leben in einem eleganten Universum, einem Mysterium voller Superstrings und verborgenen Dimensionen. Ihr Sohn ist ein wunderbarer Teil davon. Erlauben Sie ihm, sich zu entfalten. Erlauben Sie ihm, zu sein. Ihr Sohn ist eine sich entwickelnde Kraft. Ihm gehört die Zukunft. Er benötigt Wachstum, Kreativität und Unabhängigkeit in seinem Umfeld, um sein Leben zu erfüllen und diejenigen, die Größe zulassen können, zu inspirieren. Es geht um ein Leben, das sich hingibt. Um nicht mehr und nicht weniger.

Wenn es Ihrem Sohn in seiner Lebensspanne gelingt, zu leben und zu lieben, zu lernen und ein Vermächtnis zu hinterlassen, wird sich alles für ihn erfüllen. Blockieren Sie diesen Prozeß nicht durch Ihre eigenen Programme aus der Vergangenheit. Drehen Sie den Schlüssel. Lassen Sie ihn sanft hinaus. Er wird neugierig gehen. Er wird einatmen. Er wird entdecken. Lassen Sie die ganzen Anspannungen gehen.

Stehen Sie Ihrem Sohn nicht im Wege und lassen Sie ihn seine eigene Persönlichkeit entwickeln. Wir haben als Eltern inzwischen begriffen, daß wir den Körper eines heranwachsenden Jungen nicht über Gebühr mit harter körperlicher Arbeit belasten dürfen. Genauso notwendig ist es, zu verstehen, den heranwachsenden Geist eines Jungen nicht zu brechen, in dem wir ihn zum Opfer unserer eigenen Ängste machen.

Betrachten Sie kritisch aber wohlwollend Ihre eigenen Motive und die Quellen Ihrer inneren Sicherheit: Ihr eigenes Selbstwertgefühl sollte nicht von dem »annehmbaren« Verhalten Ihres Sohnes abhängen. Geben Sie es auf, ihn Ihrem eigenen Bild anpassen zu wollen oder ihn an sozialen Erwartungen zu messen. Unterlassen Sie es, ihn zu beurteilen oder zu vergleichen. Betrachten Sie es als Ihre natürliche Rolle, Ihren Sohn zu bestätigen, zu genießen und wertzuschätzen. Wenn Sie ihn grundlegend für fähig halten, sein eigenes Leben zu meistern, brauchen Sie ihn noch nicht einmal vor dem Spott der anderen zu beschützen.

Wichtig ist dieses Gefühl der entspannten Zuversichtlichkeit. Ihr Sohn ist großartig. Er wird sich behaupten. Gemeinsam werden Sie das bewältigen, was auf Sie zukommt. Fehler sind o.k. Jungen benötigen keine perfekten Eltern. Was Ihr Sohn braucht sind wirklich gute, engagierte, unvollkommene Eltern.

Eltern wie Sie es sind.

Dank

Meiner Frau für diese wundervollen Söhne und everything else, querida. Vincent Samuel und Jonah Ray für das großzügige Überlassen von Energie, Chaos, Gelächter, Tränen, Pokémon-Büchern, Karten, unglaublichen Geschichten, selbstgebauten Maschinen und den vielen Mysterien ihrer inneren Welt. Ein gesegneter Mann bin ich.

John Bellicchi und Andrew Verity for collaborations past, present and future, long nights of wild conversation – and for having a big and generous heart. Carlos Castaneda, Stephen Covey, Milton Erickson, Erik Erikson, Willard Gaylin, James Hillman, Carl Rogers und Ken Wilber: für großartige Ideen und Einsichten. Richard Van Camp für *The Lesser Blessed*, Joe Connelly für *Bringing Out The Dead*, James Salter für *Burning The Days*, David Remnick für *King Of The World*, Ronald Reng unbekannterweise für seine großartigen Reportagen über junge Heroen und gefallene Krieger. Paul Newman for just being out there. Christina Spännar, Jan Oberg und Johan Asplund in Lund, Schweden: Sie zeigten mir früh, wie es gehen kann.

Zahlreiche Personen haben das Manuskript in verschiedenen Phasen mit Ideen, Artikeln und Buchtips inspiriert: Thomas R. Golden in Kensington, Maryland/USA, Stefanie Boegner, Robert Bögle, Michael Franz und Elizabeth Kräuter in München, Birgit Finkbeiner in Donaueschingen, Dr. Michael Krahl in Darmstadt, Peter Oertle in Zürich, Michael Pech in Wien, Joe Hofbauer und Veronika Schaller in Graz, Marco Vanotti in St. Gallen, Monika Vonder Mühll in Bettingen und Heinz Kraus in Allschwil/Basel.

Mein Dank gilt auch allen Frauen und Männern in den *for!* (ju:)®-Seminaren für ihre Rückmeldungen bei den ersten Leseproben. Ingo Bulla und Peter Richter in Göttingen: vielen Dank für Cover- und Autorenfoto.

Spezieller Dank für Gastfreundschaft während meiner zahlreichen Aufenthalte, die Räume zum Schreiben, das Essen – die großartige Unterstützung: Angelika Streich und Roland Göhre in Bottrop; Rolf Brücher in Darmstadt; Irene und Andreas Christen in Niederseeon; Christine Kaltenbach, Beatrice Kaltenbach-Holzmann und Michael Holzmann in Lörrach; Familie Rottler und Team im Landhotel Mühlenhof in Friesenheim-Oberweier; Valentin und Monika Vonder Mühll in Bettingen, Schweiz; Joachim Welter und Team im Kinder- und Jugendhilfezentrum St. Anton in Riegel am Kaiserstuhl; Veronika Schaller und dem ganzen Team im Volksbildungsheim Schloß St. Martin in Graz, Steiermark; Reingard Winter und Adam Wieczorkowski in Wien, sowie Mona und Percy Persson in Klakebäck, Blekinge.

Die short stories von Charlie Haden und Pat Metheney unter endlosen Missouri Skys, die Sounds von Miles Davis und Mark Isham, von Van Morrison, Tracey Thorn und Ben Watt (EBTG), John Gorka, Allan Taylor, Luka Bloom, Jackie Leven, David Sylvian und Kurt Wagner (Lambchop), die Tapes von James Hillman, Adolf Guggenbühl, Robert Bly und Michael Meade waren beim Schreiben und Reisen meine fortwährenden Begleiter.

Dem gesamten *for!* (ju:)®-Team in Göttingen für die vorbehaltlose Unterstützung und Entlastung während der Arbeit am Manuskript, besonders meinem Freund und Kollegen Albert Krüger, sowie im Sekretariat Bärbel Marställer und Silke Wildschütz. Birgit Finkbeiner in Donaueschingen, Peter Martinelli in Zürich und Ines Brodmann in Basel haben das Manuskript durchgearbeitet und mit ihren Anmerkungen und Tips klug ergänzt und abgerundet. Karin Lämmer und Michael Fitz in München, Monika Meier in Graz und Monika Vonder Mühll in Bettingen haben Teile des Manuskriptes gelesen. Heiko Minde in Hannover und Thomas Schaefer in Göttingen: vielen Dank für das präzise und sorgfältige Lektorat. Dank an Michael Fitz für die Promotion.

Schließlich geht mein Dank an Rudi Schmitt und Thomas Schaefer vom Satzwerk Verlag in Göttingen, die an die Idee glaubten. Die, wie es schien, unendlich lange warten mußten, immer wieder aufs Tempo drückten – und letztendlich alles zu einem wunderbaren Ganzen zusammenfügten. Ohne diese beiden wäre das Buch noch in den Wäldern.

Meinen Eltern, für all das, was sie für mich getan haben – und vor allem meinem Vater für das, was er nicht für mich getan hat.

So mußte ich es selber tun.

Literatur

Beim Zusammenstellen der Literaturliste war ich anfangs überrascht über die Fülle des Materials. Während des Schreibens wird einem nicht unbedingt bewußt, mit wieviel Material man arbeitet. Die Aufteilung der Literatur in thematischen Zuordnungen wurde notwendig, auch um Lesern, die Themengebiete später vertiefen wollen, einen besseren Überblick zu verschaffen.

Ein weiterer Punkt ist die umfangreiche Verwendung englischsprachiger Titel. Der angelsächsische Einfluß in meiner Arbeit ist nicht zu übersehen. Das beruht zum Teil auf privaten, zum Teil auf beruflichen Gründen. Ich habe einige Zeit während meines Studiums in den Vereinigten Staaten und in Schweden verbracht. Seitdem arbeite und träume ich zweisprachig. Die deutschsprachige Literatur zum Thema erschien mir persönlich nicht sehr ergiebig. Sie wirkt, bis auf wenige Ausnahmen, provinziell und überintellektualisiert. Sie langweilt mich einfach.

Jungen und Männer

Dave Barry: Dave Barry's Complete Guide To Guys. A Fairly Short Book. New York: Fawcett Cumbine 1995

Robert Bly, James Hillman & Michael Meade: Men And The Life Of Desire. A Day For Men With Poetry, Story, And Lively Discussion: Speaking To The Masculine Soul And Spirit. 4 Audio Tapes. San Francisco: Oral Tradition Archives 1991

Denis Boyles: A Man's Life. The Complete Instructions. New York: HarperCollins 1996

John Breeding: The Wildest Colts Make The Best Horses. Austin, TX: Bright Books 1996

Richard J. DeGrandpre: Ritalin Nation: Rapid-fire Culture and the Transformation of Human Consciousness. W.W. Norton & Company 1999

Giorgia Fiorio: Men. Sternspezial Fotografie; Nr. 21. Hamburg: Gruner & Jahr 2000

Ross Firestone (Hg.): A Book of Men: Visions of the Male Experience. New York: Stonehill 1978

Chris Frey: Men At Work. An Action Guide to Masculine Healing. Islewest Publishing 1997

Willard Gaylin: The Male Ego. New York: Penguin 1992

David Gilmore: Mythos Mann. Rollen, Rituale, Leitbilder. München: Artemis 1991

Thomas R. Golden: Swallowed by a snake. The gift of the masculine side of healing. Kensington, Maryland: Golden Healing Publishing 1996

Michael Gurian: A Fine Young Man. What Parents, Mentors and Educators can do to shape adolescent Boys into exceptional Men. Tarcher Putnam: New York 1998

Michael Meade: Die Männer und das Wasser des Lebens. München 1993

David Michaelis: The Best Of Friends. New York: William Morrow & Co 1983

298 *Eugene Monick*: Castration And Male Rage. Toronto: Inner City Books 1987

ders.: Die Wurzeln der Männlichkeit. München: Kösel 1990

Robert Moss & Helen Huff Dunlap: Why Johnny Can't Concentrate. New York: Bantam 1992

Joyce Carol Oates: Über Boxen. Ein Essay. Zürich: Manesse 1988

Vincenzo Orlando (Hg.): Mit den Waffen eines Mannes. Erster Teil: Die Verführung. München: Matthes & Seitz 1982

Gregory Max Vogt: Return to Father. Archetypal Dimensions of the Patriarch. Dallas: Spring Publications 1991

Psychologie

John Allan: Inscapes Of The Child's World. Dallas: Spring Publications 1988

Gaston Bachelard: Lautréamont. Dallas: Spring Publications 1986

Stephen R. Covey: Die sieben Wege zur Effektivität. Frankfurt am Main: Campus 1992

Richard I. Evans: Dialogue with Erik Erikson. New York: E.P. Dutton 1967

ders.: Carl Rogers. The Man and His Ideas. New York: E.P. Dutton 1975

Willard Gaylin: Feelings. Our Vital Signs. New York: Harper & Row 1979

James Hillman: The Myth Of Analysis. Three Essays in Archetypal Psychology. Illinois: Northwestern University Press 1972

ders.: Revisioning Psychology. New York 1975

ders.: The Dream And The Underworld. New York: Harper & Row 1979 *ders.*: Interviews. Dallas: Spring Publications 1983

ders. (Ed.): Puer Papers. Dallas: Spring Publications 1987

ders.: The Thought of the Heart. Eranos Lectures 2. Dallas: Spring Publications 1984

ders.: Egalitarian Typologies versus the Perception of the Unique. Dallas: Spring Publications 1986

ders.: A Blue Fire. Selected Writings. New York: HarperPerennial 1991

ders.: Kinds Of Power. A Guide to Its Intelligent Uses. New York: Doubleday 1995

ders.: The Soul's Code. In Search of Character and Calling. New York: Random House 1996

ders.: Myths Of The Family. A Four-Tape Set. New York: Sound Horizons Audio Video 1997

ders.: The Force Of Character. And The Lasting Life. New York: Random House 1999

James Hillman/Margot McLean: Dream Animals. San Francisco: Chronicle Books 1997

Jonathan Kozol: Death At An Early Age. New York: Houghton Mifflin 1967

Barry Long: Making Love. Barry Long Books 1998

Louise C. Mahdi/Nancy Geyer Christopher/Michael Meade: Crossroads. The Quest for Contemporary Rites of Passage. Open Court Publishing Company 1996

Greta Nagel: TAO für Eltern. Alte Weisheit für moderne Kindererziehung. München: Econ & List 1999

Lucy Jo Palladino: The Edison Trait: Saving the Spirit of Your Nonconforming Child. Times Books 1997

Carl Rogers: On Personal Power. London: Constable and Company 1977

Educating Alternatives

Richard Duree & Andrew Verity: Advanced Professional Practitioner Workshop. Educating Alternatives Advanced Kinesiology Centre & Applied Neurogenics: Melbourne (Australia) & Oregon (USA) 1998

Andrew Verity: Blueprint I. Freiburg: VAK 1993

ders.: Blueprint II. Freiburg: VAK 1993

ders.: Blueprint III. Freiburg: VAK 1997

ders.: Blueprint Synopsis. Vertrauen Sie Ihrem Unbewußten. Freiburg: VAK 1997

ders.: Emotionale Muster. Freiburg: VAK 1997

ders.: Goal Strategies. Freiburg: VAK 1997
ders.: Healing Principles. Freiburg: VAK 1998

Naturwissenschaften

Deborah Blum: Sex on the Brain. New York: Viking 1997
Paul M. Churchland: The Engine of Reason, the Seat of the Soul. A Philosophical Journey into the Brain. Cambridge/Massachusetts: MIT Press 1995
Eugene S. Ferguson: Das innere Auge. Von der Kunst des Ingenieurs. Basel/Boston/Berlin: Birkhäuser 1993
Charles Hampden-Turner: Maps of the mind. Charts and concepts of the mind and its labyrinths. New York: Collier Books/Macmillan 1982
Carla Hannaford: Bewegung – das Tor zum Lernen. Freiburg: VAK 2001
Anne Moir/David Jessel: BrainSex. The Real Difference Between Men & Women. London: Mandarin Paperbacks 1991
dieselben: BrainSex. Der wahre Unterschied zwischen Mann und Frau. Düsseldorf und Wien: Econ 1993
Lennart Nilsson: Ein Kind entsteht. München: Mosaik 1995
Robert Ornstein/David Sobel: Das Gehirn, Schlüssel zur Gesundheit. Freiburg: VAK 1995
Christopher Wills: The Runaway Brain. New York: Basic Books 1993

Spiritualität

Lynn V. Andrews: The Power Deck. The Cards Of Wisdom. New York: HarperCollins 1991
Joseph Campbell: Die Kraft der Mythen. Zürich: Artemis 1989
Carlos Castaneda: The Wheel Of Time. The Shamans of Ancient Mexico, Their Thoughts about Life, Death and the Universe. Los Angeles: LA Eidolana Press 1998
Shaun McNiff: Earth Angels. Engaging the Sacred in Everyday Things. Boston: Shambala 1995
Ken Wilber: Eros, Kosmos, Logos. Frankfurt am Main: Krüger 1996
ders.: Eine kurze Geschichte des Kosmos. Frankfurt am Main: S. Fischer 1997
ders.: The Eye Of Spirit. An Integral Vision for a World Gone Slightly Mad. Boston/London: Shambala 1997
ders.: The Marriage Of Sense And Soul. Integrating Science And Religion. New York: Random House 1998

Biographien und Autobiographien

Lance Armstrong (mit *Sally Jenkins*): Tour des Lebens. Wie ich den Krebs besiegte und die Tour de France gewann. Bergisch-Gladbach: Gustav Lübbe Verlag 2000

Mirjam Heil: Caspar. Das Leben und Sterben eines Kindes. Stuttgart: Verlag Freies Geistesleben 2002

Gottfried Hofmann-Wellenhof: Notizen eines Vaters. Graz/Wien/Köln: Verlag Styria 2000

Joe Jackson: A Cure for Gravity. A Musical Pilgrimage. New York: PublicAffairs 1999; dt. Ausgabe: Ein Mittel gegen die Schwerkraft. Musikalische Wanderjahre. Göttingen: Satzwerk 1999

Phil Jackson & Hugh Delehanty: Sacred Hoops. Spiritual Lessons Of A Hardwood Warrior. New York: Hyperion 1995

John Keats: Selected Letters. Oxford University Press 2002

Norman MacLean: Young Men and Fire. Chicago/London: The University of Chicago Press 1992

Henry Maske/Bertram Job: Mein Box-Lexikon. Frankfurt am Main: Eichborn 1995

Barry Miles: Paul McCartney: Many Years From Now. Henry Holt & Company 1997

Davis Miller: Das Geheimnis des Muhammad Ali. Eine wahre Geschichte. Berlin: Sportverlag 1998

Bernard Moitessier: Der verschenkte Sieg. Bielefeld: Delius Klasing 1992

William Least Heat Moon: Blue Highways. A Journey Into America. Boston/Toronto: Little, Brown and Company/The Atlantic Monthly Press 1982

Museum Jean Tinguely Basel: Tinguely's Favorites: Yves Klein. Basel: Editiones Roche 1999

Zdzislaw Najder: Joseph Conrad. A Chronicle. Rutgers University Press 1983

Richard Picciotto: Last Man Down. New York: Penguin Putnam 2002

David Remnick: King Of The World. Muhammad Ali and the Rise of an American Hero. New York: Random House 1998

Gerhard Roth/Franz Killmeyer: Gsellmanns Weltmaschine. Wien: Böhlau 1996

Bruce W. Talamon: Bob Marley. Spirit Dancer. München: Schirmer & Mosel 1995

Kinder- und Jugendliteratur

Sven Nordqvist: Morgen, Findus, wird's was geben. Hamburg: Oetinger 1995

Nina Rauprich: Was ist los mit meinem Bruder? Oldenburg: Erika Klopp 1996

Jason R. Rich: Pokémon – Pathways to Adventure. Düsseldorf: Sybex 1999

Marc Twain: Huckleberry Finn. Köln 1964

Morton Rhue: Ich knall euch ab! Bielefeld: Ravensburger 2002

Richard Van Camp: Die ohne Segen sind. Ravensburg: Ravensburger 2000

Literarische Texte

Richard Aellen: Der Mann mit dem zweiten Gesicht. Frankfurt/Main: S. Fischer 1991

Joe Connelly: Bringing Out The Dead. New York: Alfred A. Knopf 1998

Joseph Conrad: A Personal Record. IndyPublish.com 2002

ders.: Herz der Finsternis. Leipzig: Reclam 1997

Charles Dickens: A Tale of Two Cities. New York: Literary Classics 1945

Umberto Eco: Platon im Striptease-Lokal. Parodien und Travestien. München: dtv 1993

Richard Ford: Unabhängigkeitstag. Frankfurt am Main & Wien: Büchergilde Gutenberg 1995

Ernest Hemingway: The Old Man And The Sea; London: Jonathan Cape 1952

Nick Hornby: About A Boy. München: Knaur 2000

Jean-Claude Izzo: Aldebaran. Zürich: Unionsverlag 2002

Sebastian Junger: The Perfect Storm. A True Story Of Men Against The Sea. New York: W.W. Norton&Company 1997

ders.: Fire. New York: W.W. Norton&Company 2001

D. H. Lawrence: Sons and Lovers. New York: Viking Press 1975

Benjamin Lebert: Crazy. Köln: Kiepenheuer & Witsch 1999

Cormac McCarthy: All The Pretty Horses. New York: Alfred A. Knopf 1992

ders.: The Crossing. New York: Alfred A. Knopf 1994

ders.: Cities Of The Plain. New York: Alfred A. Knopf 1998

Larry McMurtry: Lonesome Dove. London: Pan Books Ltd. 1990

Robert M. Pirsig: Zen or the Art of Motorcycle Maintenance. An Inquiry into Values. New York: William Morrow & Company 1974

Henry Roth: Call It Sleep. New York: Avon Books 1934

Philip Roth: Portnoy's Complaint. New York: Random House 1967
ders.: Patrimony. A True Story. New York: Vintage 1991
James Salter: Burning The Days. New York: Random House 1997
Larry Woiwode: Beyond the Bedroom Wall: A Family Album. New
    York: Farrar, Straus & Giroux 1975
Thomas Wolfe: Of Time And The River. A Legend of Man's Hunger in
    His Youth. Scribner Books Company 1999

Zeitschriftenartikel

An Interview with Sartre; in: New York Review Of Books vom 26.3.1970
Johannes Bachmann: Wir brauchen keine Besserwisser; in: Badische
    Zeitung vom 19. Oktober 2002
Werner Bartens: Diese unruhigen Kinder; in: Badische Zeitung Maga-   303
    zin vom 19. Januar 2002
Mark Binelli: last man standing; in: Rolling Stone, September 2002
Marc Deckert/Matthias Kalle: Lebe gefährlich! in: jetzt: Magazin Süd-
    deutsche Zeitung, No. 5/2001
Loren Eiseley: Life on Earth. The Cosmic Orphan; in: The New Ency-
    clopaedia Britannica/Propaedia. Chicago: Encyclopaedia Britanni-
    ca, Fifteenth Edition 1986
Feuerwehralarm im Kindergarten; Badische Zeitung vom 18. Mai 2002;
    S. 30
Cal Fussman: The State Of The American Man 2001; in: American
    Esquire 03/2001
Fred Grimm/Annette Schipprack: nach der stunde null; in: Max Nr. 20
    vom 12. September 2002
Hilka de Groot: Das späte Zittern des Zappelphilipps, in: Süddeutsche
    Zeitung, Wissenschaft 2001
Markus Günther: Der Geruch des Alptraums; in: Badische Zeitung
    vom 23. Oktober 2001
ders.: Mein Leben ist bittersüß; in: Badische Zeitung Magazin vom 7.
    September 2002
Axel Hacke: Das Beste aus meinem Leben; in: Süddeutsche Zeitung
    Magazin No. 29 vom 21. Juli 2000
Günther Hatz: Bergdrama: Neunjähriger an Erschöpfung gestorben;
    in: Kleine Zeitung vom 30. Oktober 2002
Joe Hofbauer: Ich, der liebe Gott und was sonst noch? in: Freiräume
    No. 4/1998
Gerald Hüther: Kritische Anmerkungen zu den bei ADHD-Kindern
    beobachteten neurobiologischen Veränderungen und den vermu-

teten Wirkungen von Psychostimulantien (Ritalin). Manuskript für die Zeitschrift Analytische Kinder- und Jugendlichenpsychotherapie, August 2001

Yves Klein: Rede, gehalten anlässlich der Ausstellung »Tinguely in Düsseldorf«; in: Museum Jean Tinguely Basel: Tinguely's Favorites: Yves Klein. Basel: Editiones Roche 1999, S. 119

ders.: Conférence de la Sorbonne 3 Juin 1959, Galerie Montaigne, Paris 1992

Peter König: Wir Voodookinder; in: Kursbuch 1993

Kerstin Kullmann: Gesamtnote: Jugendhaft; in: Süddeutsche Zeitung Magazin vom 1. Juni 2001

Harald Maass: Pogo in Peking; in: Badische Zeitung vom 22. Juni 2002

David Oldfield: The Journey. An Experiential Rite of Passage for Modern Adolescents; in: Mahdi/Christopher/Meade: Crossroads. The Quest for Contemporary Rites of Passage; S. 148ff.

Camille Paglia: Titel unbekannt. In: American Esquire 10/1991

Ronald Reng: Der Mann, der alle Hürden nahm; in: Süddeutsche Zeitung, jetzt: Magazin, No. 37/2000

ders.: Erstaunliche Frechheiten; in: Süddeutsche Zeitung im Oktober 1999

ders.: Geisterreiter ohne Pferde; in: Süddeutsche Zeitung vom 1. Juli 2002

roche magazin; Nummer 56, Oktober 1996

Reportage der New York Times, abgedruckt im Stern Nr. 37 vom 5. September 2002

Schon als Kind ein Könner, Westdeutsche Allgemeine Zeitung vom 23. Juni 2001

Barbara Simonsohn: Ritalin – Kinder unter Drogen. Die gefährlichen Wirkungen des Psychopharmakas Ritalin, in: raum & zeit 111/2001

James B. Stewart: The Real Heroes Are Dead. A love story; in: The New Yorker vom 11. Februar 2002

Michael Ventura: The Age of Endarkenment; in: Mahdi/Christopher/Meade: Crossroads. The Quest for Contemporary Rites of Passage; S. 52f.

Raimund Witkop: Wo die Hoffnungsvollen jede Menge Dreck fressen; in: Frankfurter Allgemeine Sonntagszeitung vom 12. Mai 2002

April Witt & Justin Blum: Gun enthusiast and serial loser. Muhammad's troubled life; in: International Herald Tribune vom 26-27 Oktober 2002

Musik

Des'Ree: What's your sign? Supernatural; London: Sony Music 1998
Everything But The Girl: Walking Wounded, Virgin Records, London 1996
Jackie Leven: The Argyll Cycle, Cooking Vinyl, London 1996
Van Morrison: Hymns To The Silence; Polydor, London 1991
Bruce Springsteen: The Ghost Of Tom Joad, Columbia/Sony, New York 1995
ders.: The Rising, Columbia/Sony, New York 2002

Filme

Mike Phillips & *John Singleton:* Boyz'n the hood. Frankfurt am Main 1992
Ridley Scott: White Squall. Largo Entertainment USA 1996
Peter Weir: Dead Poet's Society. Touchstone Pictures USA 1988

Anmerkungen

[1] Thomas Wolfe in seinem Buch *Of Time And The River*.

[2] Physikalisch ausgedrückt befleißigen sich Neutrinos einer derart geringen Wechselwirkungswahrscheinlichkeit, daß nur eines aus einer Billion auf seinem Flug durch die Erdkugel von einem Atomkern verschluckt wird. Mit anderen Worten: Neutrinos sind durch kaum etwas aufzuhalten, einzusperren und in Ruhe zu betrachten.

[3] Davis Miller: Das Geheimnis des Muhammad Ali.

[4] Wenn Sie glauben, daß es ziemlich verrückt ist, Besitzer von vier Corvairs zu sein – dann stimme ich Ihnen ausdrücklich zu. Ich zum Beispiel hätte viel lieber vier Mercedes-Benz.

[5] Dave Barry: Dave Barry's Complete Guide To Guys, S. 132ff.

[6] Wenn Sie glauben, daß man eine ziemliche Schraube locker haben muß, um Enthusiasmus dieser Art in einem Club zu organisieren – dann haben Sie wahrscheinlich recht.

[7] Dave Barry: a.a.O., S. 133

[8] ebd., S. 134

[9] Inzwischen sollte Ihnen klargeworden sein, so bemerkt Dave Barry sehr treffend, daß Staubsauger und Benzin auf keinen Fall zusammengehören. Und unter keinen Umständen sollten Sie irgend etwas Ähnliches in dieser Art ausprobieren. Falls doch, lassen Sie mich bitte wissen, wo und wann.

[10] Diese bemerkenswerte Geschichte erzählte Kathi Goldmark Dave Barry. Dave Barry: a.a.O., S. 185

[11] Anne Moir/David Jessel: BrainSex , S. 83f.

[12] ebd., S. 85

[13] Willard Gaylin : The Male Ego, S. 56f.

[14] Anne Moir/David Jessel: a.a.O., S. 108

[15] Daß die Erziehungswissenschaften, speziell in Deutschland, sich erst jetzt langsam diesem Thema öffnen, hängt unter anderem mit dem noch unverdauten Erbe des Nationalsozialismus zusammen; es ist aber auch oft die Angst vor interdisziplinärem Arbeiten. Ein anderer Grund könnte mit den vielen unausgesprochenen Denkverboten zusammenhängen, die durch manche ideologisch besetzten feministischen Diskurse dazu führten, daß interdisziplinäre und vor

allem naturwissenschaftliche Ergebnisse in pädagogischen Diskussionen gar nicht erst zur Debatte zugelassen wurden.

[16] Im folgenden beziehe ich mich auf die Zusammenfassung des Forschungsstandes innerhalb der Gehirnforschung, die Anne Moir und David Jessel, zwei Wissenschaftsjournalisten der BBC aus London, zu Beginn der neunziger Jahre zusammentrugen: Anne Moir/David Jessel: BrainSex.

Ich beziehe mich hier auf die deutsche Ausgabe, nicht ohne anzumerken, daß diese den fünfunddreißig Seiten umfassenden wissenschaftlichen Anhang des Originals fast vollständig unterschlägt. Deshalb ist im Literaturverzeichnis auch die englische Originalausgabe angegeben. Die beiden Autoren konzentrierten sich dabei vor allem auf die Forschungsergebnisse, die sich intensiv mit den Unterschieden zwischen Männern und Frauen beschäftigten. Anne Moir bemerkte, daß die Forschungsergebnisse nur bruchstückweise an die Öffentlichkeit kamen. Sie habe das Gefühl, manche der Wissenschaftler hätten geradezu Angst vor dem, was sie entdeckt haben. Sie spielten ihre Entdeckungen herunter, weil sie vor den Konsequenzen zurückscheuten, die sich aus ihnen ergäben – insbesondere der, daß allem Anschein nach das Denken und Fühlen von Männern und Frauen verschieden sei. Und das könne einfach nicht angehen. Inzwischen gilt die Gehirnforschung als eine der aufregendsten Forschungsdisziplinen des 21. Jahrhunderts. Educating Alternatives in Melbourne, Australien, hat zusammen mit anderen interdisziplinären Forschern inzwischen viele neue, bahnbrechende Entdeckungen hervorgebracht, die immer mehr Aufschluß über die Komplexität, Intelligenz, Struktur und Genialität unseres Gehirns geben.

[17] Ken Wilber hat die Wirkung von Testosteron evolutionär im männlichen Hormonsystem in ziemlich drastischer Weise auf zwei Grundfunktionen reduziert: »Ficke es oder töte es.« Ken Wilber: Eine kurze Geschichte des Kosmos, S. 23

[18] Johannes Bachmann: Wir brauchen keine Besserwisser; in: Badische Zeitung vom 19. Oktober 2002

[19] Dies ist der Stand im Sommer 2002. Armstrong ist gerade zum vierten Mal hintereinander als Sieger der Tour auf die Champs-Élysées in Paris gerollt. Und nun hat Le Général zum Schrecken seiner Konkurrenten angekündigt, die Tour insgesamt sechsmal gewinnen zu wollen.

[20] Lance Armstrong: Tour des Lebens, S. 7

[21] ebd.

[22] Die mentale und athletische Überlegenheit von Lance Armstrong läßt viele seiner Kontrahenten und nicht wenige Beobachter zweifeln, ob bei ihm alles mit rechten Dingen zugeht. Doch selbst wenn sich eines Tages herausstellen sollte, daß auch Lance Armstrong, wie so viele seiner Kontrahenten, unerlaubte leistungssteigernde Mittel genommen haben sollte: Doping allein kann niemals das Phänomen eines solchen Top-Athleten erklären.

[23] Ronald Reng: Der Mann, der alle Hürden nahm; in: Süddeutsche Zeitung, jetzt: Magazin No. 37/2000

[24] Vielleicht war bei dieser Geschichte im Cockpit auch Alkohol im Spiel.

[25] Pettersson ergeht es übrigens mit seinem Kater und Mitbewohner Findus beim Mensch-ärgere-Dich-nicht-Spiel genauso. Sven Nordqvist: Morgen, Findus, wird's was geben, S. 42

[26] Umberto Eco: Platon im Striptease-Lokal, S. 48

[27] ebd., S. 50

[28] Joyce Carol Oates: Über Boxen, S. 126

[29] Cal Fussman: The State Of The American Man 2001; in: American Esquire 03/2001

[30] Diesen Hinweis verdanke ich meinem geschätzten Freund und Kollegen Wilfried Kruschwitz.

[31] Einige Anregungen zu diesem Kapitel entnahm ich aus Denis Boyles: A Man's Life. The Complete Instructions.

[32] Mich persönlich hat immer interessiert, wo man eine professionelle Rasur mit einem offenen Rasiermesser bekommt.

[33] »narrow the spotlight« im Englischen

[34] Andrew Verity: Blueprint Synopsis, S. 20

[35] ebd., S. 11

[36] Möglicherweise fragen Sie sich gerade, warum ich nicht über das Zimmer meiner eigenen Söhne berichte. Die Antwort ist ziemlich einfach: Das Chaos in ihrem Zimmer ist wirklich unbeschreiblich. Man kann nicht in Worte fassen, was sich dort abspielt.

[37] Axel Hacke: Das Beste aus meinem Leben; in: Süddeutsche Zeitung Magazin No. 29 vom 21. 7. 2000

[38] Feuerwehralarm im Kindergarten; Badische Zeitung vom 18. März 2002

[39] So erzählt es Eddie Futsch, neunundachtzig Jahre alt und Box-Trainer-Legende in Las Vegas. Eddie hat einundzwanzig Weltmeister trainiert, darunter Larry Holmes, Riddick Bowe, Ken Norton, Michael Spinks. Berühmt wurde er durch den Boxkrimi in Manila, als er Joe Frazier nicht mehr zur fünfzehnten Runde gegen Muhammad Ali rausschickte. Seit er denken kann, beschäftigt Eddie sich mit diesen Fragen: Weshalb und Warum.
Cal Fussman: The State Of The American Man 2001; a.a.O., S. 140

[40] Robert M. Pirsigs Buch Zen or the Art of Motorcycle Maintenance ist die Geschichte eines Mannes, der sich nach dem Scheitern seiner Ehe und seiner beruflichen Karriere als Professor, die in der Psychiatrie endete, zusammen mit seinem Motorrad und seinem vierzehnjährigen Sohn auf eine reale und symbolische Reise von der amerikanischen Ostküste nach Westen begibt, Richtung Oregon und Kalifornien, um zu sich zurückzufinden und die entfremdete und frustrierende Beziehung zu seinem Sohn zu erneuern. Das Buch ist nicht nur ein Road-Movie und eine perfekte Vater-Sohn-Geschichte, sondern auch eine Einweihung in die komplexe Technik eines Motorrades, inklusive einer philosophischen Abhandlung über die Zerrissenheit der Welt in romantische und technologische Fragestellungen.

[41] Gerhard Roth/Franz Killmeyer: Gsellmanns Weltmaschine, S. 12. Die beiden Autoren dokumentieren auf liebevolle Weise das Vermächtnis von Franz Gsellmann und setzen ihm posthum ein Denkmal. Beim nächsten Besuch mit meinen Söhnen in der Steiermark ist schon klar, wohin wir fahren werden.

[42] ebd., S. 27

[43] ebd., S. 18f.

[44] Beim Schreiben dieses Abschnitts mußte ich unwillkürlich an das Formel-1-Team von Ferrari denken, wie sie an den aufgebockten Boliden in der Box arbeiten, hingebungsvoll und selbstvergessen, während die Unterschiede zwischen Tag und Nacht verblassen.

[45] Gerhard Roth/Franz Killmeyer: a.a.O., S. 21

[46] ebd., S. 10f.

[47] Der Film »Die fabelhafte Welt der Amélie« ist in Frankreich ein Publikumsrenner und die junge Schauspielerin und Newcomerin Au-

drey Tautou mit ihren dreiundzwanzig Jahren der Shooting-Star des Jahres 2001. In einem Interview nennt sie eine Hitliste der kleinen Dinge, die sie besonders mag.

48 Joe Hofbauer: Ich, der liebe Gott und was sonst noch? In: Freiräume No. 4 1998, S. 8

49 Anmerkung von Birgit Finkbeiner, Kollegin und Freundin in der Arbeit mit jungen Männern.

50 Shaun McNiff: Earth Angels, S. 23

51 Joe Jackson: A Cure for Gravity, S. 285

52 Mirjam Heil: Caspar. Das Leben und Sterben eines Kindes.

53 Joseph Conrad: A Personal Record, S. 146

54 Zdzislaw Najder: Joseph Conrad. A Chronicle.

55 Joseph Conrad: a.a.O., S. 151

56 Die Geschichte über Heinz-Harald Frentzen und auch den Beitrag über Tom Jones fand ich in zwei Beiträgen des Magazins Stern. Ich kann die Quellen aber nicht mehr belegen.

57 Schon als Kind ein Könner, Westdeutsche Allgemeine Zeitung vom 23. Juni 2001

58 Ronald Reng: Erstaunliche Frechheiten, in: Süddeutsche Zeitung im Oktober 1999.

59 ebd.

60 ebd.

61 Vgl. im folgenden David Remnick: King Of The World, S. 84ff.

62 ebd., S. 91

63 ebd., S. 93

64 ebd., S. 92

65 ebd., S. 118

66 ebd.

67 Das ist das zentrale Thema in Ken Wilbers Buch The Marriage Of Sense And Soul: Wie die modernen Wissenschaften und religiöse bzw. spirituelle Traditionen in modernen Gesellschaften wieder zu einer Einheit zurückfinden können, ohne erneut in alte Glaubenskriege um die »Wahrheit« zurückzufallen oder ihre moderne Differenzierung aufgeben zu müssen.

68 Vgl. im folgenden James Hillman: The Thought of the Heart, S. 24ff.

69 ebd.

70 Richard Van Camp: Die ohne Segen sind, S. 42ff.

71 Ernest Hemingway: The Old Man And The Sea, S. 127

72 Giorgia Fiorio: Men, S. 4

73 Ken Wilber: Eros, Kosmos, Logos, S. 293

74 Interview in TV Movie im Juli 2002

75 Marc Deckert/Matthias Kalle: Lebe gefährlich!; jetzt: Magazin Süddeutsche Zeitung, No. 5/2001

76 James Hillman: Revisioning Psychology, S. 68

77 Marc Deckert/Matthias Kalle: Lebe gefährlich! a.a.O.

78 Norman MacLean: Young Men and Fire, S. 25

79 ebd.

80 Sebastian Junger: Fire; Einleitung

81 Camille Paglia in: American Esquire 10/1991, S. 138, eigene Übersetzung

82 Michael Corcoran zitiert von Michael Ventura: The Age of Endarkenment; in: Mahdi/Christopher/Meade: Crossroads. The Quest for Contemporary Rites of Passage, S. 52f.

83 Vgl. Gaston Bachelard: Lautréamont, bes. Kapitel 1: The Vigorous Poetry of Aggression, S. 1-12

84 Marc Deckert/Matthias Kalle, Lebe gefährlich! a.a.O.

85 Gaston Bachelard: Lautréamont, a.a.O

86 Vgl. Joseph Campbell: Die Kraft der Mythen, S. 9

87 John Keats: Selected Letters

88 Loren Eiseley: Life on Earth. The Cosmic Orphan; in: The New Encyclopaedia Britannica/Propaedia, S. 139-141

89 William Least Heat Moon: Blue Highways; Vorwort

90 Cormac McCarthy: All The Pretty Horses, S. 7

91 Raimund Witkop: Wo die Hoffnungsvollen jede Menge Dreck fressen; in: Frankfurter Allgemeinen Sonntagszeitung vom 12. Mai 2002

92 Loren Eiseley: a.a.O., S. 139

93 Everything But The Girl: Walking Wounded, Virgin Records 1996

94 Die Hauptfigur in Nina Rauprichs Roman Was ist los mit meinem Bruder?

[95] Richard Ford: Unabhängigkeitstag, S. 324f.

[96] Peter König: Wir Voodookinder; in: Kursbuch 1993

[97] Richard Ford: Unabhängigkeitstag, S. 353

[98] David Oldfield: The Journey. An Experiential Rite of Passage for Modern Adolescents; in: Mahdi/Christopher/Meade: Crossroads. a.a.O., S. 148

[99] Vgl. Eugene Monick: Castration And Male Rage, S. 84

[100] Michael Meade: Die Männer und das Wasser des Lebens, S. 266

[101] ebd., S. 269f.

[102] David Remnick: King Of The World; Prologue, xvi

[103] Marc Deckert/Matthias Kalle: Lebe gefährlich! a.a.O.

[104] Willard Gaylin: Feelings, S. 85

[105] David Remnick: King Of The World, Prologue, xii-xvii

[106] Ronald Reng: Geisterreiter ohne Pferde; in: Süddeutsche Zeitung vom 1. Juli 2002, S. 35

[107] Im folgenden Kapitel beziehe ich mich auf einen Vortrag, den James Hillman Ende der neunziger Jahre in New York gehalten hat: James Hillman, Myths Of The Family. A Four-Tape Set. Die wesentlichen Gedanken dieses Vortrages wurden das erste Mal 1985 unter dem Titel Extending the Family: From Entrapment to Embrace im Texas Humanist abgedruckt. Eine erweiterte Fassung wurde später veröffentlicht: James Hillman, A Blue Fire. Selected Writings, S. 193-238. Sowohl der Vortrag in New York als auch die erweiterte ursprünglich abgedruckte Fassung in A Blue Fire inspirierten mich zu diesem Kapitel. Beide Publikationen liegen bisher nicht in deutscher Übersetzung vor.

[108] Willard Gaylin: Feelings, S. 84

[109] Es ist keineswegs erstaunlich, daß mit den vermehrten Diskussionen um alleinerziehende Mütter zeitgleich der Mythos der »Powerfrauen« in den Medien auftauchte, jener Typ Frauen, die alles können, über die alle reden, die bis jetzt aber niemand jemals wirklich erlebt oder gesehen hat. Powerfrauen existieren wahrscheinlich nur in der Vorstellung einiger Männer und Frauen, die vom Familienleben keine Ahnung haben. Die Idee der Powerfrau stammt ursprünglich aus dem heroischen, männlichen Mythos, und transportiert die Metapher der Unverwundbarkeit: Dieser Mythos treibt jede Frau aus

Fleisch und Blut in den Wahnsinn. Es ist ein Modell, das sich gegen das Leben richtet.

[110] James Hillman: A Blue Fire, S. 197

[111] ebd., S. 199

[112] ebd., S. 201

[113] Gottfried Hofmann-Wellenhof: Notizen eines Vaters, S. 100f.

[114] ebd.

[115] Gregory Max Vogt: Return to Father, S. 45ff.

[116] »Walking in Memphis« war die erste Single-Auskopplung aus seinem Debut-Album: eine kraftvolle und wehmütige Reminiszenz an Elvis Presley. Sie katapultierte Marc Cohn aus dem Stand direkt in den Olymp der Rock-Musik. »Silver Thunderbird« folgte als zweite Auskoppelung.

[117] James Hillman/Margot Mc Lean: Dream Animals, S. 15f.

[118] James Hillman: A Blue Fire, S. 199

[119] William Carlos Williams in Ross Firestone (Hg.): A Book of Men: Visions of the Male Experience, S. 364

[120] Cal Fussman: The State Of The American Man 2001; a.a.O., S. 127

[121] Astrid Hofmann-Wellenhof: Notizen einer Mutter; zitiert in: Gottfried Hofmann-Wellenhof: Notizen eines Vaters, S. 158

[122] Cal Fussman: The State Of The American Man 2001; a.a.O., S. 128

[123] Sherwood Anderson zitiert in Gregory Max Vogt: Return To Father, S. 36

[124] ebd., S. 37

[125] Vgl. Gregory Max Vogt: Return To Father, S. 33

[126] David Michaelis: The Best Of Friends; zitiert in Gregory Max Vogt, ebd.

[127] Gregory Max Vogt: a.a.O., S. 47

[128] James B. Stewart: The Real Heroes Are Dead. A love story; in: The New Yorker vom 11. Februar 2002, S. 52

[129] Ahmed Shah Massoud wurde am 9. September 2001, zwei Tage vor den Anschlägen auf das World Trade Center, von als Journalisten getarnten Taliban ermordet.

[130] James B. Stewart: The Real Heroes Are Dead. a.a.O., S. 57

[131] Gregory Max Vogt: Return to Father, S. 143f.

[132] James B. Stewart: The Real Heroes Are Dead. a.a.O., S. 57

[133] Rescorlas Schlußfolgerungen sollten sich später als richtig erweisen. Anhänger des Scheichs Omar Abdel Rahman, eines radikalen muslimischen Geistlichen in Brooklyn, wurden des Bombenanschlags überführt.

[134] James B. Stewart: The Real Heroes Are Dead. a.a.O., S. 55

[135] Dies ist die Geschichte einer dramatischen Rettungsaktion inmitten einer der schlimmsten Stürme, die der Nordatlantik jemals hervorgebracht hat. Im Herbst 1991 tobte vor der kanadischen Küste ein Jahrhundertsturm mit über dreißig Meter hohen Wellen und mehr als hundertsechzig Stundenkilometern Windgeschwindigkeit. Es ist jene Nacht, in der der Fischtrawler Andrea Gail mit sechs Mann Besatzung spurlos verschwindet und selbst große Container-Schiffe in Seenot geraten. Der Journalist Sebastian Junger befindet sich zu diesem Zeitpunkt zufällig in Cloucester, Massachusetts, dem Heimathafen der Andrea Gail. Sein Buch rekonstruiert die Ereignisse dieser Nacht, in der die kanadische und amerikanische Küstenwache den Notstand ausriefen und einige Rettungsteams selbst in Seenot gerieten. Sebastian Jungers episches Meisterwerk über die unglaublichen Ereignisse dieses Jahrhundertsturms entwickelte sich in kürzester Zeit zum Bestseller und diente dem deutschen Filmregisseur Wolfgang Petersen als Vorlage für dessen Kino-Film *Der Sturm*. Vgl. Sebastian Junger: The Perfect Storm, S. 268 ff.

[136] Sebastian Junger: a.a.O., S. 284.

[137] Vgl. im folgenden Sebastian Junger: a.a.O., S. 272 ff.

[138] John Spillane zitiert in Sebastian Junger: a.a.O., S. 293 f.

[139] Vgl. James Hillman: A Blue Fire, S. 208ff.

[140] ebd.

[141] Sebastian Junger: a.aO, S. 311

[142] Joe Connelly: Bringing Out The Dead, S. 342

[143] Markus Günther: Mein Leben ist bittersüß; in: Badische Zeitung Magazin vom 7. September 2002

[144] James B. Stewart: The Real Heroes Are Dead. a.a.O., S. 62f.

[145] Reportage der New York Times, abgedruckt im Stern Nr. 37 vom 5. September 2002, S. 114

[146] James B. Stewart: The Real Heroes Are Dead. a.a.O.2, S. 63

[147] Richard Picciotto: Last Man Down, S. 12ff.

[148] James B. Stewart: The Real Heroes Are Dead. a.a.O., S. 63

[149] Unter den dreihundertdreiundvierzig ums Leben gekommenen Feuerwehrmännern in New York trugen sieben den Vornamen Vincent, den Namen, den wir auch unserem ersten Sohn gaben.

[150] James B. Stewart: The Real Heroes Are Dead. a.a.O., S. 63f.

[151] James B. Stewart; a.a.O., S. 65

[152] ebd., S. 66

[153] ebd., S. 56

[154] Fred Grimm/Annette Schipprack: nach der stunde null; in: Max Nr. 20 vom 12. September 2002

[155] Markus Günther: Der Geruch des Alptraums; in: Badische Zeitung vom 23. Oktober 2001

[156] Fred Grimm/Annette Schipprack: nach der stunde null; a.a.O.

[157] Larry Woiwode: Beyond the Bedroom Wall: A Family Album, S. 55

[158] Unter den Hinterbliebenen des 11. September befanden sich mehr als hundert schwangere Frauen. Ein Jahr später lädt eine große amerikanische Fernsehanstalt alle Frauen mit ihren Kindern zu einem Treffen ein. Einige Frauen weigern sich, zu kommen. Sie sagen, daß ihre Männer nicht tot sind und sie immer noch darauf warten, daß sie endlich nach Hause kommen. In einer großen Halle werden alle Bilder der neugeborenen Kinder gezeigt. Daneben hängen die Bilder ihrer Väter. Die Ähnlichkeit der Kinder mit ihren Vätern ist schockierend.

[159] Diese Gedanken, und besonders die Idee des Realen Vaters, stammen ursprünglich von meinem Freund und Kollegen John Bellicchi. Ich verfasste eine längere Notiz nach einem langen gemeinsamen nächtlichen Gespräch zu diesem Thema. John schickte mir später ein Fax, in dem er seine Gedanken präzisierte. Der daraus resultierende Extrakt inspirierte mich, Im Garten des Vaters zu schreiben.

[160] Bernard Moitessier: Der verschenkte Sieg

[161] Cus D'Amato zitiert nach: Henry Maske/Bertram Job: Mein Box-Lexikon, S. 5

[162] Carlos Castaneda: The Wheel Of Time, S. 104

[163] Ken Wilber: The Marriage Of Sense and Soul, S. 201

[164] Bernard Moitessier: a.a.O., S. 139

[165] Lance Armstrong: Tour des Lebens, S. 7

[166] Richard Van Camp: Die ohne Segen sind, S. 22

[167] Richard Van Camp: ebd., S. 18f.

[168] Andrew Verity: Blueprint III, S. 37

[169] Jason R. Rich: Pokémon – Pathways to Adventure, S. 66ff.

[170] Jason R. Rich: a.a.O., Einleitung, VIII

[171] Gerd Bergfleth: Die Versuchung des heiligen Antonius; in: Vincenzo Orlando: Mit den Waffen eines Mannes, S. 226

[172] Andrew Verity: Blueprint III, S. 41

[173] Andrew Verity: ebd., S. 39

[174] Andrew Verity: ebd., S. 38

[175] Dieser Tip stammt ursprünglich nicht von mir, sondern von Christina Buchner, einer befreundeten Grundschulrektorin in München, die seit mehr als zwanzig Jahren sehr erfolgreich alternative Unterrichtsmodelle für die Grundschule entwickelt und anwendet. Sie ist nicht nur eine fantastische Lehrerin, sondern darüber hinaus eine wunderbare Autorin. Ich empfehle alle ihre Bücher, besonders Eltern, deren Kinder sich in der Grundschule befinden.

[176] Vgl. im folgenden Anne Moir/David Jessel: BrainSex, S. 90 f.

[177] ebd.

[178] Morton Rhue: Ich knall euch ab! S. 36ff.

[179] Nick Hornby: About A Boy, S. 19

[180] Beobachtung von Tom Golden, einem Kollegen in den USA, während einer E-Mail-Korrespondenz, als wir uns über die Wahrnehmung von Jungen durch Erzieher/Innen und Lehrer/Innen in den USA und in Deutschland austauschten.

[181] John Lilly in Psychology Today, 1971

[182] Dies sind die Erinnerungen von Jonathan Kozol an seinen Mitschüler Stephen. Jonathan Kozol: Death At An Early Age.

[183] ebd.

[184] ebd.

[185] Die zahlreichen gegenwärtigen Diskussionen nach der Veröffentlichung der Pisa-Studie erwecken den Eindruck, daß es in den meisten Ministerien und Schulen um »Überleben« geht: Niemand will

schlecht dastehen, alle wissen, daß ein grundsätzlicher Wandel notwendig ist, aber es bleibt alles beim alten. Die Diskussionen um veränderte Strukturen enden dann in der Regel oft mit mehr Hausaufgaben für Schüler, höheren Leistungsanforderungen, kleineren Retuschierungen vor Ort und parteiübergreifendem Gezänk über die besseren Konzepte.

[186] roche magazin; Nummer 56, Oktober 1996, S. 25

[187] a.a.O.; S. 34

[188] Robert Bly, James Hillman & Michael Meade: Men And The Life Of Desire, Tape 2

[189] Das ist übrigens einer der Gründe, warum zum Beispiel die meisten Kritiker und Literaturprofessoren nicht unbedingt wunderbare Autoren sind. Schriftsteller zu interpretieren ist etwas völlig anderes, als aus seiner Mitte heraus zu schreiben.

[190] Yves Klein: Rede, gehalten anläßlich der Ausstellung »Tinguely in Düsseldorf«; in: Museum Jean Tinguely Basel: Tinguely's Favorites: Yves Klein. Basel: Editiones Roche 1999, S. 119

[191] ebd.

[192] Andrew Verity: Blueprint I, 3.9

[193] ebd.

[194] Peter Weir: Dead Poet's Society; Touchstone Pictures USA 1988

[195] »Le feu est pour moi l'avenir sans oublier le passé. Il est la mémoire de la nature.«; übersetzt nach : Yves Klein, Conférence de la Sorbonne 3 Juin 1959, Galerie Montaigne, Paris 1992, S. 10

[196] Andrew Verity: Blueprint III, S. 44

[197] Vgl. im folgenden Andrew Verity: ebd.

[198] Richard Van Camp: Die ohne Segen sind, S. 20ff.

[199] Richard Aellen: Der Mann mit dem zweiten Gesicht, S. 16

[200] Diese Geschichte entnahm ich dem Schweizer Nachrichten-Magazin Fokus im Juni 2000.

[201] ebd.

[202] Norman MacLean: Young Men and Fire, S. 7

[203] Robert Ornstein/David Sobel: Das Gehirn, Schlüssel zur Gesundheit

[204] Vgl. Willard Gaylin: The Male Ego, 26f.

205 Hier sind besonders die Studien von David Gilmore und Willard Gaylin zu nennen.

206 Kerstin Kullmann: Gesamtnote: Jugendhaft; in: Süddeutsche Zeitung Magazin vom 1. Juni 2001

207 »Verdreht«

208 Kerstin Kullmann: Gesamtnote: Jugendhaft, a.a.O, S. 19

209 ebd.

210 Westdeutsche Allgemeine Zeitung vom 17. August 2002

211 Richard Van Camp: Die ohne Segen sind, S. 9

212 Als eine Woche nach dem Amoklauf in Erfurt im Norddeutschen Rundfunk mit Experten über die Folgen und Konsequenzen der Tat diskutiert wurde, kam auch das Hörerpublikum mit Stellungnahmen und Beiträgen zu Wort. Unter den ersten fünf Anrufern, alles Männer, befanden sich drei, die erklärten, sie könnten die Tat von Erfurt absolut nachvollziehen: Sie hätten während ihrer Schulzeit die gleichen Phantasien wie Robert Steinhäuser gehabt. Natürlich besteht ein bedeutender Unterschied zwischen einer Phantasie und ihrer realen Umsetzung. Doch diese Stellungnahmen lassen vermuten, daß das Potential für solche Taten bei jungen Männern schon lange vorhanden ist.

213 April Witt and Justin Blum: Gun enthusiast and serial loser. Muhammad's troubled life; in: International Herald Tribune vom 26-27 Oktober 2002

214 Vgl. Willard Gaylin: Feelings. Our Vital Signs, S. 79

215 Morton Rhue: Ich knall euch ab! S. 38

216 Vgl. Willard Gaylin: The Male Ego, S. 49

217 Günther Hatz: Bergdrama: Neunjähriger an Erschöpfung gestorben; in: Kleine Zeitung vom 30. Oktober 2002

218 ebd.

219 Willard Gaylin: The Male Ego, S. 241

220 Philip Roth: Patrimony, S. 234ff.

221 Heinrich Zimmer zitiert in Andrew Verity: Blueprint III, S. 40

222 Van Morrison: Hymns To The Silence, Polydor 1991

223 roche magazin; Nummer 56, Oktober 1996, S. 51

[224] Die wöchentliche Sendung Jackass mit Johnny Knoxville und anderen verrückten Kerlen ist so ein typisches MTV-Format: junge Männer als absolute Grenzgänger, die die absurdesten Experimente machen, die man sich überhaupt vorstellen kann, unter radikaler Mißachtung ihrer Vernunft.

[225] Fast alle Alben von Bruce Springsteen widmen sich durchgängigen konzeptionellen Themen, die persönliche, biografische und gesellschaftliche Themen der amerikanischen Kultur miteinander verknüpfen: Tunnel of Love 1987 verarbeitet das Scheitern seiner ersten Ehe, Human Touch 1994 seine Heilung, neue Heirat und die Geburt seiner Kinder; The Ghost of Tom Joad 1996 schließlich, sein Opus magnum, widmet sich den Grenzgängern zwischen der mexikanischen und texanischen Grenze und den Träumen von Männern, die auf dieser beschwerlichen Reise verlorengingen.

[226] Joe Connelly: Bringing Out The Dead, S. 135

[227] Thomas R. Golden: Swallowed by a snake, S. 69f.

[228] Thomas R. Golden: ebd., S. 80f.

[229] Bruce Springsteen: The Rising, Columbia/Sony, New York 2002

[230] Mark Binelli: last man standing; in: Rolling Stone September 2002

[231] David Remnick: King Of The World, S. 8

[232] ebd., S. 9

[233] ebd.

[234] ebd.

[235] Werner Bartens: Diese unruhigen Kinder; in: Badische Zeitung Magazin vom 19. Januar 2002

[236] Vgl. Andrew Verity: Blueprint I

[237] Andrew Verity: Blueprint III, S. 68

[238] Andrew Verity: ebd., S. 67

[239] Andrew Verity: ebd., S. 68f.

[240] Ritalin wurde bevorzugt im Vietnamkrieg von amerikanischen Bomber-Piloten bei Kampfeinsätzen als euphorisierende Stimulans eingesetzt.

[241] Eine gute Zusammenfassung der kritischen amerikanischen Diskussion um Ritalin bietet der Artikel von Barbara Simonsohn in raum& zeit Mai-Juni 2001. Dort werden auch die mannigfaltigen unerforschten Nebenwirkungen von Ritalin differenziert erläutert. Barba-

ra Simonsohn: Ritalin – Kinder unter Drogen. Die gefährlichen Wirkungen des Psychopharmakas Ritalin, raum & zeit III/2001, 12-19 Ebenfalls lesenswert die Artikel von Werner Bartens: Diese unruhigen Kinder, Magazin Badische Zeitung vom 19. Januar 2002; sowie von Hilka de Groot: Das späte Zittern des Zappelphilipps, Süddeutsche Zeitung, Wissenschaft 2001. Gerald Hüther, Neurobiologe an der Psychiatrischen Universitätsklinik in Göttingen, stellt die gängigen Hypothesen zur Diagnose und Verordnung von Ritalin in Frage und kommt sogar zu gegenteiligen Ergebnissen. Gerald Hüther: Kritische Anmerkungen zu den bei ADHD-Kindern beobachteten neurobiologischen Veränderungen und den vermuteten Wirkungen von Psychostimulantien (Ritalin). Manuskript für die Zeitschrift Analytische Kinder- und Jugendlichenpsychotherapie, August 2001

[242] Mittlerweile steht Ritalin auf Platz sechs der meistverkauften Psychopharmaka. Es ist naheliegend, daß Pharmakonzerne – wie zum Beispiel Novartis in Basel – kein Interesse haben, an dieser Entwicklung etwas zu ändern.

[243] Nach dieser Theorie sollen in den einzelnen Schaltstellen von Gehirnzellen (Synapsen) die verantwortlichen Botenstoffe (Neurotransmitter), hier wird vor allem Dopamin genannt, nicht optimal wirken. Die meisten Neurologen gehen von einem Dopamindefizit aus. Dies soll mittels des Einsatzes von Methylphenidat (Ritalin) bekämpft werden. Kritische Forscher wie der Göttinger Neurobiologe Gerald Hüther führen die Hyperaktivität bei Kindern (Jungen), im Gegensatz zur Mehrzahl ihrer Kollegen, nicht auf eine zu geringe, sondern übermäßig hohe Dopaminausschüttung zurück. Ritalin würde die Überflutung des jungen männlichen Gehirns mit dem Botenstoff zwar bremsen, aber auch eine optimale Hirnentwicklung behindern. Als langfristige Folge befürchtet nicht nur Hüther das frühzeitige Auftreten von Parkinson-Erkrankungen bei Kindern (Jungen).

[244] In den Vereinigten Staaten nimmt bedingt durch die enorm hohe Zahl an Verabreichung von Ritalin an Jungen die kritische Diskussion immer stärker zu. Vgl. besonders John Breeding: The Wildest Colts Make The Best Horses, sowie das Buch von Richard J. DeGrandpre: Ritalin Nation: Rapid-fire Culture and the Transformation of Human Consciousness.

[245] Es ist aufschlußreich, daß in den Vereinigten Staaten männliche Bewerber für die höheren Managementsegmente inzwischen von vielen Unternehmen nicht mehr eingestellt werden, wenn sich heraus-

stellt, daß sie als Jungen Ritalin verabreicht bekommen haben. Dies wird nicht unbedingt medizinisch begründet, eher pragmatisch: Die negativen Langzeitwirkungen von Ritalin zeigen sich offensichtlich erst später, im Erwachsenenalter.

[246] Vgl. Andrew Verity: Healing Principles, S. 13 f.

[247] ebd., S. 7 ff.

[248] ebd., S. 12

[249] ebd.

[250] Andrew Verity: Blueprint III, S. 93

[251] Vgl. Andrew Verity: ebd., S. 107

[252] Andrew Verity weist in diesem Zusammenhang darauf hin, daß falsch verwendete Blütenessenzen oder homöopathische Mittel ebenfalls unterdrückend wirken können, indem sie das Unterbewußtsein eines Jungen oder Mannes auf eine Art von emotionalen Zusammenhängen einstimmen, die gar nicht relevant für das eigentliche, auslösende Problem sind. Andrew Verity: ebd., S. 92

[253] Andrew Verity: ebd., S. 67

[254] Paul McCartney zitiert in Barry Miles, Many Years From Now

[255] Pogo in Peking, Harald Maass in der Badischen Zeitung vom 22. Juni 2002

[256] ebd.

[257] Für alle, die es nicht kennen: damit ist das Wort *Fuck* gemeint.

[258] Harald Maass: a.a.O.

[259] David Remnick: King Of The World, S. 97

[260] ebd.

[261] ebd., S. 98

[262] ebd.

[263] ebd., S. 99

[264] ebd., S. 101

[265] Cassius Clay hatte in Rom bei den Olympischen Spielen die Goldmedaille im Halbschwergewicht gewonnen, wie er es seit seinem fünfzehnten Lebensjahr vorhergesagt hatte.

[266] Der Name Joe Dundee war eine Reminiszenz an einen italienischen Meister im Federgewicht in den zwanziger Jahren.

[267] Carl Rogers: On Personal Power, S. 28

[268] David Remnick: King Of The World, S. 117

[269] Vgl. Andrew D. Verity: Blueprint Synopsis, S. 22f.

[270] David Remnick: King Of The World, S. 95

[271] Stephen Covey: Die sieben Wege zur Effektivität, S. 10 ff.

[272] ebd., S. 26 ff.

[273] Barry Long: Making Love, Barry Long Books 1998, S. 57 ff.

[274] Andrew Verity: Blueprint Synopsis, S. 28 f.

[275] Stephen R. Covey: Die sieben Wege zur Effektivität, S. 176 f.

[276] Im folgenden beziehe ich mich auf die Prinzipien der mitfühlenden Kommunikation, die Stephen Covey benennt; Die sieben Wege zur Effektivität, S. 224 ff.

[277] Der amerikanische Filmschauspieler Paul Newman sagte einmal, daß er erst dann eine glückliche Ehe zu führen begann, als er jedes Wort verstand, das seine Frau nicht zu ihm sagte.

[278] Andrew Verity: Blueprint II, 3.53

[279] An Interview with Sartre; in: New York Review Of Books vom 26. März 1970

[280] Richard Duree & Andrew Verity: Advanced Professional Practitioner Workshop, S. 27

[281] Vgl. Andrew Verity: Goal Strategies, S. 38

[282] Des'Ree: What's your sign? Supernatural; London: Sony Music 1998

Personenregister

330

Joe Jackson:
Ein Mittel gegen die Schwerkraft.
Musikalische Wanderjahre

Aus dem Englischen von Andreas Wostrack und Ursula Barth
336 Seiten, Fadenheftung, fester Einband, 23,- Euro
ISBN 3-930333-33-3

Sensibel und mit großer Offenheit beschreibt der 1954 geborene musikalische Allroundkünstler Joe Jackson seine frühen Jahre sowie die Höhen und Tiefen einer künstlerischen Existenz: von den ersten Auftritten in Portsmouth und der britischen Provinz bis zum Jahr 1979, als ihm mit seinem Album »Look Sharp« der Durchbruch gelang. Nicht nur Kennern und Fans seiner Musik gewährt er einen höchst unterhaltsamen Einblick in sein Leben. Die humorvoll-philosophischen Beschreibungen ziehen jeden Leser in ihren Bann.

»Joe Jackson ist sowohl begnadeter Schreiber als auch Musiker.« *T.C. Boyle*

»Eine mit sorgfältiger Leichtigkeit und trockenem Humor erzählte Musikergeschichte.« *Burkhard Spinnen, FAZ*

»Ein beeindruckendes und unterhaltsames Stück Literatur.« *The Times, London*

Satzwerk Verlag · Am Reinsgraben 3 · 37085 Göttingen · Internet: www.satzwerk.de

Ausgewählte Satzwerke

Peter Badge: Oskar Sala – Pionier der elektronischen Musik
Hrsg. von Peter Frieß (Deutsches Museum Bonn)
Vorwort von F. Schneider
Buch mit CD-ROM, 120 Seiten, 62,– Euro

Peter Badge: Heinz Rudolf Kunze – agent provocateur
Hrsg. von Gérard A. Goodrow, Vorwort von Peter Frieß
Texte von Heinz Rudolf Kunze und Tom R. Schulz
Limitierte und numerierte Ausgabe von 2000 Exemplaren
84 Seiten, Fadenheftung, fester Einband, 2 Bände im Schuber,
Audio-CD, 50,– Euro

F.W. Bernstein:
Der Untergang Göttingens und andere Kunststücke in Wrt & Bld
Hrsg. von Peter Köhler
190 Seiten, broschiert, 15,– Euro

Robert Gernhardt: Gernhardts Göttingen
Hrsg. von Thomas Schaefer
96 Seiten, Fadenheftung, fester Einband, 14,– Euro

Christian Dietrich Grabbe / F.W. Bernstein:
Scherz, Satire, Ironie und tiefere Bedeutung
Ein Lustspiel in drei Aufzügen. Illustriert von F.W. Bernstein.
ca. 120 Seiten, gebunden, ca. 24,– Euro

Das Grabbe-Lesebuch
Hrsg. von Thomas Schaefer in Verbindung mit Fritz U. Krause
222 Seiten, gebunden, 14,– Euro

Gerhard Henschel / Alexandra Engelberts:
Was wäre dir lieber? Lauter gute Fragen
48 Seiten, Fadenheftung, fester Einband, 14,– Euro

Hermann Kinder (Hg.): Bürgers Liebe
Dokumente zu Elise Hahns und Gottfried August Bürgers unglücklichem
Versuch, eine Ehe zu führen. Neu herausgegeben und mit einem Nachwort
von Hermann Kinder
198 Seiten, Fadenheftung, fester Einband, 17,– Euro

Lucky Strike · Die Werbung
Hrsg. von Thomas Schaefer
ca. 100 Seiten, gebunden, ca. 39,– Euro
Erscheint Frühjahr 2003

Jürgen Roth: Wirkungen der Wurst. Kulinarik, Kneipe, Kwatsch
Illustriert von F.W. Bernstein
221 Seiten, broschiert, 15,– Euro

Jochen Schimmang: Vier Jahreszeiten
54 Seiten, kartoniert, 14,– Euro

Satzwerk Verlag · Am Reinsgraben 3 · 37085 Göttingen · Internet: www.satzwerk.de